U0862352

大连理工大学管理论丛

中国绿色增长程度评价与实现路径研究

郭玲玲　著

本书由大连理工大学经济管理学院资助

科学出版社
北京

内 容 简 介

本书围绕“绿色增长”这一热点主题，从其缘起出发，借鉴国际上对绿色增长的各种表达，结合中国国情，明确界定了绿色增长的概念内涵与主要特征。通过国内外典型的绿色增长实践案例分析，归纳总结出可供我国绿色增长实践借鉴的先进经验，并运用 Fuzzy-DEMATEL 方法识别绿色增长实践的关键影响因素，剖析中国绿色增长绩效的形成机理。构建绿色增长程度评价指标体系及评价模型，测度评价中国绿色增长程度，运用系统动力学的方法模拟中国及其典型工业地区实现绿色增长的可行路径，并提出支持中国绿色增长实践的政策建议。

本书既适合于环境管理、技术经济及管理专业的研究生和本科生阅读，也可供环境管理、环境科学及环境工程实践领域的人员交流学习。

图书在版编目（CIP）数据

中国绿色增长程度评价与实现路径研究 / 郭玲玲著. —北京：科学出版社，2022.9

（大连理工大学管理论丛）

ISBN 978-7-03-070989-9

Ⅰ. ①中… Ⅱ. ①郭… Ⅲ. ①中国经济-绿色经济-经济增长-研究 Ⅳ. ①F124.5

中国版本图书馆 CIP 数据核字（2021）第 260982 号

责任编辑：王丹妮 / 责任校对：贾伟娟
责任印制：张 伟 / 封面设计：无极书装

科学出版社出版
北京东黄城根北街 16 号
邮政编码：100717
http://www.sciencep.com

北京虎彩文化传播有限公司印刷

科学出版社发行 各地新华书店经销

*

2022 年 9 月第 一 版 开本：720 × 1000 1/16
2022 年 9 月第一次印刷 印张：18
字数：360 000

定价：180.00 元

（如有印装质量问题，我社负责调换）

作 者 简 介

郭玲玲，女，博士，1985 年出生，辽宁省朝阳市人，现为大连理工大学经济管理学院副教授。主要从事区域与产业绿色增长、绿色增长理论与方法、制造业高质量发展等领域的研究。近年来在国内外学术期刊发表论文 30 余篇，其中多篇论文发表在 *Journal of Cleaner Production*、*Energy Policy*、*Sustainable Development*、*Resources*、*Conservation and Recycling* 等国际权威期刊上。现主持国家自然科学基金、辽宁省自然科学基金、辽宁省社会科学基金、政府/企业咨询等项目 7 项。担任多个国际权威期刊和国内期刊审稿人。

丛书编委会

总　序

编写一批能够反映大连理工大学经济管理学科科学研究成果的专著，是近些年一直在推动的事情。这是因为大连理工大学作为国内最早开展现代管理教育的高校，早在 1980 年就在国内率先开展了引进西方现代管理教育的工作，被学界誉为“中国现代管理教育的摇篮，中国 MBA 教育的发祥地，中国管理案例教学法的先锋”。

大连理工大学管理教育不仅在人才培养方面取得了丰硕的成果，在科学研究方面同样也取得了令同行瞩目的成绩。在教育部第二轮学科评估中，大连理工大学的管理科学与工程一级学科获得全国第三名的成绩；在教育部第三轮学科评估中，大连理工大学的工商管理一级学科获得全国第八名的成绩；在教育部第四轮学科评估中，大连理工大学工商管理学科和管理科学与工程学科分别获得 A-的成绩，是中国国内拥有两个 A 级管理学科的 6 所商学院之一。

2020 年经济管理学院获得的科研经费已达到 4345 万元，2015 年至 2020 年期间获得的国家级重点重大项目达到 27 项，同时发表在国家自然科学基金委员会管理科学部认定核心期刊的论文达到 1 000 篇以上，国际 SCI、SSCI 论文发表超 800 篇。近年来，虽然学院的科研成果产出量在国内高校中处于领先地位，但是在学科领域内具有广泛性影响力的学术专著仍然不多。

在许多的管理学家看来，论文才是科学研究成果最直接、最有显示度的体现，而且论文时效性更强、含金量也更高，因此出现了不重视专著也不重视获奖的现象。无疑，论文是科学研究成果的重要载体，甚至是最主要的载体，但是，管理作为自然科学与社会科学的交叉成果，其成果载体存在的方式一定会呈现出多元化的特点，其自然科学部分更多地会以论文等成果形态出现，而社会科学部分则既可以以论文的形态呈现，也可以以专著、获奖、咨政建议等形态出现，并且同样会呈现出生机和活力。

2010 年，大连理工大学决定组建管理与经济学部，将原管理学院、经济系合并，重组后的管理与经济学部以学科群的方式组建下属单位，设立了管理科学与工程学院、工商管理学院、经济学院以及MBA/EMBA教育中心。2019年，大连理工大学管理与经济学部更名为大连理工大学经济管理学院。目前，学院拥有10个研究所、5个教育教学实验中心和9个行政办公室，建设有两个国家级工程研究中心和实验室，六个省部级工程研究中心和实验室，以及国内最大的管理案例共享平台。

经济管理学院秉承“笃行厚学”的理念，以“扎根实践培养卓越管理人才、凝练商学新知、推动社会进步”为使命，努力建设成扎根中国的世界一流商学院，并为中国的经济管理教育做出新的、更大的贡献。因此，全面体现学院研究成果的重要载体形式——专著的出版就变得更加必要和紧迫。本套论丛就是在这个背景下产生的。

本套论丛的出版主要考虑了以下几个因素：第一是先进性。要将经济管理学院教师的最新科学研究成果反映在专著中，目的是更好地传播教师最新的科学研究成果，为推进经济管理学科的学术繁荣做贡献。第二是广泛性。经济管理学院下设的10个研究所分布在与国际主流接轨的各个领域，所以专著的选题具有广泛性。第三是选题的自由探索性。我们认为，经济管理学科在中国得到了迅速的发展，各种具有中国情境的理论与现实问题众多，可以研究和解决的现实问题也非常多，在这个方面，重要的是发扬科学家进行自由探索的精神，自己寻找选题，自己开展科学研究并进而形成科学研究的成果，这样一种机制会使得广大教师遵循科学探索精神，撰写出一批对于推动中国经济社会发展起到积极促进作用的专著。第四是将其纳入学术成果考评之中。我们认为，既然学术专著是科研成果的展示，本身就具有很强的学术性，属于科学研究成果，那么就有必要将其纳入科学研究成果的考评之中，而这本身也必然会调动广大教师的积极性。

本套论丛的出版得到了科学出版社的大力支持和帮助。马跃社长作为论丛的负责人，在选题的确定和出版发行等方面给予了极大的支持，帮助经济管理学院解决出版过程中遇到的困难和问题。同时特别感谢经济管理学院的同行在论丛出版过程中表现出的极大热情，没有大家的支持，这套论丛的出版不可能如此顺利。

大连理工大学经济管理学院

2021年12月

序

18 世纪中叶的工业技术革命带动了全球经济的飞速发展，但也给自然环境带来了极大的破坏。20 世纪中后期，全球气候变暖、臭氧层破坏、生物多样性锐减、土壤荒漠化、海洋环境污染、生态功能退化等各种环境问题频频发生，人类逐渐清晰地认识到，粗放式的经济发展导致了巨大的能源和资源消耗，自然环境正在以难以估量的速度恶化，严重危及了人与自然的和谐关系。若不能有效转变现有的增长方式，实现环境保护与资源节约，人类将付出的不仅仅是高昂的经济、环境代价，更是人类的健康与福祉。因此，寻求能够改善生态环境和保障人类可持续发展的理论与方法已刻不容缓。

在全球经济持续低迷、生态环境不断恶化的现实背景下，绿色增长作为一种追求经济增长同时又能有效解决资源与环境问题的新型增长方式，符合传统经济增长方式转型的目标与要求，已被国际社会公认为世界经济转型的突破口和推进可持续发展的新思路。但作为一种全新的经济增长方式，绿色增长的理论和实践研究仍处于探索阶段，可用于有效指导我国实现绿色增长的理论方法及实践经验甚少，导致我国对于绿色增长从战略制定到具体实践基本处于“摸着石头过河”，尤其我国绿色增长的理论与实践等方面起步较晚，相关研究还相对落后，远远不能满足我国推动绿色增长的需求。

因此，为清晰地评价我国绿色增长程度，也为明确地诊断和识别我国绿色增长的问题和策略，从国家宏观层面建立和完善绿色增长的理论与方法体系，定量化地测度和评价绿色增长程度，总结世界各国绿色增长最佳实践的经验，揭示绿色增长实现过程的内在规律，不仅是绿色增长理论的重要基础，更是衡量国家绿色增长程度及判断其是否健康运行的理论依据。国际上对绿色增长的认知与实践比较早，可借鉴之处颇多，但受国家和地区间所处的发展阶段、政治体制、社会经济、资源禀赋等差异性的影响，照搬发达国家的先进经验和发展模式来指导我国绿色增长实践，是完全不可行的。实际上，现阶段各国对自身的绿色增长认知和实践经验也是不尽相同的，因此，对于正处在社会经济转型关键期的我国而言，探索符合我国国情的绿色增长实现路径及其政策支撑体系，从而指导我国绿色增长实践，具有重大的现实意义。

针对“中国绿色增长程度评价与实现路径研究”这一主题，作者利用长期从事资源与环境管理相关研究的积淀，立足于我国增长方式转型的迫切需求，严格、清晰地界定绿色增长的概念内涵与基本特征，识别分析关键影响要素及其互动效应关系，剖析中国绿色增长绩效的形成机理；建立绿色增长评价指标体系及评价模型，测度我国绿色增长水平，探索中国情境下具有科学性、可操作性和借鉴意义的适用于我国的绿色增长实现路径和机制，提出解决关键问题的对策建议和具体方案，为我国制定绿色增长战略和管理政策提供理论依据和实践指导。

大连理工大学 武春友

2020 年 12 月 18 日

前　　言

面对资源短缺与环境污染等问题的日益凸显，转变经济增长方式已成为世界各国关注的焦点。绿色增长作为追求经济增长的同时又能有效解决资源与环境问题的新型增长方式，已得到了国际社会的广泛认可与快速传播。近年来，以发达国家为代表的各国政府及各国际组织纷纷开始制定政策、法规与行动方案来推进绿色增长实践，并在全球范围内开启了“绿色新政”的竞争。作为一个负责任的大国，中国政府已相继制定了一系列谋求绿色发展的政策如建设“生态工业园”、“循环经济”、“低碳城市”试点和构建“资源节约型和环境友好型社会”等。十八届五中全会更是明确提出“十三五”期间要坚持贯彻创新、协调、绿色、开放、共享的发展理念，表明了中国政府走绿色发展道路的决心。党的十九大报告也强调要推进绿色发展，建立健全绿色低碳循环发展的经济体系。

本书在响应国家大力倡导的“绿色发展”号召和应对我国经济增长绿色化程度不高、缺乏有效提升路径等问题的基础上，结合笔者多年科研成果，对我国绿色增长程度评价与实现路径问题进行系统深入的研究。本书共 11 章，主要内容包括绿色增长的理论分析、最佳实践国际比较、影响因素识别分析、形成机理分析、程度测度评价及实现路径仿真分析等。第 1 章介绍了本书的研究背景及意义、研究方法、内容及技术路线；第 2 章对绿色增长缘起、概念内涵与理论基础等内容进行了阐释；第 3 章运用 CiteSpace 文献计量分析软件对国内外绿色增长相关研究文献进行梳理与评述分析；第 4 章选取国内外绿色增长实践典型案例，从增长模式差异与可借鉴实践经验两个方面出发进行实践案例比较分析；第 5 章运用 Fuzzy-DEMATEL 方法对绿色增长实践影响因素的重要性及影响机理进行定量分析；第 6 章运用结构方程模型构建技术创新、环境规制与绿色增长绩效之间的关系假设模型，利用中国省级相关指标数据对绿色增长绩效形成机理进行探讨；第 7~8 章构建绿色增长程度的评价模型及指标体系，结合相关指标数据对中国绿色增长程度进行测度与评价分析；第 9~10 章利用系统动力学（system dynamics，SD）模型分别对中国及其典型工业区域的绿色增长实现路径进行仿真模拟分析；基于上述所得结论，第 11 章重点从经济、环境、资源与技术等视角出发提出促进中国绿色增长实现的政策建议。本书目录逻辑清晰、章节安排合理，推荐读者按目录顺序阅读。

本书由大连理工大学经济管理学院郭玲玲副教授所著，并负责对本书进行总体设计、修改完善与最终定稿。在撰写过程中，非常感谢大连理工大学经济管理学院武春友教授、曲英教授以及大连市生态环境局原局长张海冰给予的指导，感谢苍耀东、袁英敏、芦梦君、朱盼盼和田雪莹等研究生做出的大量辅助性工作。

本书参阅了大量国内外文献，已在文后列出，在此向所有参考文献作者致以最诚挚的谢意。由于作者水平有限，书中难免存在不足之处，敬请广大读者给予批评指正，也希望国内外同行提出宝贵建议。

目　录

第1章 绪　论

18 世纪中叶的工业技术革命，带动了全球经济的飞速发展，标志着技术发展史上的一次重大变革。至此，人类社会发明了一项又一项的新技术，取得了一个又一个举世瞩目的成就。然而，随着自然环境恶化，人类也逐渐清晰地认识到，这种的粗放式发展在带来社会财富不断积累的同时，也造成了自然资源的过度开采与生态环境的严重破坏，极大危及了人与自然的和谐关系。20 世纪中后期，全球气候变暖、臭氧层破坏、生物多样性锐减、土壤荒漠化、海洋环境污染、生态功能退化等各种全球性环境问题的频频发生，已成为世界各国无可争议的严峻现实，也成为 21 世纪乃至将来全人类必须共同面对的重要挑战。如若不能有效改变传统的经济增长方式，实现环境保护与资源节约，人类将付出的不仅仅是高昂的经济、环境代价，更是人类的健康与福祉。因此，寻求能够改善生态环境和保障人类可持续发展的理论与方法已刻不容缓。

在此背景下，绿色增长作为一种追求经济增长和发展，同时又防止环境恶化、生物多样性丧失和不可持续地利用自然资源的全新增长方式应运而生，其探索与发展过程如图 1.1 所示。绿色增长既重视经济与环境的协调发展，又关注改变消费与生产方式，改善社会福利和改善人类健康状况，提高就业率并解决相关资源的配置问题。

绿色增长方式完全符合“一手抓经济、一手抓环保”的和谐理念，并逐渐获得了国际社会的普遍关注和认可。联合国亚洲及太平洋经济社会委员会（U.N. Economic and Social Commission for Asia and the Pacific，ESCAP）[①]、经济合作与发展组织（Organization for Economic Co-operation and Development，OECD）、联合国环境规划署（United Nations Environment Programme，UNEP）、世界银行（World Bank，WB）等国际组织先后发起绿色增长倡议和宣言。国家层面上，韩国率先颁布《绿色增长基本法》以促进国家“绿色增长战

① 该组织是联合国经济社会理事会下属的五个区域委员会之一，中文简称“亚太经社会”，英文简称“ESCAP”或“UNESCAP”。

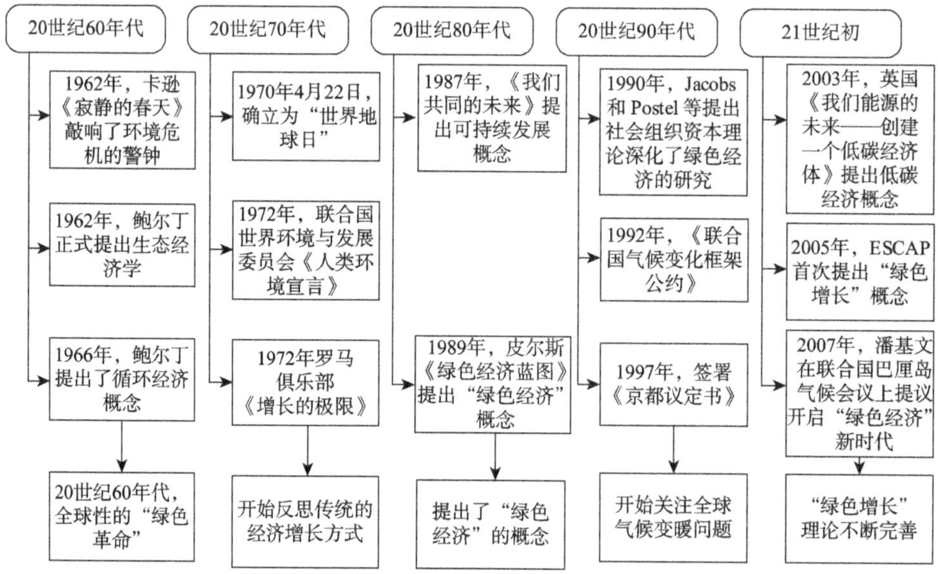

图 1.1 绿色增长理论的探索与发展

略”的发展，并将其视为国家的第一优先课题，建立了从中央到地方的组织实施机构，以推进绿色增长战略的具体落实（Mathew，2012）；英国相继颁布了《英国低碳过渡计划：国家气候与能源战略》和《英国可再生能源战略》；德国则强调将发展生态工业作为实施绿色增长的重点，致力于将数字化技术，尤其是把新能源接入、信息网络、工业 4.0、城市智能交通和智能电网等作为主要驱动力量来发展绿色科技产业（Jnicke，2012）；2010 年，日本政府提出了《新经济增长战略》，强调通过绿色增长实现低碳社会，2012 年，《绿色增长战略》作为日本推出的《日本再生战略》的重要组成部分率先被公布，其目的是广泛培育蓄电池、环保汽车、海上风能发电三个核心环保产业（Jones and Yoo，2011）；《绿色意大利 2017》报告显示，2011~2017 年，投资绿色技术的公司数占比约达27%，绿色经济为意大利创造了近 2 600 亿欧元的经济值，并提供了约 13%的绿色就业岗位；丹麦建立的“零碳”绿色增长模式，使它成为全球最成功的能源供应和安全实验室；加拿大、澳大利亚等国家也先后在绿色增长框架下提出了各自的目标、战略和政策。这些举措极大地推动了发达国家绿色增长实践的顺利开展（Jamet，2012）。

改革开放以来，中国经济发展迅猛，在世界范围内进步显著。2010 年，中国已经一举超过日本成为世界第二大经济体，世界影响力与日俱增。《中国统计年鉴》显示，1978 年以来，中国国内生产总值（gross domestic product，GDP）呈逐年上升趋势，2014~2018 年的年均增长率稳定于 7%左右。1978~2012 年，

GDP 年均增长率达 9.9%，远高于同期世界经济 2.8%的年均增速。经济的持续增长不仅提高了国民的生活水平，同时也提升了我国的国际地位与影响力。但由于生产方式落后、技术水平低下，长期以来我国资源消耗量大，污染排放强度高。居高不下的能源消耗，一度造成我国部分地区出现了油荒、煤荒、电荒与气荒。可见，在我国经济快速增长的背后，隐藏着不容忽视且日益严重的资源浪费与环境污染问题。人口问题、环境污染问题、能源安全问题、减排问题等都成为掣肘中国经济可持续发展的关键。推动转变我国的经济增长方式，脱离当前高消耗、高排放、低产出的落后生产方式，推动经济绿色增长是我国经济发展的急切需要与内在要求，也是我国实现经济社会绿色、健康、可持续发展的必由之路。

在充分认识到转变经济增长方式重要性的基础上，我国政府开始借鉴发达国家的经验，积极促进绿色增长战略在国家范围内的推行，并开始建设“生态工业园”“循环经济”“低碳城市”试点和构建“资源节约型和环境友好型社会”等。党的十八大报告强调要“着力推进绿色发展、循环发展、低碳发展，形成节约资源和保护环境的空间格局、产业结构、生产方式、生活方式”；2015 年 5 月，经过李克强总理的签批，国务院印发我国实施制造强国战略的第一个十年行动纲领——《中国制造 2025》，其中明确指出要将可持续发展作为打造制造强国的关键点，全面推行清洁生产，发展循环经济，建立健全绿色制造体系，促进我国生态文明建设的发展；十八届五中全会更是明确提出“十三五”要贯彻创新、协调、绿色、开放、共享发展理念；随后工业和信息化部制定颁布《工业绿色发展规划（2016-2020 年）》，生态环境部与全球绿色增长研究所（Global Green Growth Institute，GGGI）联合发布“十三五”中国绿色增长路线图，为“十三五”期间我国的绿色增长决策提供参考；党的十九大报告提出“必须树立和践行绿水青山就是金山银山的理念”，同时指出我国要建立的现代化，是人与自然和谐共生的现代化。以上一系列政策的颁布出台，不仅表明了中国政府走绿色增长道路的决心，同时也将中国绿色增长推上了一个新的高度。

尽管世界各国在推进绿色增长实践的长期探索中已取得了一定的成果和经验，国内外很多学者也尝试从环境科学、经济学、规划学、能源工程、生态学、国际关系学、社会学等角度对绿色增长的实践、影响因素、测度与评价等内容进行了探讨，但从总体上来看，目前绿色增长尚未形成统一的研究理论和方法体系。尤其对于中国而言，与世界发达国家相比，中国在绿色增长的理论与实践等方面均起步较晚，相关研究还比较落后，远远不能满足中国推动绿色增长的需求。因此，对于正在进行社会经济转型的中国而言，构建符合中国国情的区域绿色增长模型和方法体系，寻求可行的绿色增长实现路径，对中国绿色增长目标的实现进行科学指导，具有显著的价值和意义。

综上，本书将研究焦点落在中国绿色增长的测度评价与实现路径上，拟解决的关键问题包括：国际典型绿色增长实践的特点与规律是什么？有哪些值得中国借鉴的实践经验？影响中国绿色增长实践的重要因素有哪些？这些因素又是如何影响作用的？中国绿色增长实践的效果如何？如何衡量？中国实现绿色增长的可行路径有哪些？如何保障可行路径顺利实现？为了回答以上问题，本书通过对绿色增长整体研究进展的梳理，比较分析绿色增长的最佳实践案例，找出影响中国绿色增长实践的重要因素，并对中国绿色增长绩效的形成机理进行剖析，在构建绿色增长程度评价模型及指标体系的基础上测度与评价中国绿色增长程度，结合系统动力学的理论与方法对中国绿色增长的可行路径进行动态仿真分析，从而为推动中国绿色增长战略顺利开展提供有价值的理论依据与实践参考。

第 2 章　绿色增长缘起与理论基础

本章将在对绿色增长的缘起以及不同增长方式差异性进行综述的基础上，界定绿色增长概念，明确绿色增长的主要特征，并提出绿色增长研究的理论基础。

2.1　绿色增长的缘起与发展

全球气候变暖、臭氧层破坏、生物多样性锐减、土壤荒漠化、海洋环境污染、生态功能退化等各种全球性环境问题频发，人们逐渐认识到传统经济增长方式会带来惨痛的环境代价，寻求能够改善生态环境和保障人类可持续发展的理论与方法已刻不容缓。1962 年，《寂静的春天》一书的出版标志着“环境保护”时代的到来。同年，鲍尔丁正式提出了生态经济学。之后，“循环经济”、“可持续发展理论”、“绿色经济”与“低碳经济”等理论相继产生，经济发展模式研究取得了长足的发展。特别是近年来，日趋严重的资源环境危机使世界各国深刻认识到世界经济规范的转变。21 世纪初，绿色增长作为一种新型的增长方式应运而生，强调在追求经济增长和发展的同时，又能防止环境恶化、生物多样性丧失和自然资源不可持续利用，完全符合传统经济增长方式转型的目标与要求，该方式得到了快速发展，并逐渐被国际社会认可和接受。基于上述认识，以发达国家为代表的世界各国政府以及各国际组织纷纷制定各种政策、法规与行动方案推进绿色增长战略的实践，并在全球范围内掀起了“绿色新政”竞争浪潮。

ESCAP、OECD、UNEP、WB 等国际组织先后发起绿色增长倡议和宣言。2005 年，ESCAP 第五届环境与发展部长级会议首次提出绿色增长的概念。随后，韩国、英国、德国及日本纷纷制定了有关绿色增长的国家战略和政策方针。

随着全球经济的飞速发展及工业化进程的不断加快，中国在经济蓬勃发展的同时，也面临着资源环境问题的日益恶化，中国开始借鉴发达国家的经验积极促进绿色增长战略在国家范围内推行。2012 年十八大明确指出要加快转变经济增长方式，强调要“着力推进绿色发展、循环发展、低碳发展”。十八届五中全会公报更是明确提出“十三五”期间应贯彻创新、协调、绿色、开放、共享的发展理念，表明了中国政府走绿色增长道路的决心。中国发展高层论坛2014绿色专题会再次强调“中国经济正由灰色、黑色的增长转向绿色增长，也是一种清洁、低碳、低耗的可持续增长”（吕晓菲，2015）。2015 年国务院颁布的《关于加快推进生态文明建设的意见》首次将“绿色化”融入“新型工业化、信息化、城镇化、农业现代化”之中，并称“五化”，表明政府已将生态文明摆在关键位置。2016 年由各企事业单位、社会团体、高校等自发成立的北京生态设计与绿色制造促进会，提倡绿色设计、绿色制造、绿色增长，为实现中国绿色发展提供了良好的交流平台。

2.2 与其他经济增长方式的对比

绿色增长是一种新型的经济增长模式，与生态经济、循环经济、低碳经济等经济形态有着相似的形成背景，内容上存在着一定的重合之处。

2.2.1 生态经济

20 世纪 50 年代，工业经济的迅猛发展使发达国家付出惨痛的资源环境代价，同时给社会发展造成了巨大的经济损失。面对生态环境与经济发展矛盾的日趋激烈，人类逐渐认识到生态学与经济学结合的重要性，生态经济学由此产生。20 世纪 60 年代，美国经济学家肯尼斯·鲍尔丁在出版的《一门科学——生态经济学》一书中首次提出了“生态经济学”的概念。1980 年，UNEP 召开“人口、资源、环境与发展”主题会议，将“环境经济”（即生态经济）确定为 1981 年《环境状况报告》的第一项主题。由此，生态经济学作为一种兼具理论性与应用性的新兴学科开始被世人所关注。生态经济是指在生态系统承载能力范围内，运用生态经济学原理和系统工程方法改变生产和消耗方式，挖掘一切可利用的资源潜力，发展经济发达、生态高效的产业，建设体制合理、社会和谐的文化以及生态健康、景观适宜的环境，实现经济腾飞和环境保护、物质文明与精神文明、自然生态与人类生态的高度统一和可持续发展的经济（杨运星，2011）。

生态经济的主要特征包括以下三个方面。

（1）资源利用在时间维度的持续性。在人类社会漫长的再生产过程中，后代人对自然资源拥有同等的享用权和生存权，当代人不应牺牲后代人的利益换取舒适，要主动采取“财富转移”政策，为他人留下均等的发展机会与宽松的生存空间。

（2）资源利用在空间维度的持续性，区域的资源开发利用不应损害其他区域的发展，实现区域间资源环境的共享共建。

（3）资源利用在效率维度的高效性，即“低耗、高效”的资源利用方式。它以技术进步为支撑，通过优化资源配置，最大限度地降低单位产出的资源消耗量和环境代价，不断提高资源的产出效率和社会经济的支撑能力，保障经济持续增长的资源基础和环境条件。

2.2.2 循环经济

循环经济萌芽于生态经济，其出现可追溯到 20 世纪 60 年代。1996 年，鲍尔丁在宇宙飞船经济理论中提出，以循环式经济代替单程式经济来解决资源浪费与环境污染问题，鲍尔丁因而被认为是生态经济学、循环经济理念的最早倡导者。20 世纪 90 年代，循环经济的概念在英国经济学家大卫·皮尔斯和克里·特纳出版的《自然资源与环境经济学》中被正式提出。循环经济又称物质闭环流动型经济，是一种符合可持续发展理念的经济发展模式，其核心为资源的高效循环利用，基本原则是减量化、再利用与再循环，基本特征是低投入、低消耗、低排放和高效率（杨运星，2011）。

与传统经济相比，循环经济的不同之处在于：传统经济是一种由资源—产品—污染排放构成的物质单向流动的经济。在这种经济中，人们高强度开采地球上的物质与能源，在生产加工和消费过程中排放大量污染和废物到环境中，通过粗放式、一次性利用资源而实现经济的数量型增长，导致许多自然资源的短缺与枯竭，并酿成了灾难性环境污染后果。与此不同，循环经济倡导的是一种建立在物质不断循环利用基础上的经济发展模式，它将经济活动对照自然生态系统，组成一个资源—产品—再生资源的物质循环流动过程，使整个经济系统以及生产消费过程基本上不产生或者只产生很少的废弃物，实现自然资源的低投入、高利用和废弃物的低排放，从而从根本上消解长期以来环境与发展之间的尖锐冲突。

2.2.3 低碳经济

低碳经济是在全球气候变暖对人类生存和发展提出严峻挑战的大背景下提出的，其概念起源于 2003 年的英国政府能源白皮书《我们能源的未来：创建一个低碳经济体》。之后，英国政府又发布了《气候变化法案》与《英国低碳过渡计划：国家气候与能源战略》等国家战略文件，从而使低碳经济在全球范围内得到了进一步肯定。低碳经济是指在可持续发展理念指导下，通过技术创新、制度创新、产业转型、新能源开发等手段，尽可能地减少高碳能源消耗与温室气体排放，达到经济社会发展与生态环境保护双赢的一种经济发展模式（张征华，2013）。

低碳经济的发展模式为节能减排、发展循环经济、构建和谐社会提供了操作性诠释，是落实科学发展观、建设节约型社会的综合创新与实践，是实现中国经济可持续发展的必由之路，是不可逆转的划时代潮流，是一场涉及生产方式、生活方式和价值观念的全球革命。从世界范围看，预计到 2030 年太阳能发电只达到世界电力供应的10%，而全球已探明的石油、天然气和煤炭储量将分别在今后40年、60年和100年左右耗尽。因此，在“碳素燃料文明时代”向“太阳能文明时代”（风能、生物质能均为太阳能的转换形态）过渡的未来几十年里，“低碳经济”“低碳生活”的重要含义之一是节约化石能源的消耗，为新能源的普及利用提供时间保障。从中国能源结构看，低碳意味节能，低碳经济是以低能耗低污染为基础的经济。

2.2.4 共同点和差异之处分析

综合上述分析，绿色增长与生态经济、循环经济、低碳经济的共同点有以下三个方面。

（1）相同的本质内涵，即人类与自然的和谐统一，是对人类与自然关系的重新认识，是人类在陷入资源、环境与生态危机后深刻反思的产物。

（2）相同的理论基础，即以现代生态学理论为基础，涉及生态学、系统学、经济学、管理学及伦理学等多个学科领域，强调生态学与经济学的有机结合。

（3）相同的生产观，即人类的生产活动要在资源环境可承受能力的范围内进行。

由于各自的侧重点不同，四种经济形态也存在着区别，如下所示。

（1）生态经济以经济与自然系统的协调发展为核心，追求目标是解决由于大规模工业化发展所带来的环境污染问题，要求在保证经济高速发展的同时，积极按照生态发展规律构建经济发展体系，减少环境污染，加强环境保护。

（2）循环经济以物质资源的循环为核心，强调资源的减量化、再循环与再利用，考虑按照生态学产业生态食物链的法则，构建资源循环高效利用的体系，提高利用效率，减少废弃物排放。

（3）低碳经济追求的目标是降低碳基能源对气候变暖的影响，以提高能源利用效率，优化能源利用结构，减少温室气体排放，促进经济持续发展为核心。

（4）绿色增长的核心是以人为本，以追求人类的福祉为最高目标，强调在经济社会发展的同时，保障人与自然、人与人之间的公平和谐。

2.3　绿色增长内涵界定与解析

2.3.1　内涵概念解析

21 世纪初，一些学者、国际组织与国家陆续开展了绿色增长的研究工作。虽然“绿色增长”的思想已被广泛接受，但至今仍未形成公认、统一的概念，人们对绿色增长的内涵有着不同的解释。

ESCAP 第五届环境与发展部长级会议将“绿色增长”战略确定为转变“先发展，后治理”经济增长方式、实现可持续发展的关键途径，认为绿色增长是为推动低碳、惠及社会所有成员发展而采取的环境可持续的经济过程（UNESCAP，2005）。随后，ESCAP、OECD、GGGI、韩国等国际组织与国家进一步对绿色增长的概念内涵进行了完善（郑彤彤，2013），见表 2.1。

表 2.1　绿色增长概念的国际界定

研究机构	年份	概念界定	出处
ESCAP	2005	环境可持续的经济增长	《绿色增长首尔倡议》
OECD	2009	在防止代价昂贵的环境破坏、气候变化、生物多样化丧失和以不可持续的方式使用自然资源的同时，追求经济增长和发展	《绿色增长宣言》
GGGI	2009	在经济增长和发展的同时，减少碳排放，增加可持续性，增强气候的适应能力	《全球绿色增长所的信息手册》
韩国	2010	通过节约并高效利用能源资源减少人类对气候和环境造成的威胁，以清洁能源和绿色技术的研究开发创造新的增长动力并扩大就业，实现经济和环境的协调发展	《韩国低碳绿色增长基本法》
OECD	2010	在确保经济和环境协调发展的同时，还要通过改变消费和生产模式完善社会福利、改善人类健康状况、增加就业并解决与此相关的资源分配问题	《绿色增长战略中期报告：为拥有可持续的未来履行我们的承诺》
OECD	2011	在促进经济增长及发展的同时，确保自然资产能不断提供人类福祉不可或缺的资源和环境服务。为此，必须促进能扶持可持续增长及产生经济机遇的投资及创新	《迈向绿色增长》

2012 年，“里约+20”联合国可持续发展大会上提出了在经济范式改革基础

上推进绿色增长这一新的增长方式，再次掀起了全球范围内的绿色浪潮（诸大建，2012）。Glemarec 和 de Oliveira（2012）认为“绿色增长”是与“关注增长型发展”“面向贫困人口的增长发展”“弹性增长发展”并列的四种区域发展范式之一，其本质是利用“看得见的手”弥补市场“看不见的手”。2014 年，Nielsen 等（2014）提出“绿色增长”是福利的额外增长，是由提高管理效率、减少外部性而获得的净利润及先进技术创造的。随着研究的不断深入，“绿色增长”的内涵除包含经济发展与降低环境影响两层基本含义外（Newman and Dale，2008），还被赋予了更多的意义，包括：在减少温室气体排放的同时，增加基于绿色产业与绿色技术的新就业机会、资源效率的提高（创造机会），以及在此基础上获得外部的绿色投资、资源节约型工艺和产品的强制性创新等。

随着绿色增长概念越来越得到国际社会的认可，以及我国经济发展与资源环境矛盾的日益突出，已有一些国内学者结合我国国情对绿色增长的概念进行了定义与界定。彭红斌（2002）认为，绿色增长兼顾了经济增长和环境保护，既强调经济增长的数量，又要求经济增长的质量，同时，还特别注重环境的保护，把环境作为经济增长的一个内生变量。2005 年，国家环境保护总局副局长潘岳在 ESCAP 第五届环境与发展部长级会议上提出，绿色增长的本质是在经济增长的同时保持环境的可持续（潘岳，2005）。2007 年，联合国副秘书长金学洙认为，绿色增长模式重视环境保护与创造绿色产业的机会，强调生产和消费模式都应注重社会生态效益，在基础设施建设方面充分考虑环境因素。绿色增长模式不但不会限制经济增长速度，还会带来发展机遇（周英男和孙文博，2014）。孙耀武（2007）指出，绿色增长强调的重点是环境，是一种以资源节约为前提，以科技进步为支撑，向环境中排放的污染物不超出环境容量从而不影响环境功能前提下的最大经济增长。这种经济增长方式把环境作为增长的必要前提，兼顾了经济效益、环境效益和社会效益，以实现三个效益统一为内容，是一种新的经济发展模式。张江雪与朱磊（2012）认为，绿色增长是建设资源节约型、环境友好型社会的重要手段，是加快经济发展方式转变的突破口。经济的绿色增长离不开技术创新，传统技术创新在推动经济快速增长的同时，也使人类赖以生存的生态环境遭到破坏。因此，突破传统技术创新理论，引入生态理念，引导技术创新向有利于资源节约、环境保护，并促进经济、资源、环境和社会系统良性循环的方向发展，是绿色增长的必然要求。

综合前人的研究可知，学者们对绿色增长的理解是一个不断变化的过程，随着时间的推移，绿色增长被赋予的意义也在不断变化。在上述研究成果的基础上，归纳出绿色增长概念的要点：①经济增长。通过增加绿色技术投资，发展绿色产业，增加绿色就业，刺激经济的持续增长。②环境保护与资源节约。在经济发展过程中尽可能降低环境污染与破坏，减少资源消耗，提高资源利用效率。③社会福祉。在建设资源节约型、环境友好型社会的同时，关注代际公平与人类福祉。由此，本书将绿色增长界定如下：绿色增长是指在可持续发展理念指导下，通过技术创新、制度安排、产业转型等手段，用最小的资源消耗和最少的环境代价创造出资源效率、环境友好与社会包容等效益协调发展的一种新型经济增长方式。

2.3.2　主要特征

由本书的内涵界定可知，绿色增长的核心是提高经济增长过程中的绿色化程度，即在增加经济增长和社会福利的同时降低资源消耗和环境污染。绿色增长模式具备的基本特征主要包括以下几个方面。

（1）可持续性。可持续发展是绿色增长概念的重要前身。1992 年，可持续发展首次载入《里约环境与发展宣言》，而绿色增长战略为可持续发展的环境和经济政策指明了新方向。绿色增长战略并不会替代可持续发展，而应被视为其子集。绿色增长的重点是为有利于弹性生态系统的创新、投资和竞争创造必要条件，为经济发展提供新的来源。因此说，绿色增长是一种可持续性的增长方式。

（2）协调性。绿色增长体现了人与自然和谐的理念，在追求经济增长的同时，最大限度降低对环境的影响，实现人类发展与自然生态环境的和谐统一。实现社会经济与资源环境的协调发展是绿色增长战略的首要任务。与传统经济增长方式相比，绿色增长将环境要素纳入经济增长考虑的范畴中，注重经济增长与环境保护之间的协调关系。由此可见，绿色增长方式最终要实现人与自然和谐共处。

（3）低碳性。经济的强劲增长在帮助人们摆脱贫困的同时，也造成了资源供需矛盾的不断加剧与全球气候的巨大变化，对区域经济的可持续发展带来了严峻的挑战。据统计，气温每升高 2℃将会导致高收入国家损失 2%的 GDP，而亚洲中等收入与低收入国家的经济损失可能会达到 6%。可见，气候变化会影响国家经济的发展，尤其是发展中国家。低碳绿色增长在强调经济可持续发展的同时，重点关注减排与经济间的互动关系（Venkatachalam，2013）。可见，绿色增长具有显著的低碳性特征。

（4）包容性。包容性增长是相对非包容性增长而言的，非包容性增长单纯追求 GDP 和经济增长的数量，忽视了人的发展、增长成果的分享及生态环境问题，形成了有数量无质量的状态。2012 年，WB 发布了《包容性绿色增长：可持续发展之路》报告，并提出，绿色增长的包容性是指环境可持续、经济增长与社会进步的协调统一，并认为绿色增长是一种高效、洁净、有弹性的增长方式。需指出的是，绿色增长并非具有天生的包容性，需要政策给予保障与引导，使得绿色增长具有包容性。

2.4 理论基础

2.4.1 绿色经济理论

绿色经济始终将环境生态因素作为基础，明确指出经济持续发展的关键在于生态环境与资源的永续性。其追求的不是对自然资源的简单利用，而是强调对生态环境和自然资源的永续利用、代际公平。绿色经济理论的发展目标包括生态和谐、经济高效与社会包容（赵斌，2006）。其特征如下。

（1）绿色经济是以人为本的经济。绿色经济服务人的需求和发展，经济发展的动力来源于人们对经济利益的不断追求。一个社会能改善大部分人的福利时，经济发展的目标才能够实现。在此强调的亲近尊重自然，不是像唯生态主义者以唯保护环境和生物多样性的眼光看待的经济持续发展，更不是要借此牺牲经济发展和经济福利来换取生态环境的保护和改善，而是通过人与自然的和谐相处，实现人类健康发展。

（2）绿色经济强调经济发展的生态化。绿色经济将生态环境作为经济发展的基础，强调生态环境与自然资源的永续利用。健康的经济发展应建立在生态化、人与自然和谐相处的基础上，须将技术进步作为经济发展过程的内生因素，重视人力资本和生态环境资本。为此，科学技术的发展必须以“绿色化”技术体系为基础，即科学技术的发展应服从于保护生态环境的需要，理智地使用自然资源。在绿色技术体系的支撑带动下，使经济发展步入生态化轨道。

（3）绿色经济追求高层次的社会进步。绿色经济不仅追求经济发展，还追求人的发展和生态环境的进步。绿色经济理论认为，社会进步不仅包括生产分配的体制改革、国民财富的公平分配，还要有益于教育、健康、就业及环境保护。

（4）绿色经济是效益最大化的经济。绿色经济不仅包含了“绿色”，即生态文明和循环经济的内容，以发展经济、全面提高人民生活福利水平为核心，保障人与自然、人与环境的和谐共存，强调人与人之间的社会公平最大化，还包含了“经济”的内容，即以最小的资源耗费得到最大的经济效益，与传统经济学的差异在于其是建立在绿色、健康、有效基础上，使自然资源和生态环境得到永续利用和保护效率最大化、利润最大化的经济。

绿色经济与循环经济虽然在节约资源、减少污染、绿色生活、多次利用、循环再生、保护自然等方面有着共通之处，但绿色经济的内涵还包括了以人为本、以科技手段来实现绿色生产、绿色流通、绿色分配，兼顾社会公正和效率最大化，并以科技手段实现资源代换，在动态中实现人与自然的平衡。

我国要大力发展以资源承载力和生态环境容量为基础的绿色经济，形成节约资源保护环境的产业结构、生产方式、消费模式，走一条生产发展、生活富裕、生态良好的生态文明发展道路（胡恒松和周宏春，2017）。发展绿色经济应遵循以下原则：①经济发展与生态保护统一原则。绿色经济以资源环境为发展要素，以市场为导向，因此在发展过程中应以资源承载力为基础，以生态环境容量为发展限度，实现经济发展与生态保护的统一。②经济发展与社会公平统一原则。社会系统是可持续发展的关键，因此社会的福利待遇、财产分配都在一定程度上影响着绿色经济的发展质量，社会系统可通过提高人口素质、加强社会福利来增加绿色就业、推动技术革新，以实现社会的可持续发展，以此缓解经济系统和生态系统之间的矛盾与冲突（王晓晓等，2018）。

绿色消费、绿色生产、绿色 GDP、区域绿色经济的产生与发展是绿色经济理论的最佳实践。绿色消费产生的需求将刺激绿色经济的发展；绿色技术是进行绿色生产的基础，在生产过程中降低资源浪费和环境破坏；绿色 GDP 是扣除自然资产损失后的真实的国民财富，能够体现经济增长与自然保护和谐统一的程度；区域绿色经济是在条件许可的经济区域打造绿色经济主导产业和绿色经济园区。

绿色经济与绿色增长之间既相互联系又相互区别，绿色经济是实现绿色增长的路径之一，促进绿色增长是发展绿色经济的最终目标。二者的侧重点略有不同，绿色增长的价值目标远高于绿色经济，不偏重经济系统，而是要实现经济、自然、社会系统的整体协调与共同发展。

2.4.2　生态现代化理论

生态现代化理论的创始人先后提出将其作为解决环境问题的替代性思路，把关注重点从以往的对环境问题的政策法律监管和事后处理转向对环境问题采取市场手段和事前预防。开创者哈勃指出生态现代化是现代社会的一个历史阶段，指有绿色转向的工业结构调整。生态现代化要求解放生态，该理论认为要实现生态与经济间的平衡，需将生态从经济活动中解放，再将生态价值观植入经济活动之中。追求经济价值的同时考虑生态价值，体现环境友好性，而不是放弃现代化（袁建，2019）。

在生态现代化理论的发展进程中，最具代表性的是哈杰与克里斯托弗。哈杰认为，生态现代化是指为加速环境良性发展而对资本主义政治经济结构进行调整的过程（赵斌，2006）。哈杰不主张改变资本主义基本制度，他认为调整资本主义政治经济结构，可达到环境良性发展目的。哈杰还把生态现代化分为技术组合主义和自反生态现代化。前者认为生态改革是一种纯粹的技术事物，而后者则把生态改革看作社会学习、文化政治和新制度的安排。哈杰的自反生态现代化模式实际上是通过公众集中参与社会政治的制度化安排，寻求环境本身的污染根源及问题解决途径。克里斯托弗将狭窄的、封闭的、技术统治主义的生态现代化定义为弱生态现代化，而把开放的、制度的、系统的、民主协商的生态现代化定义为强生态现代化，并认为生态现代化有从弱化走向强化的趋势（袁建，2019）。

从以上论述不难看出，哈杰的自反生态现代化与克里斯托弗的强化生态现代化相对应，哈杰的技术组合主义生态现代化与克里斯托弗的弱生态现代化类似。尽管哈杰、克里斯托弗都肯定了技术在生态现代化中的积极作用，但也都指出了技术作用的局限或不足之处，他们强调制度、民主、沟通及公众参与的重要性。特别值得一提的是，克里斯托弗还将环境关注扩展至全球范围，他的强生态现代化超越了资本主义社会的主流观念。

我国学者郇庆治（2006）认为，生态现代化理论至少应该包括三个理论要点：一是环境保护与经济目标的协调性。在生态现代化理论的语境下，完全可以出现一个环境、经济和商业“三赢”的理想局面，而不必对现行的经济和组织结构做大规模或深层次的重建。因为现代性的不断成熟，生态理性将会渗透到社会的各个方面。由于生态理性，诸多现代化机构如跨国公司、政府为了自身长期生存的利益，会采取积极行动以改善生态环境。二是技术中心主义（或技术预防）。坚持革新和技术可以同时带来增长和环境改善，严厉的环境标准和政策不再被视为工业界的一种支出负担，而被视为实现其技术更新与竞争力的动力。大量研究表明，随着科学技术、社会组织的发展与转变，各类环保技术开始用以解决环境问题，并取得明显成效。三是市场的优先性。大部分发达资本主义社会已实现可持续发展，如 Mol 和 Sonnenfeld（2000）研究发现，生态改良已在荷兰等发达国家发生，并取得了显著的成效。

纵观生态现代化理论的发展脉络，研究重点由早期的技术创新转变为中后期的制度创新，即政府和市场作用的平衡；研究对象从 OECD 国家拓展至发展中国家，呈逐步扩散之势；在研究层面上，地理适用范围不断扩大，从早期以国家为单位转变为全球层面的环境治理与合作。随着中国成为世界碳排放大国，全球生态现代化理论亟须在我国实践应用。

生态现代化是现代化进入高级阶段的象征，也是建设生态文明社会的路径选择。尽管生态现代化发轫于生态领域，但是它所引起的变革不仅仅局限于生态领域，而是政治、体制、经济、教育、管理及文化价值观等层面的社会整体性的变革。生态现代化要求人们在运用生产力标准或经济增长速度来评估现代化水平和程度时，还必须评估支撑生产力发展的生态资源状况。作为生态文明发展的原动力，生态文明的发展有助于加快人的现代化步伐，从而带动社会整体文明的进步。在生态文明和社会文明的交互发展中，人类的生产方式、思维方式、行为方式、消费方式等会发生全面的革命。生态文明催生了绿色自然力、绿色生产力、绿色消费、绿色科技、绿色政治文化等新生事物，展示出人与自然和谐以及人与人和谐的美好景象，最终推动着社会文明进入一个更加崭新的阶段。

此外，生态现代化理论也存在着局限性。现代化是否能发展出生态理性，并促进积极的环境行为，需要更加深入的调查研究。现代化过程是异常多样化的，因此较难通过少数几个成功的例子来评估现代化对生态环境的影响。生态现代化理论是从对早期生存危机范式的批判中发展起来的，在发展过程中也面临着其他诸如后现代性理论、风险社会理论、世界体系理论的批评与挑战。从当前我国经济社会发展的实际情况来看，基于生态现代化理论研究中国绿色增长问题是一种新思路和新方法。通过治理手段和治理能力的现代化，实现生产方式的生态现代化，进而保护性开发利用自然资源，推行绿色生活方式，最终为实现我国经济的绿色增长提供可行的发展方向。

2.4.3　内生增长理论

起初，人们认为物质资本的积累是推动经济增长的重要因素，因此政府推行高储蓄率和高投资率的政策来促进经济增长。直到第二次世界大战以后，韩国、日本、巴西和墨西哥等国家先后走上了工业化的道路，它们的迅速崛起使得人们认识到，工业化才是落后国家摆脱经济贫困，走向经济强国的必经之路。在这种观念的指导下，大多数发展中国家和地区进行了大规模的物质资本积累和投资。然而，过度追求工业化的行为不仅没有迅速地提高国民收入和实现工业化，反而逐渐拉大了与发达国家的差距，成为发达国家的依附。这种发展历程，使我们相信单纯依靠物质资本的积累很难实现经济的长期可持续发展。从理论上来说，因为在边际报酬递减规律的作用下，资本的净增长上限必然为零，从而使得均衡增长状态的每个劳动力的单位资本的增长率为零，资本积累并不能持久地进行，经济增长的可持续性不能得到解决（邢利民，2012）。

20 世纪 80 年代中后期以来，以罗默、卢卡斯等为代表的一批经济学家在对新古典增长理论进行重新思考的基础上，开始探讨运用新的增长理论来解释经济增长，通过一系列内生增长模型的构建和论证，揭示了不同于传统理论的新的经济增长机制，他们认为内生的技术进步是保证经济持续增长的关键因素（Romer，

1990）。

内生经济增长理论与传统经济理论有两点不同：①传统经济理论只考虑生产中的两个因素，即资本与劳动力，而罗默的内生经济增长理论认为促进经济增长的技术进步是内生因素，由此影响了长期增长率，即在劳动投入的过程中包含着由研究、开发、创新等活动形成的技术进步，因此他把技术进步等要素内在化。②完美的竞争是规范准则，而垄断力量是一种偏离现象。但罗默却认为，垄断力量起到关键作用，提供了动力。技术作为经济增长的核心，具有特殊性质。就其知识本性而言，技术的溢出效应即经济外部性是一种非竞争性的投入；就其知识产权而言，技术的排他性让它享有某种程度的垄断权力，正是这种垄断权力，为企业从事技术创新活动提供了各种市场激励（邢利民，2012）。

内生增长理论的主要工具是动态最优化。Hamilton 函数考虑到了当前效应与未来效应，代表了各种政策所决定的总利益前景，因此在强调经济发展的可持续性时，内生增长理论是一个较好的研究方法。内生增长理论从产生至今，已经形成一个比较完整的理论体系。该理论的许多重要内涵和积极观点对我国经济实现快速、健康和稳定增长具有十分重要的参考价值。

（1）重视知识生产和知识扩散，深化对知识经济的认识。内生增长理论详细分析了技术创新、人力资本积累和知识溢出对经济增长的影响，并着重探讨了后工业知识社会中最重要的要素——知识，使该理论有了知识经济的构成元素。在当今世界，国内竞争和国际竞争日益加剧，知识和技术在经济增长中的地位越来越重要，现代经济比以往任何时候都更加依赖于知识的生产、应用与扩散，可以说，现代经济就是知识经济。

（2）改革相关教育和培训制度，加快人力资本开发与积累。完全竞争条件下的内生增长理论强调人力资本积累对经济增长的促进作用。通过正规和非正规环境下的学习及培训可以积累人力资本，其中，正规教育是其他方式无法替代的一种学习途径，但在实践中学习（即“干中学”）是一种更普遍的学习方式。我国目前教育投入水平偏低，人力资本积累难以形成规模效应以支撑长期经济增长。因此，必须联合高校、科研院所和企业界建立有效的人力资本积累机制，共同进行人力资本开发与积累，以加快科研成果向生产力的转化。

（3）进一步扩大对外开放，加速技术引进和技术创新。开放竞争条件下的内生增长理论的核心思想如下：由于知识和技术的国际流动，世界各国都能达到比封闭经济状态下更佳的经济增长效果。对于我国来说，参与世界经济的最主要收获在于最大限度地获取世界上分布极不均匀的人力资源与技术创新成果，以此充分享受国际知识总存量的外部性。

内生增长理论学者认为在物质资本投入过程中会伴随着研发、创新等技术进步活动，逐渐将决定经济增长的根本要素（即技术创新）内生化，摆脱了新古典主义经济理论中将其视为外生变量的束缚，使分析经济长期增长成为可能。尤其是 20 世纪 80 年代以后，以罗默、卢卡斯等为代表建立的内生增长模型，将内生增长理论推向新的高度。学者们通过最优控制理论研究消费者效用最大化条件下的经济长期增长，利用内生增长模型将环境质量、环境污染、污染控制、耗竭性资源引入生产函数或效用函数，取得了丰富的研究成果。

内生增长理论在绿色增长相关研究中的重要价值在于将资本积累与技术创新统一于增长模型之中。绿色增长领域相关研究也将环境因素或耗竭性自然资源纳入内生增长模型中。内生增长理论具有的较强现实说服力也为绿色增长理论研究提供了较好的应用价值，能够较好地解释各国、各地区绿色增长的差异所在。

2.4.4　外部性理论

外部性理论是可持续发展的理论基础之一，其原型是由著名福利经济学家庇古发现并提出的。在庇古看来，市场的微观主体在交易过程中可能会对第三方或者社会造成损害，但是这种损害没有包含在双方的交易成本中，导致社会不能达到帕累托最优状态。此外，外部性又分正负：正外部性是指经济活动会给社会带来有利的社会影响，此时社会边际收益大于私人边际收益；负外部性是指经济活动会给社会带来不利的影响，此时社会边际收益小于私人边际收益。对此，庇古提出了“庇古税”，他认为政府应当对发生正外部性企业进行补贴，对发生负外部性的企业进行征税，补贴或征税的数量应等于生产者正外部性溢出的边际收益或损失。道格拉斯·诺斯认为，个人收益（或成本）与社会收益（或成本）之间的差异，意味着有第三方或者更多方在没有他们许可的情况下获得（或承担）一些收益（或成本），这就是外部性。

美国经济学家萨缪尔森和诺德豪斯（1990）在《经济学》中将外部性定义如下：当生产和消费的过程中一个人使他人遭受到额外的成本或额外的收益，而且这些强加在他人身上的成本或收益并没有通过当事人的货币形式得以补偿时，外部性或溢出性就发生了，即外部性是一个经济机构对他人福利施加的一种未在市场交易中反映出来的影响。目前为止，大多数文献采用萨缪尔森和诺德豪斯的外部性定义（张百灵，2015）。从外部性的定义可以看出，外部性的存在导致资源配置中边际私人收益与边际社会收益之间、边际私人成本与边际社会成本之间出现差异。这是因为经济主体在进行决策时，只考虑对自身利益产生直接影响的成本和收益，而对其他的成本和收益视而不见。这种差异会导致资源配置的失误，不利于市场产生最优的结果，这就是外部性的存在造成“市场失灵”。

分析环境问题的成因时，西方经济学界普遍认为（负）外部性是导致生态破坏和环境污染的根源。环境问题可以根据人类的行为方式归纳为两类：环境资源的使用过度与环境资源的有效供给不足。环境资源的使用过度是指人类开发、利用环境资源的行为超过了自然界的供给能力；环境资源的有效供给不足是指人们对自然资源缺乏有效的维护，对于环境污染、生态破坏缺乏有效的治理和修复。在追求自身利益的过程中，社会个体和群体总是希望把污染环境和开发资源的成本转移给他人，因此外部性成为导致环境问题的重要根源。

环境作为一种公共物品，具有显著的外部性。环境污染具有很强的负外部性，污染者所承担的成本远小于社会承担的成本，仅受自身成本约束的污染者终将会使环境污染超过环境的耐受值。环境保护具有很强的正外部性，保护者所获得的利益小于社会的收益，受自身利益激励的保护者缺少提供社会所需要的环境保护的动力。总之，无论是正外部性还是负外部性，都会影响到环境资源的优化配置，从而使环境污染问题更加严重。所以要解决中国的环境问题，就是把环境的价值加入企业的生产成本中去，从而实现环境的外部性有效内部化。环境外部不经济性内部化是指使生产者或消费者产生的外部成本进入它们的生产和消费决策，由它们自己承担或“内部消化”，即环境政策领域中普遍接受的“污染负担”或“污染者付费”的方式。

外部性理论为绿色增长研究提供了可行的策略思路，主要体现在将外部性内部化方面，有效的处理策略有税收、补贴、企业合并等。政府可考虑采取措施对绿色技术的生产者或消费者进行补贴，使绿色技术的外部性在经济上实现内部化。在这种状况下，达到帕累托最优状态。

综上所述，在对绿色增长发展历程进行梳理的基础上，结合绿色增长与生态经济、循环经济、低碳经济等增长方式的对比分析，给出了本书的绿色增长内涵，即通过技术创新、制度安排、产业转型等手段，在可持续发展理念指导下，用最小的资源消耗和最少的环境代价创造出资源效率、环境友好与社会包容等效益协调发展的一种新型经济增长方式。此定义的主要特征包括可持续性、协调性、低碳性与包容性。另外，本书还针对绿色增长实践涉及的理论基础，分别介绍了绿色经济理论、生态现代化理论、内生增长理论与外部性理论等的主要观点及内涵，并分析了这些理论与绿色增长之间的关联及相互作用，极大丰富了绿色增长的内涵及意义。

第3章　绿色增长研究的整体进展

绿色增长正逐步得到社会各界的认可与关注，针对绿色增长的科学研究也日益增多。本章将从时间变化趋势、关键研究力量、热点主题分布三个方面对国内外绿色增长的整体研究进行梳理分析，以了解当前绿色增长的研究现状与进展。

3.1　时间变化趋势

目前，产业结构升级、经济转型成为各国持续发展的关键，粗放式经济增长模式已难以为继，实现绿色增长迫在眉睫。运用可视化分析工具，对国内外绿色增长研究的时间变化趋势进行统计，分析其变化特征及规律，能够在整体上掌握该研究领域的动态变化（曹树金等，2015）。

3.1.1　国内研究变化趋势

以“绿色增长”为主题，在中国知网（China National Knowledge Infrastructure，CNKI）进行期刊文献检索，共检索到相关文献676篇（截至2018年3月8日）。以此数据为基础，本节对所得文献进行初步的时间分布统计，其分布情况如图3.1所示。

从图3.1可知，国内最早关于绿色增长的文献发表于2000年，而在2008年以前，相关研究数量很少，年均发表量均低于10篇。但2009~2012年，绿色增长的研究文献大规模出现，并呈现井喷式的增长。2013~2014年发文数量不断波动，到2015年绿色增长文献研究数量再次达到峰值，2016~2018年出现了缓慢的下降趋势。

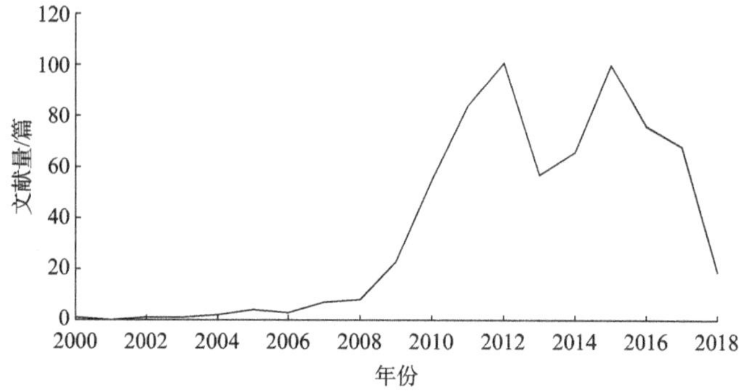

图 3.1 国内绿色增长文献研究数量的演化趋势

3.1.2 国外研究变化趋势

以“green growth”为主题，对截至 2018 年 3 月 8 日被 Web of Science 核心数据库收录的文献进行筛选，共检索到相关文献 411 篇。以此数据为基础，对所得文献进行时间分布统计，得到绿色增长文献研究数量的演化趋势。如图 3.2 所示，国外与绿色增长相关的文献最早发表于 1994 年，在 2009 年以前，相关研究数量很少，年均发表量均低于 5 篇。与国内相同，2009 年伊始，国外绿色增长的研究文献大规模出现。由此可以看出，随着近年来全球资源极度紧缺、气候恶化等环境问题越发凸显，世界范围内各国家、地区对转变经济发展方式实现绿色增长的需求越加急迫，越来越多的学者开始重视绿色增长。

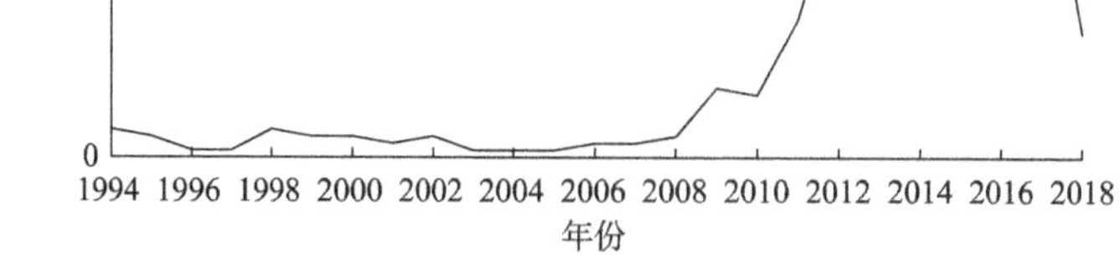

图 3.2 国外绿色增长文献研究数量的演化趋势

3.2　关键研究力量

本节采用软件 CiteSpace 对国内（1997~2018 年）和国外（1976~2017 年）绿色增长相关文献进行可视化分析，绘制关键词共现网络图谱，同时结合信息可视化、数据挖掘方法和关键节点的文献信息（任磊等，2014），具象展示绿色增长的研究现状，以期进一步探究绿色增长的发展现状并探求绿色增长领域的关键研究力量。

3.2.1　国内研究团队

图 3.3 展示了绿色增长相关领域现有的核心研究力量，他们主要由大连理工大学经济管理学院武春友教授的科研团队和生态环境部俞海、张永亮等学者的研究团队组成。

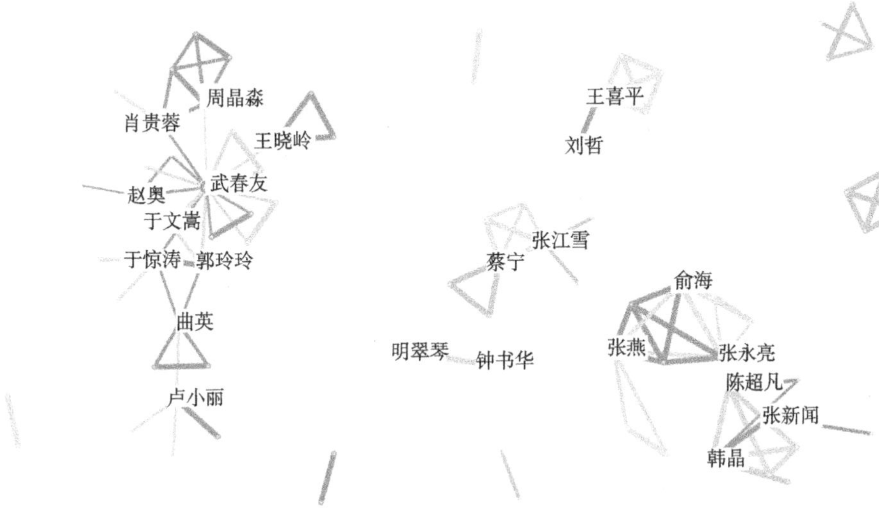

图 3.3　绿色增长研究的核心力量

3.2.2　国外研究力量及与我国的对比

从绿色增长研究文献的国家分布可以发现，如图 3.4 所示，韩国（79 篇）、美国（60 篇）和中国（58 篇）是相关文献成果最多的国家，文献数量均超过了 50 篇，位居前三。相比之下，位居第四、第五的英国和德国数量差距明显，分别为 45 篇和 29 篇，剩余国家的文献量则均在 25 篇以下。

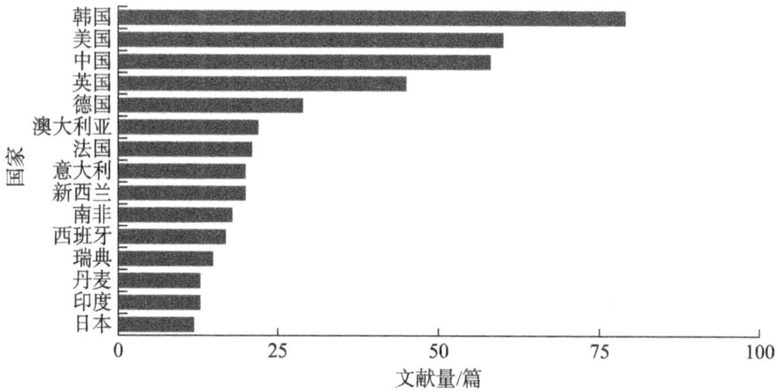

图 3.4 绿色增长文献的国家分布

进一步结合文献贡献国间的对比分析可知，最早着手研究绿色增长的国家是美国与澳大利亚，韩国、中国、瑞典等紧随其后，目前研究核心力量主要集中于韩国。韩国的研究与美国、意大利、瑞典等发达国家相比居于领先地位，且对中国、印度、南非等发展中国家产生了较大影响。由此说明，韩国、美国和中国是绿色增长研究文献的主要贡献国，但中国与韩国相比在文献数量上还相对落后，无法满足中国推动绿色增长、实现绿色发展的需要，这和中国在全球实现“绿色增长”中应发挥的作用不符（于惊涛和王珊珊，2016）。

3.3 热点主题分布

3.3.1 国内研究核心主题

运用 CiteSpace 软件对国内绿色增长相关文献数据进行关键词共现图谱分析，结果如图 3.5 所示。关键词共现图谱便于直观显示绿色增长的主题分布情况，其中节点的大小代表研究的多少，节点的位置代表研究的核心程度（Chen，2006）。从图 3.5 可以看出，绿色增长、低碳绿色增长、绿色发展、可持续发展、绿色经济等成为国内绿色发展相关研究的核心热点。

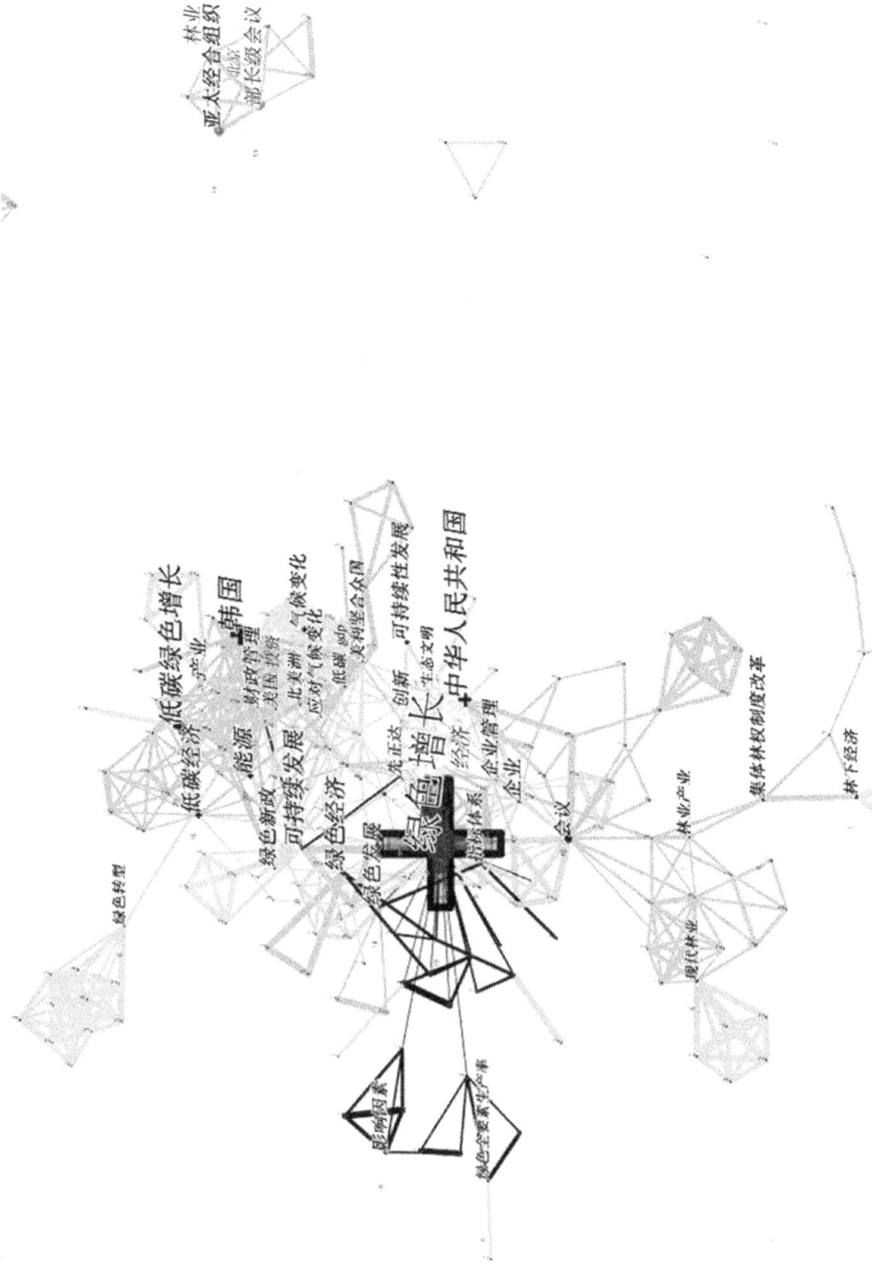

图 3.5　绿色增长文献的关键词分布图

此外，进一步采用BURST方法（Chen，2006）对文献进行研究，共有18篇文献具有较高的BURST值（表3.1），表示这些文献的主题在1997~2018年出现了陡增的情况，因此它们有可能会成为新兴研究主题。同时表3.1显示，2014~2018年的主题主要包括绿色财富、研讨会、绿色全要素生产率、绿色创新、环境规制等，这表明学者们开始深入研究绿色增长的影响因素等方面，在2018年以后的很长一段时间内，这些主题可能会成为新的研究热点。

表3.1　突现主题词的时间分布

关键词	BURST值	起始年	结束年	1997~2018年
中华人民共和国	3.668 4	2005	2006	
再生能源	3.411 7	2009	2010	
低碳绿色增长	8.740 4	2009	2010	
能源	4.844 2	2009	2010	
软件	3.59	2010	2010	
软交会	4.490 1	2010	2010	
亚太经合组织	11.854	2011	2011	
北京	5.389 3	2011	2011	
林业	11.267 5	2011	2011	
部长级会议	11.854	2011	2011	
APEC	4.211 5	2011	2011	
胡锦涛	4.211 5	2011	2011	
林业局	4.168 9	2012	2012	
绿色财富	3.645	2014	2014	
研讨会	3.995 2	2015	2015	
绿色全要素生产率	4.371 9	2016	2018	
绿色创新	3.147 2	2016	2018	
环境规制	3.434 1	2017	2018	

总而言之，绿色增长是自2009年兴起的研究热点，过去几年呈现了较为稳定的增长趋势，但研究力量相对分散，还未形成大规模的、广泛的科研合作。从研究主题看，绿色增长的研究前沿主题主要包括绿色增长、低碳绿色增长、绿色发展、可持续发展、绿色经济等。此外，运用BURST值对未来的新兴主题进行预测，可以发现绿色财富、研讨会、绿色全要素生产率、绿色创新、环境规制等可能会成为以后研究的热点。

3.3.2　国外研究热点分布

本节从学科分布和热点主题两方面对国外绿色增长研究热点分布进行整理与分析，明确绿色增长研究涉及的学科领域和热点分布。

1. 学科分布

基于绿色增长相关研究文献的主要学科分类数据，学者们从不同的视角探讨了绿色增长的相关问题，如环境科学、经济学、规划学、管理学、生态学、国际关系学、社会科学、区域研究、能源、工程等。其中，社会科学（147 篇）、环境科学（145 篇）两学科的研究成果最为丰富，数量均达到了 100 篇以上；经济学、管理学、能源、工程等领域的研究成果次之，文献数量在 70~100 篇。其余学科的研究文献数量则相对较少，文献数量均在 70 篇以下，最少的仅有 1 篇。

总体而言，绿色增长研究分散于不同的学科领域，并未形成独立的理论和方法体系，主要是探索性研究，但从文献占比超过 10%的学科及其研究主题的分析来看，绿色增长研究主要与环境、资源、能源、生态领域相关联，资源可持续利用、环境保护是其核心内容（Stoknes and Rockström，2018）。此外，还有部分学者将绿色增长与农业、工业、商业结合分析，探究在多个社会发展领域的绿色增长范式与绿色增长影响因素。

2. 热点主题

绿色增长文献的关键词分析有助于探究绿色增长现有研究中的重点研究主题与热点。各关键词间相关性强，为相关研究的进一步演化和发展奠定了核心基础，也为不同研究领域间构建起交流的桥梁。

本书发现绿色增长、可持续发展、绿色经济、创新增长、二氧化碳排放等是众多研究者关注的热点，不同热点之间也存在着密集的共被引关系。

共被引意味着两篇文章被一篇相同的文章引用，频繁的共同引用表明它们共享相关的研究主题。因此，共被引分析可以根据连接强度将相关参考文献分组。然后通过分析每个集群中的文章，确定研究领域的核心主题。对检索到的 411 篇文献进行共被引分析并进行主题聚类后发现，相关的研究前沿主题主要集中于“poverty”（贫困）、“low carbon economy”（低碳经济）、“evolution”（发展）、“degrowth”（去增长）、“behavior change”（行为变化）、“carbon intensity”（碳排放强度）和“energy efficiency”（能源效率）等领域。

通过对每个研究主题活跃的时间分析发现，多数主题的活跃期集中在 2010~2013 年，2013 年后“carbon intensity”（碳排放强度）、“energy efficiency”（能源效率）与“degrowth”（去增长）三个主题相对较活跃。具体来说，“poverty”（贫困）主题的活跃时间主要集中在2011~2012年，之后少有研究出现；“evolution”（发展）与“energy efficiency”（能源效率）主题的研究大都集中在2011~2012年；“degrowth”（去增长）的活跃时间在2009年与2011年；“carbon intensity”（碳排放强度）主要在2010年之前与2013年之后活跃；“low carbon economy”（低碳经济）与“behavior change”（行为变化）主题活跃在2013年之前，之后少有研究关注。

综上所述，绿色增长研究是自2009年兴起的研究热点，但还未形成集聚性研究，研究内容分布散乱，有较为明显的交叉研究现象，以绿色经济、可持续发展为重点内容。由绿色增长的研究前沿主题可知，低碳经济、行为变化、碳排放强度和能源效率等主题受到研究者的重点关注，值得进一步研究和探讨。

3.4　现有研究评述

从整体上看，当前绿色增长研究大部分与环境、资源、能源、生态领域有关，其中资源可持续利用，环境保护是研究关注的核心内容，此外该研究也可运用到农业、工业、商业发展的各个领域。

从时间角度看，国内外绿色增长相关研究在2010~2016年呈快速上升趋势，并达到峰值，而后至2018年呈现下降趋势；从研究力量来看，我国尚未形成集中的、大规模的研究力量，研究团队较少，科研合作关系较弱；从主题分布来看，绿色财富、研讨会、绿色全要素生产率、绿色创新、环境规制等可能在未来成为我国绿色增长领域的研究热点。国际绿色增长研究学科交叉明显，以绿色经济、可持续发展为主要核心内容，低碳经济、行为变化、碳排放强度和能源效率等主题是学者重点关注的研究领域。

本章通过历史回溯，运用文献研究的方法，利用CiteSpace可视化分析软件，对国内外绿色增长相关理论进行了文献挖掘、计量分析和比较研究，系统溯源并理清绿色增长的学术沿革，总结、归纳重要学术流派和学术思想，全面了解了绿色增长研究的时间变化趋势、关键研究力量、热点主题分布，为后续研究打下良好的理论基础。研究发现以下几点。

（1）绿色增长的研究文献自2009年开始大规模出现，呈现井喷式的增长，到2015年文献数量基本达到峰值。

（2）国内绿色增长研究的核心研究力量，主要是大连理工大学经济管理学院武春友教授的科研团队和生态环境部俞海、张永亮等学者的研究团队；国外的核心力量主要集中在韩国、美国等发达国家。

（3）国内绿色增长的研究前沿主题包括绿色增长、低碳绿色增长、绿色发展、可持续发展、绿色经济等；绿色财富、研讨会、绿色全要素生产率、绿色创新、环境规制等可能会成为 2018 年后研究的热点；绿色增长、可持续发展、绿色经济、创新增长、二氧化碳排放等国外不同研究热点之间存在着密集的共被引关系。

第 4 章 绿色增长最佳实践的国际比较分析

环境危机给人类生存和发展带来了严峻的挑战，而改变经济增长方式是应对环境危机的重要抓手。绿色增长这一新型经济增长模式，逐步成为世界经济可持续发展的重要基石，各国都在积极寻找实现绿色增长的发展战略。为此，本章将选取国内外典型的绿色增长实践作为研究对象进行案例分析，通过比较各国增长模式的差异，归纳总结出可供我国借鉴的先进经验，为促进我国绿色增长的快速发展奠定坚实的实践基础。

4.1 国外绿色增长实践典型案例分析

以韩国、日本、美国、英国与德国为研究对象，以其绿色增长示范城市为案例样本，分析各国在绿色增长实践过程中所采取的措施和取得的成果。

4.1.1 韩国江陵市：世界低碳绿色城市典范

1. 韩国绿色增长背景

韩国国土面积小，能源资源极度匮乏，主要的工业原料均依赖进口。20 世纪 60 年代以来，韩国由一个资源匮乏、贫穷落后的农业国家，迅速发展为新兴工业化国家。当全球气候变暖的趋势愈演愈烈，生态环境问题逐渐引起人们关注时，韩国抓住绿色新政的机遇，围绕“低碳绿色经济”进行了一系列实践，并取得了成功。

1）国际环境变化的要求

全球变暖在带来气象灾害、生态系统破坏等问题的同时，进一步恶化了能源危机，导致能源价格上涨，影响了全球的经济发展。1990 年，联合国环境与发展大会缔结了《联合国气候变化框架公约》，规定缔约方应采取措施控制温室气体排放，开发普及替代能源及低碳技术，以此解决气候变暖以及能源危机问题。世界各国及组织纷纷响应，不断采取行动，以美国、澳大利亚、英国、日本、法国等为代表的国家积极做出承诺，并接连出台关于限制温室气体排放及应对气候变化的措施、政策与计划。在能源危机不断显现，生态环境饱受威胁的时代，韩国置身于积极应对全球变暖和能源危机的中心，认识到绿色增长战略是不可替代的增长模式，是必须选择的发展战略。

2）国内环境条件的转变

韩国自 20 世纪 60 年代实施工业化战略以来，经济高速增长，由一个贫瘠的农业国走上了新兴工业化道路，其迅猛的经济发展极大提升了国家影响力。与此同时，韩国的化石能源消耗量也急剧上升。自进入 21 世纪以来，韩国是 OECD 国家中温室气体排放量增长率最高的国家，达到了 2.87%。同时，作为世界第十大能源消耗国，由于其资源贫乏，能源主要依赖从国外进口。2000 年韩国能源自给率仅为 10.5%。进入 21 世纪后，能源自给率更是降至个位数，能源消耗总量的 97%依赖进口，其中，化石燃料依存度攀升至 80%，在国际金融危机的大背景下，国际油价的急涨急落严重阻碍了韩国经济的发展。由此韩国政府认识到，为了摆脱对传统进口能源的依赖，减弱能源危机对国家经济造成的影响，需要进行新的改革，牢牢把握住发展绿色低碳产业和绿色低碳技术的契机。2008 年 8 月 15 日，李明博总统在建国 60 周年的演说中明确提出，要将“低碳绿色发展计划”作为国家新的发展计划并强力推行（张东明，2011）。2009 年，韩国提出了“低碳绿色增长”的振兴战略，制定并发表了“绿色增长国家战略及五年计划”以及相关的法规，详细阐述了韩国推进绿色增长战略的长远规划、战略目标、政策措施等，并为计划的快速开展与顺利推进建立了从中央到地方的实施机构。

2. 韩国绿色增长实践

1）绿色增长战略规划

（1）绿色新政。2009 年 1 月，韩国政府提出“绿色工程”计划，也被称为“绿色新政”，这一计划以创造就业岗位、扩大未来增长动力和基本确立低碳增长战略为目的，投资 50 万亿韩元开发 36 个生态工程，为韩国未来的发展提供新的增长动力。

低碳技术开发、基础设施建设和创建绿色生活工作环境是“绿色新政”的主要内容。具体来说，韩国政府将修建中小型环保型水坝，增加河流的储水功能，并减缓洪水和其他水灾；建设全国范围的绿色交通系统，包括自行车道路、低碳铁路和公交系统；开发太阳能、风能和其他可再生的清洁能源；将20%的公共照明设施更换为节电型灯泡；在全国修建200万个绿色住宅和办公室，即建设200万户具备太阳能热水器等的绿色家庭。

（2）“绿色增长国家战略及五年计划”。韩国政府提出的“绿色增长国家战略及五年计划”，旨在推进实现三大主要任务：一是应对气候变化及实现能源自立；二是将开发绿色产业和技术作为新的增长动力；三是改善生活质量及提高国家地位。最终实现把韩国建设成为绿色能源国家的伟大目标。

韩国政府树立了在2020年以前成为世界七大绿色强国、在2050年以前成为世界五大绿色强国的目标，并致力于使解决气候变化问题的能力、绿色技术及相关产业以及绿色竞争力达到世界领先地位。为实现这些目标，韩国政府制定了十大政策方向、任务和具体可行性方案，分别如下：强化摆脱对石油及能源依赖的自立能力；加强绿色增长教育，提高国民意识；有效减少温室气体排放；构筑绿色国土环境与交通网络系统；产业绿色化与培育绿色产业；强化适应气候变化的能力；产业结构调整；构筑绿色经济基础；开发绿色技术及产业并使之成为增长新动力；成为世界性绿色增长的示范国家。

（3）国家能源基本计划。作为世界第七大石油消费国和第四大石油进口国，韩国的人均石油消费量位居世界第五。对此，韩国有必要开发新能源，增加可再生能源利用率，从而降低原油进口量。

每隔5年制定一次的国家能源基本计划是能源领域最高级别的战略计划。2008年9月，依据“低碳绿色增长战略”的方针，韩国提出了“第一阶段国家能源基本计划（2009-2020年）”。该计划是落实国家绿色增长战略的重要举措之一，将对韩国能源产业乃至国民经济全局产生重大影响。

（4）法律法规体系保障。2009年，韩国国会通过了《绿色增长基本法》。该法律包括落实气候变化和能源目标管理制度、提出温室气体中长期的减排目标、构筑温室气体综合信息管理体制以及建立低碳交通体系等内容。此外，还针对新能源可再生能源发展目标、绿色增长委员会的设立、推动绿色技术发展等内容进行了基础性与方向性的规定。作为一部基础法，它体现了韩国低碳绿色增长的战略性与先进性，为实现国家低碳绿色战略目标提供了法制保障。

这部基础法落实后，可再生能源和新能源、绿色信息通信、水资源、环保车辆和环保农产品等10个项目和61项重点技术可进行绿色认证。此外对于大型建筑物，采用“能源、温室气体目标管理制”严格控制能源使用，一定程度上缓解了能源紧张的问题。

2）产业结构低碳优化

韩国的《绿色能源产业发展战略》确定了高效煤炭、风力、清洁燃料、光伏、氢燃料电池、能源储藏和电力 IT 等九大低碳绿色能源的重点领域，同时明确了要加大推进如热泵、节能型建筑、核能、绿色汽车、超导、小型热电联产六大低碳绿色能源的发展。从高耗能产业转向低碳化产业，通过主导产业的低碳化，带动整个产业结构的低碳化，同时推动低碳绿色技术的发展。

3）传统产业绿色化改造

韩国计划通过购置环保且低成本的生产体制、导入绿色经营认证等方式进行制造业的绿色革命，在半导体、显示器等互联网技术产业，制定创造可再生能源等新产业和进入发达国家市场的目标；在汽车、造船、机械领域设置二氧化碳减排目标，并建立产业融合 IT 中心；在钢铁领域扩大低消耗设备投资，在纺织领域推进缩短生产过程的工程开发以及超轻绿色新纤维的开发。此外，推动新型工业产业链模式，实施“生产—物流—营销—服务—资源循环”产业链环保化、绿色互联网数据中心的模型开发和以新产业化为中心的 IT 技术利用绿色化。

4）注重新能源、可再生能源的发展

作为全球第五大核电国，韩国现拥有 23 座核反应堆，计划到 2024 年使核电站发电比重提高到 40%。此外，韩国积极扩大核电站的国际市场，发展核电站出口贸易。韩国政府拟在 2030 年之前出口 80 座核电站，届时，韩国核电站的国际市场份额达到 20%以上，韩国将成为世界第三大核电出口国。

同时，韩国优先发展风能、太阳能等新能源，并积极促进新能源、可再生能源的相关课题探究。为推动新能源、可再生能源的相关设备的发展，韩国政府还提出“新能源、可再生能源占全国能源供应的比例在 2020 年提升到 10%，到 2030 年提高到 11%”的目标。

5）实施碳排放交易制度

2009 年，韩国政府制定了 2020 年国家温室气体减排目标。为了有效实现该目标，从 2010 年开始，韩国进行了温室气体排放权交易的试点工作，旨在引导除了产业界以外的公共、家庭、运输、商业等部门参与减排活动。

3. 绿色增长典型地区——江陵市

江陵市是韩国中央政府确定的第一个低碳绿色示范城市。作为一个基于生态良性循环的城市发展方式，“江陵模式”为污水处理、城市生活垃圾处置、交通运输、供水、能源、生态环境保护和文化建设等各方面提供了低碳环保的解决方案。

2010 年 3 月 31 日，江陵市推行的《江陵市低碳绿色示范城市发展规划》提供了符合经济发展需要的绿色增长模式。该规划在基本规划框架和原则的基础上，为各发展规划配套制定用地层面的空间规划、气候变化应对规划以及经济复兴规划，包括建设湿地公园、绿色社区、会议中心、绿色高科技工业园、教育中心、农业文化旅游、学校、绿色公寓、旅馆、光伏照明街道、沿海生态系统、生态村等一系列大型低碳绿色项目。

为推动绿色增长战略的实行，江陵市在新能源设施建设方面做出了诸多努力。

一是建设年发电 18 万千瓦时的太阳能发电设施。太阳能发电系统是“江陵绿色城市”的核心组成部分。体验中心共有 380 个太阳能面板，平均每天产生 492 千瓦时电力，年发电量约 18 万千瓦时，每年约可减排 87 吨二氧化碳。韩国 SKC&C 公司还为太阳能发电系统定制开发了电量存储系统（energy storage system，ESS）装置。当系统发电量不足时，ESS 装置将释放多余电量。韩国政府也在积极推进 ESS 与新能源的融合技术研发。

二是可调节室内温度的地热设施。在“绿色城市体验中心”南端竖立着数十根直径为30厘米左右的管道。这些管道深度为地下150米，连接地源热泵系统。该地热循环系统采用了绿色建筑冷气、暖气调节技术，可全年保持 15℃左右的适宜温度。室内的冷温双水、暖气等能源设备大量使用地热技术，每年预计节约 2.2 亿韩元能源费用。可再生能源的普及使用将大大降低酒店、宾馆、娱乐场所的营业成本，变相促进了旅游业的发展。

三是推行绿色环保的电动公交。江陵市电动公交充电设施使用 100 千瓦的快速充电器设备，可在 30 分钟内完成充电。

4.1.2　日本北九州市：制造业污染治理的范本

1. 日本绿色增长背景

第二次世界大战以后，因一味重视经济的发展速度，日本忽视环境保护与经济发展之间的关系，环境问题频频发生（宋海鸥和毛应淮，2011）。20 世纪中期的“世界八大公害”中的四个发生在日本。

20世纪60~70年代，日本经济飞速成长，污染问题日益显著。为此，日本颁布了《公害对策基本法》《大气污染防治法》《噪音规制法》《水质污染防治法》《海洋污染防治法》《恶臭防止法》《自然环境保护法》等一系列环保法律，为环境治理提供了坚实的法律基础。此外，日本政府不断完善环境管理体制，从中央到地方各级政府均设置了较为完整的环境保护机构。得益于法律的出台、环境管理体制的完善和企业对环保设备的投资，环境治理成果喜人。

20 世纪 90 年代起，日本围绕绿色发展先后颁布了十多部法律规章并实施环境税种，出台经济绿色发展的保障政策与措施。2008 年日本政府提出“发展绿色经济的行动计划”，出台了《全球气候变暖对策推进法》，提出发展绿色经济的目标、计划和实施措施。2009 年日本政府公布了《绿色经济与社会变革》，旨在通过能源与环境政策推动绿色发展，2012 年实施全球变暖对策税，开始对石油、天然气等化石燃料征税。

2. 日本绿色增长实践

1）绿色增长战略规划

（1）绿色制度与政策框架。利用系统化的制度与政策供给，构建生态经济发展与环境公害治理的基础框架。1967 年，日本颁布了《公害对策基本法》，从国家层面为环境公害治理奠定基石。之后，又陆续出台了《农业用地土壤污染防止法》《资源有效利用促进法》《大气污染防治法》《绿色采购法》《环境基本法》《水质污染防治法》《循环型社会形成推进基本法》《噪音规制法》等法律。到 21 世纪初，日本完善了覆盖公害治理、环境标准及循环经济发展的法规体系。1971 年，日本设立环境厅推动环境法规的落实。

（2）节能和资源综合利用优先战略。日本注重发挥气候变化与产业、环境政策、循环经济的协同效应。由于经济社会发展所需能源资源几乎全部需要进口，因此，日本在经济发展政策制定过程中非常注重高效、节约和多目标协同。日本经济产业省和环境省对气候环境和能源资源政策制定发挥着主导作用，相关部门参与政策制定和实施，注重使低碳社会建设与循环经济、环境保护及产业发展相互促进，实现各项政策措施协力、目标协调、效果协同，对能源资源利用实现排放最小化、效益最大化。20 世纪 90 年代以来，尽管日本经济增长相对缓慢，但单位产出的能耗水平、资源综合利用效率和碳生产率仍得到较大提升，并基本实现了能源消费、电力消费与经济增长脱钩（宋海鸥和毛应淮，2011；田成川和柴麒敏，2016）。

（3）绿色财政支持。日本政府注重环境投入，除财政支持，日本政府对环保市场也给予支持，实施了一系列鼓励优惠措施，如技术指导、税收优惠、公共金融等。日本鼓励企业在环保设备等领域进行投资，并给予提供低息贷款、减免税收、简化环保投资贷款等政策优惠，从而鼓励企业提高节能环保技术。此外，政府的财政补贴措施也非常精细化，如在垃圾发电项目中，一般垃圾和塑料等化石燃料制品的上网电价仅为 9 日元/千瓦时，但生物质发电的上网电价则高达 15 日元/千瓦时。同时，日本善于利用社会资本创新融资模式，如大阪的光之森太阳能发电项目是由市政府公开征集设计方案，确立方案后再向企业招标进行建设，有效调动了各方积极性，降低了融资成本。

2）产业结构优化

日本政府在处理环境污染问题的过程中，利用市场机制不断调节优化产业结构，公告全社会污染控制总目标，鼓励企业实行环保计划，同时采取调控能源价格等市场手段管控企业环保行为。政府也会基于工厂对环保科研、设备上的投入给予一定的补贴。同时，政府在市场上采用绿色环境标志制度，提升消费者对环保产品的消费量，通过市场调节不断淘汰高污染产品。采用双管齐下手段促使企业向环保发展。20 世纪 60~70 年代，日本工业污染问题已逐步缓解，80 年代时基本得到解决。

3）推广绿色技术创新应用

日本拥有良好的工业基础和强大的基础研究能力，有利于生产绿色环保设备及开发新技术。日本政府投入大量资金进行科学研究，以促进绿色技术的发展，并要求以技术创新带动绿色发展。目前日本已成为全球最大的光伏设备出口国，其生物应用、智能技术研发均居于世界领先地位。

日本强调开发、创新环保技术，为此政府与企业均投入高额的研发经费促进技术革新，每年技术成果转化的专利数量居世界前列。以水处理领域为例，1970 年的水处理专利数量达到了 2 000 件，2001 年则高达 6 000 件。同时日本创建了产学研官共同参与的技术成果产业化推进体系，成为产业发展的引擎。

4）城市建设的绿色化转型

日本政府从绿色消费、绿色建筑和绿色交通领域积极开展城市绿色建设。在绿色消费方面，2009 年日本政府提出“环保积分制度”，鼓励公民在消费时选择节能环保产品。在绿色建筑方面，日本注重挖掘建筑的节能潜力。2012 年，日本政府颁布了《城市低碳化促进法》，启动了低碳建筑物认证制度。此外，日本公共建筑普遍使用节能效率高的设备，采用废热能源综合利用系统对节能系统进行调控。在绿色交通方面，日本政府推广电动汽车、氢气发动车等新能源汽车的使用，鼓励新能源汽车技术的开发。例如，2009 年日本对《环境保护条例》进行了修订，要求汽车拥有量超过 200 辆的公司，到 2016 年需有 5%以上的低污染、低能耗汽车。

3. 绿色增长典型地区——北九州市

凭借位于海陆交通要冲，以及坐拥煤炭和石灰矿源的天然优势，北九州市在 1901 年便出现了日本最早的炼钢高炉，第二次世界大战前其钢铁生产量占据全国半壁江山，并成为日本四大工业带之一。

20 世纪 50~60 年代，第二次世界大战后的日本处于经济高速增长期，北九州市上空常年飘满各种颜色的烟雾，被形容为“七彩烟”。起初人们对此情景颇有浪漫观感，甚至称其为“彩虹”，认为这象征着产业发达，生活幸福。然而随之凸显的污染问题逐渐打破了这一想象。随着大气污染越来越严重，当地一度不得不关闭小学。1965 年，海湾附近地区的月降尘量高达上百吨，成为当时日本工业污染最严重的区域。市内主河道因综合污染而散发恶臭，数以千计的居民患上哮喘，北九州被列为“公害聚集区”。1968 年，北九州市爱知县一带发生了震惊世界的八大公害事件之一的“米糠油事件”，受害者众多，唤醒了民众的环保意识。北九州市的环境污染治理始于 1970 年，家庭妇女们自发组织“妇人会”，向大学研究人员讨教专业调查方法，并执着地搜取各种实际数据和证据，借此向政府和企业部门提出交涉和具体治理建议。

之后，北九州市政府、企业、科研机构和市民共同努力，利用各种手段解决公害问题，将“产业振兴”和“环境保护”相结合，推行“产业环境化、环境产业化”战略，最终实现经济与环境的双赢。1987 年，北九州市获得“星空之城”之称，并于1990年成为日本第一个获得联合国环境规划署颁发的“全球500佳环境奖”的城市。在自然环境改善的同时，北九州市在环境产业发展和环境技术革新方面具有较强的竞争力，环保技术与环境产业的出口已成为北九州市经济发展的新引擎。

作为最先开始探索循环经济发展模式的国家之一，日本具有独特的循环经济战略体系，而北九州生态工业园就是发展循环经济的模范之一。北九州生态工业园建于 2001 年，是日本第一个生态工业园。园区内企业能得到日本政府及北九州市政府的补偿，政府统一收购园区内的土地，长期租给企业，借此推动园区内环保产业发展。生态工业园是生态工业的聚集场所，是根据工业生态学原理和循环经济理论而设计的一种新型工业组织形态，旨在通过清洁生产、循环利用、废物交换等过程，达到园区内污染物“零排放”。北九州生态工业园已经发展成为日本生态工业园区的典范，其特色与成功经验有以下几点。

1）政府有力的政策支持

北九州市出台了一系列的税收、财政、融资政策支持环境公害治理与生态经济发展。首先创立了生态工业园区补偿金制度，国家补助先进技术企业 1/3~1/2 的建设经费，用于资助园区的软硬件设施建设等。截至 2005 年，北九州生态工业园共投资502亿日元，其中国家投资100亿日元，市政府投资为58亿日元。此外，减量化-再使用-再循环（reduce reuse recycle，3R）事业、废弃物处理设施建设等相关项目在政策性融资对象中可以获得税收优惠。北九州市最终在生态经济发展与环境公害治理方面达到世界领先地位，离不开系统的政策制度供给及严格的政策执行。

2）完善的法律保障体系

日本拥有全面保障循环经济发展的法律体系，包括基本法、综合法、专业法三个层次。其中，《推进循环型社会形成基本法》明确了立法、行政、国民等协同参与的基本框架；综合法包括《资源有效利用促进法》和《固体废弃物管理与公共清洁法》；专业法包括《报废汽车循环利用法》《家用电器回收法》《促进容器和包装分类回收法》《建筑材料回收法》等。

1967 年，北九州市成立了环保局，早于日本环境厅成立的时间。北九州市还出台了《北九州市公害防止条例》，其要求高于国家规定。同时，市政府与市内的重要企业签订了《公害防治协议书》来完善当时国家法律的不足。这样，通过立法规范了官（政府）、产（企业）、学（大学及科研机构）、民（市民）在建立循环型社会方面的责任和行为规范，保障了发展循环经济的法律基础。

3）重视科研及人才培养

在百余年的工业化过程中，北九州市累积了充裕的产业技术。早在 1994 年，北九州市就开始规划“北九州学术研究城”，为循环经济的发展提供智力支撑和科技支持。现在已有英国克拉菲尔德大学、早稻田大学、北九州市立大学等多所研究机构和新日本制铁公司等 40 多家企业进驻城内，政府、企业和多所大学联合起来在生态工业园的实证研究区内建立了多个试验基地，吸纳了大量高科技人才进行科学研究，为生态工业园的建设发展奠定了良好基础。

4）积极推动产业环保化，减少废弃物的排放

一方面，北九州市出台了特有的产业废弃物处理计划来推动产业废弃物的减量排放，如新增开发行为和一定规模生产设备的企业，要提交环境报告书并缔结公害防治协定。另一方面，北九州市的企业同样重视环保事业，在产品设计制造与材料选用上，都最大限度地体现出资源节约化及环境友好化，优先考虑如何对产品大规模报废进行拆解并最大化地回收有效零件及材料，形成循环生产体系。

4.1.3 美国旧金山湾区：美国清洁能源的先行者

1. 美国绿色增长背景

作为全球范围内最先投入环境保护和资源节约利用的国家之一，2008 年的金融危机让美国遭受了最为严重的经济衰退。曾经，美国在信息、金融、汽车等行业均是佼佼者，然而由华尔街爆发的金融危机使美国经济大幅萎缩，国际地位有所下降；硅谷信息业逐步呈现增长减缓的态势；底特律汽车忽视环保节能的重要性使其面临从全球汽车产业中出局的风险。美国政府敏锐地意识到，需以“绿色”为突破点。自奥巴马总统上台后，美国积极提出“绿色新政”，发展清洁能源等

新兴产业，完善环境政策，努力成为全球绿色增长的先行者（Mitra，2015）。

2. 美国绿色增长实践

1）推动能源经济转型

随着全球能源紧张，节能减排成为各国的迫切需求，美国政府为提高清洁能源产能，保证其行业领先地位，制定了将制造中心转为发展绿色技术中心的规划与向清洁能源转型的战略。奥巴马上任后，美国政府便致力于发展经济。2009 年政府施行《美国复苏与再投资法案》（又称“绿色经济复兴计划”），明确以发展包括智能电网、风能和太阳能等在内的新能源为重要内容。

2005 年美国参议院、众议院两院通过美国能源政策法案，这是自 1992 年以来美国首部全面的能源政策法规，其将提高能源效率作为重中之重，在鼓励企业及居民节能的同时，推动核电生产和供电计划的实施，核心是开发能源。2009 年，美国政府为可再生能源发电、能效改善等领域划拨 22 亿美元财政金额，此外，实施税收优惠政策扶持能源产业，2005~2015 年美国政府向企业提供的能源减税额度达 146 亿美元（熊鸿儒，2017），该措施促进众多能源企业对清洁能源进行创新（Chang and Carballo，2011）。2012 年页岩天然气的开采量占比接近美国天然气总开采量的 30%，预计到 2035 年，该比重将增加至 49%。

政府以 7 000 美元的抵税额鼓励消费者购买节能型汽车，并动用 40 亿美元的联邦政府资金来支持汽车制造商，从而使美国的混合动力汽车销量实现新高。2009 年，汽车产出为美国三、四季度 GDP 增长值贡献 1.5 个百分点和 0.4 个百分点，推动了美国经济逐步复苏。

2）制定气候战略政策框架

美国政府于 2009 年 2 月 26 日签署发表“2010 年会计年度预算基本方针”与“美国中期财政预测”，确定其气候战略的政策框架。首先，明晰中长期气候战略目标。其次，设定美国版的基准年，强调“以 2005 年为基准年”，而非欧盟规定的“以 1990 年为基准年”。最后，设定美国温室气体排放总量上限，规定减排时间表，并于 2012 年正式引进“上限交易制”，为气候战略的落实提供了可操作性（Scott et al.，2006）。实施“额度拍卖”的排放总额度分配方式，以筹借财源，奖勤罚懒，促进低碳技术的开发与应用。

3）创造绿色就业

绿色增长将为新增就业岗位、技术进步与发展创造新的机遇。《美国复苏与再投资法案》中表明将投资 900 亿美元用于促进就业，同时该投资将创造或挽救每年约 72 万个就业岗位，预计几年后将创造就业岗位 500 万个。每年创造的就业岗位的 2/3 均与能源效率、可再生能源生产等清洁能源项目有关。

4）打造绿色农业

美国农业发展同样遵照绿色增长道路。2002 年美国出台《农业安全和农村投资法》，在提高农业补贴及农村地区基础设施投资力度的同时，明确了“绿色”导向，颁布了水土保持与农业资源保护计划，鼓励农场主实行有机生产和环境友好型生产方式。政府加大农业环境保护与绿色发展的资金投入，研究开发新型有机化肥和农药，确保农业用品的安全环保，淘汰不达标产品。同时研发高产量且具抗病虫害特性的农业品种，减少化学品的使用。美国商务部数据显示，2008 年全球的环保产品总值为 7 824 亿美元，2009 年美国的环保产品总值达到 2 995 亿美元。

5）环保产品先行

一方面，在企业和居民层面，购买使用达标环保设备的企业享有减免税优惠政策，家庭或企业使用太阳能发电设备最高可减免投资成本 30%的所得税额度。另一方面，美国政府也大力推行绿色采购，规定政府机关必须优先采购绿色产品、使用再生物品，美国环境保护署也对政府的绿色采购行为进行规范并制定详细的“绿色采购清单”。

3. 绿色增长典型地区——旧金山湾区

旧金山湾区是美国西海岸、加利福尼亚州北部的一个大都会区，共 9 个县，城镇超过 100 个。硅谷是美国和全世界技术产业的象征，地处于旧金山湾南端的狭长地带，随着美国绿色增长战略的实施，环保新能源产业成为硅谷及旧金山湾区高速成长的新兴产业。《亚太城市绿色发展报告》首次对亚太地区 100 个主要城市的绿色发展水平进行了评估分析，旧金山排名 12 位，人均 GDP 超过 14 000 美元，在区域城市体系中，保持着强劲的绿色增长态势。美国前总统奥巴马也曾公开指出，旧金山三面环水，是美国各个城市中发展清洁能源的先行者。从旧金山发展的历史经验来看，有以下几点值得研究借鉴。

1）水与能源协同发展

充裕的水资源和稳定的能源供应是旧金山成功发展的基石。旧金山的人均水资源消费全美最低，且旧金山是可再生能源领域应用和研发的领导者。但为应对日益加剧的水和能源问题的挑战，如气候变化、水资源短缺、水污染、公共事业基础设施老化等问题，旧金山公共事业委员会（San Francisco Public Utilities Commission）将水资源与能源的发展规划纳入统一管理，专门编制规章统筹规划全市的水与能源事宜。致力于鼓励创造性的水和能源解决方案，为创新性的水与能源利用技术提供平台和空间，以达到最大化高效利用有限资源的目的。

发起水资源保护项目，通过提高效率和减少浪费打造水资源高效利用的旧金山，用回收水浇灌公园和高尔夫用地。推广建筑内水资源循环，用回收水来冲洗卫生间以节约饮用水。将地下水引入地表，最大化利用水资源。通过城市排水系统充分利用雨水，在将废水和雨水排入旧金山湾和太平洋之前进行充分处理，以保护环境。

积极宣传使用可再生能源或清洁能源。旧金山的许多光伏发电项目和生物质项目得到高度发展。旧金山重视处理水与能源的联动关系，跳出水生产、污水处理、能源三者的边界，以统一的视角考虑三者的协同发展。主要措施包括：在工业水处理设施上安装节能设备、在抽水设备上安装光伏发电设备、在工业废水处理厂内安装沼气发电设备，有效降低工业水处理过程中的能源使用和温室气体，通过新技术将废水中的物质转化成生物质燃料。

2）绿色城市建设

城市清洁能源方案：旧金山市政府要求将温室气体排放量在 2012 年减少到相当于 1990 年排放量的 80%。在这一要求下，旧金山市政府拟订并采取了一系列清洁能源方案。在市政方面拥有全美最大的替代燃料车队，城市回收率全美领先，回收循环利用率可达 70%；拥有完备的城市太阳能发电装置；全市禁止使用泡沫塑料、非生物降解的食品袋。

绿色建筑：2008 年，旧金山市通过了最严格的美国绿色建筑标准之一。所有新建建筑必须符合绿色建筑工作队制定的绿色建筑标准，从而最大限度减少碳排放和能源用量。为了激励房地产开发建设采用能源与环境设计先锋（leadership in energy and environmental design，LEED）金级认证，市政府与其他部门协调后决定，新建建筑物均以 LEED 金级认证为标准进行建设。

推动太阳能普及：旧金山市制定了安装太阳能奖励制度，结合联邦税收抵免退税与加利福尼亚州太阳能计划，可承担一半太阳能发电系统安装成本费用。为推动太阳能资源应用，旧金山市政府率先安装太阳能系统。此外，还规定安装太阳能系统的居民能享有 3 000~5 000 美元的政府补助，大大加快了太阳能在旧金山的普及速度。

3）绿色技术

旧金山聚焦于绿色环保与清洁能源技术的发展，绿色技术是其将绿色、创新等概念进行有机融合协同发展的最好载体。位于旧金山湾区奥克兰的加利福尼亚大学伯克利分校的劳伦斯伯克利国家实验室是全球清洁能源研究中心，超过 225 家清洁技术企业总部集聚旧金山地区。2008 年，硅谷社区基金会发布的《硅谷指数》报告显示，硅谷本年吸引的清洁能源技术风险投资比上年猛增 94%，达到 19 亿美元，占美国当年清洁能源技术风险投资总额的 31%左右。2005 年，清洁能源技术产业在硅谷地区创造的就业岗位增长了 23%，2008 年增长 9%。

4.1.4 英国曼彻斯特：低碳经济的急先锋

1. 英国绿色增长背景

作为发展“低碳经济”的先行者，金融危机爆发以来，英国加快了向低碳经济转型的步伐。受金融危机影响，英国经济于 2008 年下半年开始衰败。摆脱危机、刺激经济复苏迫在眉睫，而“低碳经济”以鼓励科技创新和发展新能源为重要特征，迅速进入眼帘。该战略不仅适合当前气候变暖等环境问题对新能源技术的迫切要求，还能带动生产力发展，满足强大的生产需求，是英国经济复苏的新经济增长点。同时，此计划的实施能够巩固英国在全球应对气候变化行动中的领先地位，使其实现经济、环境和国际形象的三丰收。

2. 英国绿色增长实践

1）制定能源政策

为应对全球变暖，英国政府于 2009 年 7 月 15 日出台了《英国低碳转型计划》白皮书。该政策采用预算式控制管理二氧化碳排放量，在全球首次提出“碳预算”指标并落实至各部门。该计划的出台表明英国政府正主导其经济向低碳转型。

《英国低碳转型计划》出台之前，英国政府还制定了《2007 年能源白皮书》《可再生能源义务法》《2009 可再生能源战略》等。以《可再生能源义务法》为基础，《2007 年能源白皮书》改进规划体系，建立了更加稳定和清晰的规范机制，为推进可再生能源发展消除主要障碍，而后颁布的《2009 可再生能源战略》进一步扩大可再生能源热电运输。《英国低碳转型计划》则强调保障能源供应的同时实现碳排放量的减少。到 2050 年，英国电能将几乎全部来自可再生能源（Bristow et al.，2008）。

英国政府为实现目标，采取了一系列措施。例如，将原有可再生能源法案有效期延长至 2037 年，批准“全球最大离岸风力发电厂”计划；设立可再生能源署等部门，助推可再生能源发展。

2）加强碳捕获和封存方面的建设

《2009 可再生能源战略》规定任何发电能力达 300 兆瓦的发电站必须安装“碳捕获”设备，为二氧化碳收集和储存技术奠定基础。英国是第一个强制实施碳捕获建设的国家，其颁布的《2010 能源法》将碳捕获和封存（carbon capture and storage，CCS）作为发展重点。政府以税收和资金拨付的方式支持 CCS 示范项目建设，要求所有新建的燃煤电站运用 CCS 技术限定容量，推广 CCS 技术发展。

3）削减排放

2003 年，英国政府发布《我们能源的未来：创建一个低碳经济体》能源白皮书，确定了国家实施低碳经济发展的目标。随后，于 2007 年发布《应对能源挑战：能源白皮书》，将长期发展战略拓展至可再生能源发展，并与欧盟节能目标实现统一。2008 年出台的《气候变化法案》，作为世界上首个对温室气体减排目标做出约束性规定的国内立法，为实现温室气体减排的长期目标提供了重要支撑。2009 年制定《可再生能源战略》与《低碳转型计划》，推动企业节能减排。一系列法案与规划的相继出台，为企业减少碳排放和有效利用能源给予了科学指导与专业建议。将高碳排放企业纳入欧盟碳排放交易体系中，约束其碳排放量，奖励减排企业；而对未纳入排放交易制度的企业，通过“气候变化税”、“碳排放减排承诺”与“气候变化协议”等措施激励企业开展减排行为（Kwon，2005）。

英国排放交易体系（UK emissions trading system，UKETS）主要包括三方面：首先是碳排放交易机制，进入 UKETS 的企业可购买二氧化碳排放量信用配额，符合规定排放目标，可获补贴或税收优惠；其次是可再生能源市场化的政策，包括可再生能源证书交易政策与合约固定电价政策；最后是减碳承诺节能计划，该计划要求参与碳限额交易的大型公共部门与私营机构购买或提交排放配额。

4）征收碳税

碳税是所有税收政策中最具针对性的税种之一。碳税作为一项污染税，以环境保护为目标，根据化石燃料生产、分配和使用产生碳排放量的多少来征收税费。征收碳税旨在通过税收调节碳排放，进而降低全球变暖的速度，因此在转变纳税人环保意识、促进社会公平、优化环境资源配置等方面较其他二氧化碳减排措施更具优势。英国在 2003 年颁布的能源白皮书《我们能源的未来：创建一个低碳经济体》中最先提出了碳税相关政策，随后又于 2006 年 10 月颁布了《气候变化的经济学：斯特恩报告》，对碳税相关政策进行了详细且明确的阐释，呼吁全球通过提高能效、能源去碳、价格机制和技术研发等手段发展低碳经济。除了针对污染环节征税之外，碳税在能源税收中也具有一定意义。通过实施税收优惠政策，从政策鼓励的角度对低碳能源产业的健康有序发展提供支持，如对热电联产单位使用的可再生能源免税。

3. 绿色增长典型地区——曼彻斯特

位于英格兰西北部的国际化都市——大曼彻斯特郡（Greater Manchester），由索尔福德市（Salford）、特拉福德市（Trafford）及曼彻斯特市三地区城镇共同构成，是英国第三大都市区。其中，曼彻斯特作为曾经的工业中心和仅次于伦敦的中心城市，在第二次世界大战后经历了从繁荣到衰落，由转型重归繁荣的过程。

1）产业结构升级

曼彻斯特产业结构升级是指由传统产业向新兴产业、由工业经济向服务业经济的转型。20 世纪 80 年代，区域零售、商务、航空及金融服务业等取代了原有制造业，成为曼彻斯特经济转型的先行者。随之，城市的产值结构和就业结构发生巨大变化，以商务办公为导向的服务业得到了迅速发展。曼彻斯特抓住契机摆脱了工业城市的帽子，从而成为英国西北部的服务业中心和仅次于伦敦的商务中心城市。

2）提振新兴产业

21 世纪，“创意产业之都”理念围绕着曼彻斯特的建设。在政府推行一系列城市文化复兴计划后，教育、生物、医疗、媒体等知识型、创意型、休闲型产业开始兴起，持续的文化基础设施建设，使这座城市成为英国乃至欧洲以旅游、文化、创意为特色的重要都会。曼彻斯特索尔福德码头地区积极响应，将兴建“英国媒体城”定为城市未来的发展目标。媒体城一期（Media City UK Ⅰ）项目于 2006 年启动，2011 年完成，吸引了英国众多知名的高等教育、文化和媒体制作机构入驻，成为欧洲第一个专门以媒体为核心的聚集区。2012 年，英国广播公司（British Broadcasting Corporation，BBC）有关伦敦奥运会的报道和产品有 60%出自曼彻斯特的“英国媒体城”。

3）发展数字化媒体技术

曼彻斯特在其经济发展战略中强调信息通信技术的重要性，大力发展与曼彻斯特文化产业密切结合的数字化媒体技术，在数字传媒与影视技术领域创造出属于自身的优势品牌。曼彻斯特政府通过机构调整与政策规划，将文化部门转型为产业部门，并与体育部门、旅游部门共同发展文化创业产业，同时给予一定的政策倾斜，保障文化产业实现技术转型与附加值的提升。

4）以科技创新增强制造业竞争力

面对老工业基地改造，曼彻斯特没有将传统制造业工业抛弃，而是通过高新技术将其中的优势行业转型升级，发展绿色低碳的制造业。该市过往经验表明，新增服务业不能完全吸纳“去工业化”带来的失业人口，新增的第二产业才是吸纳就业人口的重要途径，同时也是高新技术发展的基础。在绿色转型过程中，曼彻斯特利用高新技术，对化工、航空、机电等优势行业进行技术改造，使其重新焕发活力。曼彻斯特还与毗邻城市利物浦联合向欧盟申请地方发展项目和科学研究项目，使其整体优势超过欧洲一般城市。

4.1.5　德国弗赖堡：城市可持续发展的范例

1. 德国绿色增长背景

德国是欧洲发展最为迅速的经济体，作为欧洲经济新增长点，为欧盟创造了很多就业机会。作为世界环保大国，德国已经将低碳经济作为一个重点课题写入未来发展战略规划，并且已经初步完成了低碳经济转型。德国联邦统计局发布的《德国2010年可持续发展指标报告》显示，1991~2009年，德国的经济结构发生了较大变化，服务业比重不断上升，工业、采矿业、建筑业等比重不断下降。就业人数1991~2009年总共增加了160万人（Lehr et al.，2012），但仍然有大部分民众还处于贫困之中。因此，为应对国际金融危机、保证可持续发展，德国将发展绿色增长经济模式确定为基本国策，明确了将绿色产业作为新的经济增长点，将在未来拉动经济的可持续性发展。

2. 德国绿色增长实践

1）绿色增长相关政策

1991 年，德国颁布的《可再生能源供暖法》及《可再生能源发电并网法》分别规定了促进可再生能源用于供暖和可再生能源并网发电的办法。1977 年，德国联邦政府出台能源研究计划，为实现气候保护目标奠定了基础。2007 年，联邦教育与研究部围绕“高技术战略”框架，制定了关于气候保护的高技术战略。同年，据欧盟指令制定了关于二氧化碳分离、运输和埋藏系列过程的法律框架。发展至今，德国已形成了排放权交易领域较为完善的法律与管理体系。

2）制定能源战略规划

2008 年，德国政府推出“国家气候倡议”，旨在加大可再生能源使用力度，挖掘降低碳排放治理成本的潜力。2009 年，环境部以低碳作为经济现代化服务的发展方针，颁布了发展低碳经济的战略文件，着重阐述生态工业政策体系的六个方面：可持续利用生物智能；严格执行环保政策；扩大可再生能源使用范围；制定各行业能源有效利用战略；推出刺激汽车业改革创新措施；实行环保教育、资格认证。此外，德国联邦政府推出“能源方案”长期战略，详细规划了德国在 2050 年前需要达到的能源发展长期目标与阶段性目标，并提出与之相配套的发展举措与行动计划。

3）制定配套措施保障绿色新政

德国政府针对战略方针的制定与执行，设计了一套内容完整、程序规范的保障体系：建立节能专项基金，鼓励企业实行现代化能源管理；对能源消耗行业征收生态税，优化能源结构、促进能源节约；鼓励使用低排量汽车，降低二氧化碳排放；积极推广“热电联产”技术，解决供电和供暖问题，降低用户对发电站的依赖；推行节能电器和建筑节能改造。德国还计划增加政府对环保技术创新的投资，通过建立环保和创新基金，筹集公共和私人资金推动绿色经济的发展。

德国是能源匮乏型国家，政府注重降低能源消耗与优化能源结构。在税收方面，德国对未使用风能、水力、太阳能、生物能源等可再生能源发电的企业，新增生态税，倡导企业开发和利用清洁能源。同时颁布《能源税法》和《能源税实施细则》，通过税收优惠政策引导企业使用并推广生态型新能源，提高企业的绿色生产意识，打造绿色、可持续的经济环境。

在财政支持方面，德国联邦财政相关部门充分运用财政政策制定各项有力措施。对积极开展低碳转型的工业企业给予资金支持或税收减免，以此鼓励企业低碳转型进而推动绿色增长。加大对低碳技术升级改造研究课题和战略计划的科研投入，促进低碳技术成果转化进步。财政部门则通过激励措施鼓励私人投资新能源产业。

在绿色金融体系方面，国家对节能环保项目予以一定额度的贷款贴息，对节能效果优秀的项目，给予持续 10 年、贷款利率不到 1%的优惠信贷政策，利率差额由中央政府予以贴息补贴。德国能源署围绕能源有效利用和可再生能源展开各项业务活动，为节能企业提供节能环保领域专项基金支持，帮助其接受专业节能指导和采取节能措施，推动企业项目规划实施，提高德国中小企业的能源效率。

4）推行绿色能源与绿色技术

（1）节能减排。自 1977 年第一部供暖保护法诞生至今，德国政府在节能减排方面开展了大量工作，不仅通过经济上的鼓励和政策上的优惠来提高企业的节能管理意识，同时还运用市场机制，调动个人和企业节能的积极性。2002 年以来，德国政府颁布了一系列节能方面的政策法规指导行业规范。例如，颁布《热电联产促进法》鼓励收集发电中产生的热能并用于供暖；《生物燃料油比例法》明确规定 2015 年德国生物燃料在总燃料中的占比目标；《可再生能源取暖法》重点扶持项目向新能源下游产业转移；《车辆购置税改革法》按照车辆发动机大小和碳排量情况设置新车购置税率，以此减少交通工具的碳排放。

（2）可再生能源。德国的可再生能源发展模式在世界上具有鲜明的代表性。1999 年 4 月，德国政府新增《生态税改革法》，对矿物能源、电力和天然气等不收取生态税，鼓励生产企业开发和使用清洁能源，进而推广风能、太阳能、生物能源等可再生能源发电。同时政府用市场溢价逐步取代固定电价补贴，全面推进可再生能源发电市场化。全国能源信息平台显示，截至 2008 年，德国进口能源的开支因大力开发可再生能源而节省了 9 亿多欧元。2020 年，可再生能源占德国电力结构比例升至 46.3%，与前一年相比增加了 4 个百分点。

（3）鼓励绿色技术创新及应用。德国致力于绿色基础设施的建设与完善，并积极推动绿色技术的创新与应用（如屋顶绿化、外墙绿化及透水路面等），在改善城市生态环境与绿色发展的道路上做出了重要贡献。其中，屋顶绿化技术模仿土壤和植被的自然过程，具有改善城市热岛效应、管理雨水等功能，也因此得到了德国政府大力支持。

5）促进公民参与

公众积极参与政策咨询、政策制定与政策实施是一个国家政治体系完善的重要标志，对政策沟通效率的提高具有关键作用。在政策的制定过程中，德国政府开通公众参与的渠道，设定快捷简便的信息收集流程，对公众反映的问题给予及时、有效的反馈。这种将公众民意融入政策制定过程的做法，既能够减少潜在的法律风险，也会提高项目推行的成功率。德国民间环保组织为宣传和普及环境保护知识经常免费开展讲座、提供环境保护知识手册，以提升公众环境保护意识。此外，环境保护教育和培训将纳入德国职业教育。

3. 绿色增长典型地区——弗赖堡

如今被誉为德国的环保“硅谷”和“欧洲太阳能之都”的弗赖堡原本是一座拥有 20 万人口的边陲小城，但现在不仅是世界绿色运动的发源地，还是世界环境科学和太阳能研究中心之一。弗赖堡城市环境保护主要起源于 20 世纪 70 年代的群众性反核运动，早在 1986 年，弗赖堡政府便将太阳能作为城市的主要能源，计划放弃核能并成立全国第一个环境保护办公室。1992 年，弗赖堡因其在环境科学方面的杰出成就，被评为“德国环境之都”。目前，弗赖堡是全球四个公认的“生态城市”之一。

1）能源战略

废料木块燃烧设备和生物质发酵工程为弗赖堡提供了大量的可再生能源。弗赖堡 10%的电能消耗是由本市可再生能源产生的。同时，弗赖堡已有 140 多套小型热电联产设备，能够产生 50%城市所需的电能。弗赖堡政府制定了“高能效城市”总体规划；制定热能登记册，统计并显示热能消耗以及能源设备；优先建造分散小型热电联产设备的区域。

太阳能：2012 年，弗赖堡已是全德国太阳能应用最发达的地方，德国弗赖堡新浪博客消息显示，平均每位居民拥有 36.7 千瓦峰的太阳光能容量，不仅是全德之冠，在全球更是名列前茅。弗赖堡通过激光扫描对市内建筑物屋顶大小、方向、位置和阴影情况进行了精确统计，屋主可以通过网站快速、免费获悉自家屋顶是否适于安装太阳能设备。对于没有自家屋顶的私人用户，弗赖堡向其提供公用建筑屋顶用于安装光伏设备。德国弗赖堡新浪博客消息显示，截至 2009 年 12 月，弗赖堡共安装了 1.5 万平方米太阳能收集器和 1 000 多套光伏设备，功率总和约为 15 兆瓦。

生物天然气：弗赖堡在生物天然气的利用方面也取得了一定突破。2010 年起，巴登诺瓦公司便大量生产生物燃气，并将其净化成生物天然气，输入天然气网。自 2009 年起，所有的弗赖堡室内游泳馆的小型热电联产发电站均以生物天然气为燃料。

环境友好的地区电力：2008 年起，供弗赖堡私人家庭使用的、由地区能源供应商巴登诺瓦公司供应的不含核能源的电力完全来源于可再生能源。同时，从 2009 年起，弗赖堡的所有有轨电车均开始使用生态电，每年避免排放约 7 000 吨温室气体。此外，有轨电车还使用了一种特殊的刹车装置，可以节约额外的 20%电耗。

2）建立气候战略体系

早在 1996 年，弗赖堡就制定了节能减排的目标：2010 年城市的二氧化碳排放量降低 25%，2030 年降低 40%[①]。能源供应公司建立奖励基金，鼓励交通、房屋等建设项目采取减排措施，二氧化碳排放情况得到明显控制。为实现弗赖堡气候保护目标，议会规定，自 2008 年起，每年市政府将从巴登诺瓦公司征得的特许权税的 10%用于额外的气候保护措施。此外，在该决议基础上，弗赖堡增加气候保护资金约 120 万欧元，并制定相应的气候保护措施。

3）建筑节能

弗赖堡政府以身作则，设定高节能标准。从 2009 年起，新建及扩建的所有公共建筑物均采用被动式房屋建筑方式，即建筑物每平方米的供暖需求每年不超过 15 千瓦时。由于私人建筑约有 75%的能耗用于室内供暖，消耗大量能源，弗赖堡市政府从节能改造和设定新建筑能源标准两个方面降低建筑能耗。自 2002 年起，弗赖堡市实施了“节能改造”促进项目。截至 2008 年共投资了 121 万欧元，帮助 290 栋老建筑物进行保温改造。通过该项目，平均可节约 38%的供暖能耗，相当于每年 250 万千瓦时供暖能耗[①]。同时，弗赖堡针对新建筑实施了“新能源标准”，这一标准被分为两步——“弗赖堡高能效房屋标准 60”和“弗赖堡高能效房屋标准 40”，分别于 2009 年和 2011 年先后引入，满足相应节能标准的房屋可以得到再建设银行的资助。

4）打造以研究机构为核心的产业集群

弗赖堡从事太阳能和可再生能源研究的核心机构有弗劳恩霍夫研究院[②]、太阳能系统研究所等。此外，弗赖堡建立了一个集中数百家相关工商服务企业及各类组织的庞大产业集群，其中包括太阳能电池厂、太阳能建筑设计公司、地区能

① 低碳生态城市案例介绍（三）：弗赖堡. 城市规划通讯，2011，（11）：17.

② 即德国弗劳恩霍夫应用研究促进协会下属的太阳能研究所，地址在弗赖堡。

源代办处、咨询公司、节能环保饭店和手工业协会的“未来车间”等，集群内的各种组织之间相互作用形成自我循环、自我增值、自我发展的组织形态，具有紧密的分工和专业化特征。

4.1.6　国际实践案例总结

总结国外绿色增长实践案例，从绿色增长实践的驱动因素、主要措施、主要成果三个方面来看，各个国家既有相同之处，也有些许差异。

韩国、日本的自然背景相似，国土面积小，资源匮乏，因此在进行绿色增长实践时，均注重节能与研发新能源方面的实践活动，并积极调整了产业结构，但日本的发展重点主要落在节能与环保方面，借助政府力量的同时，积极引进市场机制。韩国的重点落在新能源与可再生能源的开发上，主要依托政府的力量推动新能源发展。在 2008 年金融危机爆发后，各国经济受到不同程度的影响，绿色增长作为未来发展的必然趋势，势必是经济增长的重要引擎，在绿色经济建设过程中抢占制高点，对于推动各国经济摆脱金融危机阴霾、走向繁荣具有战略性意义，这也是韩国、日本、美国、英国与德国五个发达国家积极进行绿色增长实践的重要驱动因素。

在采取主要措施方面，五个国家都颁布了相应的法律法规或完善原有的法律制度，为其他措施的实施提供保障。能源作为国家发展乃至人类进步的核心推动力，是人类社会延续发展必不可少的资源，但以往人们所依赖的化石能源由于其不可再生性，存量有限，不足以维持现阶段人类的发展需求，加之历史上爆发的四次能源危机引发的经济衰退甚至战争，以及传统化石能源燃烧过程中产生大量硫化物、氮氧化物及二氧化碳等会对生态环境造成破坏，人们寻找替代传统能源的任务迫在眉睫。因此，五个国家都积极采取措施以促进新能源与可再生能源的发展。除了注重能源问题，各国还注重发展技术。在某种程度上，可以将绿色增长作为新一轮的“经济改革”。作为改革必不可少的工具，技术的重要性不言而喻，在绿色经济的浪潮中拔得头筹的关键要素是掌握先进的绿色技术。五国政府都对绿色技术的研发提供了极大的鼓励与支持，积极推进绿色技术的发展。此外，各国对于碳减排也同样给予了一致的关注。气候变暖引发的各种危机对人类社会产生了严重的影响，为抑制全球气候变暖的趋势，各国政府纷纷采取措施以减少二氧化碳的排放，上述五个国家均制定了减排措施，但仅依靠政府的力量并不足够。尤其是资本主义国家，相比政府的干预，市场机制的作用显得更有效率，所以德国、英国、美国这几个国家纷纷采取绿色金融手段，将市场机制引入碳减排的任务中，助力实现减排目标。

4.2 国内绿色增长实践典型案例分析

1. 国内绿色增长实践的背景

改革开放以来，中国经济以前所未有的速度迅猛发展，取得了里程碑式的进步。《中国统计年鉴》显示，1978~2018年，短短的40年间，我国由一个落后的农业国家迅速转变为世界第一制造大国，一跃成为世界第二大经济体，GDP 从3 679亿元达到919 281.1亿元，扩大将近250倍，人均GDP从381元达到66 006元，扩大了约 173 倍，堪称人类经济发展史上的一大奇迹。在经济全球化的今天，随着对全球经济增长贡献的不断攀升，我国的国际地位与国际影响力也得到了极大的提升。

然而，伴随经济飞速增长的是不断恶化的生态环境。一方面，高排放、高污染的粗放式经济发展模式，造成了严重的水污染和大气污染，据世界卫生组织2006~2018 年的报告统计，世界上污染最严重的 20 个城市里，中国从 16 个下降至 2 个。虽然从数据的结果看，中国的环境状况在持续改善，但曾经恶劣的生态环境对我国居民的身体健康造成了严重危害，如雾霾诱发的呼吸道疾病，污染导致的癌症等。另一方面，以往“竭泽而渔”式的发展模式，导致对资源的需求也居高不下，过度开采、环境破坏等问题日益严重。尽管我国国土面积辽阔，资源总量巨大，但我国人口基数同样庞大，人均资源拥有量远低于世界平均水平。以淡水资源为例，我国水资源总量占世界水资源总量的 7%，但人均占有量仅是世界人均水量的25%（张雅楠，2019）。这一切的环境问题都在警告我们一味追求经济增长而忽略生态环境的传统经济增长模式并不可取。特别是在 2008 年金融危机之后，全球经济陷入低迷，尽管自 2018 年以来经济形势有所好转，但我国GDP 增速明显放缓，经济出现疲软趋势，急需新的增长动力，加之目前全球气候变暖等环境问题越发严峻，绿色增长方式逐渐引起了我国的重视。

2. 我国关于绿色增长的初步探索

中华人民共和国成立以后，我国对绿色增长理论开始了初步的探索并不断深入发展。1972 年，我国参加联合国第一次人类环境会议，这标志着绿色增长探索之路的开启；次年，我国在北京举办了第一次全国环境保护会议，并于 11 月出台了《国务院关于保护和改善环境的若干规定（试行草案）》；改革开放之初，以法治化的手段推动环境保护的施行是这个时期的主要特色，在邓小平同志的带领下，环境保护上升为我国的基本国策；为进一步完善环境保护体系，政府将林业建设提上了法制化建设的日程，1979 年 2 月，第五届全国人大常委会第六次会议通过了《中华人民共和国森林法（试行）》，并决定了国家植树节为每年的 3 月 12 日；同年 9 月出台的《中华人民共和国环境保护法（试行）》首次要求国家将环境保护划入经济社会发展规划的考虑范围，呼吁所有企业事业单位防止污染、保护环境；1982 年 5 月，设立城乡建设环境保护部，内设环境保护局；1984 年，创设国务院环境保护委员会；1988 年，独立设置了国家环境保护局，作为国务院的直属机构；1984 年 5 月颁布了《中华人民共和国水污染防治法》，规定了水环境质量标准和污染物排放标准，统一监督管控水污染防治；之后，《中华人民共和国大气污染防治法》《中华人民共和国水法》等环保单项法律法规接连出台。这一系列法律法规为我国实施环保策略提供了坚实的基础，并将我国环保事业推向了高潮，保护环境的理念逐渐深入人心。

随着经济全球化的趋势不断加深，环境问题上升至国际高度，引起了世界各国的重视。1992 年 6 月，联合国在里约热内卢召开“环境与发展大会”，我国在会议上表明保护环境、协调生态环境与经济发展间矛盾的决心，并于 1994 年 3 月对全球颁布了《中国 21 世纪议程——中国 21 世纪人口、环境与发展白皮书》，提出我国应该转变发展战略，走可持续发展道路，这是协调当前我国经济发展与生态环境间矛盾的必然选择；次年 9 月，党的十四届五中全会将“实现经济和社会可持续发展”正式写入《中共中央关于制定国民经济和社会发展“九五”计划和 2010 年远景目标的建议》；1997 年，在《中华人民共和国刑法》第二编第六章“妨碍社会管理秩序罪”中专设一节“破坏环境资源保护罪”，表明了我国政府打击环境犯罪行为的决心；2003 年 10 月，以胡锦涛总书记为代表的党中央在中共十六届三中全会上提出了“科学发展观”的概念，次年 3 月，胡锦涛同志在中央人口资源环境工作座谈会上提出，不能以牺牲环境为代价去换取一时的经济增长，不能以眼前发展损害长远利益，不能用局部发展损害全局利益（胡锦涛，2004），这表明我国要彻底转变以往不顾生态环境、滥用自然资源的粗放式经济发展模式的决心。

2005 年 3 月，ESCAP 第五届环境与发展部长级会议在韩国汉城（今首尔）举行，会议上首次提出“绿色增长”的概念并审议通过了《汉城绿色增长倡议》，旨在形成亚太区域合作框架，兼顾本区域的经济、社会、文化和自然条件等多样化，建立“汉城绿色增长倡议网络”的运作机制，促进亚太区域的“绿色增长”，实现联合国“千年发展目标”①中扶贫和环境可持续双赢的目标。作为

① 一般指联合国千年发展目标，是在 2000 年 9 月联合国首脑会议上由 189 个国家签署《联合国千年宣言》一致通过的一项行动计划。

参会国之一，中国代表团团长、国家环保总局副局长潘岳表示中国愿在“绿色增长”方面为发展中国家做出表率。

随着绿色理念在国内的广泛普及，各地区纷纷开始结合各自实际情况开展绿色增长实践活动，并取得了一系列可喜的成果，如表 4.1 所示。

表 4.1 国内绿色增长的践行与发展

地区	称号
天津市	绿色供应链试点
江苏省与山东省东营市	联合国环境署支持指导的绿色经济试点省市
上海市	绿色环保实践工作
湖北省与湖南省	全国资源节约型和环境友好型社会建设综合配套改革试验区
深圳市	绿色环保实践工作
遂宁市	联合国工业发展组织授予的“绿色经济示范城市”
贵阳市	国家生态文明建设示范市
云南省	绿色经济试验示范区
三亚市	全国十大低碳城市

4.2.1 遂宁市：绿色经济示范城市

1. 遂宁市绿色增长背景

遂宁市地处四川盆地中部，涪江中游，东邻重庆，西连成都，南接内江，北靠德阳，是四川省第二大交通枢纽城市。遂宁文化底蕴浓厚、山清水秀、农工商贸发达，曾是川中政治、经济和文化中心，并被称作“川中重镇”“小成都”。近年来，遂宁市在城市建设上取得了一系列成绩，先后获得全球绿色城市、国家级生态示范区、绿色经济示范城市、全国绿化模范城市、国家园林城市、中国人居环境范例奖等荣誉称号。

遂宁市拥有独具特色的自然山水格局，城市环境特色可归纳为“山”“水”“绿”“城”“生态”“田园”“绿色”，如何利用良好的基础条件提升城市经济增长质量，是遂宁未来城市发展需要重点关注的内容。

受制于资源和经济结构不平衡，遂宁市整体经济水平长期在全省中下游徘徊，加之“标兵渐远、追兵渐进、形势逼人、不进则退”的新一轮区域竞争态势的影响，遂宁市发展的紧迫感日益强烈。经过反复思考与定位后，遂宁市最终明确：务必及时改变发展理念，走一条新型的经济发展道路。“环境立市”战略是遂宁市贯彻落实科学发展观的重要里程碑，这一口号的喊响触动的正是发展理念的转变，绿色经济作为可持续发展的经济一呼即出（程都，2018）。实际上，这一抉择也是时代的要求，现代经济发展趋势表明，谁早日使产品绿色化，谁就掌握了市场竞争的主动权。

遂宁市原市委书记、市人大常委会原主任崔保华说："从遂宁欠发达地区的实际情况出发，如果不顾本地实际，沿袭传统的经济发展模式，不仅追赶不上经济发达地区，还可能把优越的生态环境丢失殆尽。"（黄俊宁等，2011）这正是遂宁市选择绿色经济的根本原因——富集的生物资源、良好的生态环境、地处四川盆地腹心地带的条件决定了遂宁市发展绿色经济的优势和基础。

2. 遂宁市绿色增长实践

基于循环经济的理念，遂宁市委、市政府提出了"打造活力成渝之心，建设现代产业高地"的号召，坚持走绿色经济发展之路，大力发展循环工业，具体绿色增长实践路径如下。

1）构建循环工业的促进机制

一是创立了组织领导体系。设立了由市长担任组长的循环经济工作领导小组，统筹协调全市工业节能减排和循环工业发展工作，各区县对应创建了由主要领导为主的循环经济领导机构。二是逐渐完善了支撑循环经济发展的政策法规体系。制定了《遂宁市"十一五"循环经济发展规划》，以工业企业为重点，颁布了《关于加强节能工作的实施意见》《工业和信息化部关于进一步加强工业节能工作的意见》《遂宁市人民政府关于开展工业和规模化畜禽养殖污染源综合整治工作的通知》等一系列文件，各区县也出台了许多驱动循环经济发展的政策措施。三是开始形成技术支撑体系（程都，2018）。以遂宁市产业特点为出发点，以政府引导、企业参与、市场运作为手段，重点开发和推广应用新技术 20 多项，引进国内外先进生产线 10 余条，全面提高资源综合利用的水平，使主要节能减排指标实现了不同程度的降低。四是初步建设循环工业发展的考核体系。制定与发布了《遂宁市工业节能目标责任评价考核办法》，将节能目标纳入各区县、市级各部门年度目标考核指标体系，采用节能减排行政问责制与一票否决制。

2）营造循环工业的发展环境

一是加大激励资金扶持。遂宁市政府建立了工业发展资金，对企业技术进行改造，尤其是对节能减排和技术创新进行了资金政策支持。二是积极落实各项税收优惠政策。鼓励企业发展循环经济，享受税收减免政策。三是搭建银企平台，鼓励银行支持企业节能技术改造。政府多次组织召开银政企对洽会，将企业实施的项目推荐给各级金融机构，引导金融机构和社会资金加强对企业的支持。

3）提升循环工业的发展动力

一是在产业结构调整中推动循环经济。全力打造新兴产业，如电子制造等产业在近年异军突起，迅速发展壮大。二是着力促进重点行业和企业的节能降耗。

以化工、纺织行业为重点，狠抓重点节能企业，强化对重点能耗行业、企业的监测分析和跟踪服务，督促企业完善节能管理、能源计量与统计等制度。三是加强企业节能监察。积极开展能效标识和化工企业能源计量器具配备以及节能工作情况专项检查。

4）实施产业政策，营造节能减排宏观环境

严格执行国家产业政策，实施节能评审和环境影响评估制度，对新建、改建和扩建项目实行节能评审，落实项目开工建设“六项必要条件”（符合国家相关产业政策、发展规划和市场准入标准；按规定完成投资项目的审批、核准或备案；按规定开展建设项目用地审批，依法完成农用地转用和土地征收审批，并领取土地使用证；按规定完成环境影响评估审批；按规定完成节能评估；符合信贷、安全管理、城乡规划等规定和要求），大力发展低能耗、高附加值的节能环保型产业，避免在招商引资和承接产业转移过程中引入高耗能、高污染项目。开展并联审批工作，在受理备案项目申请时，要求申报单位提供节能分析和环评分析专项报告，执行节能“四到位”（认识到位、责任到位、措施到位、检查到位）和“三同时”（建设项目中环境保护设施必须与主体工程同步设计、同时施工、同时投产使用）制度，对未进行节能评估或节能评估达不到要求的，一律不予审核转报、核准和备案立项。同时，以听证会、论证会或社会公示等形式，听取公众意见，增强社会监督，确保与公众权益相关的发展规划和建设项目实施后达到经济效益、社会效益和生态效益的统一。

5）淘汰落后产能，努力提升能源利用效率

淘汰落后产能是达成节能减排目标的强力措施和关键途径，也是解决能源消耗和污染物排放结构性矛盾的重点。遵照管住增量、调整存量、上大压小、扶优汰劣的思想，秉持全面清理、突出重点、分步实施的原则，拟定淘汰落后产能的规划和实施方案，毅然舍弃未达到国家产业政策要求的生产项目。同时，利用工业向园区集中调整的机会，对零星工业点进行整合，通过设置标准、腾笼换鸟、产业置换等方式，关停并转迁、淘汰一批劣势企业和产业。强化责任制，将淘汰落后生产能力目标任务落实到企业和具体的项目上，列出淘汰时间进度，明确实施主体和责任人，定期接受社会监督，向公众告知淘汰落后产能企业的名单和执行情况。

6）实施清洁生产，促进企业资源循环利用

围绕清洁生产的重点领域和关键环节，将提升工业“三废”综合回收利用率作为目标，大力开展清洁生产，促进可再生资源与工业废弃物的综合利用，实现企业减污增效（漆明春，2017）。加快培育一批清洁生产先进示范企业，对清洁生产中高费用项目予以资金引导，组织试点企业清洁生产绩效后评估工作，从源头和生产各个环节入手，推动企业降低资源消耗与污染排放。

4.2.2　江苏省与山东省东营市：绿色经济试点省市

1. 江苏省

1）绿色增长背景

江苏省的经济发展主要立足于三个特殊背景：一是资源匮乏、环境容量小的特殊省情；二是处于人均地区生产总值超过 1 万美元、需要加快转型升级的特殊阶段；三是具有发展居于全国前列、经济总量占全国 1/10 的特殊地位。在该背景下，各市县政府积极推动绿色增长战略的实行，开展了“绿色江苏”行动。镇江市上线全国首朵“生态云”，能够在地图上显示碳排放量；南通市首先试点开展领导干部“环境审计”，从而促进环境保护建设；盐城市推动能源消费结构以及产业结构转型和优化升级，发展“绿色能源”；高淳县（现南京市高淳区）严格坚守生态，体现了“绿水青山就是金山银山”；泗洪县以保护生态资源为基础，释放生态红利，实行“退养还湿”工程。

在政府的高效推动下，江苏省获联合国人居奖和中国人居环境奖的城市数量、国家生态城市数量、国家级历史文化名城和名镇的数量，以及绿色建筑和国家级可再生能源建筑一体化示范项目数量均为全国第一。《2013 年江苏省绿色发展评估报告》显示江苏省绿色发展综合指数已经从 2010 年的 60.5 提高到 2013 年的 72.7，呈现逐年提升的良好态势。江苏省作为联合国绿色经济行动伙伴关系（partnership for action on green economy，PAGE）典型省份以及第二产业偏重的经济大省，其绿色增长实践过程具有重要的借鉴意义。

2）绿色增长实践

（1）绿色建筑。政策激励机制：江苏省出台了一系列财政激励措施，促进建筑节能和绿色建筑工作的开展。2008 年，江苏省制定出台了《江苏省建筑节能管理办法》并创设了江苏省省级建筑节能专项引导资金，此外，还颁布了《江苏省节能专项资金管理办法》，规定每年用于节能降耗的财政资金不少于 1 亿元，其中，建筑节能专项引导资金大部分用以新建建筑的节能示范、已有建筑的节能改造、绿色建筑监管体系建设和绿色建筑适用技术的研究和推广等（张露等，2019）。《省政府关于印发推进环境保护工作若干政策措施的通知》显示，2006 年，江苏省节能专项资金由原来的 3 000 万元提升到 3 亿元，其中的 1 亿元用于建筑节能。《江苏统计年鉴》显示，2009 年江苏省各市县支持节能工作的财政资金超过 2 亿元。财政激励措施的颁布、节能专项资金的创立促进了江苏省绿色建筑的发展，伴随财政激励措施的完备，绿色建筑工作的开展将更加顺利（胡士春等，2019）。

信贷激励机制：在信贷政策方面，江苏省政府联合银行等金融机构采用了一定的激励政策，比较典型的是“五色评级”制度，对企业进行分级分类，根据其环保信息、节能情况的不同采取不同的信贷政策。评级共分为五类，第一级和第二级分别为绿色、蓝色企业，绿色和蓝色代表企业节能情况良好，在信贷政策方面相对宽松，贷款流程较为简单；第三级是黄色企业，其在节能措施方面落实效果一般，信贷政策基本保持不变；第四级是红色企业，贷款规模受控，手续繁杂；第五级是黑色企业，即节能措施落实不到位，除限期整改之外，要求收回原有贷款。此外，江苏省环境保护厅联合各银行印发的《关于共享企业环保信息、控制信贷风险改进和加强节能环保领域金融服务有关问题的通知》在对加快企业进行技术改造、推动产业结构调整等方面做出规定。这些措施的实施促进了江苏省绿色建筑工作的开展。

绿色建筑能效标识奖励机制：在绿色建筑能效标识的推广上，江苏省做出了许多努力，取得了一定的成果。为了促进能效测评标识工作的开展，江苏省住房和城乡建设厅设立了绿色建筑标识工作管理办公室，并研究颁布了《江苏省民用建筑能效测评标识管理实施细则（暂行）》《江苏省绿色建筑评价标识实施细则》等文件，明确了省级建筑能效测评机构对能效测评标识项目的奖励，在一定程度上增强了建设方实施绿色建筑的积极性。

（2）新能源。一方面，江苏省凭借地方产业园区给予新能源产业资金、场地和技术支撑，使光伏产业迅速发展。《2016 年江苏省国民经济和社会发展统计公报》显示，2016 年新能源汽车和太阳能电池生产增幅较大，增长较快，分别比上年增长 8.6%、22.6%。此外，伴随着科技创新能力的提高和新能源的广泛利用，江苏省第三产业的竞争力明显增强。国家电网江苏省电力公司发展部数据显示，2016 年，江苏省风电、光伏和生物质能源的 1 017 万千瓦装机容量约占全省总装机量的 10%，由此推算，江苏省总装机量已经达到 1 亿千瓦左右。

另一方面，电网公司积极促进清洁新能源及时并网发电，将可再生能源发电项目送出工程归入重点工程进行管理，保障其早并网、早得益。电网公司科学安排电网运行方式，优先调度可再生能源发电，保证了可再生能源全部接入、全额消纳。据统计，2006~2016 年，江苏省可再生能源装机年均增长率高达 59.3%。江苏南部地区利用湖面、大型建筑屋顶建设光伏电站，中部和北部地区将沿海滩涂、农业大棚等作为建设光伏电站的载体，风电则布局在内陆低山丘陵和沿海地区。

（3）产业结构调整。江苏省 2013 年明确提议要推动培育发展绿色产业，大力实施转型升级，以推动产业优化升级为主攻方向，着力推动传统产业转型发展。重点发展物质资源消耗少、知识技术密集、带动能力强、综合效益好的产业，使其成为新一轮经济发展的增长点和新的支柱产业。加大力度促进经济转型升级、加强自主创新，以产业优化升级减轻环境负荷，以创新驱动降低资源投入，借助“一中心”“一基地”[①]建设，构建科技含量高、资源消耗低、环境污染少的生产方式。2015 年江苏省产业结构调整达成了“三二一”的标志性转变，绿色经济发展成果显著。

（4）绿色金融。绿色信贷机制。一是强化政策引导和宣传。近年来，江苏省各级金融管理部门先后出台相关政策文件，鼓励金融机构推进绿色信贷。中国人民银行各分支机构探索将绿色信贷纳入宏观审慎评估体系（macro prudential assessment，MPA）考核，把绿色信贷实施情况归入信贷政策导向评估，有效促进了绿色信贷政策的落实。二是完善绿色信贷工作机制。银行业金融机构普遍制定了绿色信贷制度或指引，明确绿色信贷业务发展重点。在信贷系统中对贷款客户设置环保分类标识，定期对企业环保分类进行更新，对环评不合格的企业或项目实行“一票否决”。三是推动绿色信贷产品、服务和融资模式创新。江苏省银行业金融机构把市场需求作为指引，开发创新了许多有特色的绿色信贷产品和服务。据统计，截至 2016 年 6 月末，江苏省绿色信贷余额 4 621 亿元，比年初增长 12.4%，增速比各项贷款高出 2.91 个百分点（郭新明，2017）。

绿色环境污染责任保险试点。江苏强调促进内河船舶污染责任保险和污染高危企业环境责任保险，推动环境污染责任保险试点工作。截至 2019 年，试点工作领先全国，全省 13 个地级市已做到试点全覆盖，为环境污染责任保险推广做出有益探索。例如，无锡市试点形成了有效风险评估、排查与整改机制；南京市试点的环境污染责任保险不仅使用共保参保模式，还按照本地企业的特点增加了 8 个附加险以扩充保险范围。截至 2015 年末，江苏省环境污染责任保险投保企业数量居于全国首位，是第二名的 4 倍多（王向华等，2018）。

绿色产业基金。地方政府通过设立绿色产业基金，发挥财政资金引导作用和乘数效应，带动社会资本投向绿色产业。例如，盐城市财政与专业风投机构共同出资设立盐城高新技术产业绿色发展创业基金，规模 1 亿元，主要投向盐城高新技术产业；扬州市创投、中信建投、金茂资本共同发起成立节能环保产业创业投资基金，首期规模 5 亿元，主要用于培育节能环保产业集群和龙头企业。

（5）创新发展。江苏省把自主创新作为经济转型发展的中心环节，实行创新驱动战略和科技创新工程，加强人才支撑，增强企业主体，完善创新环境，发扬“江苏创造”品牌。江苏省经济社会发展情况新闻发布会表示，2011 年，江苏省研发投入超过 1 000 亿元，发明专利授权量超过 1 万件，科技进步贡献率达 55.2%，区域创新能力位于全国前列。《第一财经日报》专访时任江苏省委书记罗志军时，罗书记表示，2012 年江苏省战略性新兴产业销售收入高达 2.6 万亿元，占规模以上工业的 24.4%；高新技术产业产值超过 3.8 万亿元，占规模以上

---

① 一中心：产业科技创新中心；一基地：国际先进制造业基地。

工业的 35.3%。

（6）节能减排。江苏省大力淘汰落后产能，共关闭化工生产企业 5 000 多家。《省政府关于 2011 年 54 项重点工作完成情况的通报》中显示，2011 年，经过实行一系列强有力的措施，单位地区生产总值能耗降低了 3.52%，化学需氧量、氨氮、二氧化硫 3 项污染物排放量同比削减 2.66%、2.48%、2.93%，削减幅度均高于全国平均水平。

（7）生态建设。江苏省大力实施“碧水蓝天”工程，积极实行美好城乡建设行动，全面推动生态示范创建，努力营造生态宜居环境，让江苏省的天更蓝、水更清、地更绿、人民更幸福。《江苏省政府 2012 年政府工作报告》显示，2011 年，全省林木覆盖率高达 21.2%，增加了 5 个国家环保模范城市、1 个国家森林城市、12 个国家生态市（县、区）。

（8）工业污染源控制。2015 年，江苏省政府颁布《江苏省大气污染防治条例》，落实九项硬任务，整体推进工业、能源、建筑、交通和城乡面源五大领域的治理，重点关注工业污染源控制。此外，规定完成县级以上城市范围内黄标车限行区域的所有划定，淘汰所有黄标车辆；落实建筑工地扬尘排污费的征收；确保秸秆燃烧火点与以往相比不上升。

2. 山东省东营市

1）绿色增长背景

山东省东营市成立于 1983 年 10 月，辖东营、河口、垦利三区和广饶、利津两县，面积 8 243 平方千米。东营市为黄河三角洲中心城市，是我国重要的石油基地，也是京津冀协同发展城市和环渤海地区重要节点城市，同时也是山东省唯一全部纳入山东半岛蓝色经济区和黄河三角洲高效生态经济区建设两大国家战略的城市。

20 世纪 60 年代发现的胜利油田，曾经让这里成为移民热土。占东营市面积 1/6 的黄河口湿地，为周边区域提供了重要的生态资源支撑，但无处不在的盐碱地，又严重制约着东营的生存和发展。如何摆脱对石油的依赖，实现绿色转型，如何保护和利用好自然资源，实现可持续发展，是摆在东营市政府、企业和公众面前的一道难题。2016 年，东营市加入联合国绿色经济行动合作伙伴计划，其绿色增长实践成为全球绿色经济转型升级的研究范本。

2）绿色增长实践

（1）政策推动。政府连续颁布了《关于发展循环经济建设节约型社会的意见》《东营市发展循环经济工作实施方案》等多个政策性文件，加强了对循环经济工作的指导；不断增加财政资金投入，扶持节约能源、综合利用资源、清洁生产等技术项目；加大政府采购支持力度，对国家发布的有关节水、节能以及环保清单范围内的产品进行优先采购；积极推广循环经济知识和方法，增强媒体宣传报道，及时总结推广了一批典型经验和先进技术，营造了发展循环经济的浓厚氛围，提高了东营市绿色增长的能力。

（2）生态文明建设。为深入实施生态文明建设战略，进一步改善城乡人居生态环境，促进经济社会可持续发展，东营市委、市政府决定实施 2016~2018 年三年增绿计划，建设绿色生态的东营市。该计划目标是优化城乡人居环境，以推进林业生态工程建设为重点，总体布局以“两带、五环、三网”为主体，构筑东营市林业生态骨干框架，在主要片区规模化发展经济林、生态林，修复保护湿地等资源，全面绿化厂矿、村镇、校园。

与此同时，东营市政府成立三年增绿工作小组，统筹推进绿色生态建设，推动增绿计划的实施。以市国土资源部门为主导，市城乡规划、林业等部门配合，统筹规划城镇、农业、林业用地规模和布局。

（3）促进新旧能动转换，持续推动产业升级。东营市将稳中求进作为总基调，主线为推进供给侧结构性改革，增强制度、政策投入力度，对开放、创新、改革三大动力进行强化，主动培养新动能，以实现结构调整的稳步推进（张存鹏，2018）。此外，东营市将转变资源性依赖为创新引领发展，转变粗放型增长为集约型发展作为工作重点，破旧立新，形成持续性的竞争新优势，建造高新技术产业的新动能，推进东营市新旧发展动能迅速转换，实现汽车配件、石油化工等九大优势产业集群的迅速兴起。2017 年东营市是全国石油炼化能力最强的地级市，子午线轮胎产能达到全国 25%；石油装备制造业产值占全国的三分之一；高新技术产业占工业产值比重高达 35.47%，主导产业 80%以上的技术装备水平在国内领先（魏东等，2017）。

科技创新研发平台和创新孵化平台是东营市实现转型的重要支撑。着眼于培育新技术、新产业、新业态、新模式，东营市加大投入，着力建设高新产业集聚、科技创新研发及创新孵化“三大平台”。技术创新让东营逐渐形成了装备制造、橡胶、铜业等非石油产业，使东营在面临资源枯竭之前实现了绿色转型，在东营每年 3 000 多亿元的地区生产总值中，对油田的依赖已经由最初的 70%下降到 30%①。

（4）开放招商。东营市积极响应“一带一路”倡议，加大招商力度，招才引智，提升开放型经济水平。加强与中海油、中石化、中国商飞等大企业集团的战略合作；推进产学研结合，与中国科学院等 14 所科研院所和高校建立全面合作关系；制定招商引资优惠政策和配套政策，成立了十个产业投资及市投资促进委

① 资料来源：绿生活传媒 2017 年 3 月制作发布的纪录片《一路向东》。

员会；促进对外贸易和经济技术合作，搭建国际橡胶轮胎及汽车配件展等平台。

（5）贯彻落实安全环保工作。东营市严格执行《中华人民共和国安全生产法》等法律治理安全环保问题，倒逼发展方式转变，打造宜居宜业的环境。把控生产工作安全，从严落实安全生产隐患快整治、大排查的执法集中行动，突出抓好危化品运输、生产储存等“七个专项整治”；建设贯通市县乡的智能化安全监管信息平台，颁布规范性文件，落实生产经营单位、镇级安全生产主体责任量化考核管理；落实责任，强化安全生产网络化管理，提升本质安全水平。实施水气土污染整治专项环保行动。大气污染整治以挥发性有机物及 $PM_{2.5}$ 治理为重点，打好“重点行业、重点区域挥发性有机物综合整治”和“燃煤机组（锅炉）超低排放改造”两个硬仗。重点进行市控以上河流及中心城水系的水污染整治，突出抓好雨污管网分流改造、人工湿地水质净化等工作，所有乡镇基本实现“一镇一厂”目标，污水收集处理率提高到 95.9%。完善土壤环境质量监测网络，进行土壤污染治理，加强固体废物管理，实现全市全部城镇污水处理厂污泥的无公害化处理，危险废物产生合格率达 90%以上。

2015 年，东营市率先对所有化工生产企业实施环境保护评级、安全生产评级、综合评价组成的“两评级一评价”，依据评级评价结果关闭工艺技术水平低下的小型化工企业，促进化工企业向园区靠拢，提升全市化工产业安全环保水平。

4.2.3 三亚市：全球绿色城市

1. 三亚市绿色增长背景

三亚市西接乐东黎族自治县，南临南海，东邻陵水黎族自治县，北毗保亭黎族苗族自治县。陆地总面积 1 921 平方千米，海域面积 3 226 平方千米，约 37 平方千米的规划面积。南北宽 51 千米，东西长 91.6 千米，聚居了汉、回、黎等 20 多个民族。三亚市被誉为“东方夏威夷”，是中国四大一线旅游城市之首，拥有全岛最美丽的海滨风光。三亚市不仅是海南省南部的交通、通信枢纽与中心城市，还是中国东南沿海黄金海岸线上最关键的对外贸易港口之一。在 2016 年中国科学院发布的《中国宜居城市研究报告》中，三亚市在全国 40 个宜居城市中排名第三。

三亚市坚持绿色发展理念，积极转变经济发展方式，强化节能减排和生态环境保护，努力建设低碳城市，并取得了明显的进步。虽然三亚市在绿色发展的过程中具有一定优势，但是三亚市产业发展不均衡，产能落后问题突出，且资源利用率较低，城市废弃物处理能力较差，这些突出问题制约了三亚市的绿色增长。

针对上述问题，三亚市开始逐步转变发展方式并获得显著成就。“十一五”

期间，全市单位地区生产总值能耗累计下降约 15.9%，连续 5 年在海南省节能绩效考核中名列第一，并且被评为“全国十大低碳城市”。在接下来的发展中，三亚市将全方位实施低碳发展战略，努力构建环境友好和资源节约型社会，在加速发展的同时保护好生态环境，促进经济社会可持续发展。

2. 三亚市绿色增长实践

1）构建低碳产业体系

全方位推动产业结构优化升级，按照第一产业“高效优化”、第二产业“集中强化”、第三产业“转型跨越”的总体要求，加速构建低碳产业体系，重点推进低碳产业、旅游业、热带高效农业、医疗健康产业、互联网产业、会展产业、金融与商务服务业、商贸物流业、房地产业、科技教育文体产业等的发展。

（1）打造低碳旅游产业体系。依托建设海南国际旅游岛战略契机，打造三亚“国际滨海旅游标杆”品牌，提升优化旅游产业链，完善旅游交通服务体系和景区基础设施建设，提升服务配套能力，形成全景化、全覆盖、全时空、全民参与的全域旅游城市。此外，面对激烈的国际旅游竞争市场，积极拓展国内外高端市场，建设多样化平台，推进旅游产业提质增效，持续优化旅游发展环境。

（2）打造现代热带高效农业体系。发挥热带农业资源优势，着力推动农业产业化和现代化，迈向发展规模化、产品生态化、产业链条化、地域品牌化的高效产业道路，全面促进“增效调优”；积极推动地方农业科技的研发与推广，建设“种子硅谷”，促进农业结构调整，提高生产效率和附加价值；加强农业循环经济技术研究和应用，减少农药、化肥的用量，增加有机农产品及绿色农产品的比重；加强农业天气预报工作，减轻气候变化的不利影响，提高农业适应气候变化的能力。

（3）打造绿色低碳海洋经济产业体系。依托国家“海洋强国”和“一带一路”倡议，结合三亚的海洋资源和特色旅游度假资源，发展绿色低碳海洋经济产业。挖掘三亚“海洋旅游”优势，实现三亚“绿色崛起”，重点挖掘未来的海洋产业发展潜力，为我国海洋旅游资源的开发提供示范。

（4）打造低碳型新兴产业体系。重点扶持医疗健康、互联网、会展、金融与商业服务、物流、科技教育、创新发展文化、体育等低碳新兴产业，调整优化房地产业，建设低碳产业园区，加快培育以医疗健康、养生服务为特色的低能耗高附加值的新兴产业，抢占低碳产业发展制高点，发展低碳发展的支柱型产业，打造明星产品、特色产品，逐渐树立三亚低碳产品的品牌效应。

2）调整优化能源结构

集中精力优化能源结构，发展可再生能源，增加使用天然气、太阳能、生物质能等清洁能源，持续提升清洁能源的比例，减少利用煤炭、油品等传统能源，提升能源生产与输送效率，建立一个全方位的低碳能源供应体系（宁波，2014）。

（1）加大天然气引进和应用。实行多气源并立战略，巩固与稳定现在的天然气供应，加大管输天然气供应量，继续完善管道燃气、天然气高压管网建设，基本建成连接多气源的天然气主干管网。加速城市天然气使用，加大煤与石油替代天然气的比重，从而提升天然气在能源消费中的比重；大力推广天然气分布式能源系统的应用，继续拓展天然气在居民供热、燃气、汽车等领域应用；加快天然气汽车加气站建设，大力推广天然气汽车和气电混合动力汽车；加快推广工业天然气，推进工业燃油锅炉天然气改造，重点工业园区使用天然气。

（2）推进可再生能源发展。推进光伏应用，以创意产业园屋面 600 千瓦分布式光伏发电项目建设为示范，推进新建建筑和具备条件的既有建筑（如公共建筑、住宅楼等）的屋顶光伏、光热系统建设；在城市道路、市政公用、交通设施、广场、车站等公共场所照明中推广使用光伏电源；积极运用以生物质资源能源化利用为纽带、以企业为运营主体的多链条循环利用模式，逐步建立起“养殖—沼气—生态农业”的发展链条，加大大中型沼气工程建设力度，不断提高沼气后续服务能力；大力发展太阳能光伏发电、垃圾焚烧发电、生物质能发电等新能源，形成以清洁核电和煤电为主要动力源，以燃气和抽水蓄能为调峰电源，以可再生能源为关键组成部分的清洁能源结构体系①。

（3）提高能源生产、输送和管理效率。鼓励能源生产部门采用高能效发电技术，提高电网供电智能化和可靠性，推进光伏发电等可再生电力上网，对现有电网进行全面诊断，全力推进传统电网向智能化电网的升级改造；尝试建立三亚市电力需求管理试点，推动电能管理服务公共平台与电力用户端电能采集监测系统的建设；汇集电力公司、分散用户的用电信息系统数据，并深入挖掘、处理与分析，从大数据角度为政府节能减排政策的制定和宏观经济运行调节、执行评价、综合分析等提供参考。

3）推进重点领域节能降碳

加快推进结构节能、技术节能、管理节能，加大工业、交通、建筑等领域节能降耗力度，加强对重点行业、重点企业的能耗管理，继续推广节能技术和新能源产品，减少资源能源消耗，提高能源利用效率；对现有建筑进行节能改造，推动发展绿色建筑；推广使用可再生、新型节能建筑材料，促进可再生能源的综合应用。

（1）提高工业能效水平。实施工业能效提升计划，在重点耗能行业全面推

① 资料来源：《三亚市人民政府关于印发三亚市“十三五”国家低碳试点城市建设实施方案的通知》。

行能效对标，推动工业企业能源管控中心建设。持续开展重点用能企业降碳节能行动，推动建立能源管理体系；强化对年耗能 1 000 吨标准煤以上企业的考核管理，对部分重点耗能行业开展单位产品能耗限额标准管理；加强对年用电 50 万~100 万千瓦时企业的考核管理，建立能耗台账。

（2）提高资源综合利用率。加强再生资源的回收管理，整体推进园区、社区、景区的回收站点规范化建设，提高建设垃圾废物的利用率，做好医疗垃圾等危险废物处置利用，推进城市废弃物源头减量；加强水资源综合利用，进一步提高全社会节水意识，促进节水减排，加强计划用水管理；加强生活垃圾收集、分类、处置和利用，积极探索餐厨垃圾处理的技术路径；完善激励机制，提高全社会参与度，做好垃圾分类宣传。

（3）推进绿色循环低碳交通体系建设。在交通运输方面推进节能减排，加强机动车尾气污染防治，改善燃油品质，提高机动车碳排放标准，持续加大在用车辆排气污染的监管力度，加快高排放车辆淘汰步伐，逐步建立机动车交通污染预报预警及监测评估体系。建设有轨交通，探索空中交通、增强交通空间布局合理性；开展新能源公交大巴、出租车、公务车和私家车示范推广，落实《三亚市电动汽车充电基础设施建设规划（2016—2020 年）》；出台《三亚市电动汽车充电基础设施管理暂行办法》，搭建三亚市充电基础设施信息管理平台，为新能源汽车大范围推广应用创造有利条件。

（4）发展绿色建筑。配合海南省住房和城乡建设厅制定绿色建筑评价标识的技术标准，完善绿色建筑评价标识管理体系。大力开展和鼓励绿色建筑认证，构建绿色建筑技术管理信息交流平台，尝试举办国际性绿色建筑论坛。鼓励保障性住房项目执行绿色建筑标准，并推动规模化绿色建筑建设；全面推广适宜当地气候条件的再生建材和绿色建筑材料，推广烧结空心制品、加气混凝土制品等新型建材；推广自然采光、通风等被动式建筑设计技术，促进建筑技术集成创新，引导建筑应用外遮阳、雨水收集、透水铺装、中水回用、人工湿地、通风隔音门窗等绿色技术。

4）加强设施建设，提升治污减排能力

红沙污水处理厂转型升级，城市污水管网改造工程等污水处理项目完成建设，鹿回头污水处理厂、亚龙湾污水处理厂、创意新城污水处理厂等成功完工，形成了涵盖城市东、中、西部的城镇污水处理骨干工程布局。与此同时，加速中水回用工程，亚龙湾地区通过污水集中处理，实现了中水的统一供应，年中水使用量约 260 万吨，南山文化旅游区的污水在达到中水标准后得到了充分的再利用，三亚湾各星级酒店自发对污水进行处理和再利用。在生活垃圾处理方面，2008 年建成一座 210 亩（1 亩≈666.67 平方米）、日处理能力为 500 吨的生态生活垃圾填埋场；并加速推动城市生活垃圾收集转运工程、区镇垃圾中转站和社区与村级垃圾收集点等项目的建设，分类收集和处理生活垃圾，构建再生资源回收利用体系，成为资源化利用和全国餐厨垃圾无公害化处理的试点城市。2012年，三亚市生活垃圾无公害化处理率与生活污水集中处理率分别达到100%与81.7%（王勇，2012）。

4.2.4 深圳市：中国绿色城市

1. 深圳市绿色增长背景

在国家要求大力推进绿色发展、循环发展、低碳发展，加快推进节能减排和污染防治的大背景下，建设低碳生态城市，发展绿色增长战略，是深圳市发展的主要战略（高瑜和李松，2018）。2010年，深圳市被住房和城乡建设部批准为第一个国家级低碳生态示范城市；在中国社会科学院社会发展研究中心发布的2014年生态城市健康状况排名中，深圳市排名第一①。2015年，深圳市地区生产总值增加8.9%，财政收入比上年增加30.2%，每万元地区生产总值能耗降低到0.398吨标准煤，万元地区生产总值二氧化碳排放量指数居全国首位，累计降幅超过21%（李振，2016）。2010年，深圳正在探索约束条件下城市可持续发展模式，并在逐步建设成为全国乃至世界发展低碳生态城市的典范。在绿色城市的建设中，深圳市已走在全国的前列，并于2008年11月荣获首届“中国十佳绿色城市”的奖项。

2. 深圳市绿色增长实践

1）绿色建筑

深圳市政府于2008年与相关部门签订了《关于建设光明新区绿色建筑示范区合作框架协议》，揭开了在城市微观层面广泛开展绿色建筑示范性建设的序幕。2009年，绿色建筑、绿色社区的研究和示范工程项目已经逐步开展。深圳市住房和建设局统计，截至2013年底，深圳市新建节能建筑面积累计已达8 420万平方米，已建和在建绿色建筑总面积超过1 500万平方米②。2012年，深圳市在建筑领域率先开展碳排放权交易相关工作，配合建设国家碳排放权交易试点。

（1）政府规章及地方标准。2006年，颁布了全国第一部建筑节能法规《深圳经济特区建筑节能条例》，《公共建筑节能设计标准深圳市实施细则》《深圳市居住建筑节能设计标准实施细则》《深圳市建筑节能工程施工验收规范》等节

---

① 资料来源：《生态城市绿皮书——中国生态城市建设发展报告（2015）》。

② 资料来源：http://www.chinanews.com.cn/house/2014/03-28/6005857.shtml.

能规范为绿色建筑发展奠定了坚实的基础。2009 年，第一个与绿色建筑相关的地方标准《绿色建筑评价规范》（SZJG30—2009）发布。2013 年，第一部绿色建筑政府法规《深圳市绿色建筑促进办法》颁布，并配套实施《深圳市绿色建筑施工图设计审查要点（试行）》《深圳市绿色建筑设计组合建议方案》《深圳市绿色建筑施工图审查要点（试行）》等技术规范，绿色建筑发展进入了快速发展阶段。与此同时，新建建筑和现有建筑被放在同等重要的位置，连续出台《深圳市公共建筑节能改造能效测评技术导则（试行）》等技术规范，有效指导了现有建筑的节能发展，多管齐下为建筑品质保驾护航。

（2）五大领域同步推进绿色建筑发展。对于新建建筑而言，100%实行节能标准，需在方案设计、施工图设计、施工、验收等方面均遵照节能要求，实施“一票否决”制度。加强对建筑用能的监督与控制，构建大型公建能耗监测平台和建筑能耗数据中心，能够实现对 750 栋建筑的能源审计以及 500 栋建筑的在线能耗监测；实行对现有建筑的节能改造，现阶段已经完成了 177 个现有建筑的节能改造项目，覆盖建筑面积 707 万平方米；可再生能源建筑应用获得突破性进展，完成太阳能热水建设项目任务量600万平方米，成功建设23个国家级太阳能示范工程；推进建筑发展、绿色建材工业化，已投入使用且规模较大的综合利用建筑废弃物项目有 4 个，建筑废弃物综合利用率达到 35%；以保障房建设为突破口，进行建筑工业化示范推广，应用工业化技术建造大面积龙悦居三期保障性住房项目，通过工业化建造方式，建筑垃圾降低 80%、材料损耗降低 60%，其成为保障房实施工业化的全国著名项目（刘晶，2016）。

（3）“五大机制”完善顶层设计。深圳市在推广绿色建筑和绿色城市的进程中，特别关注顶层设计，不断完善相关的法律法规与制度建设。进入“十二五”规划以后，深圳在一系列法规与政策的基础上推出了诸多新措施：构建并且形成支持建筑业循环、绿色、低碳发展的“六大政策”和“五大机制”。其中，“五大机制”主要包括决策、实施、约束、监管和考核机制。“六大政策”包括：市场准入政策，实施建筑节能“一票否决”制度；技术强制政策，把强制安装太阳能热水系统的范围扩散到所有有热水需要的新建筑；土地优惠政策，对整体利用废弃建设项目实行“零地价”优惠政策，象征性收取土地租赁费 1 元/年；资金扶持政策，申请国家示范获取市政府设立的专项发展资金、中央财政资金和市政府扶持资金等；招标投标政策，如对实施绿色建筑施工、设计、咨询的相关企业，以及太阳能设备、绿色再生建材供应商给予招标投标和货物采购的优先权；刺激引导政策，如实行绿色建筑免费认证、发布实施各类项目试点示范等。

2）生态保护

早在 2005 年，深圳市在国内创造性地提出“基本生态控制线”概念，深圳市政府正式颁布实施了《深圳市基本生态控制线管理规定》，将近 50%的市域面积划入基本生态控制线内，构筑起城市生态安全新格局，这条“绿线”也是保护深圳市生态的生命线。

3）能源限制

深圳市是全国唯一全市禁燃高污染燃料、限行黄标车、消除所有普通工业用煤和散煤的城市，另外，深圳也是全国第一个进行船舶污染控制、推广水性涂料的城市，其新能源公交车数量占比以及清洁能源装机容量占比均是全国最高。

4）设置国际高标准

深圳市将空气质量与国际标准进行比较，努力实现大气各项污染物浓度全方位满足世界卫生组织空气质量要求——$PM_{2.5}$浓度达到25微克/立方米。为了实现这个目标，深圳市以市政府2017年1号文件的形式通过《深圳市大气环境质量提升计划（2017—2020年）》，提出七大类共30条“升级版”环境质量措施。

5）低碳立法

在立法建设方面，深圳市2012年首先制定并且通过了《深圳经济特区碳排放若干管理规定》；2014年，通过了《深圳碳排放权交易暂行办法》，形成了一套完备的政府法规体系。截至2017年，深圳已经把大型公共建筑197栋、重点工业企业636家纳入碳排放管控范围，覆盖了能源生产、公共交通和制造业。

2015年，深圳国际低碳城成为第一批国家低碳城市试点。深圳国际低碳城采取绿色低碳概念设计方案，完成了100%清洁能源、绿色建筑、废弃物再利用、绿色交通和雨水污水再利用。在国际低碳城，新建筑采用适应深圳本地气候条件的总体布局及平面形式，沿用传统岭南建筑中低成本隔热、通风、遮阳节能技术，充分利用风能和太阳能，实现了真正的资源再生利用。此外，在道路和地面安装雨水收集过滤系统；回收和再利用废纸与钢材，并将其制成各种雕塑和座椅。2014年11月，深圳国际低碳项目荣获“可持续发展规划项目奖”。

6）大力推动建筑废弃物减排和综合利用

在建筑废弃物资源化、减量化、产业化领域，深圳市已取得突破性进展。2009年，深圳首先通过了全国第一部建筑废弃物全面利用方面的地方性法规——《深圳市建筑废弃物减排与利用条例》，建筑垃圾减排和使用实现法治化。之后，连续颁布了《建筑废弃物减排技术规范》《深圳市再生骨料混凝土制品技术规范》等技术规范，将建筑垃圾进行分类，对建筑垃圾的排放定额、建筑垃圾设计和施工减排、建筑垃圾和建材产品等做出要求。

目前，深圳形成了固定设施与移动设施的双重处理模式。工程作业规模小的拆除项目，建筑废垃圾由固定设施运输，而工程作业规模大的城市更新拆除项目，利用场内移动设施对建筑垃圾进行处理和加工，形成骨料、生态砖等原材料再利用，实现“零排放”。现阶段已经有4个建筑垃圾整体利用项目投入使用，资源化利用率达三分之一。

4.2.5 国内实践案例总结

从实践背景、主要措施与主要成果三个方面来看，国内各地方的绿色增长实践既有相同之处，也有不同之处。

遂宁市和东营市在绿色增长背景方面都面临资源与经济结构的不平衡，因此在绿色增长实践方面，均采取淘汰落后产能，实现产业结构调整的措施，但遂宁市由于经济不发达，在实践方面更注重对工业企业的改革，提升循环工业的发展，大力开展清洁生产，而东营市注重资源性依赖向创新引领转变，打造高新技术产业新动能，着眼于创新技术的研发。江苏省经济发展位于全国前列，结合历史名城、名镇特点，其更注重实现绿色建筑发展，采取金融财政激励措施，积极推进国家级可再生能源建筑一体化示范项目。三亚市是著名的旅游景点，然而其也面临产业发展不均衡、落后产能等问题，因此围绕“低碳”“旅游”，构建了三亚市的低碳旅游产业体系。深圳是第一个国家低碳生态示范市，其将绿色实践落实在绿色建筑、政策法规、废弃物综合利用等方面。

国内案例城市采取的主要措施中也存在着相同之处。各地区均出台相关的政策支持绿色发展，但其侧重点不一，如遂宁市侧重工业、江苏省侧重建筑、东营市侧重能源，同时也有发展绿色建筑、绿色金融等共同措施。从总体来看，国内城市的政策规划缺乏综合性与系统性，但是颇具针对性与微观性，符合中国特色发展模式。

4.3 国内外绿色增长实践案例比较

在对国内外绿色增长典型案例介绍与分析的基础上，比较其在绿色增长过程中的差异，并总结经验与启示，为越来越多的绿色城市建设发展指明方向。

4.3.1 增长模式的差异分析

1. 发展模式

国外城市的绿色发展模式涉及的实践手段主要包括调整能源结构、实施循环经济、产业转型升级、构建生态城市、发展绿色交通、鼓励节能行为和推广低碳技术等。例如，韩国“江陵模式”覆盖城市废物、生态环境、供水、能源、污水处理、文化和交通等方面，可称为综合型发展模式，国外城市多采用这种模式。

另外，其他国外案例城市在实施绿色增长的过程中也有自己的重点方向，如德国弗赖堡的绿色建设主要集中于交通与能源方面；英国曼彻斯特采用科技手段调整产业结构等。

国内城市多采纳以三亚市为代表的低碳和新能源产业主导型模式，以及以遂宁市为代表的新区示范型模式，而诸如深圳市、江苏省等省市提出要建设综合型绿色城市，但目前依然停留在宏观战略规划阶段。

综上，国外综合型绿色城市建设的典型案例是韩国江陵市，以弗赖堡为代表的国外城市已经根据其国家宏观绿色战略及自身发展条件规划出有效的绿色增长模式。对比来说，国内大多采用新区示范型、产业主导型的绿色发展模式，较少遵循综合型绿色建设模式。

2. 实践要点

通过研究典型案例城市的实践活动，总结出国外案例城市常见的实践策略：在能源结构调整方面，韩国重点发展太阳能、地热、水力、潮汐等领域，并鼓励新能源、可再生能源的相关课题研究；德国对可再生能源取消生态税。在交通减排方面，美国政府以 7 000 美元的抵税额鼓励消费者购买节能型汽车。在建筑减排方面，日本公共建筑普遍使用节能效率高的节能设备，采用废热能源综合利用系统，对节能系统进行调控。美国旧金山通过了美国最严格的绿色建筑标准——LEED 金级标准。

国内的绿色城市建设尚处于初步探索阶段，多从循环经济实践、清洁能源利用等角度出发，依据各城市特点实现绿色增长的推进，如海南省依靠清洁能源大力发展旅游业等。

3. 保障措施

国外案例城市大多通过政府机构建立基金、颁布相关标准或法令等方式来保障其绿色城市规划战略的实行。例如，韩国出台的《江陵市低碳绿色示范城市发展规划》分阶段、清晰地指出针对江陵市经济发展需要的绿色增长方法；日本出台多部环保法律，建立保障循环经济发展的完善的法律体系；英国推行一系列的持续的文化基础设施建设和城市文化复兴计划。

国内的绿色经济示范城市如遂宁市制定和落实了相关的金融支持政策和财政支持政策，加大绿色经济的政策激励；深圳市在绿色建筑方面出台相关法律法规，具有较大的指导意义与约束作用。相比国外城市的保障措施，虽然国内城市的政策规划缺乏综合性与系统性，却颇具针对性与微观性。

4.3.2　可借鉴的实践经验

1. 加大政策支持力度，建立明确的环境规制

绿色增长突破了传统技术创新理论，在引入生态理念的同时，还强调技术创新，同时兼顾资源节约、环境保护，促进经济、资源、环境和社会系统良性循环的方向发展是绿色增长的必然要求，因此工业的绿色增长体系构建是一个长期的循序渐进的过程，需要根据发展状况制定相应的政策与规制，以明确绿色增长的建设目标、指导原则、实施方法和具体措施。韩国政府为推动“绿色新政”制订“绿色增长国家战略及五年计划”，推进实现包括能源自立、开发绿色技术和产业以及改善生活质量及提高国家地位在内的三大主要目标，并根据这些目标确定了十大政策方向、任务和具体可行性方案。日本建立了一系列环境相关的法律法规，对大气污染、水污染、固废污染等做了具体的规范与指导。美国旧金山市政府在将温室气体排放量于 2012 年减少到 1990 年的 80%的目标的整体规划下，同步制定并采取了一系列清洁能源方案，为目标的实现提供了有力保障。英国政府出台了《2007 年能源白皮书》和《英国低碳转型计划》，在《可再生能源义务法》的基础上进一步建立了更加清晰和稳定的规范机制。德国出台了《可再生能源供暖法》《可再生能源发电并网法》，规定可再生能源发电的并网办法，促进可再生能源用于供暖，已形成了关于排放权交易较完善的法律体系和管理制度。

工业绿色增长的保障体系涵盖法律、政策、战略规划及目标、管理体制、经济实力、科技、文化和自然基底等多个方面，其中，国家和城市的经济实力、科技、文化和自然基底等因素往往是既定的，而法规和制度的保障可以相对较快地完善。由以上案例可知，国内外成功实施绿色增长的国家与城市都非常重视这些保障要素的建设，都具有明确的法律地位与功能定位的实施机构和完善的法律条例以及详细的分工实施制度作为支撑条件。政策法规的制定对于环境保护和资源节约具有重要的指导作用和约束效果，我国应持续完善环保相关的法律体系，建立明确的环境规制。

2. 重视绿色技术创新，加大可再生能源的开发利用

工业绿色增长的发展必须在可持续发展的前提下，利用最少的资源，达到自然、社会和经济复合系统的和谐发展，注重技术的创新及应用。在绿色增长的进程中，国内外城市都重视绿色技术的研发和推广，增加可再生能源等绿色基础设施的建设，将推动可再生能源的发展与广泛应用作为绿色增长的首要任务。日本政府与企业为推进技术革新投入巨额的研发经费，其每年技术成果转化的专利数

量位于世界前列，同时日本构建产学研官共同参与的技术成果产业化体系，推动产业发展。美国政府将 22 亿美元的财政资金直接投入先进燃料、可再生能源发电、能效改善及交通工具等领域，对高碳经济征税，发展配额交易以补贴新能源，并在多个州实行可再生能源配额制（熊鸿儒，2017）。中国不断加大对可再生能源的投资，国家能源局数据显示，2018 年中国对可再生能源的投资几乎占世界的 1/3，可再生能源的跨越式发展，替代作用日益凸显，极大优化了中国的能源结构，对中国实现能源安全、大气污染防治及温室气体排放控制等多重目标均做出突出贡献[①]。

能源是人类社会赖以生存的物质基础，是经济和社会发展的关键资源。推动能源生产与消费革命，建立安全高效、清洁低碳的能源体系，是绿色增长的基础。绿色技术创新是推进可再生能源开发与利用的重要工具，绿色技术通过创新来提供新的产品、工艺和服务，减少自然资源的消耗与生态环境的破坏，提高资源配置效率，为我国经济实现高质量绿色发展提供动力与支撑。

3. 加快产业结构转型，实现绿色健康经济

摆脱对石油等非可再生能源的依赖，实现绿色转型，保护和利用好自然资源，实现可持续发展，是绿色增长发展的必然选择。因此，工业企业在绿色增长的进程中，如何进行快速的产业结构调整及转型升级成为工业绿色增长面临的关键问题。绿色增长的成功案例都是在创新发展的同时，通过推动转型升级充分发挥已有优势行业的潜力。曼彻斯特在老工业基地改造过程中，并没有将工业特别是制造业抛弃，而是利用高新技术推动具有优势的行业转型升级，发展绿色低碳的制造业。在绿色转型过程中，曼彻斯特利用高新技术对具有优势的行业如化工、航空、机电等进行技术改造，使其重新焕发活力。江苏省 2013 年明确提出大力实施转型升级，把推进产业优化升级作为主攻方向，着力推动传统产业转型发展。重点发展物质资源消耗少、知识技术密集、带动能力强、综合效益好的产业。积极推进经济转型升级、加强自主创新，通过产业优化升级降低环境负荷。东营市大力实施转型升级，不断加大投入力度。由资源性依赖向创新引领发展，由粗放型增长向集约型发展，着力推动传统产业转型发展，加强自主创新，着眼于培育新技术、新产业、新业态、新模式，统筹规划，以产业优化减轻环境负荷，以创新驱动减少资源投入。

此外，在加快产业结构转型升级的过程中，发展绿色金融是实现产业优化、促进经济健康稳定发展的重要支撑。构建绿色金融体系，创新金融制度安排，掌握市场的调节作用，提供渠道引导社会资金投入绿色产业，将极大地推动绿色增

① 资料来源：http://www.nea.gov.cn/2019-08/21/c_138326148.htm.

长的步伐。德国的绿色金融体系涵盖了绿色信贷、德国能源署节能环保领域专项基金，国家积极参与绿色信贷，对环保、节能项目给予一定的贷款贴息，并将德国能源署设定为提高能效、推动智能能源和可再生能源系统发展的职能中心。同时，运用经济政策手段对中小企业和机构提供低息贷款、投资补贴和返还型补贴扶持，在三大绿色金融体系的合力作用下为德国节能环保项目和可再生能源项目提供长期充足的资金支持，为提高绿色增长能力打下了坚实的经济基础。

4. 注重公众参与，提升生活质量

公众是国家和城市的生产者、建设者、消费者与保护者，所以，国内外成功的工业绿色增长建设都鼓励公众尽可能多地参与，无论是从规划的制定、实际的建设进程，还是后续的监测和监督，都应保证群众的广泛参与。可以说，大规模的公众参与是国内外绿色增长快速推进的重要保障。例如，德国在 5 年内分阶段征收生态税以鼓励开发和使用清洁能源，给予公民充分的时间进行调整并适应新的税收政策。同时，德国职业教育中包含环境保护教育和培训，并鼓励民间环保组织通过提供环境保护知识手册、免费开展讲座等各种途径向公众宣传和普及环境保护知识。我国则积极鼓励公众参与到环境影响评价中去，出台《环境影响评价公众参与办法》《环境保护公众参与办法》等规章制度，明确公众参与程序和方式，发挥公众对企业环境情况监督的作用。无论企业还是公民，节约资源与保护环境都是其应尽的义务，鼓励公众参与、加强自我约束，是实现绿色增长的根本，也是实现社会可持续发展的必然要求。

5. 把握核心发展问题，打造资源环境优化格局

当人类面对日益严峻的资源环境问题时，逐步认识到工业文明对城市未来发展带来的一系列问题。作为未来经济发展的主导模式，绿色增长的发展必须以可持续发展理念为指导，因地制宜，用最小的资源消耗和最低的环境代价取得资源、环境及社会的协调发展。国内外成功的绿色增长城市往往不试图全方位地进行绿色建设，而是针对绿色发展中的关键问题，抓住关键点，在建设进程中积攒经验、教育公众、树立形象，逐渐扩展到对其他问题的解决。德国把可再生能源确立为推进国家绿色增长的重点发展方向。日本基于发生的严重污染事件，着力进行制造业的清洁生产与转型升级。美国培育新的经济增长点，把提升绿色能源领域的核心竞争力和提供就业机会作为实现绿色增长战略的重点，促进整个社会经济向以绿色能源为代表的绿色增长模式转型，重塑了美国经济竞争力的新方向、新路径。我国江苏省基于资源少的局限，重点发展物质资源消耗少、知识技术密集、带动能力强、综合效益好的产业，逐步形成科技含量高、资源消耗低、

环境污染少为主导的生产方式。三亚市作为著名的旅游城市，不断提升城市绿色化水平，促进旅游产业提质增效，持续优化绿色旅游发展环境。

综上所述，本章对韩国江陵市、日本北九州市、美国旧金山湾区、英国曼彻斯特和德国弗赖堡等国外典型绿色增长实践城市，以及国内遂宁市、江苏省、东营市、三亚市和深圳市等典型省市的绿色增长实践进行了深入分析，并从发展模式、实践要点和保障措施三个方面剖析各增长模式间的差异，总结得出可供借鉴的绿色增长最佳实践经验。

第5章　中国绿色增长实践的影响因素识别与分析

随着国民经济的不断发展，传统、粗放的生产方式造成资源环境问题进一步恶化。近年来，我国政府逐渐认识到转变经济增长方式的必要性，积极借鉴发达国家经验，推行绿色增长战略。党的十八大报告强调要“着力推进绿色发展、循环发展、低碳发展”（胡锦涛，2012），十八届五中全会公报也明确提出“十三五”期间要贯彻创新、协调、绿色、开放、共享的发展理念。2015 年 3 月 24 日，中央政治局会议上首次提出“绿色化”新概念，指出将“生产方式绿色化”“生活方式绿色化”作为抓手推动绿色发展。这不仅是中国实现可持续发展的必由之路，也是中国作为全球性经济和政治大国，对世界肩负的道义与责任。

经过多年努力，中国绿色增长实践已取得了一定成果，但较发达国家仍存在较大差距。鉴于此，需识别分析影响中国绿色增长实践的主要因素，为有效提高我国绿色增长实践绩效找寻突破口。

5.1　绿色增长实践的理论模型构建

随着国际绿色增长实践活动的增多，学者们也从不同角度分析探讨，为绿色增长奠定坚实的文献基础。本节将运用 PDCA（plan，计划；do，执行；check，检查；action，处理）循环方法构建绿色增长实践理论模型，为后续影响因素研究提供理论基础。

5.1.1　理论基础：PDCA 循环

1930 年，PDCA 循环由美国质量管理专家休哈特博士率先提出，后被戴明博士于 1950 年采纳、宣传，从而在全面质量管理中得到应用，因此又称戴明环。其含义是将质量管理依次分为 P（plan）-D（do）-C（check）-A（action）四个阶段，即计划-执行-检查-处理。在产品质量管理过程中，各工作做出计划、计划实施、检查实施效果，合格品纳入标准，其他进入下一循环解决，从而周而复始地运转，提高产品质量。除产品质量管理方面外，PDCA 循环还应用于高校教学质量管理、护理质量管理、工程项目管理、绿色施工等方面。

在高校教学质量管理方面，冯海燕（2015）采用PDCA 循环分析高校创新绩效考核管理存在的问题，识别影响因素并提出改进措施；张雯莉（2014）结合PDCA 循环和高校教学质量监控体系特性，论述将 PDCA 循环理论应用到该领域的必要性、可行性，构建其应用模式。在护理质量管理方面，刘梅等（2012）成立持续质量改进护理小组，构建患者术后疼痛管理模型，依据PDCA 循环进行持续质量改进，有效缓解患者术后疼痛强度，提高护士镇痛管理水平；戴莉敏等（2012）将PDCA 循环结合全程健康教育形式，用于患者的健康教育。在工程项目管理方面，何富刚等（2009）在工程项目进度管理中引入PDCA 循环，基于具体工程实例，探讨业主单位如何有效控制工程项目实施进度；马成刚（2007）将PDCA 应用于工程质量管理中以促进质量管理水平的提高。在绿色施工方面，苏欢等（2020）以长沙市地铁六号线的实地调查为基础，针对地铁工程施工特点及现有绿色施工评价体系的局限性，提出了基于PDCA 循环的地铁工程绿色施工评价体系，促进绿色施工的创新发展；冯燕华（2012）则探讨了绿色施工技术推广的必要性以及结合 PDCA 循环的绿色施工动态管理。

PDCA 循环是提高产品质量，改善组织经营管理的重要方法，也是保证体系运转的基本方式，全过程可分为四个阶段，八个步骤（张雯莉，2014）。

1. P 阶段（计划阶段）

定义问题并假设可能存在的原因及可行的解决方案。常用方法有市场调查、用户访问等，该阶段包括调查分析现状、找出问题产生原因、分析确定主要原因和拟订措施计划四个步骤。

步骤 1：选定目标进行调查，分析现状找出问题。在该阶段，要建立原始记录和原始数据相关文档。可使用调查表、排列图、头脑风暴法等方法，得到较为全面直观的信息，从而做出合理决策。

步骤 2：分析问题产生的原因，找出其中最主要原因。可运用因果图、关联图、树状图等科学方法，结合甘特图制定计划时间表，确定研究进度，进行有效控制。

步骤 3：区分主要、次要原因。关键是确定要因，针对要因提出多种方案，从中筛选最佳方案。可通过测量分析、现场调查，制定散布图、调查表、矩阵图等方法确定。

步骤 4：制定对策、拟订计划方案。明确回答方案中的“5W1H”，即为什么制定该措施（Why）？达到什么目标（What）？在何处执行（Where）？谁来负责完成（Who）？什么时间完成（When）？该如何完成（How）？

将方案步骤具体细化，逐一制定解决办法，决策过程需综合运用程序图、流程图等对具体实施步骤进行分解。

2. D 阶段（执行阶段）

执行措施计划，实施上一阶段所规定内容。该阶段只含执行计划步骤。

步骤五：采取有效行动，实施 P 阶段制订的计划。过程中要及时记录原始数据，保留原始记录，并在计划实施期间测量监督整个实施过程。

3. C 阶段（检查阶段）

在计划执行过程之中或计划执行之后，检查情况是否符合计划的预期结果。该阶段也只有一个步骤：效果检查。

步骤六：检查验证，评估实施效果；将执行结果形成数据，对比预定目标，总结执行计划结果，确认实施方案是否有效。

4. A 阶段（处理阶段）

根据检查结果，采取相应的措施。包括巩固措施和后期计划两个步骤。

步骤七：标准化，固定成绩，进一步推广。对在实施过程中有成效的措施，及时标准化，制定为工作制度，便于执行和推广。

步骤八：问题总结，处理遗留问题。P 阶段发现的所有问题无法在一个 PDCA 循环中得到全部解决，其遗留问题，包括因方案效果不显著而产生的新问题及实施过程中的问题，都需进入下一个 PDCA 循环，如此周而复始，呈螺旋式上升趋势。

PDCA 循环包含三方面特点：①环中有环。PDCA 循环使用范围广泛，适用于组织的各层次工作以及个人的日常活动。就企业而言，需明确总体目标，结合实际发展情况，制定适合的 PDCA 循环，在此，企业是大环，部门则为小环，大环套小环，小环支撑大环，层层循环。该方法将组织的整体运行与内部子体系相互联系、促进、协调，最终形成有机的逻辑组合体。②环环向前，阶梯提升。PDCA 循环呈螺旋式上升，每完成一次循环时，组织获得新的成果，解决存在的部分问题，取得了一定的成绩。但当进入下一个循环时，之前循环所制定的目标方针、待解决的问题以及相应措施都将面临改变，整体在不断提高水平的过程中，继续迈向新台阶，如此循环往复，不断实现改进提升。③周而复始。PDCA循环的四个阶段不是一次性循环，而是周而复始地进行。每一个循环的结束，在解决部分问题的同时，可能仍有一些问题或产生的新问题需要处理，因而每一个循环的结束是下一个 PDCA 循环的开始，周而复始，永不停歇。PDCA 循环一旦运行就伴随着问题的产生和解决。在肯定前一轮成绩的同时，持续地解决问题，制度程序不停更新修订，推动质量不断向前发展。

5.1.2 基于 PDCA 的绿色增长实践理论模型

根据气候与发展知识网（The Climate And Development Knowledge Network，CDKN）、中国能源论坛（Energy China Forum，ECF）和 GGGI（Global Green Growth Institute，全球绿色增长研究所）的研究，分析（analyzing）阶段是规划后必不可少的阶段，其重点在于确定绿色增长实践的价值和可行性，该阶段的结果将决定绿色增长实践能否进入下一阶段。Diabat 和 Govindan（2011）通过对绿色供应链实践的调查分析，将其评估过程划分为四个阶段，即成本识别、机会确定、利益计算，以及随后的决定、实施和监控。因此，本节基于 PDCA 循环对绿色增长实践评价过程进行分析，构建其理论模型，详见图 5.1。

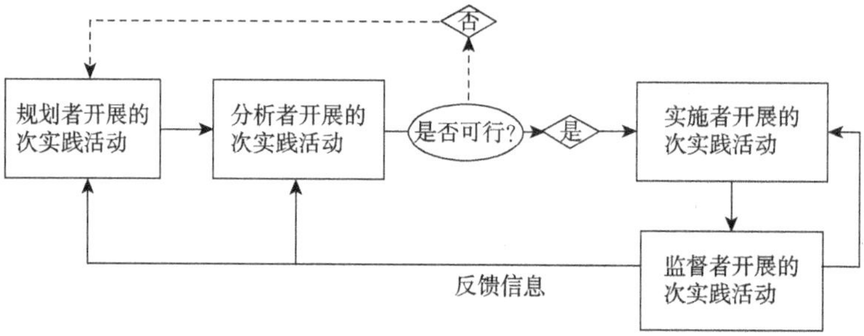

图 5.1 绿色增长实践的理论模型

由图 5.1 可知，践行绿色增长战略主要由四个相互关联的阶段组成，即规划（planning）、分析（analyzing）、实施（implementing）、监督与评价（monitoring and evaluating），这些阶段既相互影响，又相互依赖。首先，在规划阶段，规划者将依据全局性、长远性等原则，对未来的目标、方针、任务进行规划，制定一个绿色增长战略。其次，在分析阶段，分析人员将会依据内外部环境变化现状及趋势预测确定此战略的优势与影响：若此战略可行，实施者将其付诸实践；若此战略不可行，将被实施者拒绝并返还规划者进行修改、完善。最后，在监督与评价阶段，监督者需监督与评价实施者的相关活动，给予规划者和分析者相应反馈信息，帮助其改进实践活动。如果各阶段的活动能有效执行，绿色增长实践将持续顺利进行，并得到及时有效的改进。

5.2 绿色增长实践影响因素识别

基于已构建的绿色增长实践理论模型，运用文献研究法，整理并探究规划、分析、实施，以及监督与评价四个阶段所涉及的主要及次要实践活动（sub-practices），进而构建得到绿色增长实践的评价指标体系。

5.2.1 规划阶段的影响因素

良好的开始是成功的一半。因此，规划阶段的实践活动是成功实施绿色增长战略的基础。一个国家若想摆脱“传统、常规”的道路，需强有力的高层领导的支持（此实践活动标记为 G_1）。例如，Mathew（2012）通过对韩国绿色增长实践的研究发现，成功的做法是组建绿色增长总统委员会（Presidential Council on Green Growth，PCGG），并向整个政府发出“绿色增长规划与实施优先”的强烈信息。此外，确定和发布明确的目标和正式的命令（标记为 G_2）（Vazquez-Brust et al.，2014）也是一个关键步骤，将有助于规划者更好地理解绿色增长的愿景，同时也可帮助分析者准确地评估潜在的经济、社会和环境效益。一些研究表明，有效的规划实践主要由以下次实践活动驱动：稳健且资源充足的过程设计（标记为 G_3）、利益相关者的积极参与（标记为 G_4）以及健全的制度化治理（标记为 G_5）（Vazquez-Brust et al.，2014）。例如，美国的公开涉众机制，即在绿色增长规划实践的各阶段进行正式投票，使利益相关者就某一具体建议达成高度一致。

5.2.2 分析阶段的影响因素

相比不考虑环境与社会可持续性的传统发展模式，绿色增长这一新兴发展模式的优势更加显著。对于分析者来说，绿色增长的潜在效益（标记为 G_6）应被全面且清楚地识别和衡量（Mathew，2012；Pitkänen et al.，2016）。此做法将有助于引导和推动政策决策，进而助力于绿色增长实现。然而，在识别潜在效益和将其融入政策与行动之间存在一定的差距。埃塞俄比亚的绿色增长在解决差距方面提供了很好的例子：埃塞俄比亚政府在制定“增长和转型计划”这一关键政策的同时，还制定了“适应气候变化的绿色经济计划”，旨在为缓解温室气体排放与提高气候变化应对能力提供支持。此计划一定程度上补充了“增长和转型计划”的经济和社会目标。

另外，有研究指出，与不同利益相关者进行沟通与交流（标记为 G_7）也十分重要，恰当信息的有效传递将有利于绿色增长利益相关者解决矛盾和问题。分析者还应利用合理的数据和方法优先考虑绿色增长的选择与路径（标记为 G_8）（Vazquez-Brust et al.，2014）。例如，墨西哥通过利用完善的行业排放与经济活动数据库，运用长期能源替代计划系统制定该国的低碳计划，建立的工具提高了墨西哥的分析效率。此外，还有其他工具将被用于进一步的分析，包括可计算一般均衡（computable general equilibrium，CGE）模型、边际减排成本曲线、投入-产出模型和成本效益分析。多种方法、工具的融合使用，不仅可以充分发挥每个工具的优势，同时也有助于弥补其他方法的弱点，从而提高分析的稳健性。

5.2.3 实施阶段的影响因素

对于实施者来说，关键问题是如何将绿色增长战略有效地付诸实践。Vazquez-Brust 等（2014）学者强调了全面、连贯政策组合（标记为 G_9）的必要性，因为绿色增长实践需要充分和强有力的政策支持。OECD 提出，绿色增长政策应包括激励政策（如定价政策、环境税）、强制性政策（如污染法规和标准）和扶持政策（如创新、教育和技能发展）。

另外，被实施者有效调动的绿色增长投资（标记为 G_{10}）是实现绿色转型必不可少的。这意味着需要为长期绿色投资以及恰当使用公共预算和投资创造良好的环境（Mathew，2012；Pitkänen et al.，2016）。例如，德国高效的节能住房计划一方面得益于政府大力鼓励绿色投资，另一方面得益于稳定的监管环境与政策框架所创造的长期、响亮和合法的信号。同时，公私合作（标记为 G_{11}）（Vazquez-Brust et al.，2014）是用来帮助各利益相关者利用其知识、资源与创造力产生出任何一个群体都无法单独实现成果的一种强有力方式。WB 与公共私营基础设施咨询基金（Public-Private Infrastructure Advisory Facility，PPIAF）的研究发现，公私协作有助于促进绿色增长的实现，具体领域主要包括创新、自然资源管理、绿色和适应气候变化的基础设施及资源效率。

为优化绿色增长的实施，国家层面的实践应与地方层面的行动相一致（标记为 G_{12}）。无论地方政府的绿色努力是否成功，反馈意见都应及时通报。例如，美国在 2005 年制定了减排目标，并将其纳入处罚法律中，而加利福尼亚州的地方绿色法规已超越了此法律。又如，日本东京市政府对大型新建建筑实行了强制性绿色建筑评级制度，这是世界上第一个城市限额交易计划，随后日本中央政府也承诺将在全国范围内实施此制度（Jones and Yoo，2011）。

5.2.4　监督与评价阶段的影响因素

为了获得绿色增长的预期结果，需要在实践过程中对不合理或非法行为进行监督和管理，并为规划者和分析者建立反馈机制（Kim et al.，2014）。对于监督者与评价者来说，其首要任务是开发重点的、具体的指标（标记为 G_{13}），最终构建一个有效的监督评价系统（Kim et al.，2014），该指标作为监督评价系统的核心，需融合多层级指标。包括丹麦、埃塞俄比亚、肯尼亚、韩国和越南等国家在内的一些国家已公布其制定的融合了相关指标与监测系统的绿色增长与绿色经济战略。

监督评价系统的制度化（标记为 G_{14}）对于评估者和监督者来说是一件既困难又重要的事情。为了有效落实问责制，制度安排必须独立自主（Holvoet et al.，2012）。例如，WB、联合国开发计划署（United Nations Development Programme，UNDP）和全球环境基金设置的评估办公室均直接向组织的政府机构报告，而不是向主管人员汇报。此外，监测评估信息应快速及时地传递给关键的利益相关者（标记为 G_{15}），以提高其参与绿色增长实践的积极性（Casillas and Daniel，2012）。例如，以高水平的透明度和公众参与性而著称的丹麦水生政策，丹麦相关部门会在特定网站上定期公布数据和方法并将其作为行动计划的一部分，这有助于公众就结果和政策变化进行公开讨论。

综上，本章建立了一个综合且通用的绿色增长实践评价体系，包括 4 个主要实践活动和 15 个次实践活动，如表 5.1 所示。

表 5.1　绿色增长实践的评价体系

目标层	主要实践活动	次实践活动	参考文献
绿色增长实践的评价指标体系	规划	G_1 强有力的高层领导	Mathew（2012）；Pitkänen 等（2016）
		G_2 明确清楚的经济、环境与社会目标与指令	Vazquez-Brust 等（2014）
		G_3 健全、资源充足的规划与协调过程	CDKN 等（2014）
		G_4 积极有效的利益相关者参与	Kusi-Sarpong 等（2016）
		G_5 管理良好且有效的制度安排	Vazquez-Brust 等（2014）
	分析	G_6 潜在效益的识别与评价	Mathew（2012）；Pitkänen 等（2016）

续表

目标层	主要实践活动	次实践活动	参考文献
绿色增长实践的评价指标体系	分析	G_7 与各利益相关者沟通利益	Vazquez-Brust 等（2014）
		G_8 优先考虑绿色增长路径与方案	Vazquez-Brust 等（2014）
	实施	G_9 开发有效的政策组合	Vazquez-Brust 等（2014）
		G_{10} 有效调动绿色增长投资	Mathew（2012）；Pitkänen 等（2016）
		G_{11} 增强公私合作	Vazquez-Brust 等（2014）
		G_{12} 整合国家与地方的绿色增长行动	Vazquez-Brust 等（2014）
	监督与评价	G_{13} 开发融合重点与具体的指标	Kim 等（2014）
		G_{14} 监督评估系统的制度化	Holvoet 等（2012）
		G_{15} 与利益相关者及时有效地沟通监测评价信息	Casillas 和 Daniel（2012）

5.3 研究方法：Fuzzy-DEMATEL 方法

基于构建的绿色增长实践评价体系，结合获得的相关指标数据，运用模糊集理论与决策实验分析法进行各因素间的因果关系分析，得到影响中国绿色增长实践的原因因素、结果因素和关键影响因素。

5.3.1 模糊集理论

在现实生活中，部分决策常常涉及不恰当的人为判断和不准确的信息，从而增加了最终决策的模糊性和偏见。为解决这种不精确问题，Zadeh 于 1965 年提出了模糊集理论，该方法能有效克服语言估计过程的歧义，将语言术语转换成模糊数字（Xia et al.，2015）。数学中，普通集合描述一个精确概念，而模糊集则表达模糊概念，其优点是能够通过隶属度函数表达目标属性的不确定性，并对定量和定性指标进行统一的处理与表示，但难点在于隶属度函数的确定（Shang et al.，2015）。模糊集主要用于处理实际问题中一些非确定信息，特别是没有清晰界限的信息，如与人类语言或者行为相关的信息，或是由于受人类认知所限而难以表达和清晰定义的信息等。

基于 Tseng（2009）、Wu 等（2015）和 Kusi-Sarpong 等（2016）的研究，模糊集理论的主要定义如下所示。

定义 5.1：定义 U 为全集，即 $U=\{u_1,u_2,\cdots,u_n\}$；$\tilde{A}$ 为 U 的一个模糊集，即 $\{(u_1,f_{\tilde{A}}(u_1)),(u_2,f_{\tilde{A}}(u_2)),\cdots,(u_n,f_{\tilde{A}}(u_n))\}$，其中 $f_{\tilde{A}}:U$ 是 $\tilde{A}_{0\sim1}$ 的隶属函数，$f_{\tilde{A}}(u_1)$ 代表 $\tilde{A}$ 中 u_1 的隶属度。

定义 5.2：当 U 是无限集合，模糊集 $\tilde{A}$ 被表示为 $\tilde{A}=\dfrac{\int_u f_{\tilde{A}}(u_i)}{(u)}$，其中 $u\in U$。当 U 是有限集合，模糊集 $\tilde{A}$ 被定义为 $\tilde{A}=\dfrac{\sum_i f_{\tilde{A}}(u_i)}{u_i}$，其中 $u_i\in U$。

定义 5.3：全集 U 的模糊集 $\tilde{A}$ 是正常的，那么它的隶属函数 $f_{\tilde{A}}(u)$ 必须满足 $\max f_{\tilde{A}}(u)=1$。

定义 5.4：模糊数是全集 U 的一个模糊子集，是正常的而不是凸的。

定义 5.5：在全集 U 的模糊集 $\tilde{A}$ 中，模糊 α-cut $\tilde{A}_\alpha$ 与强 α-cut $\tilde{A}_{\alpha^+}$ 分别定义为

$$\tilde{A}_\alpha=\{u_i\,|\,f_{\tilde{A}}(u_i)\geqslant\alpha,u_i\in U\}，\text{其中}\ \alpha\in[0,1] \tag{5.1}$$

$$\tilde{A}_{\alpha^+}=\{u_i\,|\,f_{\tilde{A}}(u_i)\geqslant\alpha,u_i\in U\}，\text{其中}\ \alpha\in[0,1] \tag{5.2}$$

定义 5.6：如果全集 U 的模糊集 $\tilde{A}$ 是凸的，那么每个 $\tilde{A}_\alpha$ 都是凸的，而且 $\tilde{A}_\alpha$ 接近间隔 β。$\tilde{A}_\alpha$ 被定义为

$$\tilde{A}_\alpha=\{\beta_1^\alpha,\beta_2^\alpha\}，\text{其中}\ \alpha\in[0,1] \tag{5.3}$$

定义 5.7：三角模糊数被定义为 (a,b,c)，则三角函数的隶属函数为

$$f_{\tilde{A}}(u)=\begin{cases}0, & u<a\\ (u-a)/(b-a), & a\leqslant u<b\\ (c-u)/(c-b), & b\leqslant u<c\\ 0, & u>c\end{cases} \tag{5.4}$$

Tseng（2009）的研究表明，模糊聚合方法应通过去模糊化将人类判断转化成模糊语言变量。在本节中，修改后的 CFCS 去模糊化方法（Büyüközkan and Güleryüz，2016）将被用来获得清晰数。

定义 5.8：假设决策组有 Q 个评价者，n 个因素组成指标集 P。模糊三角数 $f_{ij}^r=(l_{ij}^r,m_{ij}^r,n_{ij}^r)$ 表示评价者 r 关于指标因素 i 对指标因素 j 的三角模糊评价，其中 $1\leqslant r\leqslant Q$，$i,j\in P$。

定义 5.9：模糊数标准化。

$$\overline{n}_{ij}^r=(n_{ij}^r-\min l_{ij}^r)/\varDelta_{\min}^{\max} \tag{5.5}$$

$$\overline{m}_{ij}^r = \left(m_{ij}^r - \min l_{ij}^r\right) / \Delta_{\min}^{\max} \tag{5.6}$$

$$\overline{l}_{ij}^{\,r} = \left(l_{ij}^r - \min l_{ij}^r\right) / \Delta_{\min}^{\max} \tag{5.7}$$

其中，$\Delta_{\min}^{\max} = \max n_{ij}^r - \min l_{ij}^r$。

定义 5.10：标准化数值计算。

$$N_{ij}^r = \overline{n}_{ij}^r / \left(1 + \overline{n}_{ij}^r - \overline{m}_{ij}^r\right) \tag{5.8}$$

$$L_{ij}^r = \overline{m}_{ij}^r / \left(1 + \overline{m}_{ij}^r - \overline{l}_{ij}^{\,r}\right) \tag{5.9}$$

总标准化清晰值计算。

$$X_{ij}^r = \frac{L_{ij}^r\left(1 - L_{ij}^r\right) + N_{ij}^r \times N_{ij}^r}{1 - L_{ij}^r + N_{ij}^r} \tag{5.10}$$

定义 5.11：最终清晰值计算。

$$Y_{ij}^r = \min l_{ij}^r + \left(X_{ij}^r \times \Delta_{\min}^{\max}\right) \tag{5.11}$$

定义 5.12：整合所有评价者的清晰值。

$$Y_{ij} = \frac{1}{Q}\left(Y_{ij}^1 + Y_{ij}^2 + \cdots + Y_{ij}^Q\right) \tag{5.12}$$

5.3.2 DEMATEL 方法

决策实验分析法（decision-making trial and evaluation laboratory，DEMATEL）由美国学者 Gabus 和 Fontela 于 20 世纪 70 年代提出，是一种运用图论与矩阵工具筛选复杂系统主要要素、简化系统结构分析过程的方法。通过系统中各因素间的逻辑关系和直接影响矩阵，可计算出每个因素对其他因素的影响度以及被影响度，从而得到各因素的原因度与中心度，将其作为构造模型的依据，并确定因素间的因果关系与其在系统中的地位。该方法通过行列式演算，直观显示问题间的逻辑关系，将复杂问题简单化，是进行因素识别与分析的一种有效方法。此外，该方法充分利用专家的经验知识处理复杂的社会问题，尤其对因果关系不确定的系统更为有效。经过多年的发展，DEMATEL 方法已被成功应用于绿色供应链管理（Kusi-Sarpong et al.，2016）、可再生能源资源选择（Büyüközkan and Güleryüz，2016）和工业可持续发展（Liang et al.，2016）等领域。此外，在相互关联的宏观世界性问题群（如种族、环保、能源问题等）、中观的地区性问题（如城市规划设计、社会安全、地理环境评估等）和微观的企业内部管理问题（如团体决策、市场战略定位、管理问题的因果关系等）的相关研究中也不断被应用。

DEMATEL 方法与结构方程模型、主成分分析法、层次分析法等相比，优点主要如下：①中国绿色增长实践的影响因素本身是多层次多维度且相互联系的，采用 DEMATEL 方法能有效从多层次因果联系的角度进行分析，而传统的结构方程模型、主成分分析法、层次分析法等在进行维度提取时很少考虑各维度直接的层次性和因果联系性。②DEMATEL 在分析过程中形成的中心度、原因度指标是其他方法所不具备的，中心度指标能够衡量各维度的权重，而原因度指标能够建立各维度之间的因果联系。③DEMATEL 分析形成的影响关系矩阵，能够进行相关仿真分析，更好地模拟实际管理活动的发展情况。但 DEMATEL 的缺点是在进行分析之前，需建立各维度之间的重要性矩阵，此过程仍存在一定的主观性。

DEMATEL 方法中的几个关键定义如下。

定义 5.13：定义直接关联矩阵 $\boldsymbol{A}=\left(a_{ij}\right)_{n\times n}$。

$$\boldsymbol{A}=\begin{bmatrix} 0 & a_{12} & \cdots & a_{1(n-1)} & a_{1n} \\ a_{21} & 0 & \cdots & a_{2(n-1)} & a_{2n} \\ \vdots & \vdots & & \vdots & \vdots \\ a_{(n-1)1} & a_{(n-1)2} & \cdots & 0 & a_{(n-1)n} \\ a_{n1} & a_{n2} & \cdots & a_{n(n-1)} & 0 \end{bmatrix} \tag{5.13}$$

其中，a_{ij} 为第 i 个因素对第 j 个因素的影响程度，$i,j=1,2,\cdots,n$。

定义 5.14：定义归一化的直接关联矩阵 $\boldsymbol{B}$。

$$k=\frac{1}{\max\limits_{1\leqslant i\leqslant n}\sum_{j=1}^{n}a_{ij}},\quad i,j=1,2,\cdots,n \tag{5.14}$$

$$\boldsymbol{B}=k\times\boldsymbol{A} \tag{5.15}$$

定义 5.15：定义综合关联矩阵 $\boldsymbol{T}$。

$$\boldsymbol{T}=\boldsymbol{B}\left(\boldsymbol{I}-\boldsymbol{B}\right)^{-1} \tag{5.16}$$

其中，$\boldsymbol{I}$ 为单位矩阵。

定义 5.16：定义各指标的中心度与原因度。

$$D=\left[\sum_{j=1}^{n}t_{ij}\right]_{n\times 1}=[t_i]_{n\times 1} \tag{5.17}$$

$$R=\left[\sum_{i=1}^{n}t_{ij}\right]_{1\times n}=\left[t_j\right]_{1\times n} \tag{5.18}$$

其中，D、R 分别代表行和列的总和；D_i+R_i 为指标 i 的中心度，数值越大，说明此因素的重要性越大；$D_i - R_i$ 为因素 i 的原因度，若 $Q_i > 0$，则此因素属于原因因素；若 $Q_i < 0$，则此因素属于结果因素。因此，利用 $(D_i + R_i, D_i - R_i)$ 可绘制因素间的因果关系图，从而为管理者制定决策提供有价值的信息。

5.3.3 Fuzzy-DEMATEL 方法

为解决现实评价中的模糊性和不确定性，将模糊集理论和DEMATEL方法结合构建出更具柔性的决策模型，使决策结果更接近实际。此外，DEMATEL 方法应用过程中，一般需要依据专家群体打分建立直接关系影响矩阵，但是调查问卷或者专家打分建立直接影响矩阵存在主观性、组织实施困难等问题，影响 DEMATEL 方法的应用范围。基于此，本章引入模糊集理论（Fuzzy set theory），利用三角模糊数来量化专家群体的主观判断，进而消除专家打分的主观性，使构建的直接影响矩阵具有较高的可信度。Fuzzy-DEMATEL 方法应用于中国绿色增长实践影响因素分析的具体过程如图 5.2 所示。具体步骤如下所示。

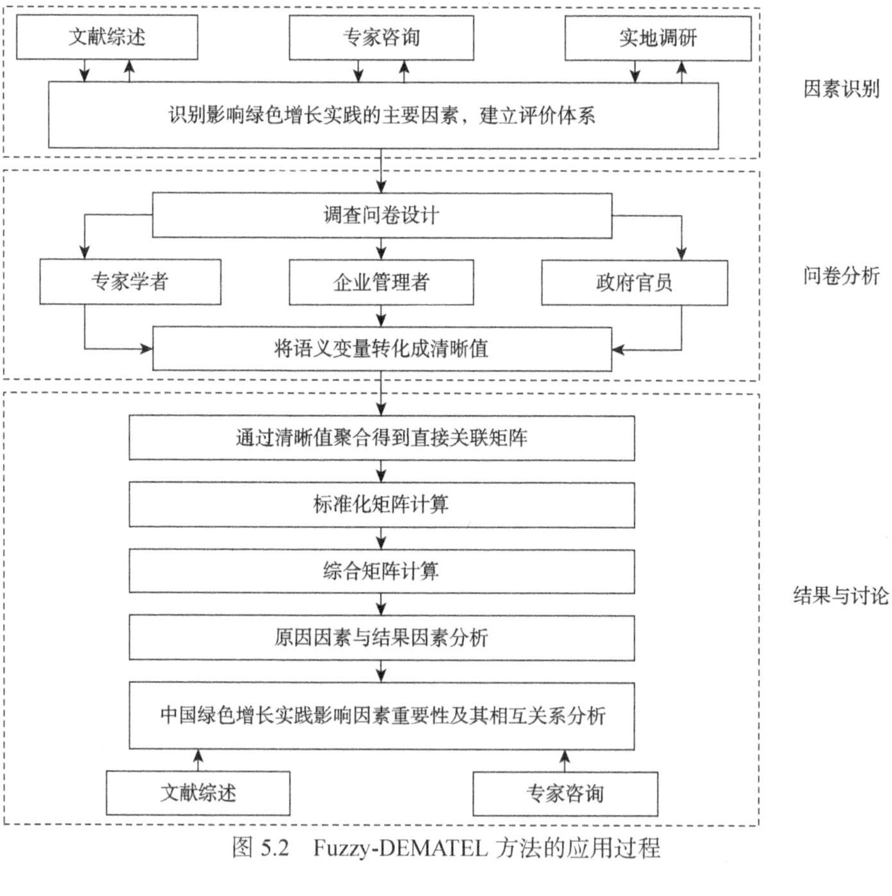

图 5.2 Fuzzy-DEMATEL 方法的应用过程

步骤 1：确定影响因素与问卷设计。根据实地调研和文献研读，把影响绿色增长实践的因素分为规划、分析、实施、监督与评价四个方面，具体见表 5.1。

步骤 2：建立初始矩阵。邀请 Q 位从事绿色增长实践的专家两两比较因素 i 和因素 j，得到相互关系初始矩阵 $\boldsymbol{C}$。

步骤 3：初始矩阵的清晰化处理。利用修改后的 CFCS 方法进行清晰化处理，借助式（5.7）~式（5.12）对矩阵 $\boldsymbol{C}$ 进行清晰化处理得到直接关联矩阵 $\boldsymbol{A}$。

步骤 4：通过式（5.14）~式（5.15）对清晰化矩阵 $\boldsymbol{A}$ 进行标准化处理。

步骤 5：根据式（5.16）得到综合关联矩阵 $\boldsymbol{T}$。

步骤 6：计算各个影响因素的原因度 $D_i - R_i$ 和中心度 $D_i + R_i$。

步骤 7：根据原因度和中心度分析原因因素和结果因素。

5.4　数据收集与计算

5.4.1　调查问卷设计与收集

邀请两名学术教授、两名政府干部和两名企业管理人员组成专家委员会对构建的中国绿色增长实践评价体系进行讨论，以确保评价体系的科学性与合理性。学术教授是中国低碳和绿色经济领域的领先专家，在国家、地区和企业层面的可持续发展研究经验已有十几年；两位政府干部多年在环保和资源管理岗位上工作，熟知中国绿色增长领域的相关政策法规；企业管理人员主要负责企业绿色产品的设计和制造，在企业绿色转型实践方面具有丰富的经验。该专家委员会的各位成员在绿色增长实践方面具有敏锐的理解力和深厚的专业知识。

基于构建的评价体系开发设计出中国绿色增长实践影响因素调查问卷，并通过电子邮件发送给 6 位专家，共收集得到 6 份问卷数据。根据 Kusi-Sarpong 等（2016）的研究，将 6 位专家的打分值转化成模糊三角数，语义变量见表 5.2。

表 5.2　专家评价的语义变量

语义变量	模糊三角数	分数
无直接影响	（0，0，0.25）	0
弱影响	（0，0.25，0.50）	1
一般影响	（0.25，0.50，0.75）	2
较强影响	（0.50，0.75，1.00）	3
巨大影响	（0.75，1.00，1.00）	4

5.4.2 数据处理与结果输出

根据式（5.7）~式（5.12），得到去模糊化的专家 1 的初始关联矩阵 $\boldsymbol{A}$，见表 5.3。综合 6 位专家评价，得到一个广义直接关联矩阵，如表 5.4 所示。

表 5.3 专家 1 的初始关联矩阵

次实践活动	G_1	G_2	G_3	G_4	G_5	G_6	G_7	G_8	G_9	G_{10}	G_{11}	G_{12}	G_{13}	G_{14}	G_{15}
G_1	0	4	3	3	4	3	3	3	3	3	3	3	3	3	3
G_2	1	0	2	2	2	0	0	3	3	2	0	0	3	0	0
G_3	1	0	0	2	2	0	2	3	3	0	0	0	0	3	3
G_4	3	3	0	0	0	0	4	0	2	2	3	0	0	0	4
G_5	1	0	3	2	0	0	3	0	3	2	2	0	0	4	2
G_6	2	0	0	3	3	0	3	3	3	3	3	3	3	2	2
G_7	3	2	3	4	3	3	0	3	4	3	3	3	3	3	4
G_8	0	0	2	3	2	3	3	0	3	3	3	3	3	0	2
G_9	3	3	0	3	3	3	4	2	0	3	4	4	0	3	0
G_{10}	0	0	2	3	3	0	3	0	3	0	3	3	0	0	3
G_{11}	3	0	0	3	0	3	4	3	3	3	0	2	0	0	3
G_{12}	3	0	0	3	2	0	3	2	3	3	3	0	0	0	3
G_{13}	0	0	0	0	0	0	0	0	0	0	0	0	0	3	4
G_{14}	1	0	0	2	3	0	0	0	0	0	0	0	2	0	4
G_{15}	3	3	3	4	4	3	4	4	4	3	4	3	4	4	0

注：0=无直接影响，1=弱影响，2=一般影响，3=较强影响，4=巨大影响

表 5.4 去模糊化后的专家 1 的直接关联矩阵

次实践活动	G_1	G_2	G_3	G_4	G_5	G_6	G_7	G_8	G_9	G_{10}	G_{11}	G_{12}	G_{13}	G_{14}	G_{15}
G_1	0	0.967	0.733	0.733	0.967	0.733	0.733	0.733	0.733	0.733	0.733	0.733	0.733	0.733	0.733
G_2	0.267	0	0.500	0.500	0.500	0.033	0.033	0.733	0.733	0.500	0.033	0.033	0.733	0.033	0.033
G_3	0.267	0.033	0	0.500	0.500	0.033	0.500	0.733	0.733	0.033	0.033	0.033	0.033	0.733	0.733
G_4	0.733	0.733	0.033	0	0.033	0.033	0.967	0.033	0.500	0.500	0.733	0.033	0.033	0.033	0.967
G_5	0.267	0.033	0.733	0.500	0	0.033	0.733	0.033	0.733	0.500	0.500	0.033	0.033	0.967	0.500
G_6	0.500	0.033	0.033	0.733	0.733	0	0.733	0.733	0.733	0.733	0.733	0.733	0.733	0.500	0.500
G_7	0.733	0.500	0.733	0.967	0.733	0.733	0	0.733	0.967	0.733	0.733	0.733	0.733	0.733	0.967
G_8	0.033	0.033	0.500	0.733	0.500	0.733	0.733	0	0.733	0.733	0.733	0.733	0.733	0.033	0.500
G_9	0.733	0.733	0.033	0.733	0.733	0.733	0.967	0.500	0	0.733	0.967	0.967	0.033	0.733	0.033
G_{10}	0.033	0.033	0.500	0.733	0.733	0.033	0.733	0.033	0.733	0	0.733	0.733	0.033	0.033	0.733
G_{11}	0.733	0.033	0.033	0.733	0.033	0.733	0.967	0.733	0.733	0.733	0	0.500	0.033	0.033	0.733
G_{12}	0.733	0.033	0.033	0.733	0.500	0.033	0.733	0.500	0.733	0.733	0.733	0	0.033	0.033	0.733

续表

次实践活动	G_1	G_2	G_3	G_4	G_5	G_6	G_7	G_8	G_9	G_{10}	G_{11}	G_{12}	G_{13}	G_{14}	G_{15}
G_{13}	0.033	0.033	0.033	0.033	0.033	0.033	0.033	0.033	0.033	0.033	0.033	0.033	0	0.733	0.967
G_{14}	0.267	0.033	0.033	0.500	0.733	0.033	0.033	0.033	0.033	0.033	0.033	0.033	0.500	0	0.967
G_{15}	0.733	0.733	0.733	0.967	0.967	0.733	0.967	0.967	0.967	0.733	0.967	0.733	0.967	0.967	0

通过式（5.14）~式（5.15）对广义直接关联矩阵进行标准化处理，见表 5.5，进而根据式（5.16）得到综合关联矩阵，见表 5.6。

表 5.5　基于所有专家评价的广义直接关联矩阵

次实践活动	G_1	G_2	G_3	G_4	G_5	G_6	G_7	G_8	G_9	G_{10}	G_{11}	G_{12}	G_{13}	G_{14}	G_{15}
G_1	0	0.811	0.772	0.578	0.889	0.578	0.656	0.656	0.811	0.811	0.733	0.772	0.617	0.772	0.578
G_2	0.189	0	0.656	0.539	0.656	0.267	0.461	0.578	0.733	0.617	0.500	0.539	0.461	0.539	0.383
G_3	0.189	0.228	0	0.617	0.733	0.422	0.694	0.617	0.656	0.461	0.461	0.578	0.383	0.772	0.578
G_4	0.267	0.344	0.344	0	0.422	0.539	0.850	0.383	0.500	0.578	0.578	0.306	0.383	0.383	0.850
G_5	0.189	0.228	0.733	0.500	0	0.267	0.539	0.344	0.578	0.539	0.500	0.578	0.383	0.811	0.461
G_6	0.189	0.189	0.306	0.500	0.383	0	0.539	0.500	0.617	0.617	0.539	0.422	0.539	0.422	0.539
G_7	0.228	0.267	0.422	0.733	0.461	0.656	0	0.461	0.617	0.539	0.617	0.422	0.461	0.461	0.811
G_8	0.150	0.150	0.578	0.539	0.539	0.422	0.500	0	0.539	0.617	0.461	0.578	0.539	0.500	0.461
G_9	0.344	0.306	0.306	0.617	0.539	0.461	0.656	0.461	0	0.733	0.733	0.617	0.267	0.539	0.383
G_{10}	0.111	0.150	0.306	0.461	0.306	0.267	0.461	0.228	0.461	0	0.539	0.617	0.267	0.189	0.500
G_{11}	0.344	0.228	0.344	0.422	0.267	0.383	0.500	0.461	0.461	0.694	0	0.578	0.228	0.306	0.344
G_{12}	0.344	0.228	0.344	0.422	0.461	0.267	0.461	0.500	0.461	0.694	0.617	0	0.344	0.422	0.461
G_{13}	0.189	0.306	0.306	0.306	0.267	0.383	0.306	0.461	0.228	0.383	0.344	0.422	0	0.539	0.539
G_{14}	0.267	0.267	0.344	0.422	0.461	0.344	0.383	0.383	0.228	0.344	0.306	0.344	0.617	0	0.733
G_{15}	0.306	0.267	0.383	0.656	0.422	0.500	0.694	0.461	0.500	0.461	0.578	0.422	0.539	0.500	0

表 5.6　综合关联矩阵

次实践活动	G_1	G_2	G_3	G_4	G_5	G_6	G_7	G_8	G_9	G_{10}	G_{11}	G_{12}	G_{13}	G_{14}	G_{15}
G_1	0.064	0.147	0.184*	0.190*	0.206*	0.162*	0.204*	0.180*	0.210*	0.224*	0.207*	0.205*	0.168*	0.202*	0.196*
G_2	0.064	0.050	0.141	0.148	0.149	0.103	0.146	0.139	0.164*	0.163*	0.146	0.145	0.122	0.144	0.138
G_3	0.066	0.074	0.081	0.159*	0.158*	0.121	0.171*	0.145	0.159*	0.153	0.147	0.151	0.119	0.168*	0.161*
G_4	0.070	0.081	0.108	0.094	0.122	0.126	0.177*	0.117	0.139	0.155	0.150	0.119	0.112	0.124	0.177*
G_5	0.062	0.069	0.141	0.138	0.081	0.098	0.146	0.112	0.142	0.149	0.140	0.142	0.110	0.162*	0.140
G_6	0.059	0.063	0.098	0.133	0.112	0.068	0.141	0.121	0.141	0.151	0.139	0.123	0.120	0.120	0.141

续表

次实践活动	G_1	G_2	G_3	G_4	G_5	G_6	G_7	G_8	G_9	G_{10}	G_{11}	G_{12}	G_{13}	G_{14}	G_{15}
G_7	0.069	0.077	0.118	0.166*	0.130	0.140	0.104	0.128	0.153	0.157*	0.158*	0.134	0.123	0.135	0.178*
G_8	0.057	0.061	0.126	0.140	0.130	0.111	0.141	0.077	0.137	0.154	0.135	0.140	0.123	0.132	0.138
G_9	0.078	0.079	0.107	0.153	0.135	0.119	0.161*	0.126	0.093	0.173*	0.166*	0.150	0.103	0.140	0.137
G_{10}	0.044	0.050	0.083	0.111	0.089	0.080	0.115	0.081	0.110	0.074	0.121	0.123	0.079	0.082	0.118
G_{11}	0.069	0.063	0.095	0.118	0.095	0.098	0.129	0.111	0.120	0.150	0.080	0.130	0.085	0.102	0.114
G_{12}	0.072	0.066	0.100	0.123	0.118	0.092	0.131	0.119	0.125	0.156	0.143	0.081	0.100	0.118	0.130
G_{13}	0.051	0.065	0.085	0.098	0.087	0.091	0.101	0.103	0.089	0.111	0.103	0.106	0.056	0.116	0.123
G_{14}	0.061	0.065	0.094	0.115	0.111	0.093	0.116	0.102	0.096	0.114	0.106	0.105	0.120	0.072	0.148
G_{15}	0.073	0.074	0.111	0.153	0.122	0.121	0.162*	0.123	0.137	0.144	0.148	0.128	0.126	0.134	0.097

*代表数值大于等于阈值（0.156 7）

基于综合关联矩阵，计算得到D、R、D_i+R_i与D_i-R_i，如表5.7所示。结合D_i+R_i与D_i-R_i，绘制得到次实践活动的因果关系图，见图5.3。

表5.7 次实践活动的中心度与原因度

次实践活动	D	R	D_i+R_i	D_i-R_i
G_1	2.747 5	0.958 0	3.705 5	1.789 5
G_2	1.961 6	1.083 3	3.044 9	0.878 3
G_3	2.033 7	1.672 3	3.706 0	0.361 4
G_4	1.869 0	2.039 9	3.908 9	−0.170 9
G_5	1.832 8	1.844 8	3.677 6	−0.012 0
G_6	1.730 6	1.623 0	3.353 6	0.107 6
G_7	1.970 3	2.145 6	4.115 9	−0.175 3
G_8	1.802 1	1.782 9	3.585 0	0.019 2
G_9	1.919 3	2.015 4	3.934 7	−0.096 1
G_{10}	1.357 8	2.225 9	3.583 7	−0.868 1
G_{11}	1.557 3	2.087 6	3.644 9	−0.530 3
G_{12}	1.673 2	1.982 7	3.655 9	−0.309 5
G_{13}	1.384 5	1.666 0	3.050 5	−0.281 5
G_{14}	1.519 6	1.949 7	3.469 3	−0.430 1
G_{15}	1.853 1	2.135 4	3.988 5	−0.282 3

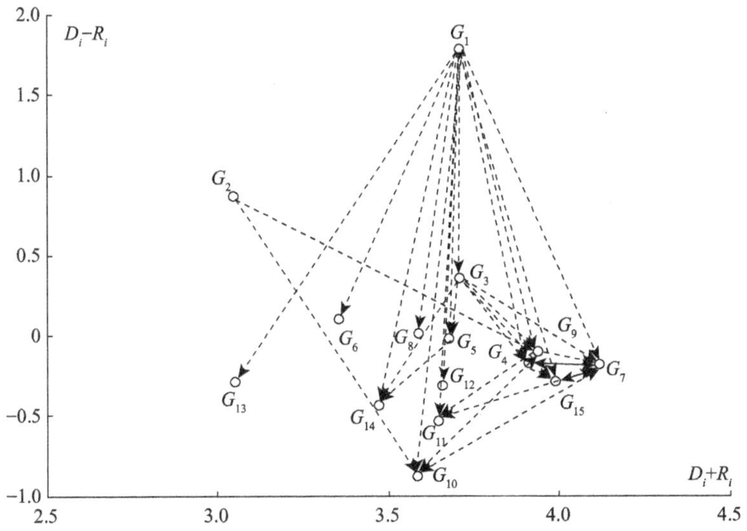

图 5.3　原因–结果关系图

如图 5.3 所示，带箭头的线代表了实践因素间的相互关系，而箭头的方向取决于这些关系是否超出了设定的阈值（Xia et al.，2015），其数值等于综合矩阵的平均值与标准差值之和。由表 5.6 可知，综合关联矩阵的均值为 0.120 9，标准差为 0.035 8，则阈值为 0.120 9+0.035 8=0.156 7。在表 5.6 中，带*的数值表示大于等于阈值。在图 5.3 中，实线表示双向关系，虚线表示单向关系。

5.5　中国绿色增长实践的影响因素分析

5.5.1　原因度分析

结合表 5.7 和图 5.3 可知，根据 D_i-R_i 值，15 个子实践活动可被分为原因因素组（$D_i-R_i>0$）和结果因素组（$D_i-R_i<0$）。

在原因因素组中，有 5 个实践活动，其从大到小的排序是 G_1、G_2、G_3、G_6、G_8，其中排名前三的 G_1、G_2、G_3 都属于规划阶段的实践活动。由此可知，作为绿色增长实践活动的开展基础，规划活动十分重要。

其中，G_1（强有力的高层领导）的原因度在 15 个因素中居于首位，说明它对其他因素的影响力最大。由表 5.6 可以看出，G_1 是唯一一个对 G_3~G_{15} 影响力大小均超过阈值，且影响力均为最大的因素，即强有力的高层领导会对其他实践活动的成功实施提供保障，这与实际情境相吻合。从宏观层面来看，在推行绿色发展理念，开展绿色增长实践活动的过程中，势必会改变以往的生产发展模式，对传统行业的利益造成伤害，削弱其改变生产方式的积极性。因此需要政府发挥其高层领导的作用，通过颁布战略规划将绿色增长转变为未来国家发展的必然趋势，再辅以教育引导或者制定奖惩措施，从而推动行业进行转变。以韩国为例，韩国政府发现改变传统的发展模式，开展绿色增长实践势必会损害一些利益相关者的利益。因此，在韩国总统李明博的带头下，韩国政府实施了绿色新政，制定了“绿色增长国家战略及五年计划”并颁布了《绿色增长基本法》，使得绿色增长的实践活动在韩国得以顺利展开，并推动韩国迅速发展成为新兴工业化国家。

G_2（明确清楚的经济、环境与社会目标与指令）的原因度在原因因素里居于第二的位置，在设置的阈值下，G_2对G_9（开发有效的政策组合）和G_{10}（有效调动绿色增长投资）的影响值超过了规定数值。说明在规划阶段树立明确的目标与指令有利于在实施阶段开发有效的政策组合并调动绿色增长投资。

在结果因素组中，10 个结果因素的原因度从大到小的排序依次是 G_5、G_9、G_4、G_7、G_{13}、G_{15}、G_{12}、G_{14}、G_{11}、G_{10}。这些结果因素主要受到原因因素的影响，最终影响中国绿色增长实践的发展。其中，G_5（管理良好且有效的制度安排）的数值最大，是结果因素中受影响程度最大的因素。为确保绿色增长规划的长期性与长久性，包括美国、德国与墨西哥在内的一些国家形成了管理良好且较为成熟的制度体系。

G_9（开发有效的政策组合）是结果因素中受影响程度第二大的因素。韩国和马来西亚推行绿色增长与绿色工业政策的做法验证了此结果（Mathew，2012）。Vazquez-Brust等（2014）的研究也发现，绿色增长的实施需要开发一个排序适当、灵活多样的政策组合，而这种组合需综合利用价格政策工具与非价格政策工具。例如，价格政策包括很多经济手段，如与环境有关的税收、费用及降低环境影响的补贴等。由此，绿色增长可通过征收碳税的方式给市场发出一个明确的信号，以促进高碳的经济活动或技术向低碳方向大规模转型。此外，结果还显示 G_{10}（有效调动绿色增长投资）是受影响最小的结果因素，主要是因为绿色投资的社会收益普遍较低。

5.5.2 中心度分析

根据 $D_i + R_i$ 的值，实践因素中心度（重要性/关联性）的降序排序为 G_7、G_{15}、G_9、G_4、G_3、G_1、G_5、G_{12}、G_{11}、G_8、G_{10}、G_{14}、G_6、G_{13}、G_2。其中，G_7（与各利益相关者沟通利益）与其他实践因素的关联最紧密，因为此做法有利于

刺激利益相关者参与的积极性、减少不必要的障碍，最终提高绿色增长实践的有效性。这一发现表明，与不同利益相关者沟通对于中国绿色增长实践的成功开展至关重要。同时，这一结果也支持和补充了相关实证研究。例如，有研究发现当地政府与居民之间信息传播和沟通的程度与绿色增长实践的绩效正相关。G_{15}（与利益相关者及时有效地沟通监测评价信息）与其他实践因素的关联程度排名第二。根据 CDKN 等（2014）的研究，建立适当的监督与评价系统以获取关于绿色增长转型准确和全面的信息是非常必要的。与利益相关者进行沟通对于有效设计与实施绿色增长监测和评估至关重要，且有助于提高其合法性。相比之下，由于 G_2（明确清楚的经济、环境与社会目标与指令）的高独立性，其与其他实践因素的关系最弱。一般来说，在中国情景下，主要由政府部门主导任务和目标的颁布，其他利益相关者参与程度较低，这一定程度上使颁布的任务与目标脱离了实际情况，从而大大增加了绿色增长实践失败的概率。

基于以上分析可知，虽然我国政府认识到面对日益恶化的资源环境问题时转变经济增长方式的重要性，并开始借鉴发达国家的经验积极促进绿色增长战略在国家范围内的推行，相继开展了建设“生态工业园”“循环经济”“低碳城市”试点，构建了“资源节约型和环境友好型社会”等一系列谋求绿色发展的国家战略，但与国际典型国家相比还存在很大的差距。本章通过对中国绿色增长实践的影响因素进行分析发现，要想提高中国绿色增长战略的整体竞争力，需要中国政府官员与企业管理人员注重高层领导与不同利益相关者的大力支持；需要建立一个有效的沟通系统，来促进与不同利益相关者进行绿色增长利益和监测评估信息的及时、准确沟通与交流。具体解释如下。

实践者要想提高绿色增长实践的绩效，应尽最大努力控制原因因素，特别是具有最高优先级的子实践。在原因实践因素中，G_1（强有力的高层领导）是影响中国绿色增长实践最重要的原因因素，第二位是 G_2（明确清楚的经济、环境与社会目标与指令），第三位是 G_3（健全、资源充足的规划与协调过程）。如果实践者先成立一个强有力的高层领导委员会，然后再制定一系列明确的任务与目标，那么结果因素将会被原因因素更有效地影响，即这些实践活动将有利于良好且有效的制度安排（G_5）与政策组合（G_9）的建立。此外，建立一个沟通系统将会显著地改善其他子实践活动的表现，最终提高中国绿色增长战略的整体竞争力。

本章的目的是评估并进一步提高中国绿色增长实践的绩效水平。通过对 15 个子实践及其关系的分析，其所得结果有助于决策者更全面地理解绿色增长实践。可为政府和企业提供的管理启示如下所示。

由原因因素与结果因素的分组结果可知，实践者要想提高绿色增长实践的绩效，应尽最大努力控制原因因素，特别是具有最高优先级的子实践。在原因组的实践因素是影响因素，在结果组的实践因素是被影响因素。换句话说，原因实践因素（G_1~G_3，G_6，G_8）比结果实践因素（G_4，G_5，G_7，G_9~G_{15}）更容易改进。由此，本章为正在寻找提升中国绿色增长实践绩效最佳途径的政府干部和企业管理者提供了重要信息，即应注重改善原因实践因素。

由各子实践因素间的关联结果可知，G_7（与各利益相关者沟通利益）与其他子实践因素的关系最为密切。沟通一直是实施中国绿色增长的关键问题，研究表明，建立一个沟通系统将会有效地改善其他子实践活动的表现，进而提高中国绿色增长战略的整体竞争力。G_7 本身是难以改善的，但可结合其他实践因素加以改进，尤其是原因因素。此外，G_2（明确清楚的经济、环境与社会目标与指令）与其他子实践因素的相关性最低，因其具有很高的独立性。这表明，大力投资改善其他原因实践因素将不会对 G_2 产生明显的影响。

基于这些结果，为增强中国在“全球绿色新政”中的竞争优势，需要中国政府干部与企业管理人员注重高层领导与不同利益相关者的大力支持。相比其他发达国家，中国的绿色增长实践处于起步阶段，由于绿色投资成本尚未实现规模经济，企业在推行绿色增长的过程中，运营成本将会增加，此时国家政府的支持和指导尤为重要。为提高利益相关者的参与热情与参与度，需要建立一个沟通系统。尽管构建这样一个系统是一项非常艰巨且复杂的任务，但是这将有助于促进与不同利益相关者进行绿色增长利益和监测评估信息的及时、准确地沟通与交流。

第 6 章　中国绿色增长绩效的形成机理分析

由第 5 章的分析可发现，政府领导与制度安排在绿色增长实践中具有十分重要的作用。然而，中国政府目前采取的一系列政策措施是否有效地促进了绿色增长实践的实施仍不明确。本章将通过对相关文献的研究，提出技术创新、环境规制和绿色增长绩效三者间的假设关系，并采用结构方程模型探寻三者间的关系，对中国绿色增长绩效的形成机理进行分析，旨在为管理者在绿色增长实践方面提供经验启示。

6.1　研究方法：结构方程模型

结构方程模型（structural equation modeling，SEM）是一种多元统计建模技术，问世于 20 世纪 70 年代。瑞典学者 Dag Sorbom 与 G.Joreskog 把分析矩阵模型的技巧应用于协方差结构分析的问题处理上，提出处理结构方程模型方法之一的 LISREL（linear structural relationships）程序，结构方程模型在后期经常应用于社会、心理、营销和经济等多方面的研究中（戴明叶，2014）。

结构方程模型是一种把因子分析和路径分析相结合的综合性统计分析方法，它能够研究变量的内部结构与变量间的关系，并且允许有误差，能够对多个变量进行测量。同时这种模型可以考察观测变量与潜在变量（测量模型）之间的关系以及潜在变量（结构模型）之间的关系（卞玉梅，2017）。此外，结构方程模型具有容错性高、弹性大等特点，能够利用样本数据验证各因素的影响和辨识关键因素。

6.1.1 基本理论

结构方程模型包含内生变量、外生变量、潜在变量、显在变量：①内生变量。在结构方程模型中受其他任何因素影响的变量，可存在误差，同时可以是显变量或潜变量，在路径图中其他变量以单箭头指向。②外生变量。会对其他变量产生影响但是其自身不会被其他变量影响。不产生测量误差，且在路径图中没有以单箭头指向的其他变量。③潜在变量。分为内生潜变量（又称因变量）和外生潜变量（又称自变量），是指不能直接观测，但能通过测量衡量或反映的变量。④显在变量。分为内生显变量与外生显变量，是指可直接测量得到精确值的变量。外生变量是因变量，受系统之外的其他因素影响。内生变量之间可能相互影响，也会受外生变量影响。

结构方程模型由测量模型与结构模型两个基本模型构成。测量模型分析验证内在模型适配度，评估观察变量和潜在变量的信度、效度和估计参数的显著水平。结构模型也称因果模型。构建结构方程模型有以下要求：客观现象解释强有力，可广泛解释不同现象；理论具有科学性，可验证；理论简单清晰。

结构方程模型一般包括模型发展、竞争和严格验证。模型发展策略目的是建立一个适合实际数据的最优模型，研究者首先在研究理论基础上建立出一个基本模型，当此假设模型无法与实际数据匹配时，利用相关数据进行调整，这就是修正模型，后进行重新验证，其目的是发展一个数据适合的理论模型。竞争或替代策略是提出多个假设模型，通过不断搜集数据资料来验证其中的哪个模型是最适合的，在进行模型间的比较时，可以通过复核效度指标对最佳模型进行选取，复核效度指标值有期望复核指数（expected cross-validation index，ECVI）值、贝叶斯信息准则（bayesian information criterion，BIC）值、一致性赤池信息准则（consistent Akaike information criterion，CAIC）值等，这些复核效度指标值越小证明模型越精确。严格验证策略就是验证单一的假设模型，在研究文献的基础上构建单一的假设模型，收集数据后，检查样本数据是否和假设模型相符合，得到接收或拒绝假设模型的单一结果，若样本数据与模型契合，则不会进行下一步修正，因此，这种策略前提下提出的假设模型要与样本数据构建的很接近。

6.1.2 结构特性

相较于传统统计分析方法，结构方程模型具有以下优点。

（1）处理多个因变量。传统的回归分析法大多只能分析一个变量，若存在多个变量需多次分析。在结构方程模型中，可以同时处理多个因变量，还可以估计变量间存在的相互关系。

（2）允许存在测量误差。传统分析法假定自变量不存在误差，允许因变量存在误差，因此会影响结果准确性，而结构方程模型，允许自变量和因变量都存在测量误差，与实际情况更切合。

（3）估计结果较准确。结构方程模型能排除其他因素影响，采用最大似然法对模型参数进行估计，能够提高拟合程度，得到较优且符合事实数据的模型。

随着结构方程思想的发展，结构方程模型在学术界应用越来越广，在于其具有以下基本特征。

（1）结构方程模型具有理论先验性。假设模型的建立需要以一定的理论为基础，拥有很强的因果解释关系，并将理论知识充分应用。

（2）结构方程模型可以同时测量和分析问题。它把测量和分析融为一体，同时对测量指标和潜在变量进行估计，不仅能够预估测量过程中指标变量的测量误差，而且可以评价测量数据的信度和效度。

（3）协方差理论得到重点应用。协方差用于对两个变量之间的线性关系和影响进行解释。除了这个功能之外，协方差还反映了理论模型的协方差和样本数据协方差间的差距，这是结构方程模型中最为关键的思想。

（4）适用于大样本的统计分析。样本数量越多，统计分析的稳定性和各项指标的适用性也越好。所以，样本、因素负荷量与变量的数量是判断模型良好与否的关键因素。

（5）包含多种统计技术。结构方程模型主要集中精力于整合因素分析和路径分析两种分析方法，包括假设检验、因素分析、主成分分析、相关性分析等，从而更具说服力。

（6）结合多种指标进行判断。在评价模型的拟合度时，要参考多个指标而不是单一指标，以降低误判的可能性。

应用结构方程模型进行分析的步骤如下：①模型建立与辨识。利用结构方程模型分析被测变量和潜在变量以及多个潜在变量间的复杂关系，最重要的是基于研究目的与专业知识设计合适的理论初始模型。②模型估计。也就是参数估计，结构方程模型通过一个特殊的拟合函数使样本的协方差矩阵和模型的隐式协方差矩阵的差最小。③模型评价。要对三方面因素进行思考：参数估计是否合理以及参数检验是否显著，相关系数取值范围，参数和预设模型相符合的程度，估计参数是否有意义；决定系数的大小，变量被方程解释的百分比；拟合指数，衡量模型的契合程度。④模型修正。利用对模型中的固定与自由参数进行反复的增减、校正，从而找到一个理论和实际上都有意义的最优模型。模型可利用修正后的指标进行调整。

综上所述，本章之所以选择用结构方程模型作为分析变量关系的研究工具，主要原因如下。

第一，环境规制、技术创新是无法直接观测的变量，且在多元回归中，不管是自变量还是因变量都要求是可测的，自变量或者因变量缺少一个都不能运行出回归系数。

第二，多元回归分析难以对多重共线性问题进行处理，并且多元回归只着眼于自变量对因变量独立的、直接的作用，所以，自变量关系复杂或者自变量较多时，多元回归难以实现。

第三，环境规制、技术创新和绿色增长绩效之间关系复杂，运用多元回归分析难以实现影响因素之间复杂的关系，然而结构方程模型能够弥补多元回归方法的不足，它能够同时处理多个潜在变量之间的复杂关系，以达到预期研究目的。

目前，通过利用协方差分析、因子分析、多元回归分析和路径模型分析，结构方程模型已被广泛应用于变量之间关系的研究中（Wang et al.，2013）。软件SPSS19.0和AMOS21.0主要被用于进行统计计算与模型检验。为了满足结构方程模型分析的要求，需要对观察变量的信度和效度进行检验。因此，根据Severo等（2015）的研究，利用SPSS19.0进行KMO（Kaiser-Meyer-Olkin）检验、Bartlett's球状检验（效度检验）和Cronbach's α 检验（信度检验）。

按照Hair等（2007）与Bagozzi和Yi（1988）的研究，结构方程模型中有几个指标需要被检验：概率值（p）、标准卡方值（NCI）、比较拟合指数（CFI）、规范拟合指数（NFI）和近似误差均方根（RMSEA）。

6.2 研究假设模型构建

生态现代化理论（ecological modernization theory）指出环境问题可通过环境规制驱动的技术创新而缓解。此理论为研究绿色供应链管理、绿色增长、绿色经济等环境管理实践奠定了理论基础。生态现代化理论一直是指导全球环境政策的霸权范式，它主张实施环境管理实践可以减少对环境的影响，同时获得经济利益。在这个理论框架中，适当的环境立法或技术解决方案是解决环境问题的关键手段。Zhu等（2011）的研究发现，基于生态现代化理论，利用政府法规促进生态创新对于大多数参与绿色增长战略政策制定者来说是一个重要机制，适当的法律框架和相应的政策学习是国家通过生态现代化实现可持续发展目标的重要途径；李慧明（2013）认为技术创新、市场机制、环境政策和预防性原则是生态现代化理论的四个核心要素，但环境政策的制定与执行是其中的关键；Kammerer（2009）通过对德国家具行业的调研发现，政府制定的环境法规对绿色技术创新有显著正向影响。

随着绿色增长逐渐成为实现可持续发展的有效渠道，越来越多研究开始探索绿色增长的驱动力。van der Ploeg 和 Withagen（2013）研究了环境规制与绿色增长之间的关系。结果发现，研发补贴与碳税的结合是实现绿色增长的最优办法。Nielsen 等（2014）通过对渔业绿色增长潜力的研究发现，制定激励型和协调型的环境法规将有助于绿色增长实现。另外，Grover（2013）的研究发现技术创新是推动印度绿色增长实践顺利开展的关键驱动力。综合现有研究发现，影响绿色增长的因素主要包括技术创新、环境规制、政策等，但大多文献重点探讨某一具体因素和绿色增长间的关系，却少有将环境规制、技术创新与绿色增长整合到一个框架中分析。由此，本章重点研究环境规制、技术创新和区域绿色增长三者间的互动关系，进而剖析得出中国绿色增长绩效的形成机理，为中国绿色增长实践的顺利开展提供有价值的理论借鉴与参考。

6.2.1　区域绿色增长绩效

中国政府开始越来越重视绿色增长对节能减排的重要性，环境污染虽然在近年的政策指导下得到一定控制，但持续恶化的态势仍未扭转，如何在资源有限和不破坏环境的条件下使中国的经济继续保持增长，是学者们研究的一个难题。因此，中国绿色增长的影响因素已成为热门研究课题。然而，迄今为止，调查研究中国绿色增长影响因素的文献却很少，与绿色增长效率相关的影响因素研究主要集中在三个方面：环境规制和绿色增长之间的关系研究；对外开放程度与绿色增长的效率研究；影响绿色经济增长效率的因素研究。

关于环境规制、技术创新与中国经济绿色增长之间联系的文献则更罕见，而且，其中一些研究的结果还存在分歧。例如，Shang 等（2015）认为环境规制对中国二氧化碳排放库兹涅茨曲线有明显的调节作用，技术进步对低碳经济发展路径的影响具有较长的滞后效应。然而，张江雪等（2015b）的研究显示：行政型和市场型的环境规制对工业绿色增长的影响是有效的，但公众参与型环境规制的影响却是有限的。此外，Yang 和 Wang（2013）认为先进技术能促进能源资源的高效和清洁利用，但环境规制却未能有效推动中国大多数省份经济和环境发展的不协调。谢荣辉（2017）选取 2000~2012 年中国省级面板数据，运用两阶段模型分析环境规制对技术创新（分为环保型和非环保型两类）的影响，创新对绿色生产的影响，结果表明环境规制对技术创新有显著激励作用，技术创新有助于绿色生产率的提高。

在对外开放度与绿色增长的效率研究方面，自经济学家库兹涅茨提出库兹涅茨曲线假说（environmental Kuznets curve，EKC）后，许多文献纷纷讨论了外商直接投资对环境的影响。Copeland 和 Taylor（1994）提出污染避难所假说，指出发展中国家是重污染产业的聚集区。发展中国家对经济发展的追求往往是速度大于质量，因此将希望寄托于外资引进以实现经济的快速增长。我国作为最大的发展中国家，在环境容量一定的条件下，对外开放程度与绿色增长到底是怎样的关系，部分学者做出了分析。惠炜和赵国庆（2017）基于 2000~2013 年中国 30 个省（区、市）的工业烟尘排放量、工业废水排放量和工业二氧化硫排放量数据，建立环境污染强度、环境规制强度指标，分析得出强化环境规制可以减少环境污染这个结论，而中国的外商投资存在的“避难所效应”与不同环境规制实施和不同污染排放物相关。杨世迪等（2017）计算出 2004~2013 年中国各省（区、市）的 SBM-Malmquist 指数用以表示绿色全要素生产率，用外商直接投资表示我国对外开放程度，通过门槛回归技术计算，研究表明外向型的经济政策对中部地区绿色效率提升不明显，但能显著提高我国东西部地区的绿色增长效率。

另外，其他一些研究则集中在污染密集型产业、发电行业、制造业等方面。例如，Zhu 等（2014）研究发现中国内地环境规制产生的影响大于沿海地区，不断提高标准的环境规制对促使我国污染密集型企业进行产业结构调整具有重要意义。Bi 等（2014）研究了环境规制对中国火力发电能效的影响，通过基于以投入为导向的 SBM（slack based model）算法发现我国火电环境调控对能源效率起着决定性作用。Chung 等（2016）讨论了制度约束和管理意图对广东省珠江三角洲地区制造业企业可持续绩效的交互影响，发现较低和中等程度的体制性制约因素都与业绩正相关。因此，为丰富和补充中国绿色增长的研究，本书基于中国省级相关数据探讨了实现绿色增长的驱动力，即环境规制和技术创新在绿色增长战略实施过程中的作用。

6.2.2 环境规制与绿色增长绩效

传统生产要素包括劳动力、资本、土地，不包括环境。传统西方学者认为环境资源永不枯竭。但随着工业化水平的提高，环境自身清洁能力无法容纳污染物排放，环境才作为生产要素被考虑。环境规制是政府为实现生态平衡采用的一种手段。环境规制的出发点是资源的稀缺性。资源的稀缺性主要体现在绝对的稀缺性、相对的稀缺性及结构性稀缺三个方面。

根据 OECD 的研究，环境政策被确定为改善区域绿色发展的关键因素，特别是在欧盟国家。然而，面对环境规制日益增长的压力，地方政府或企业管理者是否采取积极有效的措施对政策做出应对还尚不清楚。因此，环境规制对区域绿色增长绩效的最终影响尚不明确。

随着中国经济的快速发展，环境问题开始显现，中国政府于 20 世纪 70 年代开始实施环境法律法规。1979 年，中国政府颁布了《中华人民共和国环境保护法（试行）》，1989 年正式颁布《中华人民共和国环境保护法》。后来又接连颁布了《中华人民共和国大气污染防治法》《中华人民共和国环境噪声污染防治法》《中华人民共和国节约能源法》《中华人民共和国循环经济促进法》《中华人民共和国水污染防治法》。此外，工业和信息化部发布水泥、印染、铸造、纺织等行业的准入条件。上述环保政策规定了污染物生产和排放的技术标准，并利用罚款、税收、补贴、排放交易等手段克服环境外部性，政府还发布了基于市场的政策文件，包括《排污费征收使用管理条例》《环境行政处罚措施》《关于调整节能车辆补贴的通知》。整体上，由命令控制型、市场导向型和自愿型的环境规制等构成的中国环保体系已经基本形成。这些法律法规的出台既表明了中国政府解决环境问题的决心，也有力促进了中国的绿色增长，特别是在资源严重短缺和环境污染严重的地区。因此，本书认为环境规制的压力有利于区域绿色增长的提升。

例如，Zhao 等（2015a）调查了三种不同的环境规制对中国发电厂效率改善和二氧化碳减排的影响。研究结果表明，市场规制与政府补贴有利于提高效率、减少二氧化碳排放，但命令控制型的环境规制没有显著影响。Ren 等（2018）根据 2000~2013 年的面板数据，运用可拓展的随机性的环境影响评估模型（stochastic impacts by regression on population，affluence，and technology，STIRPAT）测了三种环境规制——命令型环境规制、市场导向型环境规制和自愿型环境规制对中国 30 个省（区、市）生态效率的影响，发现不同类型环境规制对不同区域的生态影响各不相同。宋德勇等（2017）在考虑非期望产出环境污染的外部性前提下，采用基于 Super-SBM 的数据包络分析（data envelopment analysis，DEA）模型对我国 1997~2013 年的绿色经济效率进行重新估算，结果显示随着环境规制强度的不断增加，环境规制对绿色经济效率具有先促进后抑制的影响。张英浩等（2018）在构建绿色经济效率测度指标体系的基础上，基于 2000~2015 年中国各地区面板数据进行实证研究得出，环境规制对绿色经济效率的作用表现为先促进后抑制的倒 U 形；Rodríguez 等（2019）使用静态 CGE（computable general equilibrium）模型对葡萄牙环境相关税对绿色增长的影响进行研究，发现环境相关税对经济增长和绿色增长有积极反馈作用。

基于上述分析，提出本章的第一个假设。

$H_{6.1}$：环境规制对区域绿色增长绩效具有积极的影响。

6.2.3 技术创新与绿色增长绩效

1912 年，美籍奥地利经济学家熊彼特在《经济发展理论》中首先系统地提出技术创新理论，其认为现代经济的一般特征应该是创新，“创新”就是一种新的生产函数的建立，即实现生产要素和生产条件的一种从未有过的新结合，并将其引入生产体系。技术创新是实现绿色增长的内在动力。实现绿色增长需要绿色技术，绿色技术创新逐渐变成全球新一轮工业革命与技术竞争的关键领域。随着我国低碳循环发展经济体系越来越完善，绿色技术创新逐步成为绿色发展的关键驱动力，有利于抗击污染防治、推动生态文明建设、促进经济高质量发展。

20 年前，环境规制的社会利益与企业利益难以兼顾的零和观点受到一些经济学家的质疑，1995 年哈佛大学商学院教授波特与范·德·林德提出的观点影响最为深远，他们通过案例研究发现更严格合理的环境规制（尤其是以市场为基础的环境政策，如税收、排污许可等）可以刺激创新并能够部分甚至完全抵消遵守环境规制的全部成本，使制造商获得更多国际市场上的竞争优势，这一观点被称为“波特假说”。根据波特假说（Porter and van der Linde，1995），适当的环境规制可以鼓励公司进行创新，进而提高其竞争力。为了验证假设，一些学者试图分析环境规制与技术创新之间的关系。Lin 和 Yang（2011）利用协整检验探讨了环境规制和技术创新的关系。结果表明，长期来看，环境规制对中国东、中、西部地区的技术创新具有积极影响。Zhao 和 Sun（2016）发现实施灵活的控制政策对中国企业创新具有显著的积极作用。

此外，还有关于技术创新对推动区域绿色发展的重要研究。例如，Padilla-Pérez 和 Gaudin（2014）通过对高层政府官员的问卷调查分析了科学技术和创新与包容性和可持续经济增长之间的关系。结果表明，中美洲国家的科技创新力量与社会经济发展之间有着密切的联系。Zhang 等（2015）的最新实证研究表明技术因素可以提高工业绿色增长指数；自主创新对工业绿色增长指数的影响程度要高于国内外技术引进；王海龙等（2016）利用数据包络分析法测量了 2007~2011 年我国绿色增长绩效与绿色技术创新效率，他们认为，中国绿色增长绩效存在很大的省际差距，绿色创新效率对绿色增长绩效具有积极作用；Mensah 等（2019）利用 STIRPAT 和 IPAT（I=impact，P=population，A=affluence，T=technology）模型，基于 OECD 28 个经济体 2000~2014 年的数据，研究了技术创新对绿色增长的影响，结果表明与运输相关的技术创新有利于大洋洲次区域的绿色增长，产品生产和加工技术有利于绿色增长，与能源的产生和传输有关的技术不利于 OECD 经济体的绿色增长。

综上，提出本章的第二个假设和第三个假设。

$H_{6.2}$：环境规制对技术创新具有显著的正影响。

$H_{6.3}$：技术创新与区域绿色增长绩效具有正相关关系。

根据上述讨论，本章的假设关系模型如图 6.1 所示。此模型显示了技术创新和环境规制对区域绿色增长绩效的影响，并且假设这些因素对区域绿色增长具有积极的影响。

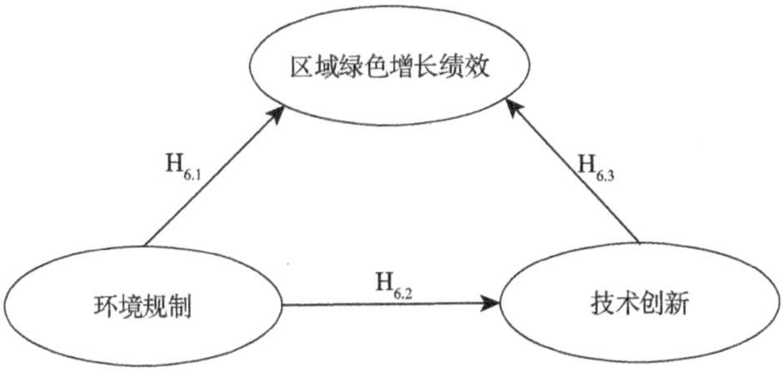

图 6.1　假设关系模型

6.3　变量选择与数据来源

6.3.1　变量选择

1. 区域绿色增长绩效

Kim 等（2014）的研究表明，区域绿色增长绩效可通过快速经济增长、低碳排放与低能源消耗三个变量来衡量。Mundaca 等（2015）利用能源强度和碳强度来衡量瑞典绿色能源经济的表现。本书选择了两个指标来反映经济的绿色化程度，即单位地区生产总值能耗量与单位地区生产总值二氧化碳排放量。按照 Li 等（2012）、Bian 等（2013）的测算方法，二氧化碳排放量的计算公式为

$$CO_2 = \frac{44}{12}\sum_{i=1}^{3} E_{ij} \times F_i \qquad (6.1)$$

其中，$i=1,2,3$ 分别代表煤炭、石油和天然气；E_{ij} 代表 j 省份第 i 种能源的消费量，单位为万吨标准煤；F_i 为第 i 种能源的碳排放系数；参数 44/12 是碳和二氧化碳之间的转换系数。根据国家发展和改革委能源研究所的研究成果，煤炭、石

油和天然气的碳排放系数分别设定为 0.732 9、0.565 和 0.445。

2. 环境规制

基于已有研究，环境规制一般分为命令控制型与市场导向型。例如，Zhao 等（2015b）运用 SEM 模型探讨了两种环境规制对中国企业行为和竞争力的影响。考虑到命令控制型和市场导向型环境规制，Zhao 和 Sun（2016）采用综合指数法计算工业废弃物排放率（包括废水、废气和固体废弃物）来表示环境规制的强度。因此，环境规制的测量也可从这两个角度来完成。

命令控制型环境规制具体包含排放标准和生产技术限制。基于市场导向的环境规制包括三种类型，即税收抵免、清洁发展机制和排放交易系统（Zhao et al.，2015a）。

3. 技术创新

技术创新本质上是一个复杂的经济投入产出过程，可以用投入和产出来衡量。从投入角度来看，变量主要包括研发支出、新技术投资和研发人员；从产出的角度来看，变量包括产品创新、过程创新和获得专利。

因此，本书将从投入和产出的角度衡量技术创新。投入变量包括研发内部支出、购买国外技术支出、购买国内技术支出和研发人员，它们用于表示该地区技术创新的实际投入能力；变量“国内专利申请授权数”被选为产出变量，反映该地区科技活动的产出水平。上述五个变量的数据主要来源于 2012~2013 年的《中国科技统计年鉴》。

6.3.2 数据来源

表 6.1 中反映区域绿色增长绩效的能源消耗的两个指标：单位地区生产总值能耗量与单位地区生产总值二氧化碳排放量，数据主要来源于 2012~2013 年的《中国能源统计年鉴》。在环境规制方面，一般来说，环境污染治理总投资和工业固体废弃物综合利用率可被用来代表命令控制型环境规制，这些指标的数值主要来源于 2012~2013 年的《中国环境统计年鉴》；排污费和资源税用于代表市场导向型环境规制，这些指标的数据来源于 2012~2013 年的《中国环境年鉴》。在技术创新方面，投入变量包括研发内部支出、购买国外技术支出、购买国内技术支出，研发人员数，产出变量为国内专利申请授权数，这五个变量的数据主要来源于 2012~2013 年的《中国科技统计年鉴》。

表 6.1　各变量及其描述性统计分析结果

观察变量	测量变量	单位	总数	最小值	最大值	平均值	标准差
区域绿色增长绩效（RGGP）	单位地区生产总值能耗量（$RGGP_1$）	吨标准煤/万元	60	0.401 5	2.053 1	0.940 8	0.414 3
	单位地区生产总值二氧化碳排放量（$RGGP_2$）	吨/万元	60	0.533 5	7.577 4	2.307 6	1.533 0
环境规制（ER）	环境污染治理总投资（ER_1）	百万元	60	24.10	739.10	242.92	172.40
	排污费（ER_2）	万元	60	2 848.60	200 731.90	63 136.05	50 805.57
	资源税（ER_3）	万元	60	0.000 0	1 092 976	241 633	246 791.91
	工业固体废弃物综合利用率（ER_4）	%	60	38.019 9	99.791 7	68.002 5	17.420 2
技术创新（TI）	研发人员数（TI_1）	人	60	7 515.00	629 055.00	143 845.13	141 454.39
	购买国外技术支出（TI_2）	万元	60	488.80	722 059.90	140 482.12	180 919.74
	购买国内技术支出（TI_3）	万元	60	250.00	294 573.00	70 368.88	73 923.69
	研发内部支出（TI_4）	万元	60	103 717.1	12 878 616	3 163 747.4	3 404 882.5
	国内专利申请授权数（TI_5）	件	60	527.00	269 944.00	33 454.18	53 694.42

在所选变量中有负向变量，即单位地区生产总值能耗量和单位地区生产总值二氧化碳排放量，需要进行正向化处理。本书采取倒数的方法进行正向化处理，处理后的变量值越大，表示变量的表现越好。

为消除变量量纲的影响，本书利用 Z-score 的方法对变量进行标准化处理，归一化公式如下：

$$x_i' = \frac{x_i - \frac{1}{n}\sum_{i=1}^{n} x_i}{\sqrt{\frac{1}{n}\sum_{i=1}^{n}\left(x_i - \frac{1}{n}\sum_{i=1}^{n} x_i\right)^2}} \tag{6.2}$$

其中，x_i 代表原始指标值$(i=1,2,\cdots,n)$；x_i' 代表标准化后的指标值。

6.4　模型信效度分析与检验

6.4.1　信度分析

获取的数据具有较高信度和效度有利于潜变量间相互影响关系的分析，因此本书在构建结构方程模型之前，首先检验并分析所获数据的效度与信度。信度即可靠性，它是指以同种方法对同一对象反复测量时所获结果的一致性程度。总量表的信度系数最好在 0.8 以上，0.7~0.8 可以接受；分量表的信度系数最好在 0.7 以上，0.6~0.7 可以接受。Cronbach's α 系数如果在 0.6 以下就要考虑重新测量数据。信度检验主要通过潜在变量的组合信度、变量的因素负荷量及变量的信度系数来反映。

首先，本书计算了潜变量的内部一致性信度，即 Cronbach's α 系数值，具体计算结果如表 6.2 所示。在本书中，Cronbach's α 检验被用于进行信度检验，系数值借助软件 SPSS 19.0 计算得到。α 值大于等于 0.70 表示可接受的信度水平。另外，本书还利用"Cronbach's α if the item is deleted"检验来分析各变量是否与其他的变量内容一致。如果删掉某一变量后的 α 值小于模型的 α 值是可以接受的。经过此检验，变量 ER_3、ER_4 和 TI_3 因不符合要求而被删除。经过此检验，变量 ER_3、ER_4 和 TI_3 因不符合要求而被删除。最后，一般情况下，在因子分析中，若某变量的一个因子载荷值大于 0.50，那么其他因子载荷值将均小于 0.50。但是在本章的因子分析中，变量 TI_4 有两个因子载荷值大于 0.50，表明该变量的收敛效度不符合要求。因此，TI_4 将从模型中剔除。根据模型的信度与效度检验的结果，研究模型中保留下来的变量如表 6.2 所示。

表 6.2　信度与效度检验结果

潜在变量	观测变量	Cronbach's α 检验	因子载荷	KMO 检验	Bartlett's 球形检验
RGGP	$RGGP_1$	0.935	0.898	0.747	近似卡方值：371.009 自由度：21 显著性：0.000
	$RGGP_2$		0.925		
ER	ER_1	0.922	0.941		
	ER_2		0.885		
TI	TI_1	0.891	0.785		
	TI_2		0.815		
	TI_5		0.868		

6.4.2　效度分析

效度即有效性，效度通常指研究所得到的测量值与真实值之间的接近程度。效度是指测量所得结果与所想要考察内容的符合程度，测量结果与要考察的内容越符合，则效度越高；反之，则效度越低。效度种类主要分为三种：内容效度、结构效度和效标效度。内容效度通常是以参考文献或者权威来源来说明问卷的权威性和有效性。还有就是通过问卷前测并结合结果对题项进行修正等工作来充分说明问卷的有效性。结构效度指测量题项与测量维度之间的对应关系。测量方式有两种，其一为探索性因子分析，其二为验证性因子分析。其中，探索性因子分析是当前使用最为广泛的结构效度测量方法，SPSSAU（statistical product and service software automatically，自动化统计产品和服务软件）提供这两种分析方法。效标效度是指以已有的权威且标准的量表数据作为标准，将量表数据与重新收集的数据进行相关性分析，若相关系数值较高，则说明效标效度良好。但在实际分析中，效标效度很少使用。

学术界通常采用 KMO 值和 Bartlett’s 球形检验来检测数据是否适合做因子分析从而进行效度检验。当 KMO 的取值为 0~1，且值小于 0.5 时，数据非常不适合继续做因子分析；当 0.5≤KMO<0.6 时，不太适合进行因子分析；当 0.6≤KMO＜0.7 时，表明数据可进行因子分析；当 0.7≤KMO＜0.8 时，表明数据可进行因子分析但适合程度一般；当 0.8≤KMO<0.9 时，表明数据适合做因子分析；当 KMO 值大于 0.9 接近于 1 表明数据非常适合做因子分析。Bartlett’s 球形检验的目的在于检验各变量间是否各自独立。此外，学术界中认为 Bartlett’s 球形检验的卡方统计值显著性概率 p 值小于 0.05 时，数据才具有结构效度。

采用 KMO 检验和 Bartlett’s 球形检验进行模型的效度检验。根据 1974 年 Kaiser 的研究结论，KMO 检验值大于 0.50 表明数据适用于进行分析（Jiang et al.，2017）。在 Bartlett’s 球形检验中，最小概率值小于 0.05 表明该数据适合进行因子分析。在表 6.2 中，KMO 检验值为 0.747，大于预期值 0.50，说明本书的数据样本量是足够的；在 Bartlett’s 球形检验中，将本书的相关矩阵与单位矩阵进行比较发现，数据具有统计显著性（χ^2=371.009，p<0.001），表明这些数据适用于因子分析。

6.4.3　假设模型检验

利用 2011~2012 年中国 30 个省（区、市）样本对所提假设进行检验，观察样本量为 60 个，即 30×2。根据 Hair 等（2007）的观点，该样本量是合理的，满足一些统计方法（如因子分析和结构方程模型）为获得可靠和有效结果对于样本量的最小要求，尽管结构方程模型的样本量通常较大（大于 200），但是可根据模型的复杂性将可接受的样本量范围定在 50~100 个。其中，常用的经验法则是样本量为模型参数数量的 5~10 倍。由此可知，本书的样本量范围在 35（7×5）到 70（7×10）之间。综上，60 这个样本量是合适的。

在本章中，运用验证性因子分析对包括 7 个观测变量的观测模型进行分析，参数估计将使用最大似然法，模型信度与效度的检验结果详见表 6.3。

表 6.3 聚合效度与组合信度的结果

结构与变量		标准载荷	标准差	t 值	组合信度	AVE
RGGP	$RGGP_1$	0.924	0.050	@	0.908	0.831
	$RGGP_2$	0.947	0.049	11.838		
ER	ER_1	0.999	0.090	7.486	0.910	0.834
	ER_2	0.807	0.094	@		
TI	TI_1	0.976	0.030	14.760	0.678	0.863
	TI_2	0.800	0.069	8.765		
	TI_5	0.915	0.041	@		

注：@表示为达到评估的目的设置初始值为 1。t 值大于 1.96 说明在双尾检验的 0.05 水平上具有显著影响

组合信度是衡量模型内部一致性与均匀性的一个重要指标，其计算公式由 Fornell 和 Larcker（1981）的研究提出。如表 6.3 所示，RGGP、ER 和 TI 的信度值大于 Fornell 和 Larcker（1981）推荐的临界值 0.70，表明内部可靠性较高。平均变异提取量是组合信度的一个互补性评估指标，由表 6.3 的结果可知，RGGP、ER 和 TI 的 AVE 值均超过 0.50 这一推荐水平，表明这些变量可以解释模型结构的变化。

聚合有效性的检验主要是通过 t 值来考察各变量载荷及其统计显著性的。表 6.3 的结果显示，7 个变量的最小 t 值为 7.486（$p<0.05$），说明各变量在其对应的潜在变量上具有显著载荷，各变量都能衡量其所在结构的潜在变量。此结果表明本书模型通过了聚合效度检验。

6.5 形成机理分析及研究启示

本书的目的不仅是检验环境规制和技术创新是否能够有效地促进区域绿色增长的绩效与表现，同时也讨论这些变量是如何相互影响与作用的，从而得出区域绿色增长绩效的形成机理。

6.5.1 主要研究结论

（1）$H_{6.1}$ 未被得到证实，表明环境规制对区域绿色增长绩效有显著的负向作用，此发现与其他一些关于环境政策与绿色表现之间关系研究的结论是一致的，如 Lanoie 等（2011）利用 OECD 的数据对波特假说进行了检验，结果发现环境规制对企业绩效有负向作用。出现此结果的主要原因如下。

一是地方政府和行业可能对国家环境规制有不同的反应。例如，生产规模或经济实力的不同可能会导致不同程度的监管压力，以及绿色增长实践的实施。如果企业管理者意识到为了满足环境规制的要求，公司利润会减少，那么他们可能就会采取负面的态度，而不是采取绿色增长、绿色供应链管理等措施来促进绿色竞争力和绩效提高。因此，往往会出现企业未经许可排污或者超出污染限制排放污染物的情况，严重破坏了生态环境。

二是环境规制执行的方法和质量在提高监管有效性方面起着重要的作用。也就是说，如果执行方式不当或执法人员素质太低，企业管理者可能无法很好地理解环境规制，这不仅会降低企业管理者实施环境管理实践的积极性，同时也很容易导致决策失误，最终影响企业长期的可持续发展。因此，为了改变环境规制对区域绿色增长绩效的负向作用，除了重视地方政府和行业在应对国家环境规制压力方面的差异外，中国还应高度关注环境规制执法的手段和质量。

（2）$H_{6.2}$ 和 $H_{6.3}$ 获得验证。$H_{6.2}$ 提出环境规制与技术创新之间存在着正相关关系；$H_{6.3}$ 认为技术创新对区域绿色增长绩效具有积极的影响。这些结果为支持波特假说提供了实证证据，即设计适当的环境规制通过激励技术创新来促进区域绿色增长绩效的提高。具体而言，$H_{6.2}$ 的结果表明，环境规制的颁布有利于促进中国区域的技术进步。F. Yang 和 M. Yang（2015）研究发现，当一系列节能减排政策得到执行时，中国的生态创新过程将会加速。

$H_{6.3}$ 的结果证实了技术创新在提升区域绿色增长绩效过程中的重要性。在本书中，区域绿色增长绩效是通过能源强度与碳排放强度来进行测量的。此结果表明，技术创新不仅可以提高能源效率，同时还有利于减少二氧化碳排放量。因此，对于地方政府和企业来说，技术创新是提升绿色竞争力的重要推动力。例如，中国 2002 年出台了《中华人民共和国清洁生产促进法》，其目的在于提高资源利用效率、促进循环经济发展。为了满足清洁生产的要求，企业必须积极地开展技术创新或者引进先进的清洁生产技术，以提高企业生产效率和竞争力。

基于上述分析，本书发现尽管环境规制对区域绿色增长绩效具有负向作用，但环境规制驱动的技术创新对区域绿色增长绩效具有正面影响。这一发现支持了生态现代化理论的观点，即环境问题可以通过技术进步推动政府政策来解决，但是环境政策是否能够带来环境管理实践仍然是一个挑战。

另一个发现是技术创新在环境规制和区域绿色增长绩效之间的关系上起到了“掩蔽作用”。温忠麟和叶宝娟（2014）研究发现，掩蔽效应是中介效应的另一种形式，当中介变量和自变量的系数相反时便可解释成掩蔽效应。2011 年，国家发展和改革委员会发布我国“十一五”节能减排成就回顾，数据显示，中国的能源强度到 2010 年底下降了 19.1%，低于中国设定的 20%这一目标值。为什么会出现这样的结果？其中一个原因是中国 30 个省（区、市）的监管执法存在很大的差异。Shang 等（2015）发现中国东部地区实施的环境规制要比中西部地区的更为严格；高排放行业更倾向向环境规制水平较低的中西部地区转移，而不是东部地区。致使出现了这样一个结果：高水平的环境规制造成了中国整体排放量的提高。另一个原因是更严格的环境规制可能不利于促进经济的绿色发展。Zhou 等（2016）指出，在不推动技术创新的情况下引入严格的环境规制将会极大地影响经济增长。本书的结果显示，不利于刺激技术创新的环境规制可能会阻碍绿色增长的实施，这进一步证实了技术创新在环境规制与区域绿色增长绩效之间的桥梁作用。因此，对于政策制定者来说，除了考虑在环境规制颁布后监管执法方面的地区差异之外，有必要关注环境规制如何驱动技术创新以及如何充分发挥技术创新的“桥梁”作用。

6.5.2 管理启示

研究所得结果为研究者、决策者和管理者提供了一些有价值的启示。

从研究的角度看，考察环境规制、技术创新和区域绿色增长绩效间的关联，以及探索环境规制和技术创新如何影响区域绿色增长绩效为发展绿色增长理论开辟了新途径。例如，在中国绿色增长政策的实施过程中，环境规制和技术创新哪个更为重要呢？政府部门应如何颁布环境规制和开展技术创新来改善区域绿色增长绩效呢？本书为波特假说和生态现代化理论提供了实证证据，有助于指导这一领域的研究。结果表明，要想成功地实施绿色增长实践并提高其绩效水平，中国应该重点制定一些有效推动技术创新的环境规制。

从政策的角度来看，本书的结果发现环境规制对区域绿色增长绩效具有负向作用。这说明制定环境规制是第一步，但中国政府能否有效施加监管压力促使企业开展绿色增长实践却是另外一回事。因此，要改变这种关系，中国必须采取混合方式，即将命令控制型与市场导向型规制相结合，以激励地区与企业的绿色增长实践。另外，监管机构应明确环境规制的目标、标准和执行计划。这样，企业可以更好地了解自己的角色和责任，并积极投入绿色增长实践中。

从管理的角度看，研究结果表明技术创新在环境规制与区域绿色增长绩效之间扮演着的桥梁角色。这些结果为管理者应对不断增加的监管压力，以及为企业践行绿色增长寻找潜在机会提供了重要的启示。为在国际绿色竞争中占据绝对优势，中国企业需加大在技术自主创新和先进技术开发方面的投入。此外，本章结论也表明了企业绿色增长实践要想取得成功，很大程度上取决于企业内部的能力，尤其是技术创新的能力。如果企业能主动采取绿色增长实践，而不是为了应对规制压力被迫做出反应，那么企业可能会更平稳和迅速地实现预期的绩效。

第7章　中国绿色增长程度评价指标体系构建

本章在系统梳理了绿色增长评价的研究进展的基础上，明确评价指标体系构建原则与思路，通过文献分析和现实考量海选评价指标，并采用相关分析、变精度粗糙集等方法筛选指标，最终构建形成中国绿色增长程度评价指标体系，为第8章的中国绿色增长程度测度奠定基础。

7.1　国内外研究进展

绿色增长评价是检验国家或区域增长过程和结果、纠正偏差和预测未来经济发展模式的重要手段，它运用一定的数学模型评价方法构建量化指标体系及评价标准，综合性评估目标的实现程度、实践过程、执行结果等。研究表明，绿色增长评价研究有助于整合经济和环境资源，明晰不同发展背景的国家或地区的经济发展难题，提高经济绿色增长的效益和效率。为了考察经济增长是否朝着绿色的方向发展，越来越多的国际组织和学者开始研究绿色增长评价指标体系。目前，国内外学者对绿色增长指标体系的研究主要分为两大类：国内外学者自身构建的指标体系与相关国际组织构建的指标体系。

7.1.1　国内外组织的绿色增长评价体系

1. OECD绿色增长衡量框架

随着绿色理念在全球范围内的迅速传播，OECD（2011）各成员已普遍认识到环保与增长的相辅相成，并认为应进一步努力实施绿色增长战略以应对危机。

基于此，2009年6月，在OECD部长级理事会上，来自34个国家的部长共同授权 OECD 制定一项绿色增长战略，旨在提出一个融经济、环境、社会、技术及发展于一体的全面综合框架。OECD 的绿色增长衡量框架以揭示不同国家绿色增长水平为目的，框架指标设计较为灵活，允许个别国家选取地方性的发展指标。

基于此框架，OECD（2011）构建了一套涵盖生产、消费与环境三大类别的指标体系，共包括 4 类相关联的要素指标，14 个二级指标：①环境及资源生产率，反映自然资本的使用效率以及较少在经济模型、会计系统中得到量化的生产因素；②经济及环境资产，资产基础的动摇会影响经济增长的可持续性，这就要求保持这些资产完好无损；③生活环境质量，反映环境对人们生活质量的直接影响，如饮用水污染、空气污染等不良影响；④经济机遇及政策应对，显著反映绿色增长政策效率与政策效果的领域。

因OECD绿色增长衡量框架与指标体系涵盖了各国生态、经济、制度与政策等方面的大部分信息，故已被广泛应用于韩国、荷兰、捷克、墨西哥等国家。例如，墨西哥以OECD衡量框架为基础构建了本国的绿色增长指标体系，并利用驱动力-压力-状态-响应力（drive-pressure-state-response，DPSR）模型衡量经济生产对自然环境造成的影响；荷兰虽然采用了OECD的指标体系，但为确保指标数据统一口径的一致性，其评价指标数据大多来自荷兰环境与经济综合核算体系；捷克在OECD指标框架的基础上，增加了可持续发展与公平这一要素，以衡量社会层面的绿色增长情况。

2. UNEP 绿色经济衡量框架

自 1989 年英国经济学家大卫·皮尔斯提出绿色经济以来，这一新的概念在全球范围内迅速传播（Pierce et al.，1989）。20世纪90年代，UNEP和其他一些国际机构便开始对绿色经济、绿色 GDP、绿色增长等领域进行研究。2008 年 10 月，UNEP 提出绿色经济与绿色新政，同年12月，UNEP 召开《绿色经济行动倡议》项目启动会和《全球绿色新政》专家会议；2009年，UNEP 国家环境部长级会议正式提出绿色经济倡议，认为绿色经济能够在解决金融危机、创造就业机会和保护环境等方面发挥巨大作用。此后，绿色经济得到 G20 峰会支持，并写入 G20 峰会的联合声明。

2011 年，UNEP 对绿色经济的定义如下：绿色经济是指可促进改善人类福祉和社会公平，同时又可以显著降低环境风险和生态稀缺的经济（Pierce et al.，1989）。换言之，绿色经济可视为一种低碳、资源高效型和社会包容型经济。在绿色经济中，收入和就业的增长得益于那些降低环境污染、增强能源与资源效率、防止生物多样性与生态系统服务丧失的公共与私人投资，同时这些投资也需要针对性的公共支出、政策改革与法规变革来促进与支持。

为搭建起理论与实践的桥梁，在过去的多年里，绿色经济评价指标研究领域取得了重大的进步，但在制定基准和衡量绿色实践进展与效果方面仍存在巨大的挑战。经与利益相关者协商，UNEP 在现有指标的基础上开始探索构建衡量绿色经济的指标体系，旨在为世界各国政策制定者提供有价值、实用的指导。UNEP 绿色经济衡量框架主要包括经济转型、资源效率及进步与福祉。在此基础上，UNEP（2012）构建了一套包括环境、政策及幸福与公平三个准则层，14 个要素，39 个指标的评价指标体系。

从设计理念上看，UNEP 绿色经济衡量框架与 OECD 绿色增长战略衡量框架类似，均涉及社会、经济与环境三个领域，追求的目标是降低环境压力，最终实现社会-经济-环境的协调发展。但在关注的重点上，两者也存在着不同之处。

第一，OECD 的绿色增长战略更加注重经济的增长，强调在经济发展的过程中实现资源环境的保护，而 UNEP 的绿色经济战略更注重环境保护与污染治理，强调将更多的资金投入环境领域。

第二，UNEP 所构建的绿色经济指标体系更多体现了人类福祉与社会进步，而 OECD 更关注绿色政策对经济活动的影响。

3. WB 绿色增长政策衡量框架

2012 年 5 月 9 日，WB（2012）在韩国首尔市召开了全球绿色增长峰会，并在会上发布《包容性绿色增长：可持续发展之路》报告，敦促各国政府在推行经济增长政策时加强绿色意识。该报告指出，为了准确度量绿色增长的进展，各国应在采用 GDP 等传统指标的同时进行综合财富核算和生态系统评价，从而能够更好地度量生产过程中的资源使用和造成的污染。WB 表示，支持把自然资本纳入国民经济核算中，并呼吁各国做出承诺。

WB 认为多准则分析法适合绿色增长的度量，该方法通过建立一整套指标体系衡量绿色增长政策的潜在效益，有助于分析绿色增长影响要素的协同效应，同时为决策者提供有价值的绿色政策潜在效益信息。在此报告中，WB（2012）构建了一套涵盖环境、经济和社会三大效益，6 个准则层的绿色增长政策潜在效益衡量框架。每个准则层还可进一步分解，例如，环境可分为生物多样性、空气污染和气候的改善三个方面。

4. GGGI 绿色增长计划评价指标体系

GGGI 由韩国总统李明博于 2010 年 6 月 16 日成立。该组织致力于搭建起发展中国家、新兴国家与发达国家之间的绿色增长国际合作桥梁，支持其成员国通过实施促进削减贫困、社会包容、环境可持续增长的战略，实现经济向绿色增长模式转变。

GGGI 是个跨学科、涉及多方利益相关者的组织，它认为经济增长和环境可持续发展的相互融合对人类未来发展至关重要。考虑绿色增长概念的多维性，GGGI 设计了一个涵盖发展与可持续两大方面的绿色增长计划评价指标体系（GGKP，2013）。具体而言，该指标体系共包括幸福、经济、生态系统、资源与气候 5 个主要素，贫穷、获得、健康、教育等 18 个次要素，生活在退化土地上的人口、基尼系数、收入低于每天 1 美元的人口比例、就业人数比重等 58 个指标。

5. 北京师范大学绿色发展指数指标体系

在总结国内外低碳发展、绿色发展和可持续发展等相关理论与实践成果的基础上，结合中国经济增长的实际情况，2010 年由北京师范大学科学发展观与经济可持续发展研究基地、西南财经大学绿色经济与经济可持续发展研究基地、国家统计局中国经济景气监测中心三个单位组成绿色发展研究课题组，建立了一套绿色发展监测指标体系和指标测算体系，用以衡量中国绿色经济的发展水平。从2010年开始，三家合作单位连续五年分别推出《2010 中国绿色发展指数年度报告》《2011 中国绿色发展指数报告》《2012 中国绿色发展指数报告》《2013 中国绿色发展指数报告》《2014 中国绿色发展指数报告》五本中文报告，和一本英文报告 *China Green Development Index 2011*，受到社会各界的广泛好评。

北京师范大学构建的是一个多指标绿色发展测度体系，涵盖范围广泛，主要从经济增长绿化度、资源环境承载潜力与政府政策支持度三个维度出发，选取 9 个二级指标、55 个三级指标构建指标体系（北京师范大学科学发展观与经济可持续发展研究基地等，2012）。北京师范大学构建的绿色发展指数注重绿色与发展的结合，强调政府绿色管理的引导作用与绿色生产的重要性。经济增长绿化度维度主要反映生产对资源的消耗以及对环境的影响程度；资源环境承载潜力体现自然资源与环境所能承载的潜力；政府政策支持度主要反映社会组织者处理解决资源、环境与经济发展矛盾的水平与力度（郑彤彤，2013）。

6. 中国科学院可持续发展指数指标体系

除了北京师范大学的绿色发展指数指标体系外，与绿色发展相关的指标体系还有中国科学院的可持续发展指数。对可持续发展能力进行评估是目前国际上可持续发展研究领域的焦点问题之一。中国科学院可持续发展战略研究课题组独立开辟了可持续发展研究的系统学方向，将可持续发展视为由具有相互内在联系的五大子系统构成的复杂巨系统的正向演化轨迹。依据此理论内涵，构建了一套包括总体层、系统层、状态层、变量层和指标层五个等级的中国可持续发展能力评估指标体系（中国科学院可持续发展战略研究组，2012），用以衡量中国可持续发展能力的整体水平。

具体来说，中国科学院构建的指标体系涉及多领域多指标的测度，主要是从生存支持、发展支持、环境支持、社会支持与智力支持五个系统出发，选取 16 个状态要素、45 个指数变量、232 个基层指标构建评估指标体系（中国科学院可持续发展战略研究组，2012）。为了监测中国可持续发展战略的进展情况，《2011 中国可持续发展战略报告》将增长指数法和线性加权法结合，通过等权处理和逐级汇总，计算得到我国各省（区、市）1996~2008 年的可持续发展能力指数，并在此基础上进行了各地区可持续发展能力在纵向与横向上的对比分析，全面了解各地区可持续发展能力的相对大小、动态变化，以及与先进地区的差距水平。

将上述绿色增长相关评价指标体系进行对比分析，如表 7.1 所示，无论是绿色增长或绿色经济衡量框架建立，还是绿色发展指数评价指标体系构建，要解决的核心问题有两个：一是如何构建科学合理的绿色增长评价指标体系；二是如何将指标体系有效地融入实际管理中，指导绿色增长实践活动的顺利开展。通过对上述指标体系的对比分析可发现，虽然各绿色增长评价指标体系的研究侧重点不同，但仍有一些较为相同的论点。

表 7.1　评价指标体系对比分析

评价指标体系	构成要素
OECD 绿色增长衡量框架	环境与资源生产率、自然资产基础、生活质量与政策响应 4 项一级指标 14 个二级指标
UNEP 绿色经济衡量框架	环境、政策与幸福公平 3 个准则层 14 个要素层
WB 绿色增长政策衡量框架	环境效益、经济效益与社会效益 3 项一级指标 6 项二级指标
GGGI 绿色增长计划评价指标体系	国家情况、社会发展、资源环境可持续性 3 大类 5 个要素
北京师范大学绿色发展指数指标体系	经济增长绿化度、资源环境承载潜力、政府政策支持度 3 项一级指标 9 个二级指标
中国科学院可持续发展指数指标体系	生存支持、发展支持、环境支持、社会支持与智力支持 5 个系统层 16 个状态层

（1）各指标体系均注重反映经济、资源与环境三者的协调发展。由于研究对象与发展阶段的差异，国内外的研究重点有所不同，国外的研究强调人与自

然、人与人的和谐、包容性发展，注重人类福祉与社会包容，而国内研究更多关注工业经济增长，对人类福祉与社会包容的研究相对较少。

（2）注重生活领域绿色增长的考察。人类福祉的增进是实现绿色增长的重要内容之一，其含义不单单包括生活水平的不断提高，也包括生活环境的持续改善，以保证人们生活在一个安全、舒适、干净的环境中。生产活动在为人类创造物质财富的同时，也会对居民生活环境质量造成直接影响，如供水污染、空气污染等，严重危害居民的身心健康，甚至危及人们的生命安全。因此，指标体系中应反映居民的生活质量。

（3）重视自然资产尤其是不可再生资源使用状况的考察。自然资产是经济活动与人类福祉的重要基础，为社会经济发展提供了必要的能源、水、空气与土地等自然资源。自然资产的有效管理与可持续利用是绿色增长和环境质量的关键。目前，自然资源尤其是不可再生资源的退化与枯竭问题日益突出，甚至已成为制约经济可持续增长的瓶颈，因此，各组织构建的评价体系中均含有环境资源相关指标。

（4）强调政策引导在绿色增长过程中的重要性。绿色增长的包容性是指环境可持续、经济增长与社会进步的协调统一，具体体现在高效地利用自然资源，最大限度地降低环境影响，以及发挥环境管理、自然资源在预防自然灾害中的作用。需要指出的是，绿色增长的包容性并非天生的，需要政策的保障与引导。因此，在各指标体系中均设置了政策支持与引导这一评价维度。

7.1.2　国内外学者的绿色增长评价体系

随着学者们对绿色增长领域关注度的提高，有关绿色增长评估指标体系构建与应用的研究取得了较大进展。较具代表性的包括：Hall 和 Kerr（1991）建立了一个由绿色状态和绿色政策两个一级指标、9 个二级指标和 256 个三级指标构成的绿色指数评价指标体系。Kim 等（2014）以 OECD 绿色增长衡量框架为依据，从生产、消费、自然、生活、政策五个方面选取 12 个指标构建了绿色增长评价指标体系。李晓西等（2014）借鉴人类发展指数，从社会经济可持续发展和生态资源环境可持续发展两大维度出发，选取 12 个指标建立了人类绿色发展指数的测算指标体系，并对 123 个国家绿色发展指数进行了测算与排序。武春友等（2014a）从绿色技术水平、绿色企业文化、绿色生产能力、绿色治理能力四个方面选取 19 项指标建立了企业绿色增长影响因素指标体系。黄羿等（2012）从城市建设、产业发展和技术创新三个维度出发构建了中国城市绿色发展指标体系。

以上指标体系的指标选取以主观筛选为主，依靠该领域专家的经验、知识及指标的内在含义，主观性强。这类指标体系普遍存在指标信息交叉重复、指标间关联性研究缺失的现象，限制了指标体系的实际应用，无法反映绿色增长复合系统的复杂性。

除了主观筛选法，指标选取的方法还有客观筛选法。此类方法以指标的客观数据与指标使用频率为基础，客观依据性强，但易忽视指标所包括的内涵与意义。范柏乃（2006）运用隶属度分析、相关分析和鉴别力分析等方法对 64 个遴选指标进行了客观筛选，构建了由 30 个评价指标组成的城市居民生活质量评价体系。成金华等（2013）在阐述矿区生态文明评价需解决问题的基础上，从指标使用频率角度对矿区生态文明评价指标进行客观筛选。

针对主、客观筛选法的不足，已有学者尝试运用主客观相结合的方法进行研究。顾雪松等（2010）在根据科学技术评价内涵海选与初筛指标的基础上，利用聚类与因子分析定量筛选构建科技评价指标体系，兼具了专家知识与客观实际的双重信息。按照此构建思路，迟国泰等（2012）、张昆和迟国泰（2012）、石宝峰和迟国泰（2014）分别构建了人的全面发展评价指标体系、区域生态评价指标体系与绿色产业评价指标体系。

综上所述，无论科研机构还是国内外学者均倾向运用主观筛选法构建绿色增长评价指标体系，对客观筛选法的应用不多，所采用的方法以主成分分析、隶属度分析、相关分析、最小均方差等方法为主，而主、客观筛选法相结合的方法应用更为缺乏。

7.1.3　绿色增长的测度与评价

虽然国内外学者对绿色增长已进行了不同层面与角度的研究，但对绿色增长进行测度与评价仍然是一项困难的工作。现有文献中，对绿色增长的评价主要分为两类：一是对绿色增长的综合评价，如“绿色指数”“绿色发展绩效指数”“低碳绿色指数”“绿色经济发展指数”“绿色度”；二是对绿色增长单一方面进行评价分析。

对于绿色增长的综合评价方面，Hall 和 Kerr（1991）在提出“绿色指数”概念的基础上，运用多指标综合分析法对 1991~1992 年美国各州绿色指数进行了测算与排序，确定了 50 个州的环境质量状况。欧阳志云等（2009）通过综合分析环境治理投资、废弃物综合利用、城市绿化、废水处理、生活垃圾处理、高效用水与空气质量 7 个方面的相关指标统计数据，评价我国城市的绿色发展状况。苏利阳等（2013）围绕绿色生产，从资源消耗与污染物排放两方面构建工业绿色绩效指标体系，综合评价了 2005~2010 年中国各省（区、市）工业绿色发展绩效指数。Kim 等（2014）以 OECD 绿色增长衡量框架为基础对 OECD 成员国和韩国的绿色增长水平进行了评价与对比分析，结果显示：韩国的绿色增长水平居 30 个国家的第 17 位。具体来说，韩国自然资产与生活质量维度的得分相对较高，经济发展维度的得分较低。武春友等（2014b）基于 AHP-标准离差对云南某生物科技股份公司的绿色度进行评价分析发现，2008~2012 年该企业大部分绿色度指标均有了较大提升，这表明企业越来越重视绿色化发展模式。Musango 等（2014）利用系统动力学模型分析了南非绿色经济的发展状况，结果发现：绿色经济的干预措施对各行业的节能减排具有积极影响，尤其是对电力部门。

绿色增长单一方面的研究主要集中在政策法规、利益相关者、绿色生产率、影响因素、绿色增长能力等方面。Schmalensee（2012）在对绿色增长内涵进行梳理分析的基础上，提出能源、环境政策对区域绿色增长有着至关重要的作用。Winfield 和 Dolter（2014）分析了安大略省的绿色能源与绿色经济法案，认为应重点挖掘可再生能源领域的经济发展信息。高红贵（2012）基于博弈论思想分析了中国绿色经济体系构建中的诸方利益博弈关系。Glemarec 和 de Oliveira（2012）分析了城市治理机制与绿色经济的关系，并提出了一套城市治理指标来评估城市绿色经济的发展进程。李玲和陶锋（2012）等在测算 2004~2008 年我国 19 个污染密集型产业绿色全要素生产率的基础上，分析了影响污染密集型产业绿色全要素生产率的主要因素。王志平等（2014）将环境、资源因素纳入传统技术效率测算框架中，利用随机前沿方法（stochastic frontier approach，SFA）对我国 2001~2010 年省级单位的绿色技术效率进行了评价，并从技术、制度、产业层面进行了影响因素分析。钱争鸣和刘晓晨（2013）分析 1996~2010 年我国各省（区、市）的绿色经济效率发现，外商直接投资对绿色经济效率具有显著的正向作用，结构因素、城市化水平及污染治理投资均对其有负向作用。张旭和杜瑶（2014）从战略实施的角度识别了绿色增长战略的参与者，在对参与者能力要素及其相互关系进行分析的基础上，构建了绿色增长战略实施的能力体系。北京工商大学世界经济研究中心、遂宁绿色经济研究院和《中国对外贸易》杂志社以北京市的资源环境效率为基准构建绿色经济指数并联合公布了我国 300 个城市的绿色经济指数排名。

综上所述，绿色增长测度与评价的研究视角主要从经济发展、资源消耗、环境污染等方面入手，较少考虑人口、生活、政策、投资、科技等因素对绿色增长水平的影响。另外，绿色增长的评价指标选取以主观筛选为主，较少涉及客观定量筛选，易导致评价结果缺乏科学性。绿色增长的综合定量评价更多以绝对性评价为主，相对性评价不足。对绿色增长程度进行相对性评价可以更好地评估我国在提升绿色增长水平方面的努力，更好地识别分析影响我国绿色增长水平的重要因素。

7.2　评价指标体系构建原则

评价指标体系的构建可谓“仁者见仁，智者见智”。不同的评价者从不同的角度出发，会得到完全不同的指标体系。本书从绿色增长内涵特征、研究对象及评价目标的角度出发，给出以下几条构建指标体系的原则。

（1）科学性原则。指标体系建立必须以科学性为基础，不仅要有明确的层次结构，同时所选指标的物理意义及统计方法也要规范科学，以确保评价结果的客观合理，科学性是构建评价指标体系的首要原则。在选择评价指标过程中，要充分考虑绿色增长可能涉及的学科领域，不单单局限在经济学、管理学、环境学等领域，要以科学严谨的视角综合考量，进行科学的选择。

（2）针对性原则。所构建的指标体系应该充分反映研究目的，对研究对象具有一定的针对性。绿色增长评价指标体系应能充分反映绿色增长战略的主要特征、发展水平与内在机制，体现绿色增长的内容，反映出绿色增长不同于其他传统增长方式的特征。

（3）目标性原则。目标性原则是指标体系构建的根本与出发点，是衡量指标体系是否科学合理的重要标准。指标体系构建是为了进行目标评价，根据绿色增长评价的目标，指标体系应能支撑高层次的评价准则，从而为绿色增长程度判定提供依据。绿色增长战略的实施具有阶段性，当其发展达到顶级状态时的特征是经济增长与资源环境压力实现完全脱钩，社会效益、经济效益与环境效益三者之间实现高度的协调与统一，指标体系的设计应该反映此类发展目标。

（4）系统性原则。绿色增长是一个复杂、动态的系统，涉及领域较广，既有效率指标、总量指标，又有资源利用的过程指标，既有状态指标、潜力指标，也有相应的管理指标，能较全面且综合地反映绿色增长的发展水平、程度与趋势。遵循系统论的思想，在整体上把握目标，充分考虑社会经济、生活质量、自然资产、生态环境及政策支持等各子系统指标的特征，保证各指标间的协调与统一，使评价系统成为一个有机的整体。

（5）动态性原则。在绿色增长战略的不同时期，决策者所关注的焦点会有所不同，评价的内容也会发生改变，相应地，指标体系也需要进行调整与变化。另外，绿色增长战略本身是一个持续改进的动态变化过程，产业经济、资源、环境等因素的改变均可能引起绿色增长状况的变动。因此，绿色增长评价指标体系应具有一定的先进性与灵活性，并处于不断修改与补充中。

（6）精简性原则。设计指标体系要考虑现实情况，在满足绿色增长内在相关要素的基础上应简单明确，用较少的指标反映绿色增长的整体发展状况。此外，绿色增长程度的评价方法也应简单明了，既要适应于使用者的理解能力，也要适应于现有的信息基础，以确保评价体系的实施效果。

（7）可操作性原则。可操作性是指标体系构建的基础。构建指标体系是为了进行绿色增长程度评价，指导国家、区域或地方绿色增长战略的健康实行与发展。因此，建立的指标体系应简明清晰、易于理解且可操作性强。选取指标的数据应易获得，评价结果具有可比性，能够在信息不完备的情况下进行最真实客观的评价与衡量。

（8）代表性原则。影响中国城市绿色增长的因素众多，在实现绿色增长过程中要充分考虑到经济、社会、资源、环境、生产、生活等各个因素的重要作用。每个因素之间并不是独立存在的，彼此之间具有一定的关联性，要选择具有代表性的指标，在保证评价结果准确性的前提下还要避免以偏概全。

7.3 评价指标体系构建思路

指标体系的构建是人们对评价对象本质特征的认识逐渐深化、精细、完善直至系统化的过程，本质上是一个“具体—抽象—具体”的逻辑思维过程。本书的指标体系构建过程如下：明晰相关理论基础、建立评价体系基本架构及按步骤构建指标体系。

7.3.1 理论基础

在构建指标体系之前，需要对评价对象与评价目标形成清楚的认识，并对其相关理论基础有一定深度的了解，深刻理解评价的内容。因此，在构建绿色增长程度评价指标体系之前，本书首先对绿色增长的基础理论进行了较为深入的认识，明确了绿色增长的概念与基本特征，以及目前国际上权威的绿色增长相关评价指标体系。在明晰上述内容的基础上，对绿色增长评价体系进行了基本构建。

7.3.2　评价体系的基本架构

评价体系框架是指标体系组织的概念模式，有助于选择与管理指标所要测量的问题，提供了一种便于研究真实世界的机制。不同评价体系框架之间的区别主要在于所选择的评价问题和构建方法不同。在对国内外较具代表性的绿色增长相关评价指标体系进行对比分析的基础上，归纳总结值得借鉴之处，结合绿色增长内涵与基本特征，构建了本书的绿色增长评价体系基本架构，具体见图 7.1。

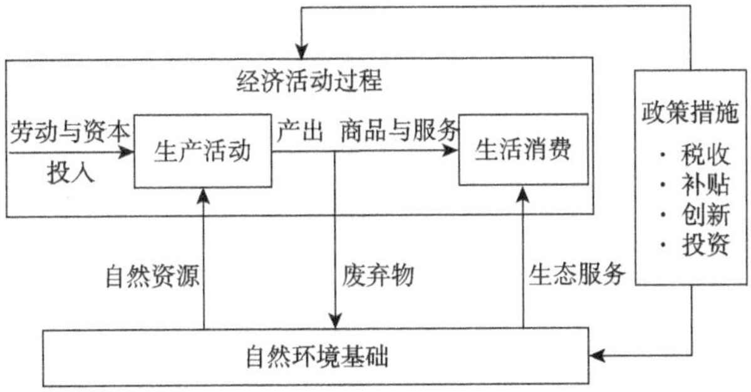

图 7.1　绿色增长评价体系的基本架构图

如图 7.1 所示，本书构建的基本架构特别注重生产活动、生活消费、自然环境与政策制度等要素之间的相互关系，旨在揭示这些要素间的相互作用机制。从架构图可看出，自然环境是绿色增长评价体系中的内在基础要素，不仅为人类的生产活动提供必需的自然资源，为生活消费提供所需的生态服务，同时也消化吸收生活和生产活动过程中所产生的废弃物；生产活动与生活消费构成的经济活动过程是绿色增长评价体系的内在核心要素，是绿色增长经济领域成果的集中体现，也是绿色增长的根本目标与现实动力；政策措施则是绿色增长评价体系中的外在支撑要素，是推动经济活动与自然环境绿色化发展的政策保障，更是绿色增长实现稳定发展的重要支撑。

同时，此架构也较为全面、系统地诠释了绿色增长的概念与特征，将经济、社会、资源、环境与政策紧密地联系在一起，最终实现生产活动、生活质量、自然环境与政策措施等领域效益的协调统一。本章将以此框架为指导选择可测量的指标进行中国绿色增长程度的测度与评价分析。

7.3.3 指标体系构建步骤

1. 海选指标

在选取评价指标时，应选取一些能切实反映评价对象本质特征且较具代表性的评价指标。绿色增长是一个具有多重属性的评价对象，因此需要从多维角度出发选取评价指标。

选取指标一般分为定性与定量两种方法。定性选取指标主要是根据评价者、决策者与相关专家的经验、知识进行主观确定；定量选取指标主要是通过主成分分析法、因子分析法、相关分析法等计算求得具有代表性的指标。结合评价指标在国际权威绿色增长相关指标体系中的使用频率，本书首先运用专家咨询法和文献研究法主观选取绿色增长评价指标，尽可能地得到“全集”，防止遗漏指标。

2. 筛选指标

海选的指标集不一定是最合理和最必要的，可能存在指标数目过多、指标信息重复、指标关联度较高等问题，因此，需要进行指标筛选，得到最简洁明了且能反映评价对象特征的指标体系。本书根据可获得性、可测性与可操作性等原则进行指标初筛，在此基础上，结合相关分析法与变精度粗糙集对评价指标进行定量筛选，删掉同一准则层内信息重复性大且对评价结果没有显著影响的指标，保证指标体系的简洁性、典型性与代表性。

3. 理性补充指标

定量筛选法虽然可以克服主观筛选法的不足，但由于该方法过度依赖客观数据，易忽视指标的实际含义和物理意义，从而导致一些具有现实代表性的指标被误删掉。因此，需要通过咨询专家的意见对定量删除的指标进行理性分析，再次斟酌筛选，将部分在实际生活和生产中具有显著影响作用的因素进行理性补充，并说明补充的理由。

4. 指标体系的构建及其应用

确定评价指标后，构建绿色增长评价指标体系，并将其应用到实证研究中，分析评价结果的理论合理性与现实合理性。若发现不合理之处，寻找导致此种结果的原因，从而对指标体系进行修正。

综上，绿色增长程度评价指标体系的构建过程如图 7.2 所示。

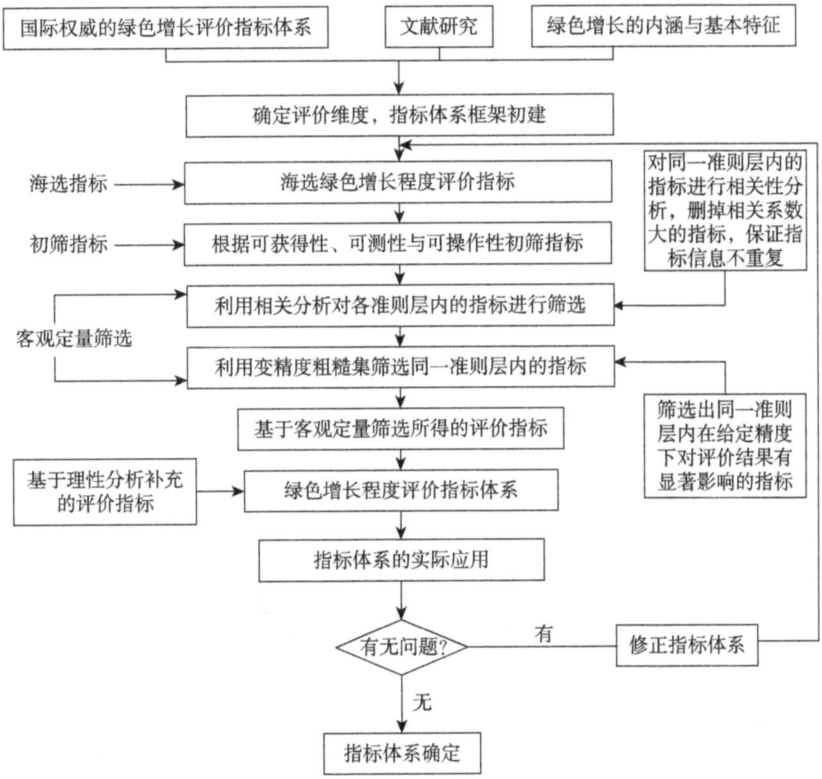

图 7.2　绿色增长程度评价指标体系的构建过程

7.4　评价指标海选与解释说明

在参照国内外绿色增长评价指标体系的基础上，结合文献研究与专家咨询，初步从社会经济、生活质量、自然资产、生态环境和政策支持方面广泛选取指标并对其进行公式解释与含义说明。

7.4.1　社会经济准则层

绿色增长追求的最终目标是区域社会经济的可持续发展，离开经济效益而一味地追求社会效益或环境效益，都将不具有任何意义。近年来，虽然我国经济发展迅速，但仍存在着产业能级不高、收入分配不公等问题。因此，优化产业结构、加强社会公平、提高国民福祉将成为我国经济未来发展的重要方向。基于上述分析，社会经济维度主要通过经济增长（收入水平、质量与经济结构）与社会发展（人口发展、教育、就业、收入与结构）两个方面来反映，如表 7.2 所示。

表 7.2　社会经济准则层的关键影响因素及其来源

准则层	指标层	单位	指标属性	来源
社会经济 X_1	X_{11} 人均绿色 GDP	元	正	中国科学院可持续发展战略研究组（2012）；张昆和迟国泰（2012）
	X_{12} 城镇居民人均可支配收入	元	正	OECD（2011）；中国科学院可持续发展战略研究组（2012）；张昆和迟国泰（2012）
	X_{13} 全社会劳动生产率	元/人	正	OECD（2011）；北京师范大学科学发展观与经济可持续发展研究基地等（2012）；中国科学院可持续发展战略研究组（2012）
	X_{14} 财政收入占 GDP 比重	%	正	中国科学院可持续发展战略研究组（2012）
	X_{15} 第三产业占 GDP 比重	%	中	OECD（2011）；GGKP（2013）；北京师范大学科学发展观与经济可持续发展研究基地等（2012）；中国科学院可持续发展战略研究组（2012）
	X_{16} 人口自然增长率	‰	中	OECD（2011）；GGKP（2013）；中国科学院可持续发展战略研究组（2012）；张昆和迟国泰（2012）
	X_{17} 出生时的预期寿命	岁	正	OECD（2011）；GGKP（2013）；中国科学院可持续发展战略研究组（2012）；张昆和迟国泰（2012）
	X_{18} 劳动力受高等教育程度	%	正	OECD（2011）；UNEP（2012）；GGKP（2013）；张昆和迟国泰（2012）
	X_{19} 就业率	%	正	WB（2012）；OECD（2011）；UNEP（2012）；GGKP（2013）；张昆和迟国泰（2012）
	$X_{1,10}$ 单位就业人员人均工资额	元	正	OECD（2011）；UNEP（2012）
	$X_{1,11}$ 城市化率	%	中	中国科学院可持续发展战略研究组（2012）；张昆和迟国泰（2012）

经济增长方面，选取人均绿色 GDP、城镇居民人均可支配收入、全社会劳动生产率、财政收入占 GDP 比重与第三产业占 GDP 比重 5 个指标。

社会发展方面，选取人口自然增长率、出生时的预期寿命、劳动力受高等教育程度、就业率、单位就业人员人均工资额与城市化率 6 个指标。

人均绿色 GDP（X_{11}）：一定程度上能够真实地反映国民财富，是衡量人、经济与自然和谐发展状况的重要指标。

绿色 GDP 是进行绿色核算常用的方法之一，对于准确理解经济与环境之间的相互作用至关重要。人类的经济活动在创造社会价值的同时也在破坏环境，造成资源的浪费与环境的污染，即同时有正向输出和负向输出，一般情况下，GDP

只反映了经济活动的正向输出，没有考虑经济活动造成的能源损耗和污染治理费用。目前，有两种关于绿色 GDP 的定义方式：一种是修正 GDP，即扣除自然资源损耗后的经济价值；另一种是在现有的 GDP 核算中纳入生态系统服务的价值（Li and Fang，2014）。根据国家环境保护总局（现为生态环境部）和国家统计局的绿色 GDP 核算方法，绿色 GDP 是扣除经济活动中投入的资源和环境成本后的国内生产总值，在一定程度上能真实地反映 GDP 的增长水平。综合上述研究，本书将绿色 GDP 纳入绿色增长评价的社会经济维度，旨在体现我国 GDP 发展的真实状况。人均绿色 GDP 计算公式如下：

$$\overline{G}=\frac{G-C}{P}=\frac{G-\left(S+Z+H\right)}{P}=\frac{G-\left(S+p\bullet q+H\right)}{P} \tag{7.1}$$

其中，$\overline{G}$ 代表人均绿色 GDP；G 代表 GDP；P 代表人口总量；C 代表资源环境成本；S 代表环境污染造成的直接经济损失；Z 代表资源价值；H 代表环保投资总额；p 代表每吨标准煤的价格（单位：元/吨标准煤）；q 代表能源消耗总量。

城镇居民人均可支配收入（X_{12}）：是反映城镇居民收入水平的重要指标，计算公式如下：城镇居民人均可支配收入=家庭总收入−交纳的所得税−个人交纳的社会保障支出−记账补贴。其中，家庭总收入包括工资性收入、经营性收入、财产性收入和转移性收入。

全社会劳动生产率（X_{13}）：是指一定时期内全社会劳动者（从业人员）的劳动效率，表明了一个地区的社会生产力发展水平，是反映该地区经济实力的基本指标之一。计算公式如下：全社会劳动生产率=GDP/从业人数。

财政收入占 GDP 比重（X_{14}）：反映了在生产总值分配中，国家所得占的比重，一定程度上是衡量国民幸福感的重要指标。比重值越高，表明国家越有能力为国民提供富足的公共服务，越有利于社会公平；比重值越低，说明国民幸福感越差。计算公式如下：财政收入占 GDP 比重=财政收入/GDP × 100%。

第三产业占 GDP 比重（X_{15}）：是反映产业结构优化程度的重要指标，计算公式如下：第三产业占 GDP 比重=第三产业总值/GDP × 100%。

人口自然增长率（X_{16}）：除了能够衡量人口发展速度和趋势外，也能反映社会文明、环境卫生与国民生活富裕状况，取决于人口出生率和人口死亡率之间的变动情况。

出生时的预期寿命（X_{17}）：也称为平均寿命，既可以反映社会的经济发展水平，同时也是国民健康进步水平的重要衡量。

劳动力受高等教育程度（X_{18}）：是衡量社会进步以及劳动者教育水平的重要指标，计算公式如下：劳动力受高等教育程度=受高等教育的从业人数/从业总人数 × 100%。

就业率（X_{19}）：不仅是一个国家或地区经济发展的集中反映，同时也是该地区或国家社会稳定、国民幸福感的一种体现。计算公式如下：就业率=从业人数/人口总数×100%。

单位就业人员人均工资额（$X_{1,10}$）：除了能够衡量劳动者收入水平外，同时也能反映出国民的收入差距以及幸福感。计算公式如下：单位就业人员人均工资额=就业人员工资总额/就业人数。

城市化率（$X_{1,11}$）：客观反映城市化进程的重要指标，同时也是经济发展与社会进步的重要体现。计算公式如下：城市化率=城镇人口/总人口数×100%。

7.4.2 生活质量准则层

经济的迅猛发展为人民创造了大量的就业机会，提升了群众生活质量水平，确保了区域经济增长的持续性。但与此同时生产活动所造成的环境污染，一定程度上降低了居民对生活环境的幸福感知度，进而使其抗拒产业发展，最终阻碍社会经济发展。基础设施建设在一定程度上反映了城市发展水平与人民生活的幸福程度，生活环境改造体现了城市生态环境和市民生活品质。综上，本书将从基础设施建设与生活环境改造两个方面进行衡量，见表7.3。

表 7.3 生活质量准则层的关键影响因素及其来源

准则层	指标层	单位	指标属性	来源
生活质量 X_2	X_{21} 城市每万人拥有公交车辆	标台	正	北京师范大学科学发展观与经济可持续发展研究基地等（2012）
	X_{22} 每万人拥有道路长度	千米	正	GGKP（2013）；北京师范大学科学发展观与经济可持续发展研究基地等（2012）；中国科学院可持续发展战略研究组（2012）
	X_{23} 每千人口医疗卫生机构床位	张	正	UNEP（2012）；GGKP（2013）；中国科学院可持续发展战略研究组（2012）
	X_{24} 城市用水普及率	%	正	UNEP（2012）；GGKP（2013）；北京师范大学科学发展观与经济可持续发展研究基地等（2012）
	X_{25} 互联网普及率	%	正	GGKP（2013）；中国科学院可持续发展战略研究组（2012）
	X_{26} 人均住房面积	平方米	正	中国科学院可持续发展战略研究组（2012）
	X_{27} 生活垃圾无公害化处理率	%	正	UNEP（2012）；北京师范大学科学发展观与经济可持续发展研究基地等（2012）；中国科学院可持续发展战略研究组（2012）；张昆和迟国泰（2012）

续表

准则层	指标层	单位	指标属性	来源
生活质量 X_2	X_{28}农村累计已改水受益人口比重	%	正	OECD（2011）；北京师范大学科学发展观与经济可持续发展研究基地等（2012）
	X_{29}城市污水处理率	%	正	北京师范大学科学发展观与经济可持续发展研究基地等（2012）；张昆和迟国泰（2012）
	$X_{2,10}$城市人均绿地面积	平方米	正	北京师范大学科学发展观与经济可持续发展研究基地等（2012）；张昆和迟国泰（2012）
	$X_{2,11}$建成区绿化覆盖率	%	正	北京师范大学科学发展观与经济可持续发展研究基地等（2012）；张昆和迟国泰（2012）

基础设施建设方面，选取交通、医疗、用水、住房等领域的 6 个指标，分别为城市每万人拥有公交车辆、每万人拥有道路长度、每千人口医疗卫生机构床位、城市用水普及率、互联网普及率与人均住房面积。

生活环境改造方面，选取生活垃圾无公害化处理率、农村累计已改水受益人口比重、城市污水处理率、城市人均绿地面积与建成区绿化覆盖率 5 个指标。

城市每万人拥有公交车辆（X_{21}）：是衡量城市公共交通体系完善程度的重要指标，反映了城市居民使用公共基础设施的权利机会。计算公式如下：城市每万人拥有公交车辆=公交车辆总数/城市人口数。

每万人拥有道路长度（X_{22}）：反映了城市交通基础设施建设情况，计算公式如下：每万人拥有道路长度=城市道路总长度/人口总数。

每千人口医疗卫生机构床位（X_{23}）：反映一个地区或国家医疗卫生服务体系的完善程度，体现公民获得医疗设施的权利。计算公式如下：每千人口医疗卫生机构床位=医疗卫生机构床位总数/人口总数。

城市用水普及率（X_{24}）：是城市供水基础设施完善程度的集中反映，衡量经济发展水平与物质文明程度。计算公式如下：城市用水普及率=城市用水人口数/城市人口数×100%。

互联网普及率（X_{25}）：是衡量国家信息化与现代化程度的重要指标，反映社会发展水平。计算公式如下：互联网普及率=使用互联网的人口数/人口总数×100%。

人均住房面积（X_{26}）：是衡量城市居民居住条件与生活环境的重要指标，也是居民生活质量水平的集中体现。计算公式如下：人均住房面积=住宅建筑面积/居住人口。

生活垃圾无公害化处理率（X_{27}）：反映城市垃圾处理能力与生活环境的绿化能力。计算公式如下：生活垃圾无公害化处理率=生活垃圾无公害化处理量/生活垃圾产生量×100%。

农村累计已改水受益人口比重（X_{28}）：是衡量农村居民生活饮用水安全程度的重要指标，一定程度上反映了政府的农村生态化改造能力。计算公式如下：农村累计已改水受益人口比重=累计已改水受益人口数/农村人口总数×100%。

城市污水处理率（X_{29}）：反映了城市污水的处理水平，同时也是城市生活环境改善能力的一种体现。计算公式如下：城市污水处理率=进入污水处理厂处理的城市污水量/城市污水排放总量×100%。

城市人均绿地面积（$X_{2,10}$）：是对城市绿色化建设以及生态环境的重要衡量，计算公式如下：城市人均绿地面积=城市公共绿地面积/城市人口数。

建成区绿化覆盖率（$X_{2,11}$）：体现城市绿色化水平，是对城市生态环境与生活环境的一种衡量。计算公式如下：建成区绿化覆盖率=城建区绿化覆盖面积/城建区总面积×100%。

7.4.3 自然资产准则层

自然资产是社会经济发展的物质基础，经济发展将消耗大量的自然资源，减少资源储量，尤其是不可再生资源，从而导致生物多样性与自然系统稳定性受到威胁。本书选取水资源、森林资源、土地资源与能源资源作为重点考察对象，通过对其储量的衡量反映我国自然资产的丰裕与消耗使用情况。

首先，虽然我国地表水资源较为丰富，但其南北分布不均，人均水资源拥有量不大，仅为 2 300 米^3/人，是世界平均水平的四分之一、美国的五分之一。其次，受粗放型经济增长方式的影响，我国森林资源破坏严重，乱砍滥伐、毁林开荒现象普遍存在。再次，土地是人类赖以生存的基础，近年来，我国耕地、湿地与保护区等占地面积迅速减少。根据 2017 年第三次全国国土调查结果，2007~2017 年 10 年间我国耕地减少了 1.13 亿亩，人均耕地面积不足世界平均水平的 40%。日益凸显的土地资源不合理利用问题给人类发展带来极大的隐患。最后，经济发展的高耗能以及一次性能源的高比例使用，使得能源储量不断降低，能源枯竭问题日趋严重。截至 2021 年，我国能源消费总量达 52.4 亿吨标准煤，煤炭消费量占比高达 56%①。以上现象是制约我国经济可持续发展的主要瓶颈。

综上，本书选取人均水资源量、森林覆盖率、人均活立木总蓄积量、人均耕地面积、湿地面积覆盖率、自然保护区覆盖率、煤炭基础储量、石油基础储量、天然气基础储量 9 个指标进行自然资产准则层的衡量（表 7.4）。

---

① 资料来源：国家统计局。

表 7.4　自然资产准则层的关键影响因素及其来源

准则层	指标层	单位	指标属性	来源
自然资产 X_3	X_{31} 人均水资源量	米^3/人	正	OECD（2011）；GGKP（2013）；北京师范大学科学发展观与经济可持续发展研究基地等（2012）；中国科学院可持续发展战略研究组（2012）；张昆和迟国泰（2012）
	X_{32} 森林覆盖率	%	正	OECD（2011）；UNEP（2012）；北京师范大学科学发展观与经济可持续发展研究基地等（2012）；中国科学院可持续发展战略研究组（2012）；张昆和迟国泰（2012）
	X_{33} 人均活立木总蓄积量	米^3/人	正	OECD（2011）；北京师范大学科学发展观与经济可持续发展研究基地等（2012）
	X_{34} 人均耕地面积	公顷/人	正	OECD（2011）；GGKP（2013）；中国科学院可持续发展战略研究组（2012）
	X_{35} 湿地面积覆盖率	%	正	GGKP（2013）；北京师范大学科学发展观与经济可持续发展研究基地等（2012）；中国科学院可持续发展战略研究组（2012）
	X_{36} 自然保护区覆盖率	%	正	UNEP（2012）；WB（2012）；北京师范大学科学发展观与经济可持续发展研究基地等（2012）；中国科学院可持续发展战略研究组（2012）；张昆和迟国泰（2012）
	X_{37} 煤炭基础储量	亿吨	正	OECD（2011）
	X_{38} 石油基础储量	万吨	正	OECD（2011）
	X_{39} 天然气基础储量	10^8 立方米	正	OECD（2011）

人均水资源量（X_{31}）：反映我国水资源的缺乏状况，计算公式如下：人均水资源量=水资源总量/总人口数。

森林覆盖率（X_{32}）：是衡量一个国家或地区森林资源丰富程度以及实现绿化程度的重要指标，计算公式如下：森林覆盖率=森林面积/土地面积×100%。

人均活立木总蓄积量（X_{33}）：反映我国林木资源的存储情况，一定程度上考察了我国绿化工作成果。计算公式如下：人均活立木总蓄积量=活立木总蓄积量/总人口数。

人均耕地面积（X_{34}）：不仅反映了一个国家或地区耕地资源的稀缺性，同时衡量土地资源使用合理性、国家粮食安全性及社会稳定性。计算公式如下：人均耕地面积=耕地总面积/总人口数。

湿地面积覆盖率（X_{35}）：湿地有“地球之肾”的美称，具有巨大的生态净化作用。此指标反映一个国家或地区湿地资源的富裕情况，同时也能衡量该国家或地区的生态环境情况。计算公式如下：湿地面积覆盖率=湿地面积/土地面积×100%。

自然保护区覆盖率（X_{36}）：作为城市环境建设的重要内容之一，该指标能够较好地反映一个国家或地区生态系统动态平衡状况与濒危物种的保护状况。计算公式如下：自然保护区覆盖率=自然保护区面积/国土总面积×100%。

煤炭基础储量（X_{37}）：是指可供开采的煤炭量，反映了煤炭资源的可持续利用水平。虽然中国煤炭资源较为丰富，但改革开放以来的大肆开采，使得这种不可再生能源面临着枯竭的困境。

石油基础储量（X_{38}）：是指可供开采的石油量，反映了我国石油资源的丰富状况以及可持续利用水平。

天然气基础储量（X_{39}）：是指可供开发使用的天然气储量，反映了我国天然气资源的富足水平。

7.4.4 生态环境准则层

生态环境系统通过自身的新陈代谢，不断接收净化经济活动所排放的废弃物与污染物，但若污染物排放量超出生态系统的承载力，将会严重危害生态环境系统的稳定性与完整性。目前，造成我国生态环境系统不堪重负的主要原因是资源利用水平低而导致的巨大废弃物排放量。因此，提高资源利用效率是缓解生态环境压力的重要途径之一。基于此，本书将从资源生产–消耗水平与生态环境压力两个方面衡量生态环境维度，如表 7.5 所示。

表 7.5 生态环境准则层的关键影响因素及其来源

准则层	指标层	单位	指标属性	来源
生态环境 X_4	X_{41} 一次性能源生产量	10^4 吨标准煤	负	OECD（2011）；GGKP（2013）
	X_{42} 一次性能源消耗量	10^4 吨标准煤	负	OECD（2011）；GGKP（2013）；北京师范大学科学发展观与经济可持续发展研究基地等（2012）
	X_{43} 可再生能源消耗比重	%	正	OECD（2011）；UNEP（2012）；北京师范大学科学发展观与经济可持续发展研究基地等（2012）
	X_{44} 万元 GDP 能耗量	吨标准煤	负	OECD（2011）；UNEP（2012）；WB（2012）；GGKP（2013）；北京师范大学科学发展观与经济可持续发展研究基地等（2012）
	X_{45} 人均生活用电量	千瓦时	负	北京师范大学科学发展观与经济可持续发展研究基地等（2012）；张昆和迟国泰（2012）
	X_{46} 供水总量	万吨	负	OECD（2011）；GGKP（2013）
	X_{47} 万元工业增加值水耗	立方米	负	OECD（2011）；北京师范大学科学发展观与经济可持续发展研究基地等（2012）

续表

准则层	指标层	单位	指标属性	来源
生态环境 X_4	X_{48} 城市工业用水重复利用率	%	正	北京师范大学科学发展观与经济可持续发展研究基地等（2012）；中国科学院可持续发展战略研究组（2012）
	X_{49} 工业废气排放量	10^8 立方米	负	OECD（2011）；GGKP（2013）；中国科学院可持续发展战略研究组（2012）；张昆和迟国泰（2012）
	$X_{4,10}$ 二氧化硫排放量	万吨	负	OECD（2011）；GGKP（2013）；北京师范大学科学发展观与经济可持续发展研究基地等（2012）；中国科学院可持续发展战略研究组（2012）
	$X_{4,11}$ 二氧化碳排放量	千吨	负	OECD（2011）；UNEP（2012）；GGKP（2013）；北京师范大学科学发展观与经济可持续发展研究基地等（2012）
	$X_{4,12}$ 工业废水排放量	万吨	负	OECD（2011）；UNEP（2012）；中国科学院可持续发展战略研究组（2012）；张昆和迟国泰（2012）
	$X_{4,13}$ 化学需氧量	万吨	负	OECD（2011）；GGKP（2013）；北京师范大学科学发展观与经济可持续发展研究基地等（2012）；中国科学院可持续发展战略研究组（2012）
	$X_{4,14}$ 工业废水氨氮排放量	吨	负	OECD（2011）；GGKP（2013）；北京师范大学科学发展观与经济可持续发展研究基地等（2012）；中国科学院可持续发展战略研究组（2012）
	$X_{4,15}$ 工业固体废弃物产生量	万吨	负	OECD（2011）；GGKP（2013）；中国科学院可持续发展战略研究组（2012）；张昆和迟国泰（2012）
	$X_{4,16}$ 沙化土地程度	%	负	OECD（2011）；中国科学院可持续发展战略研究组（2012）；张昆和迟国泰（2012）
	$X_{4,17}$ 水土流失面积	千公顷	负	OECD（2011）；中国科学院可持续发展战略研究组（2012）；张昆和迟国泰（2012）
	$X_{4,18}$ 累计矿山占用破坏土地面积	公顷	负	OECD（2011）
	$X_{4,19}$ 环境污染与破坏事故次数	次	负	北京师范大学科学发展观与经济可持续发展研究基地等（2012）；张昆和迟国泰（2012）
	$X_{4,20}$ 突发环境事件造成的经济损失	万元	负	OECD（2011）；WB（2012）；张昆和迟国泰（2012）

资源生产–消耗水平方面，重点选取能源（生产、消耗、结构与效率）、电力、水（供水总量与循环利用）等领域的 8 个指标，分别为一次性能源生产量、一次性能源消耗量、可再生能源消耗比重、万元 GDP 能耗量、人均生活用电量、供水总量、万元工业增加值水耗与城市工业用水重复利用率（表 7.5）。

生态环境压力方面，选取污染物产生与排放、水土流失与环境突发事件等领域的 12 个指标，分别为工业废气排放量、二氧化硫排放量、二氧化碳排放量、工业废水排放量、化学需氧量、工业废水氨氮排放量、工业固体废弃物产生量、沙化土地程度、水土流失面积、累计矿山占用破坏土地面积、环境污染与破坏事故次数，以及突发环境事件造成的经济损失（表 7.5）。

一次性能源生产量（X_{41}）：一个国家或地区能源企业在报告期内将自然界现存的能源开采后产出的合格产品量。该指标反映了一个国家或地区一次性能源的供应能力与丰富程度。

一次性能源消耗量（X_{42}）：反映一个国家或地区传统能源的需求情况，衡量对一次性能源的依赖程度。

可再生能源消耗比重（X_{43}）：是衡量能源消耗结构合理性的重要指标之一。其比值越高，说明能源消耗结构就越合理。计算公式如下：可再生能源消耗比重=可再生能源消耗量/能源消耗总量×100%。

万元 GDP 能耗量（X_{44}）：是衡量能源利用效率的指标，反映一个国家或地区的能源消耗水平与节能降耗状况。计算公式如下：万元 GDP 能耗量=能源消耗总量/GDP。

人均生活用电量（X_{45}）：代表了一个国家或地区的生活用电水平，同时也是经济发达程度的重要衡量指标。计算公式如下：人均生活用电量=生活用电总量/总人口数。

供水总量（X_{46}）：是指报告期内供水企业（单位）提供的全部水量，反映了一个国家或地区的供水能力及需求量。

万元工业增加值水耗（X_{47}）：是衡量工业用水效率的指标，反映一个国家或地区的工业技术进步水平。计算公式如下：万元工业增加值水耗=工业用水量/工业增加值。

城市工业用水重复利用率（X_{48}）：是衡量一个国家或地区工业循环用水与节水能力的重要指标。计算公式如下：城市工业用水重复利用率=工业重复用水量/城市工业总用水量×100%。

工业废气排放量（X_{49}）：反映了工业废气的排放强度，一方面衡量空气污染状况，另一方面体现工业废气处理能力。

二氧化硫排放量（$X_{4,10}$）：是衡量空气污染程度的重要指标之一，同时也是生产技术与污染处理技术先进程度的集中体现。

二氧化碳排放量（$X_{4,11}$）：反映一个国家或地区的碳排放水平，同时衡量碳基能源消耗效率。

工业废水排放量（$X_{4,12}$）：反映工业废水的排放强度，一方面是对水污染的衡量，另一方面是对工业废水处理能力的体现。

化学需氧量（$X_{4,13}$）：是衡量水中有机物相对含量的综合指标，反映我国水污染状况。

工业废水氨氮排放量（$X_{4,14}$）：氨氮是水体中的营养素，可导致水体的富营养化，是水体中的主要耗氧污染物，对鱼类与某些水生生物有毒害作用。该指标反映了我国水体的污染状况。

工业固体废弃物产生量（$X_{4,15}$）：反映了工业固体废弃物的排放强度，一方面衡量固体废弃物污染，另一方面体现工业固体废弃物处理能力。包括在生产过程中产生的固体、半固体、高浓度液体废弃物的总量。

沙化土地程度（$X_{4,16}$）：是对一个国家或地区土地资源合理利用情况以及保护治理状况的重要衡量指标。目前，导致我国土地沙化的主要原因包括盲目开荒、过度放牧及乱砍滥伐等不恰当行为。计算公式如下：沙化土地程度=沙化土地面积/土地总面积×100%。

水土流失面积（$X_{4,17}$）：是衡量一个国家或地区水土资源合理开发与利用的重要指标，同时也是对其生态环境系统稳定性与可持续性的集中反映。

累计矿山占用破坏土地面积（$X_{4,18}$）：是指由矿山开采活动引起的矿山土地质量变化，是衡量矿山土地资源破坏程度的重要指标。

环境污染与破坏事故次数（$X_{4,19}$）：是对一个国家或地区生态环境污染与破坏程度的直接反映，同时也是对其环境污染与破坏事故处理能力的衡量。

突发环境事件造成的经济损失（$X_{4,20}$）：一方面直接反映突发环境事件造成的经济影响，另一方面衡量一个国家或地区突发环境事件应急处理能力，同时也体现一个国家或地区生态环境系统保护管理机制的完善程度。

7.4.5　政策支持准则层

作为绿色增长的实践者与领导者，国家或地方政府在经济的绿色发展过程中发挥着重要的表率与引领作用。政府主要通过颁布法律法规、经济政策，以及采取行政干预等手段引导与推动区域经济的绿色发展。政府恰当、合理的政策支持不仅能够有效激励市场中的生产企业改变生产方式，减少生产活动对自然环境造成的影响，同时也有助于生产企业提升自身的绿色竞争力，获得绿色竞争优势，从而实现低碳化与绿色化发展。由此，本书将从环保投资、科技支出、污染治理与国际合作四个方面进行政策支持状况的考察，具体见表 7.6。

表 7.6　政策支持准则层的关键影响因素及其来源

准则层	指标层	单位	指标属性	来源
政策支持 X_5	X_{51} 环境污染治理投资比重	%	正	OECD（2011）；UNEP（2012）；北京师范大学科学发展观与经济可持续发展研究基地等（2012）；中国科学院可持续发展战略研究组（2012）；张昆和迟国泰（2012）

续表

准则层	指标层	单位	指标属性	来源
政策支持 X_5	X_{52} 退耕还林投资完成额	万元	正	北京师范大学科学发展观与经济可持续发展研究基地等（2012）
	X_{53} 农村改水改厕的政府投资	万元	正	北京师范大学科学发展观与经济可持续发展研究基地等（2012）
	X_{54} 研发经费支出占 GDP 比重	%	正	OECD（2011）；UNEP（2012）；中国科学院可持续发展战略研究组（2012）
	X_{55} 研发人员全时当量	万人年	正	中国科学院可持续发展战略研究组（2012）
	X_{56} 专利授权量	项	正	OECD（2011）；中国科学院可持续发展战略研究组（2012）
	X_{57} 科教文卫支出占财政支出比重	%	正	北京师范大学科学发展观与经济可持续发展研究基地等（2012）；张昆和迟国泰（2012）
	X_{58} 工业废水排放达标率	%	正	中国科学院可持续发展战略研究组（2012）；张昆和迟国泰（2012）
	X_{59} 工业废水化学需氧量去除率	%	正	北京师范大学科学发展观与经济可持续发展研究基地等（2012）
	$X_{5,10}$ 工业废水氨氮去除率	%	正	北京师范大学科学发展观与经济可持续发展研究基地等（2012）
	$X_{5,11}$ 工业二氧化硫去除率	%	正	北京师范大学科学发展观与经济可持续发展研究基地等（2012）
	$X_{5,12}$ 工业固体废弃物综合利用率	%	正	中国科学院可持续发展战略研究组（2012）；张昆和迟国泰（2012）
	$X_{5,13}$ 外国直接投资额	亿美元	正	OECD（2011）；张昆和迟国泰（2012）
	$X_{5,14}$ 已收到的净官方发展援助	万美元	正	OECD（2011）；张昆和迟国泰（2012）

环保投资方面，选择环境污染治理投资比重、退耕还林投资完成额与农村改水改厕的政府投资 3 个指标。

科技支出方面，选择研发经费支出占 GDP 比重、研发人员全时当量、专利授权量与科教文卫支出占财政支出比重 4 个指标。

污染治理方面，选取工业废水排放达标率、工业废水化学需氧量去除率、工业废水氨氮去除率、工业二氧化硫去除率与工业固体废弃物综合利用率 5 个指标。

国际合作方面，选取外国直接投资额与已收到的净官方发展援助 2 个指标。

环境污染治理投资比重（X_{51}）：是衡量环保投入状况的指标，反映了环境污染治理投资增加的潜力与期望。计算公式如下：环境污染治理投资比重=环境污染治理投资总额/GDP × 100%。

退耕还林投资完成额（X_{52}）：反映政府对生态环境修复与改善的投入力度。

农村改水改厕的政府投资（X_{53}）：反映政府对综合治理农村生态环境、卫生环境的投入力度。

研发经费支出占 GDP 比重（X_{54}）：绿色技术研发与创新是实现经济绿色增长的根本与支撑，该指标表明国家对绿色技术创新的重视程度。计算公式如下：研发经费支出占 GDP 比重=研发经费支出总额/GDP × 100%。

研发人员全时当量（X_{55}）：是指研发全时人员（全年从事研发活动或累计工作时间占全部工作时间的90%及以上人员）工作量与非全时人员按实际工作时间折算的工作量之和，是衡量科技人力投入的重要指标。

专利授权量（X_{56}）：指报告期内由专利行政部门授予专利权的件数，是发明、实用新颖、外观设计三种专利授权数的总和，反映了科技成果的产出能力与水平。

科教文卫支出占财政支出比重（X_{57}）：是衡量政府财政支出结构优化状况的重要指标，同时也反映了政府对民生问题的重视程度。计算公式如下：科教文卫支出占财政支出比重=科教文卫支出额/财政支出总额×100%。

工业废水排放达标率（X_{58}）：反映了一个国家或地区的废水处理能力，同时也是环保意识与社会责任的体现与衡量。计算公式如下：工业废水排放达标率=工业废水达标量/工业废水排放量×100%。

工业废水化学需氧量去除率（X_{59}）：反映了一个国家或地区的水污染处理能力与水平。计算公式如下：工业废水化学需氧量去除率=工业废水化学需氧量去除量/工业废水化学需氧量×100%。

工业废水氨氮去除率（$X_{5,10}$）：是对国家或地区水污染治理能力与水平的衡量。计算公式如下：工业废水氨氮去除率=工业废水氨氮去除量/工业废水氨氮排放量×100%。

工业二氧化硫去除率（$X_{5,11}$）：是衡量国家或地区工业二氧化硫处理能力的重要指标，反映其空气污染治理水平。计算公式如下：工业二氧化硫去除率=工业二氧化硫去除量/工业二氧化硫排放量×100%。

工业固体废弃物综合利用率（$X_{5,12}$）：反映了一个国家或地区工业固体废弃物的处理能力。计算公式如下：工业固体废弃物综合利用率=工业固体废弃物综合利用量/工业固体废弃物产生量×100%。

外国直接投资额（$X_{5,13}$）：反映了一个国家或地区引进外国投资的能力，同时也是对投资结构优化状况的衡量。

已收到的净官方发展援助（$X_{5,14}$）：反映国际社会对一个国家或地区发展的支持力度，同时也是对该国家或地区社会经济发达程度的衡量。

7.5　评价指标初筛与定量筛选

在指标定量筛选前，需根据可获得性、可操作性与可测性原则对海选指标进行初筛，初筛的指标需要符合实际且容易获得，并具有一定的可操作性与可测性，能够实际应用。经过初筛后，共得到 65 个评价指标。

7.5.1 相关分析筛选

计算各指标间的相关分析系数，删掉同一准则层内相关系数大的指标，避免出现信息重复现象。具体实施步骤如下。

1. 评价指标的标准化处理

由于各评价指标的含义与目的不同，各指标通常具有不同的量纲和数量级，不便于分析，甚至影响评价结果。因此，为统一标准，消除不同量纲对评价结果的影响，需对指标数据进行无量纲化处理，减少随机因素的干扰。

针对线性指标，可采用极差变换法和比例变换法，对于非线性指标，可采用偏差法和归一化法。通常情况下，对线性指标采用极差变换法，如式（7.2）~式（7.4）所示。

若 x_{ij} 为效益型指标，其标准化处理公式为

$$x'_{ij}=\frac{x_{ij}-\min\limits_{1\leqslant i\leqslant m}\left(x_{ij}\right)}{\max\limits_{1\leqslant i\leqslant m}\left(x_{ij}\right)-\min\limits_{1\leqslant i\leqslant m}\left(x_{ij}\right)} \tag{7.2}$$

若 x_{ij} 为成本型指标，其标准化处理公式为

$$x'_{ij}=\frac{\max\limits_{1\leqslant i\leqslant m}\left(x_{ij}\right)-x_{ij}}{\max\limits_{1\leqslant i\leqslant m}\left(x_{ij}\right)-\min\limits_{1\leqslant i\leqslant m}\left(x_{ij}\right)} \tag{7.3}$$

若 x_{ij} 为适中型指标，其标准化处理公式为

$$x'_{ij}=\begin{cases}1-\dfrac{p-x_{ij}}{\max\left(\left|p-\min\limits_{1\leqslant i\leqslant m}\left(x_{ij}\right)\right|,\left|\max\limits_{1\leqslant i\leqslant m}\left(x_{ij}\right)-p\right|\right)}, & x_{ij}<p\\ 1-\dfrac{x_{ij}-p}{\max\left(\left|p-\min\limits_{1\leqslant i\leqslant m}\left(x_{ij}\right)\right|,\left|\max\limits_{1\leqslant i\leqslant m}\left(x_{ij}\right)-p\right|\right)}, & x_{ij}>p\\ 1, & x_{ij}=p\end{cases} \tag{7.4}$$

其中，x_{ij} 表示第 i 个评价年的第 j 个指标，x'_{ij} 为标准化后的值，p 代表第 j 个指标的理想值，评价指标的原始数据及标准化结果如表 7.7 所示。

表 7.7　评价指标的原始数据及其标准化结果

准则层	指标层	原始数据			标准化结果		
		2001 年	…	2012 年	2001 年	…	2012 年
社会经济 X_1	X_{11} 人均绿色 GDP	8 218.92	…	35 370.88	0.000 0	…	1.000 0
	X_{12} 城镇居民人均可支配收入	6 859.60	…	24 564.72	0.000 0	…	1.000 0
	…	…	…	…	…	…	…
	$X_{1,10}$ 单位就业人员人均工资额	10 834	…	46 769	0.000 0	…	1.000 0
	$X_{1,11}$ 城市化率	37.66	…	52.57	0.000 0	…	0.399 3
生活质量 X_2	X_{21} 城市每万人拥有公车车辆	10.10	…	12.15	0.623 9	…	1.000 0
	X_{22} 每万人拥有道路长度	4.90	…	7.75	0.000 0	…	1.000 0
	…	…	…	…	…	…	…
	$X_{2,10}$ 城市人均绿地面积	7.60	…	12.26	0.320 7	…	1.000 0
	$X_{2,11}$ 建成区绿化覆盖率	28.40	…	39.60	0.000 0	…	1.000 0
自然资产 X_3	X_{31} 人均水资源量	2 112.50	…	2 186.05	0.658 9	…	0.785 8
	X_{32} 森林覆盖率	19.20	…	22.62	0.000 0	…	1.000 0
	…	…	…	…	…	…	…
	X_{38} 石油基础储量	241 791.60	…	333 258.33	0.000 0	…	1.000 0
	X_{39} 天然气基础储量	18 049.3	…	43 789.88	0.000 0	…	1.000 0
生态环境 X_4	X_{41} 一次性能源生产量	132 508.88	…	3 297 667.66	1.000 0	…	0.000 0
	X_{42} 一次性能源消耗量	139 125.55	…	327 729.19	1.000 0	…	0.000 0
	…	…	…	…	…	…	…
	$X_{4,19}$ 环境污染与破坏事故次数	1 842	…	542	0.052 6	…	0.918 1
	$X_{4,20}$ 突发环境事件造成的经济损失	12 272.40	…	30 853.17	0.770 5	…	0.309 9
政策支持 X_5	X_{51} 环境污染治理投资比重	0.95	…	1.98	0.000 0	…	1.000 0
	X_{52} 退耕还林投资完成额	1 210 004	…	1 977 649	0.000 0	…	0.381 8
	…	…	…	…	…	…	…
	$X_{5,13}$ 外国直接投资额	468.78	…	1 117.20	0.000 0	…	0.937 9
	$X_{5,14}$ 已收到的净官方发展援助	154 903	…	−19 413	0.894 6	…	0.202 1

适中指标理想值的确定：根据“十二五”期间国家人口增长率的规划目标，确定人口增长率的理想值为 7.2‰；参考发达国家的平均城市化率，确定城市化率的理想值为 75%；根据世界银行的统计，发达国家的第三产业比重一般高于60%，故确定第三产业比重的理想值为 60%。

2. 评价指标的相关性分析

相关分析（correlation analysis，CA）是通过大量实验研究两组变量间相关关系的一种统计方法。若研究的事物与现象间存在某种数量关系，且当几个相互联系的变量取一定数值时，与之对应的另一变量的值按某种规律在特定范围内变化，则该不稳定、不确定的变化关系就称为相关关系。

在数据处理中，一般将描述分析两个及以上变量间相关性质与程度的过程称为相关分析。相关分析主要解决的问题包括：①确定变量之间是否存在相关关系，若存在一定关系，找出适合其依存关系的数学模型。②根据一个或几个变量值，预测或控制另一变量的取值及精度。③进行因素分析，若有多个变量（因素）影响一个变量（因素），找出因素影响的主次，且分析因素间的关系。相关分析已经广泛应用于工农业生产、科学研究、社会科学、经济管理、统计学等研究领域。

相关系数越大，两个指标反映信息的重复性与相似性越高。通过计算每个准则层内各指标的相关系数，删除信息重复性较大的指标，避免冗余指标对评价结果的影响，保证所得指标体系的准确性。相关系数的计算公式如下：

$$C_{st}=\frac{\sum_{i=1}^{m}\left(x'_{is}-\overline{x_s}\right)\left(x'_{it}-\overline{x_t}\right)}{\sqrt{\sum_{i=1}^{m}\left(x'_{is}-\overline{x_s}\right)^2}\sqrt{\sum_{i=1}^{m}\left(x'_{it}-\overline{x_t}\right)^2}} \tag{7.5}$$

其中，C_{st} 为指标 x_{is} 与指标 x_{it} 的相关系数，$-1\leqslant C_{st}\leqslant 1$；$\overline{x_s}$、$\overline{x_t}$ 分别为指标 x_{is} 与指标 x_{it} 标准化后的平均值。

本书运用 SPSS 19.0 软件计算得到了两两指标间的相关系数。在显著水平为 0.05 的情况下，相关系数绝对值大于 0.9，表明两个指标 90%以上的信息重复，则可选择删掉其中一个指标。本书选取 0.9 为相关系数临界值，筛选过程见表 7.8。

表 7.8 相关分析法筛选的结果（C_{st}>0.9）

准则层	保留的指标	删掉的指标	相关系数
社会经济 X_1	X_{11} 人均绿色 GDP	X_{12} 城镇居民人均可支配收入	0.999
		X_{13} 全社会劳动生产率	1.000
		X_{15} 第三产业占 GDP 比重	0.921
		X_{18} 劳动力受高等教育程度	0.927
		X_{19} 就业率	−0.953
		$X_{1,10}$ 单位就业人员人均工资额	0.999

续表

准则层	保留的指标	删掉的指标	相关系数
社会经济 X_1	X_{16} 人口自然增长率	X_{14} 财政收入占 GDP 比重	−0.915
		X_{17} 出生时的预期寿命	−0.974
		$X_{1,11}$ 城市化率	−0.936
生活质量 X_2	X_{26} 人均住房面积	X_{22} 每万人拥有道路长度	0.944
		X_{24} 城市用水普及率	0.926
		X_{29} 城市污水处理率	0.979
		$X_{2,11}$ 建成区绿化覆盖率	0.986
	X_{27} 生活垃圾无公害化处理率	X_{23} 每千人口医疗卫生机构床位	0.970
		X_{25} 互联网普及率	0.966
		$X_{2,10}$ 城市人均绿地面积	0.928
自然资产 X_3	X_{35} 湿地面积覆盖率	X_{32} 森林覆盖率	−0.924
		X_{34} 人均耕地面积	0.990
		X_{38} 石油基础储量	−0.962
		X_{39} 天然气基础储量	−0.998
生态环境 X_4	X_{42} 一次性能源消耗量	X_{41} 一次性能源生产量	0.998
		X_{44} 万元 GDP 能耗量	−0.950
		X_{45} 人均生活用电量	0.987
		X_{46} 供水总量	0.939
		X_{47} 万元工业增加值水耗	−0.994
		X_{49} 工业废气排放总量	0.961
		$X_{4,11}$ 二氧化碳排放量	0.996
		$X_{4,15}$ 工业固体废弃物产生量	0.935
		$X_{4,17}$ 水土流失面积	0.995
		$X_{4,19}$ 环境污染与破坏事故次数	−0.946
	$X_{4,12}$ 化学需氧量	$X_{4,14}$ 工业废水氨氮排放量	0.994
政策支持 X_5	X_{54} 研发经费支出占 GDP 比重	X_{55} 研发人员全时当量	0.980
		X_{56} 专利授权量	0.945
		X_{57} 科教文卫支出占财政支出比重	0.911
		X_{53} 农村改水改厕的政府投资	0.972
		X_{58} 工业废水排放达标率	0.982
		$X_{5,11}$ 工业二氧化硫去除率	0.910
		$X_{5,13}$ 外国直接投资额	0.928
	X_{51} 环境污染治理投资比重	$X_{5,10}$ 工业废水氨氮去除率	0.930

由表 7.8 可知，人均绿色 GDP 与城镇居民人均可支配收入、全社会劳动生产

率、第三产业占 GDP 比重、劳动力受高等教育程度、就业率、单位就业人员人均工资额等指标相关系数绝对值均大于 0.9，故删掉这 6 个指标，保留人均绿色 GDP。

通过相关分析法筛选，删掉 39 个指标，保留了 26 个指标，具体情况如下：社会经济准则层删掉 9 个指标；生活质量准则层删掉 7 个指标；自然资产准则层删掉 4 个指标；生态环境准则层删掉 11 个指标，政策支持准则层删掉 8 个指标。

7.5.2 变精度粗糙集筛选

利用变精度粗糙集方法筛选出在给定精度下对评价结果有显著影响的指标。变精度粗糙集（variable precision rough set，VPRS）由 Ziarko（1993）提出，是一种解决重要分类问题的有效方法。数据集中一般均存在干扰准确度的带噪数据，经典粗糙集理论由于对数据的过分拟合而降低了预测准确率，同时其对数据中不确定的边界域定义过于单一，反而降低了对噪声数据的抵抗性能。但 Ziarko 提出的变精度粗糙集模型能够增强模型对噪声数据的抗干扰能力，通过集合的概念定义模型约束因子控制对象集合的选取，可容忍模型的部分分类错误。

变精度粗糙集方法旨在通过引入边界阈值，选取一组最简化条件属性集，约简冗余属性，提高分类效率。该方法采用近似分类质量系数表示删掉某一指标后对评价结果的影响。若删掉某一指标后近似分类质量系数等于 1，说明此指标对评价结果没有显著的影响，则此指标可以删掉（郭梅和朱金福，2007）。通过删除每一准则层内对评价结果没有显著影响的指标，实现对指标体系的精简。具体步骤如下：

定义 7.1：设 o_p 与 o_q 分别为第 p 个与第 q 个评价对象，U 为评价对象的集合，则有 $\forall o_p,o_q \in U$；x'_{pj} 与 x'_{qj} 分别为第 p 个与第 q 个评价对象的第 j 个指标标准化处理的值 $(p,q=1,2,\cdots,m;j=1,2,\cdots,n)$，则 o_p 与 o_q 模糊相似关系 R 为

$$R=\left\{(o_p,o_q)\in U\times U \left| \frac{1}{n}\sum_{j=1}^{n}\left|x'_{pj}-x'_{qj}\right| \leqslant \alpha \right.\right\} \tag{7.6}$$

其中，$1-\alpha$ 为对象 o_p 与对象 o_q 的相似度。$1-\alpha$ 值越大，说明两个评价对象越相似，越有可能归为一类。

将所有与 o_i 模糊相似的对象集定义 $\mathrm{FR}(o_i,\alpha)$，即

$$\mathrm{FR}(o_i)=\left\{o_s\in U \left| \frac{1}{n}\sum_{j=1}^{n}\left|x'_{sj}-x'_{ij}\right| \leqslant \alpha \right.\right\} \tag{7.7}$$

定义 7.2：设 $O=\{O_1,O_2,\cdots,O_m\}$ 是所有指标对评价对象进行分类的结果

$(O \subseteq U)$，$R_{x_i}(o)$ 为去除指标 x_i 后评价对象分类的结果，β 为正确分类率 $(0.5 < \beta \leqslant 1)$，则 O 的变精度粗糙集 β 下近似集分别为

$$\overline{R}_\beta(O) = \bigcup\left\{o \in U \left| \frac{\left|O \cap R_{x_i}(o)\right|}{\left|R_{x_i}(o)\right|} > 1 - \beta \right.\right\} \tag{7.8}$$

$$\underline{R}_\beta(O) = \bigcup\left\{o \in U \left| \frac{\left|O \cap R_{x_i}(o)\right|}{\left|R_{x_i}(o)\right|} \geqslant \beta \right.\right\} \tag{7.9}$$

其中，$|\cdot|$ 表示集合包含元素的个数；$\underline{R}_\beta(O) = \{\underline{R}_\beta(O_1), \underline{R}_\beta(O_2), \cdots, \underline{R}_\beta(O_m)\}$ 为 β 下近似集，也称为 O 的 β 正域，其含义如下：在 O 与 $R_{x_i}(o)$ 分类结果不变的前提下，反映新分类结果 β 以上信息的对象集合。$\frac{\left|O \cap R_{x_i}(o)\right|}{\left|R_{x_i}(o)\right|}$ 值越大，说明指标 x_i 对评价结果的影响就越小，反之亦然。

定义 7.3：定义 $\gamma_R(O)$ 为近似分类质量系数，设 $\left|\underline{R}_\beta(O)\right|$ 为删掉指标 x_i 后新分类的对象个数，$|U|$ 为对象的总个数，则近似分类质量系数为

$$\gamma_R(O) = \sum_{i=1}^{m} \left|\underline{R}_\beta(O_i)\right| \Big/ |U| \tag{7.10}$$

若 $\gamma_R(O) = 1$，说明去掉指标 x_i 对评价结果没有显著的影响，则此指标可删除；若 $\gamma_R(O) \neq 1$，说明去掉指标 x_i 会对评价结果产生显著的影响，则此指标保留。

在相关分析筛选结果的基础上，运用变精度粗糙集删除每一准则层内对评价结果没有显著影响的指标。根据武春友等（2014a）的研究，相似度 $1-\alpha$ 为 0.7，精度 β 为 0.9，且信息量在 90%以上，新分类结果才能较好地反映原始分类结果的信息。

以社会经济准则层为例进行计算过程展示。经相关分析后，社会经济准则层保留下来的指标有人均绿色 GDP 与人口自然增长率。

根据式（7.7），得到相似类：

$$\begin{aligned}\mathrm{FR}(o_i) &= \left\{o_s \in U \left| \frac{1}{n}\sum_{j=1}^{n}\left|x'_{sj} - x'_{ij}\right| \leqslant \alpha \right.\right\} \\ &= \left\{o_s \in U \left| \frac{1}{2}\{|0.0000 - 1.0000| + \cdots + |0.8963 - 0.0664|\} \leqslant 0.3 \right.\right\} = \mathrm{FR}_1\end{aligned}$$

其中，$\mathrm{FR}_1 = \left\{\begin{array}{l}\{o_1, o_2, o_3\}, \{o_2, o_3, o_4\}, \{o_3, o_4, o_5, o_6\}, \{o_4, o_5, o_6, o_7\}, \\ \{o_6, o_7, o_8, o_9\}, \{o_7, o_8, o_9, o_{10}\}, \{o_8, o_9, o_{10}, o_{11}, o_{12}\}\end{array}\right\}$。

去掉指标 X_{16} 人口自然增长率，根据式（7.7），得到相似类：

$$\mathrm{FR}(o_i)=\left\{o_s \in U \left| \frac{1}{n}\sum_{j=1}^{n}\left|x'_{sj}-x'_{ij}\right| \leqslant \alpha \right.\right\}$$

$$=\left\{o_s \in U \left| \left\{\left|0.0000-1.0000\right|+\cdots+\left|0.0257-0.8797\right|\right\} \leqslant 0.3 \right.\right\}=\mathrm{FR}_2$$

其中，$\mathrm{FR}_2=\left\{\begin{matrix}\{o_1,o_2,o_3,o_4,o_5,o_6\},\{o_4,o_5,o_6,o_7\},\{o_6,o_7,o_8\},\\ \{o_7,o_8,o_9\},\{o_8,o_9,o_{10}\},\{o_9,o_{10},o_{11},o_{12}\}\end{matrix}\right\}$。

根据式（7.9），得到 FR_1 的下近似集：

$$\underline{R}_1(O)=\{\{o_4,o_5,o_6,o_7\},\{o_6,o_7,o_8\},\{o_7,o_8,o_9\},\{o_8,o_9,o_{10}\},\{o_{10},o_{11},o_{12}\}\}$$

根据式（7.10），得到 $\gamma_{R_1}=3/4$，说明删掉指标 X_{16} 会对评价结果产生明显的影响，故保留指标 X_{16}。同理，删掉 X_{11}，得到 $\gamma_{R_2}=1/2$，故保留指标 X_{11}。

为了计算方便，运用 Matlab7.9.0 软件进行编程，计算得到每一准则层内各指标的近似分类质量系数，并据此删掉准则层内对评价对象没有显著影响的指标。

通过变精度粗糙集筛选，26 个指标中有 9 个指标被删掉，具体情况如下：社会经济准则层删掉 0 个指标；生活质量准则层删掉 2 个指标；自然资产准则层删掉 1 个指标；生态环境准则层删掉 5 个指标，政策支持准则层删掉 1 个指标。

综上，结合相关分析与变精度粗糙集的定量筛选，共有 17 个指标保留下来。

7.5.3 理性分析补充指标

在定量筛选后进行理性分析补充指标的原因有二：一是客观定量筛选指标的依据是指标数据的差异变化，在样本考察期内，指标可能会因指标数据差异小而被误删；二是由于定量筛选法过度依赖客观数据，易忽视指标的实际含义，导致一些具有代表性的指标被误删。

因此，本书采用专家咨询法对定量筛选的指标进行再次修订，斟酌补充一些被删掉的典型高频指标。所选专家共有 5 位，主要来自经济可持续发展、资源管理与环境管理等领域。补充的指标如下所示。

第三产业占 GDP 比重（X_{15}），即产业结构指标：被相关分析删掉的 X_{15} 第三产业占 GDP 比重是衡量产业结构调整与优化的高频指标，常常被一些科研机构与学者选用（World Bank，1995）。产业结构的优化升级有助于能源消耗结构的调整以及能源利用效率的提高。因此，此指标的保留一定程度上反映了能源强度与污染排放强度，是对万元 GDP 能耗、二氧化碳排放量等被删指标实际含义的充分体现。

环境污染治理投资比重（X_{51}）：被变精度粗糙集删掉的 X_{51} 环境污染治理投

资比重，是一些科研机构（World Bank，1995）与学者常用以衡量政府环境治理投入力度的高频指标。一般情况下，环境污染治理投资比重越大越有利于环境污染物的治理。因此，此指标的保留能较好地反映污染物的处理水平以及综合利用能力，同时也是对工业废水氨氮去除率、工业废水排放达标率等被删指标的体现。

综合上述分析，本书在理性分析的基础上重新使用了 X_{15} 第三产业占 GDP 比重与 X_{51} 环境污染治理投资比重这两个指标。

7.6　评价指标体系构建

结合初筛、定量筛选与理性分析，本书构建了包含 5 个准则层、19 个评价指标的中国绿色增长程度评价指标体系，具体见表 7.9。

表 7.9　中国绿色增长程度评价指标体系

目标层	准则层	编号 X_i	指标层	编号 X_{ij}
中国绿色增长程度评价指标体系	社会经济	X_1	人均绿色 GDP	X_{11}
			人口自然增长率	X_{12}
			第三产业占 GDP 比重	X_{13}
	生活质量	X_2	生活垃圾无公害化处理率	X_{21}
			城市每万人拥有公交车辆	X_{22}
			农村累计已改水受益人口比重	X_{23}
	自然资产	X_3	人均水资源量	X_{31}
			人均活立木总蓄积量	X_{32}
			自然保护区覆盖率	X_{33}
			煤炭基础储量	X_{34}
	生态环境	X_4	一次性能源消耗量	X_{41}
			可再生能源消耗比重	X_{42}
			二氧化硫排放量	X_{43}
			化学需氧量	X_{44}
			突发环境事件造成的经济损失	X_{45}
	政策支持	X_5	研发经费支出占 GDP 比重	X_{51}
			退耕还林投资完成额	X_{52}
			化学需氧量去除率	X_{53}
			环境污染治理投资比重	X_{54}

由表 7.9 可知，社会经济准则层保留的指标有人均绿色 GDP、人口自然增长率与第三产业占 GDP 比重。

生活质量准则层反映了生活领域的绿化建设能力，保留下来的指标有生活垃圾无公害化处理率、城市每万人拥有公交车辆与农村累计已改水受益人口比重。

自然资产准则层主要衡量我国自然资源存储、损耗状况，以及人们获得自然资源的平等权利。保留的指标有人均水资源量、人均活立木总蓄积量、自然保护区覆盖率与煤炭基础储量。

生态环境准则层侧重考察能源的消耗水平与结构，以及对生态环境造成的影响，保留的指标有一次性能源消耗量、可再生能源消耗比重、二氧化硫排放量、化学需氧量与突发环境事件造成的经济损失。

政策支持准则层侧重考察政府政策与投资对绿色增长战略的支持力度，保留的指标有研发经费支出占 GDP 比重、退耕还林投资完成额、化学需氧量去除率与环境污染治理投资比重。

本章是本书的核心内容，主要回答了“如何构建中国绿色增长程度评价指标体系”这一问题，同时为后续研究的深化奠定了基础。

根据专家意见与指标使用频率，本章首先从社会经济、生活质量、自然资产、生态环境与政策支持五个维度选择指标，构成了绿色增长程度的评价指标集；其次，按照可获得性、可操作性与可测性原则对指标进行初筛，留下 65 个；再次，结合初筛结果，运用相关分析法与变精度粗糙集进行定量筛选，保证同一准则层内的指标信息不重复且对评价结果有显著影响，保留了 17 个指标；最后，根据专家意见结合理性分析，对删掉的具有代表性的高频指标进行选择性保留，环境污染治理投资比重与第三产业占 GDP 比重这两个指标被保留下来。

综上，本章构建了一个包含 5 个准则层、19 个评价指标的中国绿色增长程度评价指标体系。此指标体系的科学性与合理性主要体现在以下几点。

一是基于国际权威的绿色增长评价指标体系的比较分析，将自然资产、生活质量和政策支持等因素纳入指标体系中，充分体现了绿色增长的可持续性、包容性与协调性，弥补了现有绿色增长评价只关注经济、能源与环境状况的不足。

二是基于定量筛选与理性分析的指标体系兼具了主客观双重信息，有助于实现科学性、合理性与可行性的统一。

第 8 章　中国绿色增长程度测度与评价分析

基于第 7 章构建的评价指标体系，结合收集的相关指标数据，对中国绿色增长程度进行测度与评价分析。本章首先从经济、生活、资源、环境与政策方面对我国绿色增长情况进行分析，明确发展不足；其次结合 TOPSIS（technique for order preference by similarity to ideal solution，优劣解距离法）与灰色关联分析法（grey relational analysis，GRA）构建绿色增长程度评价模型；最后综合指标体系和评价模型测度中国绿色增长程度，并从整体变化趋势、准则层变化趋势及发展角度评价分析我国绿色增长程度，找到实现绿色增长的突破口。

8.1　中国绿色增长情况分析

随着中国经济体量的高速增长，传统高投入、高消耗、高污染的发展方式逐渐显现弊端，中国已深刻认识到了经济增长方式绿色转型的重要性。本章从社会经济、生活质量、自然资产、生态环境与政策支持等方面出发考察中国绿色增长的实际情况，揭示中国实现可持续发展过程中存在的主要问题以及与世界发达国家之间的差距。

8.1.1　社会经济

1. GDP 总量与增速

根据世界银行世界发展指标（world development indicators，WDI）数据库的统计数据，2013 年经济总量排名前 10 位的国家如表 8.1 所示。由表 8.1 可知，改革开放以来，中国经济取得了举世瞩目的成绩。中国 GDP 从 1990 年的 3 569.37 亿美元，增加到 2013 年的 92 402.70 亿美元，翻了约 24.89 倍，跃居世界第二。即使以实际 GDP 来考量（1978 年基期），依然有 7 倍左右的增长。同时，中国 GDP 占世界 GDP 的比重从 1990 年的约 1.59%上升到 2013 年的约 12.22%，而美国 GDP 占世界 GDP 的比重从约 26.55%下降至约 22.17%。中国国际地位的提升，由此可见一斑。

表 8.1 中国与世界主要国家的 GDP、人均 GDP 与 GDP 增长率

国家或地区	GDP（现价，亿美元）		人均 GDP（现价，美元）		GDP 增长率（年百分比）	
	1990 年	2013 年	1990 年	2013 年	1990 年	2013 年
中国	3 569.37	92 402.70	314.43	6 807.43	3.84%	7.67%
美国	59 796.00	167 681.00	23 954.52	53 041.98	1.91%	2.22%
日本	31 036.98	49 195.63	25 123.63	38 633.71	5.57%	1.61%
德国	17 649.68	37 302.61	22 219.57	46 251.38	5.26%	0.11%
法国	12 753.01	28 064.28	21 833.90	42 560.41	2.91%	0.29%
英国	10 666.89	26 784.55	18 632.90	41 781.15	0.54%	1.73%
巴西	4 619.52	22 456.73	3 086.92	11 208.08	−4.30%	2.49%
意大利	11 777.55	21 494.85	20 764.65	35 685.60	1.99%	−1.93%
俄罗斯	5 168.14	20 967.77	3 485.11	14 611.70	−3.00%	1.32%
印度	3 266.08	18 751.41	375.89	1 491.55	5.53%	6.90%
OECD	186 468.44	479 769.34	17 475.37	38 020.80	3.12%	1.35%
欧盟	75 566.14	179 580.73	15 813.95	35 416.88	2.82%	0.06%
世界	225 193.58	756 218.58	4 265.90	10 613.45	2.92%	2.29%

资料来源：World Bank. World Development Indicator（2014）

GDP 年增长率从 1990 年的 3.84%升高到 2013 年的 7.67%，远高于美国、德国、英国等发达国家的年增速以及世界平均水平。在这一阶段，中国 GDP 平均增速在世界各国之中处于前列。

人均 GDP 从 1990 年的 314.43 美元升高到 2013 年的 6 807.43 美元，增长了约 20.65 倍，当然，也应该看到，我国的人均 GDP 在世界范围内还是不高，居世界第 86 位，远低于世界平均水平，世界人均 GDP 从 4 265.90 美元增至 10 613.45 美元。中国仍然属于发展中国家，在未来的很长一段时间内经济增长依旧是我国经济发展的最主要目标之一。为此，明确经济转型方式对我国下一阶段经济实现又好又快增长具有现实意义。

2. 产业结构

三次产业划分是经济结构中最为重要的一种分类方法。三次产业占 GDP 的比重是衡量一个国家产业结构合理程度的重要指标，产业结构的调整与优化升级是推动经济增长方式转变的关键，也是绿色增长的重要内容之一。1978~2013 年中国产业结构变化的具体情况见图 8.1。

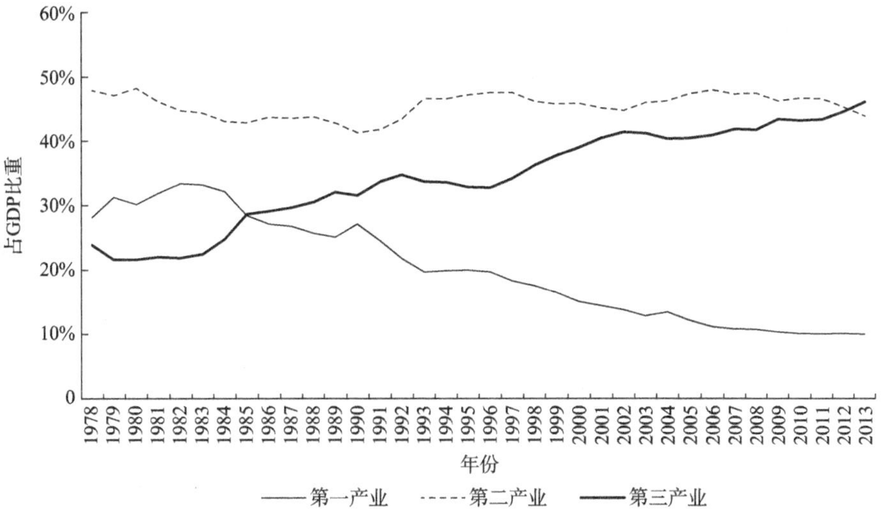

图 8.1　1978~2013 年中国产业结构变化趋势图

从图 8.1 可发现，1978~2013 年，中国的产业结构发生了重大的变化，由 1978 年的 28.19 : 47.88 : 23.94 调整为 2013 年的 10.0 : 43.9 : 46.1，产业结构正逐渐趋向于合理化，即第一产业占 GDP 的比重一直在降低，第三产业占 GDP 的比重在不断升高。2012 年之前，我国第二产业占 GDP 的比重一直高于第三产业，呈现出“二三一”的产业结构布局。改革开放之后第三产业产值比重表现了较快的增长趋势，与第二产业的差距逐步缩小，到 2013 年，第三产业占 GDP 的比重超过了第二产业，这说明我国“三二一”的最优产业结构分布已初步形成。

1978~2013 年，第二产业在大多数年份对我国经济增长的贡献度最大，同时其贡献度的波动幅度也逐步减小。从图 8.2 可知，2012 年世界三大产业占 GDP 的平均比重分别为农业 3.1%、工业 26.9%、服务业 70.1%，中国的三大产业比重分别为农业 10.1%、工业 45.3%、服务业 44.6%。相比而言，我国与世界平均水平仍有较大差距。

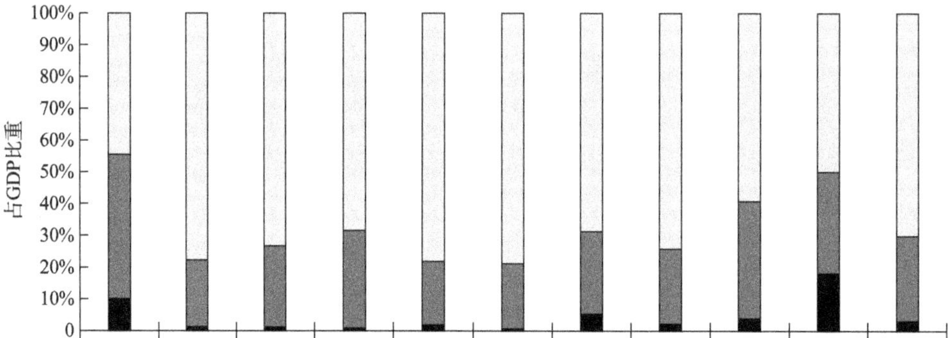

	中国	美国	日本	德国	法国	英国	巴西	意大利	俄罗斯	印度	世界
□服务业	44.6%	77.7%	73.2%	68.4%	78.2%	78.9%	68.7%	74.2%	59.2%	50.0%	70.1%
■工业	45.3%	21.0%	25.6%	30.7%	20.0%	20.5%	26.0%	23.6%	36.8%	31.9%	26.9%
■农业	10.1%	1.3%	1.2%	0.9%	1.9%	0.7%	5.3%	2.2%	3.9%	18.0%	3.1%

图 8.2　2012 年世界及主要国家的产业结构

从横向的国际比较来看，2012 年经济总量排名前 10 位的国家中，农业增加值占 GDP 比重较高的前三位国家分别为印度 18.0%、中国 10.1%与巴西 5.3%，其他国家农业增加值占 GDP 比重均低于 4%，其中英国与德国的占比仅为 0.7%与 0.9%，不足 1%；2012 年工业增加值占 GDP 比重较高的前三位国家分别为中国 45.3%、俄罗斯 36.8%与印度 31.9%，而其他国家工业增加值占 GDP 比重的均值为 23.9%，低于世界平均水平（26.9%）；服务业增加值占 GDP 比重较高的前三位国家分别为英国 78.9%、法国 78.2%与美国 77.7%，而中国是 10 个国家中最低的，仅为 44.6%，且低于世界平均水平（70.1%）。

8.1.2　生活质量

随着我国经济的快速发展，社会创造了大量的就业机会，居民的生活质量也随之提高。但是生产、生活活动对生态系统和生存环境造成的破坏，一定程度上降低了居民的生活质量和幸福感，从而导致居民对产业发展的积极性下降，最终影响经济的持续发展。本章将选择城市用水普及率、人均住房面积与生活垃圾无公害化处理率等指标来考察我国居民的生活质量情况。

1. 城市用水普及率

城市用水普及率指城市用水的非农业人口数（不包括临时人口和流动人口）与城市非农业人口总数之比，它是城市供水基础设施完善程度的集中反映，同时也是经济发展水平与物质文明程度的重要衡量。2006~2012 年全国城市用水普及率如图 8.3 所示。

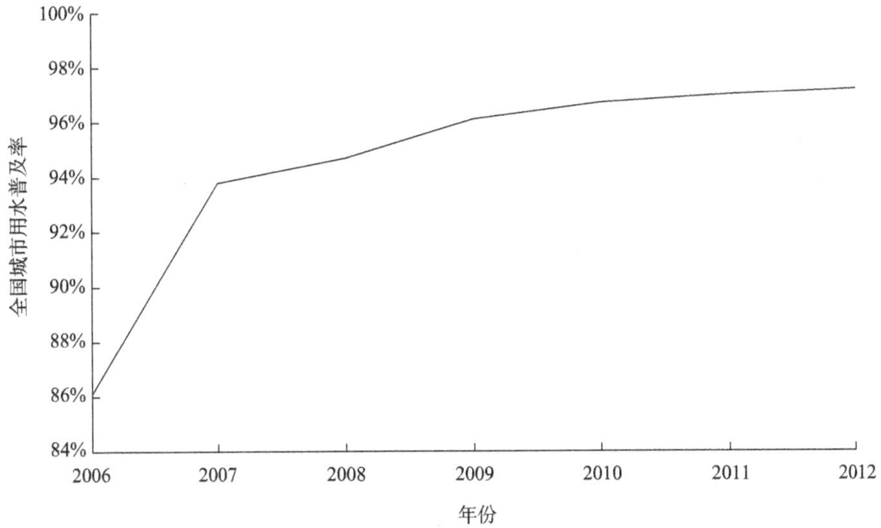

图 8.3　2006~2012 年全国城市用水普及率变化趋势图

从图 8.3 可以看出，2006~2012 年我国城市用水普及率呈现出稳定的增长态势，其中 2006~2007 年增长速度最快，2007~2011 年呈现中速增长态势，2011 年城市用水普及率已达到 97%，这表明随着我国经济的发展，基础设施建设也在不断完善，居民的用水方便度随之提升，到 2011 年已经达到一个较高的标准。2011~2012 年仅增长了 0.2%，在基数大的情况下实现高的增长速度有一定的困难。现在我国城市供水仍未实现全覆盖，因此，努力降低未享受城市供水的居民数量，争取实现人口全覆盖仍是现在及未来的工作方向。

2. 人均住房面积

人均住房面积是衡量城市居民居住条件与生活环境的重要指标，也是居民生活水平与质量的集中体现。计算公式如下：人均住房面积=住宅建筑面积 / 居住人口。人均住房面积数量的增加在一定程度上代表了居民生活质量和生活水平的提高，2002~2012 年城镇与农村人均住房面积的变化趋势如图 8.4 所示。

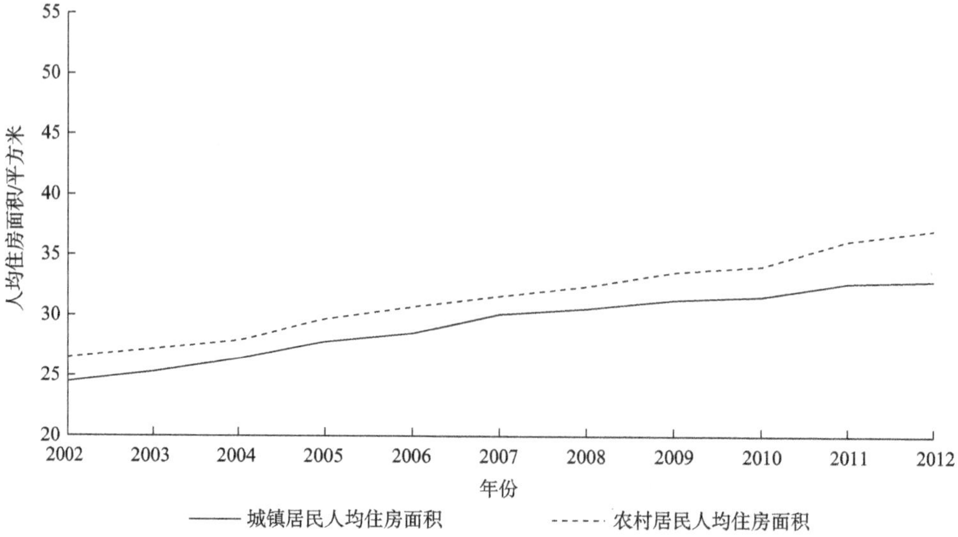

图 8.4 2002~2012 年城镇与农村人均住房面积变化趋势图

如图 8.4 所示，城镇与农村人均住房面积均以稳定的速度持续增长，由于农村居民所居住的房屋自建房居多，其住房成本小于城市居民，且农村人口往往小于城镇人口，因而农村人均住房面积总是大于城镇人均住房面积。可以看出，2002~2012 年，人均住房面积稳步提升，人民生活质量和幸福感和以前相比有更大幅度的提升。截至 2012 年，我国城镇人均住房面积为 32.9 平方米，农村人均住房面积为 37.1 平方米，虽然我国国土面积居世界第三，但人口数量居世界第一，庞大的人口数量使得我国的人均住房面积低于发达国家水平。目前我国要进一步增加人均住房面积，并且缩小个体之间的住房面积差距，从而提高人民的生活质量。

3. 生活垃圾无公害化处理率

生活垃圾无公害化处理率反映了城市垃圾处理能力与生活环境的绿化能力，近些年来，由于人民生活水平不断提高，居民更加追求生活的便利化，这也使得生活垃圾的数量快速增加。垃圾的错误处理方式给生态环境和居民生活都带来非常恶劣的影响，我国已逐步意识到该问题的严重性，开始积极对生活垃圾进行无公害化处理，而垃圾无公害化处理率的提高在一定程度上意味着居民生活质量的提高。2003~2012 年我国生活垃圾无公害化处理率如图 8.5 所示。

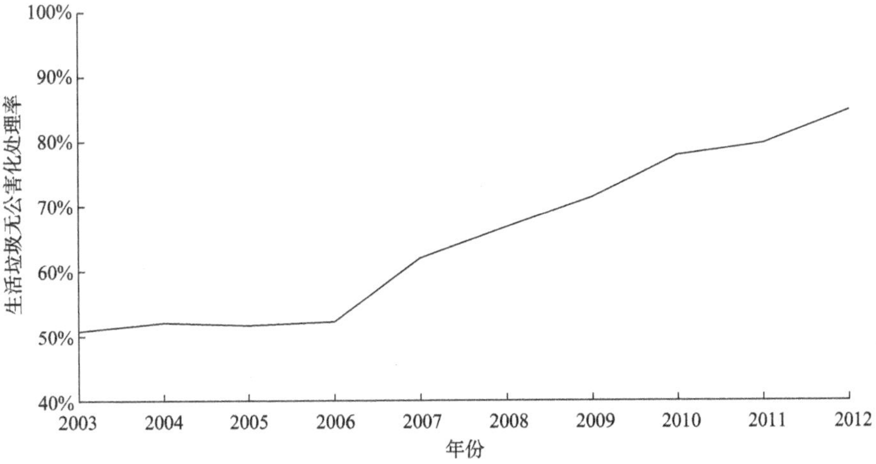

图 8.5　2003~2012 年我国生活垃圾无公害化处理率变化趋势图

从图 8.5 中可以观察到，生活垃圾无公害化处理率从 2006 年开始迅速增长，2003~2012 年从 50.8%增加到 84.8%。2012 年，无公害化处理率较 2003 年增加了 34 个百分点，总体来看，我国生活垃圾无公害化处理正在稳步推进，但是处理率未达 100%，证明未无公害化处理的生活垃圾仍然存在，对居民生活质量水平和环境构成威胁。

8.1.3　自然资产

自然资源核算是指在合理估值的基础上，对一定时间与空间内自然资源的总量和结构变化进行计算、核实，反映其实物、价值与质量的平衡状态的工作（曲福田，2001）。其核算的对象，主要有矿产、森林、耕地和水资源等。挪威和加拿大等林业发达的国家，会更重视森林资源的核算，我国则主要强调森林、耕地和水资源的核算。同时，矿产和化石能源也对社会发展有重要的影响。本书重点选取水、森林与能源等自然资源为考察对象，通过对其禀赋以及消耗使用情况的深入分析，揭示我国自然资产当前的发展情况。

1. 水资源

水资源作为生产和生活所需的重要资料，参与生产与消费的经济活动，增加国民财富的价值，具有很大的经济利用价值。同时，水资源分布与水体质量决定了生态分布和生态种群。如果社会经济的发展继续挤压有限的水资源，生态环境将会退化，最终会威胁到人类的生存环境。水资源量也是衡量一个国家综合实力的重要指标。截至 2012 年，虽然我国在水资源开发、利用、节约、保护等方面的工作已取得一定的成绩，但是人多水少、水资源空间分布不均、水污染与水生态恶化等问题仍十分突出，并已成为制约我国经济可持续发展的主要瓶颈。

人均水资源量是指可利用的淡水资源平均到每个人的占有量，是衡量国家水资源利用程度指标之一（表 8.2）。表 8.2 的数据为 2000~2012 年中国水资源总量以及人均水资源量。

表 8.2 2000~2012 年中国水资源总量与人均水资源量

年份	水资源总量/亿立方米	地表水资源量/亿立方米	地下水资源量/亿立方米	地表水与地下水重复量/亿立方米	人均水资源量/立方米
2000	27 700.80	26 561.90	8 501.90	7 363.00	2 193.87
2001	26 867.80	25 933.40	8 390.10	7 455.70	2 112.50
2002	28 261.30	27 243.30	8 697.20	7 679.20	2 207.22
2003	27 460.19	26 250.74	8 299.32	7 089.87	2 131.34
2004	24 129.56	23 126.40	7 436.30	6 433.10	1 856.29
2005	28 053.10	26 982.37	8 091.12	7 020.40	2 151.80
2006	25 330.14	24 358.05	7 642.91	6 670.82	1 932.09
2007	25 255.16	24 242.47	7 617.17	6 604.49	1 916.34
2008	27 434.30	26 377.00	8 122.00	7 064.70	2 071.05
2009	24 180.20	23 125.21	7 267.03	6 212.07	1 816.18
2010	30 906.41	29 797.62	8 417.05	7 308.25	2 310.41
2011	23 256.70	22 213.60	7 214.50	6 171.40	1 730.20
2012	29 526.88	28 371.35	8 416.12	7 260.64	2 186.05
平均值	26 794.35	25 737.18	8 008.67	6 948.74	2 047.33

从总量角度看，我国的水资源较为丰富，但水资源人均占有量低，时空分布不均。由表 8.2 可知，我国年平均水资源量为 26 794.35 亿立方米，其中地表水资源量为 25 737.18 亿立方米，地下水资源量为 8 008.67 亿立方米，两者之间的重复计算水量为 6 948.74 亿立方米。我国水资源拥有量占全球水资源的 6%，仅次于巴西、俄罗斯与加拿大，位列世界第四。

根据国际公认的标准，人均水资源量在 2 000~3 000 立方米的为轻度缺水；在 1 000~2 000 立方米的为中度缺水；在 500~1 000 立方米的为严重缺水；低于 500 立方米的为极度缺水。由表 8.2 可知，我国人均水资源量一直在 2 000 立方米左右，徘徊在轻度缺水与中度缺水之间。2000~2012 年我国人均水资源量为 2 047.33 立方米，仅为世界平均水平的 1/4。从人均水资源量角度看，我国是一个水资源十分匮乏的国家。长江以北水系流域面积占全国国土面积 64%，水资源量却只占全国的 19%，干旱缺水成为北方地区的主要自然灾害。

2. 森林资源

森林资源是影响全球碳循环、水循环、生物多样性、土地利用变化和气候变化的关键因素，森林资源是森林生态系统发挥功能的物质载体。从 20 世纪 70 年代开始，中国森林资源发生巨大变化。例如，20 世纪 80 年代，因为木材开放政策的推行，南方集体林区遭到了严重破坏，森林资源的大量消耗造成“森林赤字”的局面；20 世纪 80~90 年代，随着人们逐渐意识到森林资源被破坏的后果，各地开始实行科学造林，加强了森林经营管理措施，由于全社会造林活动的迅速发展和林业生态工程的实施，森林资源慢慢得到恢复。

森林覆盖率反映了一个地区森林资源的丰富程度，同时也是该地区自然生态系统净化能力的一种体现（表 8.3）。从增速的角度看，由表 8.3 可知，2000~2012 年中国森林覆盖率从 18.85%上升至 22.62%，提高了 3.77 个百分点，增幅居十个国家之首，其次是意大利，增加了 3.17 个百分点。巴西的增幅为 −3.69 个百分点，位于十个国家之尾，且呈现出逐年下降的趋势；从总量的角度看，日本森林覆盖率年均值为 68.42%、巴西为 63.33%、俄罗斯为 49.39%，分别居第一、二、三位。中国的年均值仅为 20.80%，居第九位，且低于世界平均水平（31.18%）。

表 8.3　2000~2012 年中国与部分国家的森林覆盖率

年份	中国	美国	日本	德国	法国	英国	巴西	意大利	俄罗斯	印度	世界
2000	18.85%	32.77%	68.25%	31.74%	28.04%	11.54%	65.32%	28.46%	49.40%	21.99%	31.42%
2001	19.20%	32.81%	68.28%	31.75%	28.17%	11.59%	64.95%	28.72%	49.40%	22.15%	31.39%
2002	19.54%	32.85%	68.31%	31.75%	28.30%	11.63%	64.58%	28.99%	49.39%	22.31%	31.35%
2003	19.88%	32.89%	68.34%	31.75%	28.43%	11.67%	64.21%	29.25%	49.39%	22.46%	31.31%
2004	20.22%	32.93%	68.38%	31.76%	28.57%	11.72%	63.84%	29.51%	49.38%	22.62%	31.28%
2005	20.56%	32.97%	68.41%	31.76%	28.70%	11.76%	63.47%	29.78%	49.37%	22.77%	31.24%
2006	20.86%	33.02%	68.43%	31.76%	28.79%	11.79%	63.21%	30.04%	49.39%	22.82%	31.20%
2007	21.15%	33.06%	68.46%	31.77%	28.87%	11.82%	62.95%	30.31%	49.39%	22.87%	31.15%
2008	21.45%	33.15%	68.48%	31.77%	28.96%	11.85%	62.68%	30.57%	49.40%	22.92%	31.11%
2009	21.74%	33.19%	68.51%	31.77%	29.05%	11.88%	62.42%	30.84%	49.40%	22.97%	31.07%
2010	22.03%	33.24%	68.52%	31.78%	29.14%	11.91%	62.16%	31.10%	49.40%	23.02%	31.03%
2011	22.33%	33.28%	68.54%	31.78%	29.22%	11.94%	61.90%	31.37%	49.41%	23.07%	30.87%
2012	22.62%	33.32%	68.57%	31.78%	29.31%	11.97%	61.63%	31.63%	49.41%	23.11%	30.97%
平均值	20.80%	33.04%	68.42%	31.76%	28.73%	11.77%	63.33%	30.04%	49.39%	22.70%	31.18%

综上，虽然中国在植树造林方面的投资力度较大，森林覆盖率呈现出逐年增加趋势，且增速较快，但与世界先进水平相比，仍存在较大差距，有待进一步提高。近年来我国不断加强森林资源保护管理，森林质量不断提升，生态功能持续改善。截至2019年底，全国已有21个省（区、市）探索实行林长制，加强森林资源责任落实，实现了生态得保护、林农得实惠的“双赢”。2018年开始，实行全覆盖森林督查，森林资源监管实现从被动式发现、运动式查处到主动式发现、常态化执法的转变。采伐监管不断优化，实施天然林商业性采伐零限额，每年减少天然林资源消耗3 400万立方米，有效保护了19.44亿亩天然乔木林。

3. 能源资源

能源资源是现代社会经济发展的基础，现代社会的经济发展建立在现代化生产上，能源则是现代化生产的主要动力来源。随着人类生产历史上动力系统的根本性变革和机器大工业的发展，以煤炭、石油、天然气为燃料动力的能源成为现代生产高效率的保证。随着科技进步、经济发展和人类生活水平的提高，石油、煤、天然气等能源不仅在生产领域被广泛使用，对社会的日常运转也起到了重要作用。

中国是世界能源消耗大国之一。近年来，由于国家实施统一调控，中国能源消费总量有所下降，中国的能源消费速度保持在中低水平。然而，中国能源资源分布广泛但不均衡，各种能源的开发运输成本急剧增加。其中煤炭资源主要储存在华北和西北地区，用于发电的水力资源大都集中在西南地区，石油和天然气资源主要分布在东、中、西部地区和海域。总之，我国主要能源消耗地区大都集中在东南沿海经济发达地区，资源禀赋和能源消耗的地域很少重合。现阶段，中国能源流动的显著特征是大规模、长距离，主要的能源运输方式是由北向南输送煤炭、石油，由西向东输送天然气、电力。同时，中国能源资源的开采难度也非常大。

对表8.4所示数据进行简单计算发现，截至2012年，我国石油、天然气与煤炭探明储量分别占世界总探明储量的1.0%、1.7%与13.3%，可见，我国能源资源相对较匮乏，仅煤炭资源储量较高。通过横向的国际比较可知，2012年中国能源消耗总量超过美国，成为世界第一大能源消耗国，能耗量占世界能耗总量的比重为21.9%；单位GDP能耗量为227.7吨油当量/百万美元，是世界平均水平的4.38倍，这表明我国能源强度降低的潜力空间巨大；人均能耗量为2.0吨油当量，稍高于世界平均水平（1.8吨油当量），但与美国、加拿大等发达国家相比，我国人均能源占有量就显得更低了，仅为美国的0.29、加拿大的0.21。

表 8.4　中国与部分国家的能源消耗量与结构

国家或地区	能源消耗总量（百万吨油当量）	占世界能源消耗总量比重	石油	天然气	煤炭	核能	水电	可再生能源	单位 GDP 能耗/（吨油当量/百万美元）	人均能耗/（吨油当量/人）
中国	2 735.2	21.9%	17.7%	4.7%	68.5%	0.8%	7.1%	1.2%	227.7	2.0
美国	2 208.8	17.7%	37.1%	29.6%	19.8%	8.3%	2.9%	2.3%	27.9	7.0
加拿大	328.8	2.6%	31.7%	27.6%	6.7%	6.6%	26.2%	1.3%	12.0	9.5
巴西	274.7	2.2%	45.7%	9.5%	4.9%	1.3%	34.4%	4.1%	5.6	1.4
法国	245.4	2%	33.0%	15.6%	4.6%	39.2%	5.4%	2.2%	4.4	3.7
德国	311.7	2.5%	35.8%	21.7%	25.4%	7.2%	1.5%	8.3%	23.3	3.9
俄罗斯	694.2	5.6%	21.2%	54.0%	13.5%	5.8%	5.4%	0.0	46.4	4.8
西班牙	144.8	1.2%	44.1%	19.5%	13.3%	9.6%	3.2%	10.3%	14.3	3.1
英国	203.6	1.6%	33.6%	34.6%	19.2%	7.8%	0.6%	4.1%	16.0	3.2
印度	563.5	4.5%	30.5%	8.7%	52.9%	1.3%	4.6%	1.9%	163.5	0.5
日本	478.2	3.8%	45.6%	22.0%	26.0%	0.9%	3.8%	1.7%	20.9	3.7
韩国	271.1	2.2%	40.1%	16.6%	30.2%	12.5%	0.3%	0.3%	70.8	5.4
OECD	5 488.8	44%	37.8%	26.1%	19.2%	8.1%	5.7%	3.1%	22.5	4.4
欧盟	1 673.4	13.4%	36.5%	23.9%	17.6%	11.9%	4.4%	5.7%	17.6	3.3
世界	12 476.6	100%	33.1%	23.9%	29.9%	4.5%	6.7%	1.9%	52.0	1.8

资料来源：《BP 世界能源统计 2013》，世界银行数据库

可见，我国当前的能源消耗情况与结构既不符合绿色增长的内在要求，也不利于我国可持续发展目标的实现。因此，提高能源利用效率，优化能耗结构，加快可再生能源的应用与推广，将成为我国能源战略的重点。

8.1.4　生态环境

现代社会的环境问题往往与经济发展、能源利用密切相关。中国的环境问题主要受经济发展速度与规模、工业化和城镇化进程、经济增长方式等因素综合影响。在改革开放之后的 30 多年中，中国走的是一条压缩型、赶超型的工业化道路。这种工业化道路的特点决定了中国环境状况必然会恶化。同时，由于经济全球化的进一步发展，世界各地的环境问题均开始暴露出来，导致了环境问题全球化。发达国家将自身产生的废弃物（俗称“洋垃圾”）运输给发展中国家，通过经济优势转嫁环境责任。发达国家的企业或公民通过投资，把一些资源消耗大、技术落后、污染严重的设备转移到不发达地区，对发展中国家开展掠夺性、破坏性的开发利用，普遍表现为污染严重的产业从发达地区向不发达地区单向转移的趋势。中国作为一个发展中国家，在赢得贸易顺差的同时，也承受着

“生态逆差”。

虽然快速的经济增长让中国的国际地位得到了明显的提升，但传统的经济增长方式也让中国付出了惨痛的环境代价，人们向自然环境排放的大量污染物已远远超过了环境的承载力，尤其是工业生产产生的废弃物，致使生态环境系统遭受了严重的破坏。本小节将从二氧化碳与“三废”两个方面进行分析，考察中国污染物排放与治理情况。

1. 二氧化碳排放

如表 8.5 所示，1990~2010 年，排放量从 246 074 万吨增至 828 689 万吨，由占全球二氧化碳排放总量的 11.07%增至 24.65%。美国二氧化碳排放量由 476 814 万吨增至 543 306 万吨，所占世界份额在同期内由 21.46%降至 16.16%。美国、中国、韩国的二氧化碳排放量大体呈上升趋势，加拿大、俄罗斯、日本基本持平，而德国、英国呈现下降态势。

表 8.5 1990~2010 年中国与部分国家和地区的二氧化碳排放量 单位：万吨

地区	1990 年	1995 年	2000 年	2005 年	2006 年	2007 年	2008 年	2009 年	2010 年
中国	246 074	332 029	340 518	579 002	641 446	679 181	703 544	769 221	828 689
美国	476 814	515 617	571 356	582 639	573 762	582 870	565 684	531 184	543 306
加拿大	45 008	45 979	53 448	56 307	55 023	56 080	54 497	51 394	49 914
德国		86 411	82 998	80 670	80 886	78 402	78 336	73 225	74 538
俄罗斯		166 253	155 811	161 569	166 962	166 760	171 564	157 437	174 078
英国	57 105	55 567	54 366	54 199	54 204	52 891	52 247	47 511	49 350
日本	109 483	118 395	121 959	123 818	123 130	125 114	120 692	110 065	117 072
韩国	24 694	37 477	44 756	46 292	47 081	49 584	50 805	50 938	56 757
OECD	1 128 243	1 194 353	1 281 031	1 321 661	1 316 869	1 330 865	1 305 392	1 226 667	1 259 159
欧盟	411 309	399 773	391 406	404 710	405 877	400 995	392 614	362 905	370 977
世界	2 222 287	2 320 212	2 480 726	2 967 703	3 069 279	3 141 152	3 220 726	3 204 958	3 361 539

资料来源：World Bank. World Development Indicator（2014）

由表 8.5 还发现，2009 年世界二氧化碳排放量停止了持续增加，出现了短期下降，这主要得益于世界各国在能源领域的不懈努力，即注重能源利用效率的提高与清洁、绿色能源的推广使用。例如，煤炭是中国的主要能源，其消耗比重直接影响到二氧化碳的排放量。降低煤炭能源消耗，优化能源结构已成为中国能源工作的重点。《中国统计年鉴》显示，中国煤炭消耗比重从 1990 年的 76.2%降低到 2013 年的 66.0%，水电、核电与风电的消耗比重从 1990 年的 5.1%升高到 2013 年的 9.8%。可见，中国能源消耗结构的优化工作已取得了一定的成绩。

根据世界银行公布的数据，绘制出 1990~2010 年我国二氧化碳排放量及其增长率的变化趋势图。如图 8.6 所示，我国二氧化碳排放量整体上呈现升高的趋势，年均增长率为 6.26%，呈现出两个明显的发展阶段。

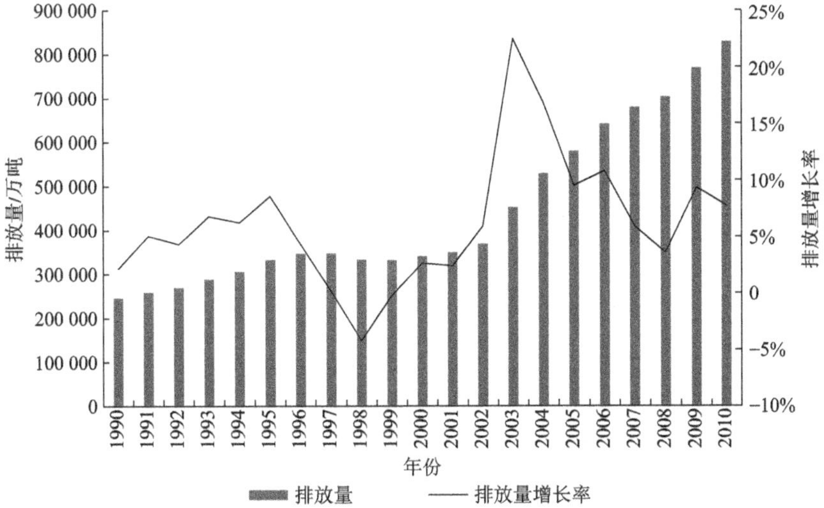

图 8.6　中国二氧化碳排放量的变化趋势

第一阶段是 1990~2002 年，二氧化碳排放量增幅平缓，从 1990 年的 246 074 万吨增加到 2002 年的 348 757 万吨，增加了 102 683 万吨，年均增长率为 2.95%。1998 年和 1999 年二氧化碳排放量甚至出现了负增长，增长率分别为−4.18%与−0.19%。在此段时间，我国二氧化碳排放量保持稳定，并没有出现明显的恶化现象。

第二阶段是 2003~2010 年，二氧化碳排放量增幅较大，年均增长率为 10.77%，远高于同期世界平均 3.45%的增长速度，从 2003 年的 452 518 万吨增加到 2010 年的 828 689 万吨，增加了 376 171 万吨。由此可见，随着社会的不断发展，二氧化碳减排工作已刻不容缓。

2. “三废”排放

1）废水排放

2001~2012 年中国废水以及其中污染物排放量的统计见表 8.6，具体包括废水排放量、化学需氧量与氨氮排放量。化学需氧量是水样在一定的条件下，以 1 升水样氧化还原物质所消耗的氧化剂量为指标，将其转换为每升水样完全氧化所需的氧气的毫克数，用毫升/克表示。它反映了还原物质对水体的污染程度，该指标也是反映有机物相对含量的综合指标之一。氨氮是水体中的营养体，是导致水体富营养化的主要原因，也是反映水体污染程度的重要指标之一。水中的氨氮可以在一定条件下转化成亚硝酸盐，再与蛋白质结合形成强致癌物亚硝胺。

表 8.6　2001~2012 年中国废水排放与处理情况

年份	废水排放量/亿吨			化学需氧量/万吨			氨氮排放量/万吨			工业废水排放达标率
	合计	工业	生活	合计	工业	生活	合计	工业	生活	
2001	432.8	202.6	230.2	1 404.8	607.5	797.3	125.2	41.3	83.9	85.2%
2002	439.5	207.2	232.3	1 366.9	584.0	782.9	128.8	42.1	86.7	88.3%
2003	459.3	212.3	247.0	1 332.9	511.8	821.1	129.6	40.4	89.2	89.2%
2004	482.4	221.1	261.3	1 339.2	509.7	829.5	133.0	42.2	90.8	90.7%
2005	524.5	243.1	281.4	1 414.1	554.7	859.4	149.8	52.5	97.3	91.2%
2006	536.8	240.2	296.6	1 428.2	541.5	886.7	141.4	42.5	98.9	90.7%
2007	556.8	246.6	310.2	1 381.9	511.1	870.8	132.4	34.1	98.3	91.7%
2008	571.7	241.7	330.0	1 320.7	457.6	863.1	127.0	29.7	97.3	92.4%
2009	589.1	234.4	354.7	1 277.6	439.7	837.9	122.7	27.4	95.3	94.2%
2010	617.3	237.5	379.8	1 238.1	434.8	803.3	120.3	27.3	93.0	95.3%
2011	658.8	230.9	427.9	1 293.6	354.8	938.8	175.8	28.1	147.7	96.4%
2012	684.3	221.6	462.7	1 251.3	338.5	912.8	171.0	26.4	144.6	97.5%

资料来源：《中国环境统计年鉴》（2002~2013 年）

由表 8.6 可知，中国废水排放量呈现逐年上升的趋势，从 2001 年的 432.8 亿吨升高到 2012 年的 684.3 亿吨。2012 年，生活废水排放量为 462.7 亿吨，占废水排放总量的 67.6%；工业废水排放量为 221.6 亿吨，占废水排放总量的 32.4%。

2001~2012 年，我国生活废水排放量呈现上升趋势，且其增长速度明显高于工业废水排放量；工业废水排放量较稳定，一直处于 200 亿~250 亿吨，并且 2006 年之后出现了下降的趋势。另外，从表 8.6 还可发现，我国工业废水排放达标率呈现明显的升高趋势，从 2001 年的 85.2%升高到 2012 年的 97.5%。上述分析表明，我国工业废水已得到了很好的控制，且处于饱和的状态，生活废水的治理工作将成为未来我国废水治理的重点。

2001~2012 年，废水中的化学需氧量呈现下降趋势，从 2001 年的 1 404.8 万吨降低到 2012 年的 1 251.3 万吨。其中，生活化学需氧量呈现上升趋势，从 2001 年的 797.3 万吨上升到 2012 年的 912.8 万吨；而工业化学需氧量却呈现下降趋势，从 2001 年的 607.5 万吨下降到 2012 年的 338.5 万吨。化学需氧量的持续降低与我国一直推行的节能减排政策密不可分，同时也可看出生活废水中的化学需氧量去除工作还有待进一步加强。

2001~2005 年，我国氨氮排放量整体呈上升趋势，“十一五”期间却呈现下降趋势，但在 2011 年出现了拐点，开始上升且升幅较大。相比 2010 年，2011 年的氨氮排放量增加了 55.5 万吨。2001~2012 年，生活氨氮排放量呈上升趋势，但在 2011 年出现了急速升高，而在此期间，工业氨氮排放量却整体呈下降趋势。这一现象的出现说明：自 2006 年在全国范围内推行污染物总量减排以来，氨氮排放量开始下降，但是在 2011 年却未能得到持续的下降，这主要是因为生活领域的氨氮排放量在此年的急速上升。可见，生活领域的污染物治理已不容忽视，并将成为我国未来废水治理工作的重点领域。

2）废气排放

如图 8.7 所示，2000~2012 年，我国工业废气排放量整体呈现明显的升高趋势，且在 2011 年达到最高值。2000 年，我国工业废气排放量为 138 145 亿立方米，到 2011 年，增至 674 509 亿立方米，增长约 3.9 倍。从排放总量上看，2000~2012 年我国工业废气排放控制工作的成效并不是很显著，还有待于进一步加强。

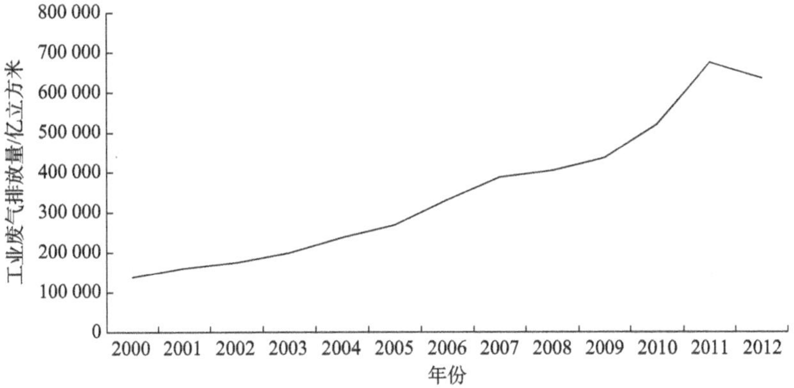

图 8.7　2000~2012 年中国工业废气排放量的变化趋势图

如图 8.8 所示，2006 年之前我国二氧化硫排放总量呈现逐年上升的趋势，且在 2006 年达到最高值。从 2007 年开始，随着工业二氧化硫排放量呈下降趋势，全国二氧化硫排放总量也开始呈现明显的下降趋势。此情况的出现与 2006 年全国推行污染物总量减排措施密不可分。

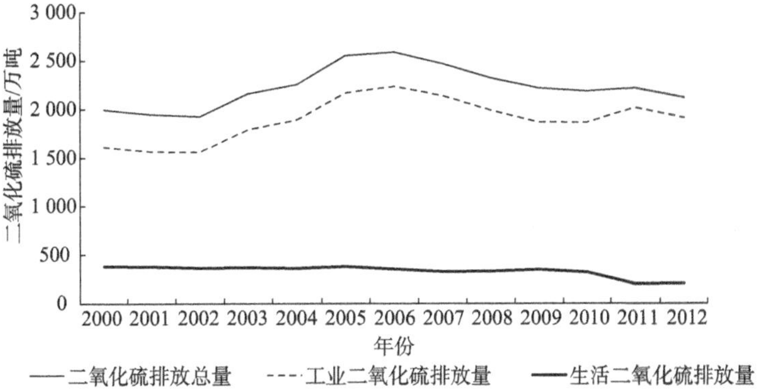

图 8.8　2000~2012 年中国二氧化硫排放量的变化趋势图

如表 8.7 所示，2000~2012 年，我国烟（粉）尘排放总量呈缓慢下降趋势，主要得益于烟尘与粉尘两者排放量的双双下降。其中，烟尘排放量的大幅度下降主要是由于工业烟尘排放量的明显下降。与此趋势相反，生活烟尘排放量却呈缓慢上升趋势，但是升高幅度不大。可见，在严控生产领域烟尘排放量的同时，生活领域的烟尘排放控制也不可忽视。

表 8.7　2000~2012 年中国烟（粉）尘排放情况

年份	烟尘排放量/万吨			工业粉尘排放量/万吨	烟（粉）尘排放总量/万吨
	总量	工业	生活		
2000	1 165.4	953.3	212.1	1 092.0	2 257.4
2001	1 070.0	852.1	217.9	990.6	2 060.6
2002	1 012.7	804.2	208.5	941.0	1 953.7
2003	1 048.6	846.1	202.5	1 021.3	2 069.9
2004	1 095.0	886.5	208.5	904.8	1 999.8
2005	1 182.5	948.9	233.6	911.2	2 093.7
2006	1 088.8	864.5	224.3	808.4	1 897.2
2007	986.6	771.1	215.5	698.7	1 685.3
2008	901.6	670.7	230.9	584.9	1 486.5
2009	847.7	604.4	243.3	523.6	1 371.3
2010	829.1	603.2	225.9	448.7	1 277.8
2011					1 278.8
2012					1 235.8

值得注意的是，2010 年之前，环境保护部的污染物统计数据中未将氮氧化物列入其中，2011 年与 2012 年氮氧化物排放量分别为 2 404.265 9 万吨与 2 334.761 7 万吨，两年数据并没有很大的变化。可见，随着人们对环境质量的要求越来越高，氮氧化物排放量也开始受到关注，以确保空气质量得到有效控制。

3）固体废弃物排放

固体废弃物对生态环境的危害主要有侵占土地、污染土壤及水体、释放有害气体及影响环境卫生等。固体废弃物产生后，必须占用土地进行储存，积累量越大，占用的土地越多，许多城市在郊区设置了垃圾填埋场，侵占了大量的农田。固体废弃物随自然降水或地表径流进入江河湖泊，造成水污染。一些有机固体废弃物在合适的温度下被微生物分解，释放出有害气体与粉尘，并且工业固体废弃物大量积累也会严重影响城市面貌与环境卫生，对人类健康造成潜在威胁。

如表 8.8 所示，2000~2012 年，我国工业固体废弃物产生量在逐年升高，从 2000 年的 81 608 万吨上升到 2012 年的 332 509 万吨，增加了约 3.1 倍，增长幅度较大。相应地，我国工业固体废弃物综合利用率也在呈增加趋势，从 2000 年的 45.9%升高到 2012 年的 61.5%。在两者共同作用下，工业固体废弃物排放量呈现逐年下降的趋势，从 2000 年的 3 186.2 万吨降低到 2012 年的 144.2 万吨。工业固体废弃物综合利用能力的持续提升，在助力减少我国固体废弃物排放量的同时，也为我国工业废水、废气的回收再利用提供了有价值的借鉴。

表 8.8　2000~2012 年中国固体废弃物排放情况

年份	工业固体废弃物产生量/万吨	工业固体废弃物排放量/万吨	工业固体废弃物综合利用量/万吨	工业固体废弃物综合利用率
2000	81 608	3 186.2	37 451	45.9%
2001	88 840	2 893.8	47 290	53.2%
2002	94 509	2 635.2	50 061	53.0%
2003	100 428	1 940.9	56 040	55.8%
2004	120 030	1 762.0	67 796	56.5%
2005	134 449	1 654.7	76 993	57.3%
2006	151 541	1 302.1	92 601	61.1%
2007	175 632	1 196.7	110 311	62.8%
2008	190 127	781.8	123 482	64.9%
2009	203 943	710.5	138 186	67.8%
2010	240 944	498.2	161 772	67.1%
2011	326 204	433.3	196 988	60.4%
2012	332 509	144.2	204 467	61.5%

8.1.5　政策支持

1. 环保投资

环保投资是一种符合可持续发展战略的投资选择，对于各国保护自然环境、转变经济增长方式、实现人与自然的和谐发展具有重要影响。环境保护投资能够在协调经济发展与保护环境之间找到平衡点，是支持解决环境问题的关键力量。近年来，我国政府对环境保护工作逐渐重视，着力加大了在环境保护、污染治理、生态修复、农村环境改造及科技研发等方面的资金投入，并取得了显著的成绩。

20 世纪 70 年代以来，美、英、法、德等发达国家相继加大环保资金的投入，充分发挥了环保投资的作用，提高了环保投资的整体效益。改革开放以来，我国在借鉴西方先进经验的基础上，结合我国的实际，逐步加大对环境保护的投资。如表 8.9 所示，从环境保护投资总额的角度看，2007~2012 年，我国环保投资额呈现逐年增加的趋势，从 995.82 亿元升高到 2 963.46 亿元，增长了近 2 倍。从投资构成角度看，中国环保投资以地方政府投资为主，中央政府投资为辅。可见，我国地方政府对环境保护的积极性有了明显的提高，已从“被动环保者”转变成了“主动环保者”。

表 8.9　2007~2012 年中国环境保护财政支出

年份	总额/亿元	中央		地方	
		投资额/亿元	比重	投资额方/亿元	比重
2007	995.82	34.59	3.47%	961.23	96.53%
2008	1 451.36	66.21	4.56%	1 385.15	95.44%
2009	1 934.04	37.91	1.96%	1 896.13	98.04%
2010	2 441.98	69.48	2.85%	2 372.50	97.15%
2011	2 640.98	74.19	2.81%	2 566.79	97.19%
2012	2 963.46	63.65	2.15%	2 899.81	97.85%

2001~2012 年中国政府在环境污染治理投资、退耕还林投资及农村改水改厕投资方面的统计如表 8.10 所示。2001~2012 年，我国环境污染治理投资总额从 1 106.60 亿元升高到 8 253.46 亿元，增长了约 6.46 倍，彰显了我国政府治理环境污染的坚定决心。

表 8.10　2001~2012 年中国环境治理投资　　单位：亿元

年份	环境污染治理投资总额	退耕还林投资完成额	农村改水改厕投资额
2001	1 106.60	121.00	70.69
2002	1 367.20	219.79	84.31
2003	1 627.70	227.82	100.63
2004	1 909.80	235.74	120.21
2005	2 388.00	268.12	143.71
2006	2 566.00	258.10	197.51
2007	3 387.30	235.14	209.39
2008	4 937.03	275.03	282.37
2009	5 258.39	321.76	368.93
2010	7 612.19	322.05	411.69
2011	7 114.03	272.27	402.37
2012	8 253.46	197.76	404.26

在退耕还林与农村改水改厕方面，2001~2010 年，两者均呈现明显的上升态

势，分别从 2001 年的 121.00 亿元、70.69 亿元升高到 2010 年的 322.05 亿元、411.69 亿元，分别增长了约 1.66 倍与 4.82 倍；而在 2011~2012 年，两者均有不同程度的下降。此情况的出现表明：2001~2010 年我国的生态修复与环境改造效果较好，生态环境质量得到了明显的改善，相应地，政府治理投资有所减少。但也说明，我国政府在环境治理投资方面的持续性还有待加强。

2. 研发投资

研发投入规模和研发投入强度（研发经费占 GDP 的比重）是衡量一个国家科技创新水平和科技竞争力的重要指标，其大小会进一步影响到一个国家的综合国力（张炜，2001）。各国在制定发展目标和战略时，均十分重视这两个指标。在低碳、绿色、节能等先进技术方面，我国与发达国家之间的差距较大，严重制约着我国绿色经济的发展。加大科技投入已成为提高我国科技创新能力的重要手段。如图 8.9 所示，2001~2012 年，我国研发经费支出从 1 041.72 亿元升高到 10 275.05 亿元，增长了约 8.86 倍，表明我国政府对技术创新的扶持力度在不断加大。

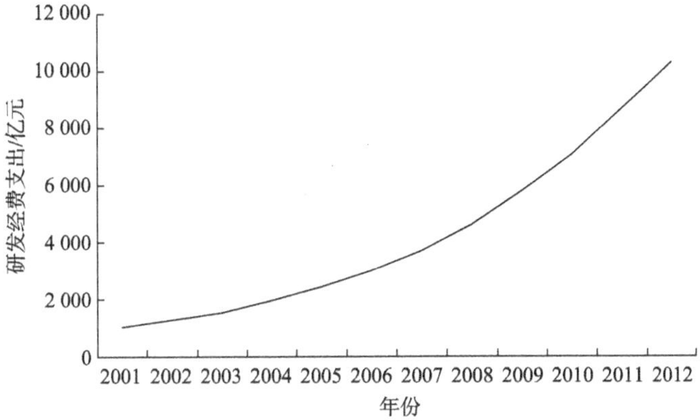

图 8.9　2001~2012 年中国研发经费支出的变化趋势图

但与研发投入规模相比，研发投入强度更具“含金量”其反映了国家的核心竞争力。只有少数发达国家达到了比较领先的水平。中国属于中等收入国家，研发投入强度为中上水平。如表 8.11 所示，虽然 1996~2012 年我国研发支出比重从 0.57%增至 1.98%，增长了 2.47 倍，但与国际先进水平相比，我国研发支出额度并不是很理想，还有待进一步提高。1996 年，我国研发支出比重仅为 0.57%，远低于同期内美国、加拿大、德国等国家以及世界平均水平，世界研发支出比重为 2.01%；到 2012 年，我国研发支出比重（1.98%）超过同期内的加拿大（1.73%）、俄罗斯（1.12%）与英国（1.72%）等，但与美国、德国等国家相比，还存在一定差距。

表 8.11 1996~2012 年中国与部分国家或地区的研发支出比重

年份	中国	美国	加拿大	德国	俄罗斯	英国	日本	韩国	OECD	欧盟	世界
1996	0.57%	2.44%	1.65%	2.20%	0.97%	1.80%	2.77%	2.42%	2.17%	1.75%	2.01%
1997	0.64%	2.47%	1.66%	2.24%	1.04%	1.73%	2.83%	2.48%	2.19%	1.78%	2.01%
1998	0.65%	2.50%	1.76%	2.28%	0.95%	1.73%	2.96%	2.34%	2.20%	1.75%	2.02%
1999	0.76%	2.54%	1.80%	2.41%	1.00%	1.80%	2.98%	2.25%	2.27%	1.84%	2.10%
2000	0.90%	2.62%	1.91%	2.47%	1.05%	1.79%	3.00%	2.30%	2.32%	1.80%	2.10%
2001	0.95%	2.64%	2.09%	2.47%	1.18%	1.77%	3.07%	2.47%	2.35%	1.87%	2.12%
2002	1.07%	2.55%	2.04%	2.50%	1.25%	1.78%	3.12%	2.40%	2.29%	1.84%	2.09%
2003	1.13%	2.55%	2.04%	2.54%	1.29%	1.73%	3.14%	2.49%	2.29%	1.86%	2.08%
2004	1.23%	2.49%	2.07%	2.50%	1.15%	1.67%	3.13%	2.68%	2.24%	1.82%	2.03%
2005	1.32%	2.51%	2.04%	2.51%	1.07%	1.70%	3.31%	2.79%	2.26%	1.82%	2.02%
2006	1.39%	2.55%	2.00%	2.54%	1.07%	1.72%	3.41%	3.01%	2.28%	1.84%	2.03%
2007	1.40%	2.63%	1.96%	2.53%	1.12%	1.75%	3.46%	3.21%	2.29%	1.84%	2.00%
2008	1.47%	2.77%	1.92%	2.69%	1.04%	1.75%	3.47%	3.36%	2.39%	1.94%	2.07%
2009	1.70%	2.82%	1.97%	2.82%	1.25%	1.82%	3.36%	3.56%	2.47%	2.04%	2.12%
2010	1.76%	2.74%	1.86%	2.80%	1.13%	1.77%	3.25%	3.74%	2.43%	2.03%	2.11%
2011	1.84%	2.76%	1.79%	2.89%	1.09%	1.78%	3.39%	4.04%	2.46%	2.04%	2.13%
2012	1.98%	2.79%	1.73%	2.92%	1.12%	1.72%			2.40%	2.06%	

资料来源：World Bank. World Development Indicator（2014）

8.1.6 总结启示

通过对中国社会经济、生活质量、自然资产、生态环境与政策支持等方面的情况进行分析，可得到以下结论。

（1）虽然中国经济增速很快，GDP 总量也明显提高，但是人均 GDP 仍低于世界平均水平。“三二一”的产业结构分布已初步形成，但与发达国家相比还存在一定的差距，有待进一步改善。

（2）中国人民的生活质量水平处于不断上升的阶段，尤其是 2012 年的上升速度非常快，生活质量和以前相比有很大的改善，已达到较高水平。然而生活质量层面的基础设施建设与绿色环境改造虽有较大提升，但与国际发达国家相比依然有很大差距，尤其是基础设施建设层面，需要进一步发展与改善。

（3）中国能源消耗量呈现逐年增多的趋势，并已成为世界第一大能源消耗国。能源消耗结构虽有改善，但仍以煤炭为主，能源结构有待优化调整；水资源总储量较大，但由于人口基数大，我国人均水资源量较低，属于水资源匮乏的国家；我国森林覆盖率虽逐年增加且增速也较快，但整体水平较低，林业投资力度还有待加强。

（4）中国二氧化碳排放量不断升高，尤其是 2000 年后，排放量增速加快，二氧化碳减排问题已刻不容缓；我国工业废水已得到了有效控制，生活废水的治理工作将成为未来我国废水治理的重点；从排放总量上看，我国工业废气排放控制工作还有待进一步加强；工业固体废弃物综合利用能力持续提升，为我国工业废水、废气的回收再利用提供了有价值的借鉴。

（5）环境保护与污染治理投资不断增多，地方政府对环境保护的积极性有了明显的提高，已从“被动环保者”转变成了“主动环保者”；研发支出不断增加，政府对技术创新的支持力度也不断加强，但与世界发达国家相比，差距较大，还需进一步加强。

上述相关指标数据的分析不仅为后续研究提供了数据支持，同时也为本书研究奠定了基础。综合上述分析可知，虽然我国社会经济发展取得了举世瞩目的成就，但与国际发达国家相比，在社会、经济、资源、环境协调均衡发展等方面仍有很大的差距。因此，在我国大力发展绿色经济的大背景下，探讨绿色增长实现路径是十分有必要的，也是非常有价值的。

8.2　绿色增长程度评价模型构建

8.2.1　综合评价方法的对比分析

1. 数据包络分析法

数据包络分析法最早是由 Charnes 等（1978）基于 Farrell 的思想在固定规模报酬假设下提出的一种效率测度方法，用于评价决策单元（decision making units，DMU）的技术效率。此方法对处理多目标决策问题具有绝对的优势。

简单来讲，数据包络分析法的基本原理主要是通过保持决策单元的输入或输出不变，借助于数学规划和统计数据确定相对有效的生产前沿面，将各个决策单元投影到数据包络分析的生产前沿面上，并通过比较决策单元偏离数据包络分析前沿面的程度来评价它们的相对有效性。一定投入水平下产出最大的决策单元可以形成效率最高的效率前沿面，在效率前沿面上的决策单元的效率值是有效的，而其他决策单元则为非有效单元。此外，对于非有效单元，利用投影原理还能给出具体效率值与投入-产出的调整量。

由于数据包络分析模型对使用技术不需做任何假设且操作简单，故被广泛应用于理论创新与实际研究中。目前，数据包络分析模型已被应用在绿色效率（钱争鸣和刘晓晨，2013）、环境效率（Chang et al.，2013）的测度研究中。此外，值得注意的是，由于数据包络分析模型的应用需要有多个投入指标和多个产出指标，因此指标的控制与处理存在一定的难度，而且不能对评价对象进行定量化的排序，在指标之间的比较和分析方面存在不足。

2. 综合指数评价法

综合指数评价法是一种综合指标体系评价法，既可以应用于不同地区同一时间的横向评价，也可以进行同一地区不同时间的纵向评价。综合指数评价法的基本原理是首先建立原始数据矩阵，并对原始数据进行无量纲化处理，再将指标折算成指数，然后进行加权平均计算综合指数，依据指数的大小评价优劣程度或者依其落入的范围将其评判为某个等级。

综合指数评价法的计算过程对资料没有特殊要求，应用灵活、方便。但因各指标权重主要采用专家打分法，受主观因素影响较大，当指标个数超过一定数目时，专家往往会出现循环判断的情况，效率与效果不佳。如今，综合指数评价法相比于其他综合评价方法更为常见。在绿色增长领域的应用，则主要集中在绿色指数（欧阳志云等，2009）、工业绿色发展绩效指数与绿色发展水平（苏利阳等，2013）的测度与评价方面。

3. 模糊综合评价法

模糊综合评价法（fuzzy comprehensive evaluation，FCE）是国内学者汪培庄（1983）提出的，通过利用模糊集理论，从多个因素对评价事物隶属等级状况进行综合性评价的一种方法。简单来说，模糊综合评价法是以模糊数学为基础，应用模糊关系合成的原理，将一些边界不清、难以定量的因素定量化并进行综合评价的一种方法，用以表达事物的不确定性。模糊数学自从由美国控制论专家 L. A. Zadeh 提出以来，其实用性受到了社会各界的广泛认可，并得到了快速的发展与应用（Wei et al.，2010）。

模糊综合评价法的基本思想是应用模糊变换原理和最大隶属度原则，依据被评价对象的特点选取因素集、确定备择评语集，找出因素集中各元素对备择集中各元素的隶属关系，建立模糊评价矩阵，最后结合每个因素的权重值计算出综合评价向量及综合评价值。模糊综合评价法不仅可以根据综合分值对评价对象进行评价和排序，同时还可以根据模糊评价集上的值评定对象所属的等级。目前，模糊综合评价法已被应用于健康、安全与环境的绩效评估体系以及再生水质量安全保障体系的评价。

模糊综合评价法特别适用于评判多因素、多层次的复杂问题。但是该方法也存在着一定的缺点：一是不能解决评价指标信息重复的问题；二是各因素权重的确定具有一定的主观性。

4. *层次分析法*

层次分析法最早由美国匹兹堡大学 A. L. Saaty 教授于 1977 年提出，是一种在处理复杂的决策问题中进行方案比较、排序简便灵活而又实用的多准则决策方法。层次分析法特别适用于难以完全定量分析的问题。

层次分析法的基本思想是将决策问题的有关要素分解成目标、准则、方案等层次，依据要素间的关联影响和隶属关系，形成一个多层有序的分析结构模型（汪应洛，2003）。通过两两比较的方法确定各要素的权重，最后结合人的判断对决策因素进行优劣比较并排序。

虽然层次分析法引进中国的时间不长，但是已在很多领域得到了广泛与深入的应用，并已成为评价与决策中最为普遍的一种有效方法。在绿色增长领域，层次分析法主要用于绿色生产力、绿色矿山、采矿业、煤炭城市的可持续发展评价研究中（Shang et al.，2015）。虽然层次分析法在解决难以定量化问题上具有很大的优势，但是该方法也存在着主观性强，易造成逻辑判断上的错误及评价对象不宜过多（一般不多于 9 个）等缺点。

5. TOPSIS

TOPSIS 由 Hwang 和 Yoon 于 1981 年首次提出（Hwang and Yoon，1981），是常用的多目标决策分析方法之一，是一种逼近理想解的排序方法。TOPSIS 的优点是对样本资料要求较低，易于理解、应用方便，被广泛地应用于各研究领域。目前，TOPSIS 已被应用于绿色供应商选择分析、绿色发展水平评价等研究中。

TOPSIS 的本质是通过衡量研究对象现实状态与理想状态之间的欧氏距离来判断研究对象的发展水平。总体思路是基于归一化后的原始数据矩阵，确定出理想中的最佳方案和最差方案，然后通过求出各评价方案与最佳方案、最差方案之间的欧氏距离，得出该方案与最佳方案的接近程度，并以此作为判断各评价对象优劣的依据。

从 TOPSIS 的计算步骤来看，规范决策矩阵求解过程比较复杂，不易求出正理想解和负理想解，另外，指标权重一般为事先确定，其值通常是主观值，因而具有一定的随意性（Büyüközkan and Çifçi，2012）。同时与理想点欧氏距离更近的方案可能与负理想点的欧氏距离也更近，使得按相对欧氏距离对方案进行排序的结果有时并不能完全反映出各方案的优劣性。

6. 灰色关联分析法

灰色关联理论由我国学者邓聚龙（1990）提出，通过对部分已知信息的生成、开发实现对现实世界信息的确切描述和认识。灰色关联分析法是灰色系统理论体系的核心内容之一，能很好地分析态势变化，是曲线形状相似性的衡量尺度。灰色关联理论的基本思路是根据各评价序列构成的曲线族与参考序列构成的曲线间的几何相似程度来确定序列之间的关联度。几何形状越相似，相应序列之间的关联度就越大（Jia et al.，2015；李海东等，2014）。

灰色关联分析法的基本思想是将评价指标原始数据进行无量纲化处理，计算关联度，并根据关联度的大小对待评价指标进行排序。由于灰色关联分析法的计算简单且容易操作，其应用领域广泛，涉及社会科学与自然科学的各个领域（米传民等，2004；殷克东和卫梦星，2009）。在实际应用过程中，需要注意的一点是，灰色关联分析法并不能解决指标间相关造成的信息重复问题。目前，灰色关联分析法已被应用于绿色创新绩效（隋俊等，2015）、绿色食品产业发展水平及绿色供应商选择（Hashemi et al.，2015）等分析中。

综上，将上述评价方法的优缺点及其适用范围、对象进行总结与比较，具体见表 8.12。

表 8.12　综合评价方法的比较

评价方法	方法说明	优势	缺点	适用对象
数据包络分析法	以“相对效率”概念为基础，依据多指标投入与多指标产出对相同类型的单位进行相对有效性评价	方便简单、易于操作	不能对评价对象进行定量化排序、无法处理信息重叠问题	适合于处理多目标决策问题
综合指数评价法	把多个描述评价对象不同方面的统计指标转化成无量纲的相对评价值，通过综合这些评价值得出对该评价对象的整体评价	方法简单、直观、简便	评价指标体系难以确定	适合于综合评判

续表

评价方法	方法说明	优势	缺点	适用对象
模糊综合评价法	是以模糊数学为理论基础，把不易定量、边界不清的因素定量化，综合评价研究对象隶属等级状况的一种方法	解决了判断的不确定性和模糊性问题	不能解决指标信息重复问题，各指标权重的确定带有一定的主观性	适合评判多因素、多层次的复杂问题
层次分析法	依据问题的性质和总目标的要求，将其分解为不同的组成因素，通过两两比较的方法确定各因素的权重，最后综合出总权重并排序	可靠度较高，误差小，相对成熟	主观性比较强，易造成判断上的逻辑错误	适用于难以完全定量分析的问题
TOPSIS	通过求出研究方案与最佳方案、最差方案之间的欧氏距离，得出该方案与最佳方案的接近程度，并以此作为评价研究对象优劣的依据	对样本资料要求较低，便于理解、应用方便	各指标权重的确定带有一定的主观性	适合于解决多目标决策问题
灰色关联分析法	通过对动态过程发展态势的量化比较分析来判定因素之间的关联程度，即通过比较数据系列与参考数列的曲线几何形状的相似度来判定联系的紧密程度	方法简单，容易操作	不能解决评价指标间相关导致的信息重复问题	适合于系统中各因素关联程度的分析

8.2.2　TOPSIS-灰色关联评价模型构建

本书构建的绿色增长程度评价指标体系是由 1 个目标层、5 个准则层和多个指标组成的多层次、多因素、多目标的复杂系统。因此，绿色增长程度的评价属于综合评价的一种。综合上述的综合评价方法，本书选取层次分析法、熵值法、灰色关联分析法和 TOPSIS 作为区域绿色增长程度的评价方法。

指标权重的确定方法主要分为两种：一是主观赋权法，即根据专家的专业知识或经验主观判断得到，反映各专家及决策者对决策的各因素权重的主观判断或直觉（Xu and Da，2008），决策结果具有较强的主观随意性，如层次分析法、专家调查法等；二是客观赋权法，即应用客观信息通过分析原始数据之间的关系而确定权重，具有较强的客观性与数据依据，如变异系数、熵值法等。综合两种赋权方法的优点与不足，本书采用层次分析法和熵值法相结合的方法进行决策指标的组合赋权（Xu，2004）。

TOPSIS 以距离为尺度反映数据曲线之间的位置关系，是进行方案排序的有效方法，然而该方法不能体现数据序列的动态变化。灰色关联分析法是度量系统因素间紧密程度的一种方法，主要针对系统的态势变化进行分析。本书所选取的样本数据是具有动态的时间序列的数据，因此采用灰色关联分析法进行评价分析是非常适合的。

考虑到上述方法的优缺点，本书考虑将 TOPSIS 与灰色关联分析法集成作为区域绿色增长程度的评价模型。通过结合欧氏距离与灰色关联度构造出一个新的相对贴近度，来反映区域绿色增长程度现实状态与理想状态的接近程度。

TOPSIS-灰色关联评价模型的具体步骤如下。

设有 m 个评价年，n 个评价指标，指标值为 $x_{ij}\left(1\leqslant i\leqslant m,1\leqslant j\leqslant n\right)$，则决策矩阵为 $\boldsymbol{X}=\left(x_{ij}\right)_{m\times n}$。

1. 指标数据标准化处理

由于各评价指标的含义与目的不同，各指标通常具有不同的量纲和数量级。因此，为消除不同量纲对评价结果的影响，需对指标数据进行无量纲化处理，以减少随机因素的干扰。

若 x_{ij} 为效益型指标，其标准化处理公式为

$$x'_{ij}=\frac{x_{ij}-\min\limits_{1\leqslant i\leqslant m}\left(x_{ij}\right)}{\max\limits_{1\leqslant i\leqslant m}\left(x_{ij}\right)-\min\limits_{1\leqslant i\leqslant m}\left(x_{ij}\right)} \tag{8.1}$$

若 x_{ij} 为成本型指标，其标准化处理公式为

$$x'_{ij}=\frac{\max\limits_{1\leqslant i\leqslant m}\left(x_{ij}\right)-x_{ij}}{\max\limits_{1\leqslant i\leqslant m}\left(x_{ij}\right)-\min\limits_{1\leqslant i\leqslant m}\left(x_{ij}\right)} \tag{8.2}$$

若 x_{ij} 为适中型指标，其标准化处理公式为

$$x'_{ij}=\begin{cases}1-\dfrac{p-x_{ij}}{\max\left(\left|p-\min\limits_{1\leqslant i\leqslant m}\left(x_{ij}\right)\right|,\left|\max\limits_{1\leqslant i\leqslant m}\left(x_{ij}\right)-p\right|\right)}, & x_{ij}<p\\ 1-\dfrac{x_{ij}-p}{\max\left(\left|p-\min\limits_{1\leqslant i\leqslant m}\left(x_{ij}\right)\right|,\left|\max\limits_{1\leqslant i\leqslant m}\left(x_{ij}\right)-p\right|\right)}, & x_{ij}>p\\ 1, & x_{ij}=p\end{cases} \tag{8.3}$$

其中，x_{ij} 表示第 i 个评价年的第 j 个指标；x'_{ij} 表示标准化后的值；p 表示第 j 个

指标的理想值。

2. 指标权重确定

层次分析法和熵值法相结合的组合赋权的具体步骤如下。

1）层次分析法计算主观权重

运用 1~9 标度法，依据专家意见来构造判断矩阵，得到第 s 个准则层相对目标层的权重 $a^s\left(s=1,2,\cdots,5\right)$，第 s 个准则层下第 j 个指标对第 s 个准则层的权重 $b_j\left(j=1,2,\cdots,n\right)$，则第 s 个准则层下第 j 个指标相对总目标的权重为

$$c_j = a^s \times b_j \tag{8.4}$$

其中，指标权重向量为 $\boldsymbol{c}=\left\{c_1,c_2,\cdots,c_n\right\}$。

得到判断矩阵后，需对其进行一致性检验，若检验通过，则权重分配合理。否则，将重新构造判断矩阵求权重。由于层次分析法在文献中应用较多，具体计算过程将不再赘述。

2）熵值法计算客观权重

熵值法是一种常用的客观赋权方法，该方法赋权意义明确、条理清晰且对决策方案数及指标个数无限制，但在应用中会出现当某一指标的指标值离散程度较大时，该指标的权重过大，导致单一指标影响最终的评估结果（王霞等，2014）。一般认为，信息熵值越大，系统结构越均衡，差异系数越小，指标的权重就越小；反之亦反。根据熵值的大小，即各项指标的变异程度，可计算出各指标的权重。主要步骤如下。

第一步：比重确定。

$$Y_{ij} = \frac{x'_{ij}}{\sum_{i=1}^{m} x'_{ij}} \tag{8.5}$$

第二步：熵值计算。

$$e_j = -\frac{1}{\ln m}\sum_{i=1}^{m} Y_{ij} \ln Y_{ij} \tag{8.6}$$

第三步：变异系数计算。

$$\gamma_j = 1 - e_j \tag{8.7}$$

第四步：权重计算。权重向量 $\boldsymbol{v}=\left\{v_1,v_2,\cdots,v_n\right\}$。

$$v_j = \frac{\gamma_j}{\sum_{j=1}^{n} \gamma_j} \tag{8.8}$$

3）组合权重确定

本书采用乘法合成的归一化处理，将主观权重和客观权重结合起来，得到组合权重向量 $\boldsymbol{w}=\{w_1,w_2,\cdots,w_n\}$。

$$w_j=\frac{c_j v_j}{\sum_{j=1}^{n} c_j v_j} \tag{8.9}$$

3. 计算加权标准化矩阵

$$\boldsymbol{U}=\left(u_{ij}\right)_{m\times n}=\left(w_j x'_{ij}\right)_{m\times n}=\begin{bmatrix} u_{11} & u_{12} & \cdots & u_{1n} \\ u_{21} & u_{22} & \cdots & u_{2n} \\ \vdots & \vdots & & \vdots \\ u_{m1} & u_{m2} & \cdots & u_{mn} \end{bmatrix} \tag{8.10}$$

4. 正、负理想解确定

正理想解：$\boldsymbol{U}^{+}=\left\{u_{01}^{+},u_{02}^{+},\cdots,u_{0n}^{+}\right\}$；

负理想解：$\boldsymbol{U}^{-}=\left\{u_{01}^{-},u_{02}^{-},\cdots,u_{0n}^{-}\right\}$。

其中，正理想解为各指标的理想最优值集合；负理想解为各指标的最劣值集合。

5. 灰色关联系数计算

设 ρ_{ij}^{+} 为第 i 个评价年第 j 个指标与正理想解的灰色关联系数，u_{oj}^{+} 为第 j 个指标的正理想值，ξ 为分辨系数，其用处为增强关联系数之间的差异显著性，$\xi\in[0,1]$，ξ 通常取 0.5。第 i 个评价年第 j 个指标与正理想解的灰色关联系数为

$$\rho_{ij}^{+}=\frac{\min\limits_{1\leqslant j\leqslant n}\min\limits_{1\leqslant i\leqslant m}\left(\left|u_{oj}^{+}-x'_{ij}\right|\right)+\xi\max\limits_{1\leqslant j\leqslant n}\max\limits_{1\leqslant i\leqslant m}\left(u_{oj}^{+}-x'_{ij}\right)}{\left|u_{oj}^{+}-x'_{ij}\right|+\xi\max\limits_{1\leqslant j\leqslant n}\max\limits_{1\leqslant i\leqslant m}\left(\left|u_{oj}^{+}-x'_{ij}\right|\right)} \tag{8.11}$$

则各评价年与正理想解的灰色关联系数矩阵为

$$\boldsymbol{P}^{+}=\begin{bmatrix} \rho_{11}^{+} & \rho_{12}^{+} & \cdots & \rho_{1n}^{+} \\ \rho_{21}^{+} & \rho_{22}^{+} & \cdots & \rho_{2n}^{+} \\ \vdots & \vdots & & \vdots \\ \rho_{m1}^{+} & \rho_{m2}^{+} & \cdots & \rho_{mn}^{+} \end{bmatrix}$$

第 i 个评价年与正理想解的灰色关联度为

$$\boldsymbol{P}_i^{+}=\frac{\sum_{j=1}^{n}\rho_{ij}^{+}}{n} \quad (i=1,2,\cdots,m) \tag{8.12}$$

同理，第 i 个评价年与负理想解的灰色关联度为

$$\boldsymbol{P}_i^- = \frac{\sum_{j=1}^{n} \rho_{ij}^-}{n} \quad (i = 1, 2, \cdots, m) \tag{8.13}$$

6. 灰色关联相对贴近度计算

$$\boldsymbol{C}_i = \frac{P_i^+}{P_i^- + P_i^+} \quad (i = 1, 2, \cdots, m) \tag{8.14}$$

7. 各评价年排序

根据灰色关联相对贴近度的大小对各评价年的绿色增长状况进行排序。贴近度的数值越大，说明该评价年的绿色增长状况越好；反之，贴近度的数值越小，说明该评价年的绿色增长状况越差。

8.3　中国绿色增长程度测度

8.3.1　数据来源与处理

本书以 2001~2012 年的中国绿色增长为研究样本，为保证评价指标数据的可比性与统计口径的一致性，指标数据主要通过查询 2002~2013 年的相关年鉴或数据库获得。经济、产业与政策数据主要来源于《中国统计年鉴》；能源生产与消耗数据来源于《中国能源统计年鉴》；科技投资数据主要来源于《中国科技统计年鉴》；资源、环境数据主要来源于《中国环境统计年鉴》与《中国生态环境状况公报》。具体见表 8.13 的第 2~9 列。

将样本数据中“效益型”指标的最大值、“成本型”指标的最小值确定为最优值。根据指标的属性特征，将其指标值分别代入式（8.1）~式（8.3）中进行标准化处理。各指标标准化处理后的值见表 8.13 的第 10~17 列。

表 8.13　2001~2012 年中国绿色增长程度评价指标原始数据与标准化值

指标	原始数据								标准化值							
	2001 年	2003 年	2005 年	2006 年	2008 年	2010 年	2011 年	2012 年	2001 年	2003 年	2005 年	2006 年	2008 年	2010 年	2011 年	2012 年
X_{11}	8 218.9	9 995.0	12 972.3	15 272.5	21 277.9	27 226.1	32 105.4	35 370.9	0.000 0	0.065 4	0.175 1	0.259 8	0.481 0	0.700 0	0.879 7	1.000 0
X_{12}	7.0	6.0	5.9	5.3	5.1	4.8	4.8	5.0	0.896 3	0.506 2	0.456 4	0.203 3	0.120 3	0.000 0	0.000 0	0.066 4
X_{13}	40.5	41.2	40.5	40.9	41.8	43.2	43.4	44.6	0.003 8	0.043 4	0.006 6	0.028 4	0.073 4	0.145 5	0.152 5	0.214 6
X_{21}	58.2	50.8	51.7	52.2	66.8	77.9	79.8	84.8	1.000 0	0.826 5	0.571 5	0.458 0	0.311 4	0.163 0	0.040 1	0.000 0
X_{22}	10.1	7.7	8.6	9.1	11.1	9.7	11.8	12.2	0.218 1	0.000 0	0.027 0	0.041 7	0.469 7	0.797 2	0.853 0	1.000 0
X_{23}	91.0	92.7	94.1	91.1	93.6	94.9	94.2	95.3	0.623 9	0.176 1	0.352 3	0.431 2	0.812 8	0.552 3	0.937 6	1.000 0
X_{31}	2 112.5	2 131.3	2 151.8	1 932.1	2 071.1	2 310.4	1 730.2	2 186.1	0.000 0	0.395 3	0.720 9	0.023 3	0.604 7	0.907 0	0.744 2	1.000 0
X_{32}	9.8	9.7	10.4	10.4	10.3	11.1	11.1	11.0	0.658 9	0.691 3	0.726 6	0.348 0	0.587 6	1.000 0	0.000 0	0.785 8
X_{33}	12.9	14.4	15.0	15.2	15.1	14.9	14.9	14.9	0.080 3	0.000 0	0.497 6	0.461 3	0.391 3	0.964 6	0.929 4	0.893 2
X_{34}	3 293.2	3 342.0	3 326.4	3 334.8	3 261.4	2 793.9	2 157.9	2 298.9	0.000 0	0.652 2	0.913 0	1.000 0	0.969 6	0.869 6	0.882 6	0.887 0
X_{41}	139 125.6	171 845.5	219 949.2	241 344.7	269 006.5	296 994.2	320 161.8	327 729.2	0.934 0	0.974 2	0.961 3	0.968 2	0.907 9	0.523 3	0.000 0	0.116 0
X_{42}	7.5	6.5	6.8	6.7	7.7	8.6	8.0	9.4	0.344 8	0.000 0	0.103 4	0.069 0	0.413 8	0.724 1	0.517 2	1.000 0
X_{43}	1 947	2 159	2 549	2 589	2 321	2 185	2 218	2 118	0.968 9	0.649 8	0.059 5	0.000 0	0.404 1	0.609 6	0.560 1	0.711 6
X_{44}	1 405	1 334	1 414	1 428	1 321	1 238	2 500	2 424	0.867 7	0.924 0	0.860 4	0.849 3	0.934 3	1.000 0	0.000 0	0.060 4
X_{45}	12 272.4	3 374.9	10 515.0	13 471.1	18 185.6	21 518.8	27 686.3	30 853.2	0.770 5	0.991 1	0.814 1	0.740 8	0.623 9	0.541 3	0.388 4	0.309 9
X_{51}	1.0	1.1	1.3	1.4	1.5	1.8	1.8	2.0	0.000 0	0.174 8	0.359 2	0.427 2	0.504 9	0.786 4	0.864 1	1.000 0
X_{52}	1 210 004	2 278 220	2 681 188	2 580 965	2 750 283	3 220 455	2 722 725	1 977 649	0.000 0	0.531 3	0.731 8	0.681 9	0.766 1	1.000 0	0.752 4	0.381 8
X_{53}	74.4	75.6	77.0	77.0	97.9	99.0	60.4	66.2	0.363 9	0.393 1	0.429 1	0.429 6	0.971 7	1.000 0	0.000 0	0.149 7
X_{54}	1.0	1.2	1.3	1.2	1.6	1.9	1.5	1.6	0.000 0	0.213 5	0.325 8	0.236 0	0.629 2	1.000 0	0.550 6	0.651 7

8.3.2　组合权重确定

通过邀请环境管理、可持续发展、生态经济等领域的五位专家对五个准则层与 19 个指标的相对重要性进行打分，得到五个准则层相对于目标层以及每个准则层下各指标的重要性程度判断矩阵，如表 8.14 和表 8.15 所示。

表 8.14　五个准则层相对于目标层的判断矩阵

准则层	社会经济 X_1	生活质量 X_2	自然资产 X_3	生态环境 X_4	政策支持 X_5	权重 a^s
社会经济 X_1	1.000 0	2.128 6	1.840 0	0.628 6	2.666 7	0.265 3
生活质量 X_2	0.469 8	1.000 0	0.508 5	0.400 0	1.300 0	0.120 0
自然资产 X_3	0.543 5	1.966 7	1.000 0	0.500 0	1.466 7	0.173 4
生态环境 X_4	1.590 8	2.500 0	2.000 0	1.000 0	2.533 3	0.332 0
政策支持 X_5	0.375 0	0.769 2	0.681 8	0.394 7	1.000 0	0.109 2

表 8.15　各子准则层下指标的判断矩阵与权重

准则层	指标层						权重
社会经济 X_1		X_{11}	X_{12}	X_{13}			权重 b_j
	X_{11}	1.000 0	4.600 0	2.800 0			0.636 7
	X_{12}	0.217 4	1.000 0	0.666 7			0.142 7
	X_{13}	0.357 0	1.499 9	1.000 0			0.220 6
生活质量 X_2		X_{21}	X_{22}	X_{23}			权重 b_j
	X_{21}	1.000 0	2.666 7	3.200 0			0.574 5
	X_{22}	0.375 0	1.000 0	3.050 0			0.294 0
	X_{23}	0.312 5	0.327 9	1.000 0			0.131 5
自然资产 X_3		X_{31}	X_{32}	X_{33}	X_{34}		权重 b_j
	X_{31}	1.000 0	2.400 0	2.900 0	2.500 0		0.461 0
	X_{32}	0.416 7	1.000 0	1.033 3	1.116 7		0.187 9
	X_{33}	0.344 8	0.967 8	1.000 0	2.033 3		0.207 9
	X_{34}	0.400 0	0.895 5	0.491 8	1.000 0		0.146 2
生态环境 X_4		X_{41}	X_{42}	X_{43}	X_{44}	X_{45}	权重 b_j
	X_{41}	1.000 0	0.346 7	1.316 7	1.133 3	2.340 0	0.181 2
	X_{42}	2.884 3	1.000 0	2.900 0	2.850 0	3.000 0	0.409 7
	X_{43}	0.759 5	0.344 8	1.000 0	1.100 0	2.600 0	0.164 6
	X_{44}	0.882 4	0.350 9	0.909 1	1.000 0	2.600 0	0.163 9
	X_{45}	0.427 4	0.333 3	0.384 6	0.384 6	1.000 0	0.080 6

续表

准则层	指标层						权重
政策支持 X_5		X_{51}	X_{52}	X_{53}	X_{54}		权重 b_j
	X_{51}	1.000 0	2.800 0	1.066 7	0.428 6		0.245 0
	X_{52}	0.357 1	1.000 0	1.540 0	0.473 3		0.164 5
	X_{53}	0.937 5	0.649 4	1.000 0	0.416 7		0.163 4
	X_{54}	2.333 2	2.112 8	2.399 8	1.000 0		0.427 1

根据层次分析法的计算方法，得到准则层相对于目标层的权重，具体见表 8.14。由一致性检验可知，判断矩阵一致性比例为 0.012 4，小于 0.1，这说明权重分配通过了一致性检验。

仿照准则层权重的确定方法，得到各准则层下的指标权重，见表 8.15。依据一致性检验可知，社会经济、生活质量、自然资产、生态环境、政策支持五个准则层的判断矩阵一致性比例分别为 0.000 9、0.093 7、0.027 5、0.024 4 与 0.079 4，均小于 0.1，说明这五个准则层的权重分配均通过了一致性检验。

将权重 a^s 与 b_j 代入式（8.4）中，得到指标的主观权重 c_j，见表 8.16。

表 8.16　绿色增长程度评价指标的权重

序号	指标层	AHP 权重 c_j	熵值权重 v_j	组合权重 w_j	准则层权重
1	X_{11} 人均绿色 GDP	0.077 4	0.168 9	0.216 5	0.355 5
2	X_{12} 人口自然增长率	0.096 7	0.037 9	0.060 7	
3	X_{13} 第三产业占 GDP 比重	0.080 8	0.058 5	0.078 3	
4	X_{21} 生活垃圾无公害化处理率	0.094 9	0.068 9	0.108 3	0.143 2
5	X_{22} 城市每万人拥有公交车辆	0.036 2	0.035 3	0.021 2	
6	X_{23} 农村累计已改水受益人口比重	0.052 4	0.015 8	0.013 7	
7	X_{31} 人均水资源量	0.040 3	0.080 0	0.053 4	0.114 0
8	X_{32} 人均活立木总蓄积量	0.056 8	0.032 6	0.030 7	
9	X_{33} 自然保护区覆盖率	0.029 0	0.035 5	0.017 0	
10	X_{34} 煤炭基础储量	0.030 7	0.025 4	0.012 9	
11	X_{41} 一次性能源消耗量	0.057 6	0.060 2	0.057 4	0.310 5
12	X_{42} 可再生能源消耗比重	0.074 8	0.136 0	0.168 6	
13	X_{43} 二氧化硫排放量	0.044 5	0.054 7	0.040 3	
14	X_{44} 化学需氧量	0.031 4	0.054 4	0.028 3	
15	X_{45} 突发环境事件造成的经济损失	0.035 7	0.026 8	0.015 9	
16	X_{51} 研发经费支出占 GDP 比重	0.047 3	0.026 8	0.021 0	0.077 0
17	X_{52} 退耕还林投资完成额	0.024 7	0.018 0	0.007 4	

续表

序号	指标层	AHP 权重 c_j	熵值权重 v_j	组合权重 w_j	准则层权重
18	X_{53} 化学需氧量去除率	0.041 9	0.017 9	0.012 4	0.077 0
19	X_{54} 环境污染治理投资比重	0.046 8	0.046 7	0.036 2	

将指标数据代入式（8.5）~式（8.8）中，得到指标的客观权重 v_j，将计算得到的 c_j 和 v_j 代入式（8.9），得到指标的组合权重 w_j，如表 8.16 所示。计算得到的组合权重既保留了对客观真实情况的反映，又体现了指标属性对绿色增长评价的重要程度。

8.3.3　灰色关联相对贴近度计算

1. 加权标准化矩阵

将计算得到的组合权重与规范化处理后的指标值代入式（8.10），得到加权标准化矩阵 $\boldsymbol{U}$：

$$\boldsymbol{U}=\left\{\begin{matrix} 0.0000 & 1.0000 & \cdots & \cdots & 0.0045 & 0.0000 \\ 0.0056 & 0.8958 & \cdots & \cdots & 0.0047 & 0.0053 \\ 0.0142 & 0.8206 & \cdots & \cdots & 0.0077 & 0.0077 \\ 0.0260 & 0.7992 & \cdots & \cdots & 0.0056 & 0.0073 \\ 0.0379 & 0.8022 & \cdots & \cdots & 0.0053 & 0.0118 \\ \vdots & \vdots & & & \vdots & \vdots \\ \vdots & \vdots & & & \vdots & \vdots \\ 0.1041 & 0.0072 & \cdots & \cdots & 0.0121 & 0.0227 \\ 0.1215 & 0.0020 & \cdots & \cdots & 0.0121 & 0.0215 \\ 0.1515 & 0.0000 & \cdots & \cdots & 0.0124 & 0.0326 \\ 0.1904 & 0.0000 & \cdots & \cdots & 0.0000 & 0.0199 \\ 0.2165 & 0.0040 & \cdots & \cdots & 0.0019 & 0.0232 \end{matrix}\right.$$

2. 确定正负理想解

根据加权矩阵中各指标属性，确定得到正理想解 $\boldsymbol{U}^+$ 和负理想解 $\boldsymbol{U}^-$。

$$\boldsymbol{U}^+=\{0.2165,\ 0.0544,\ 0.0168,\ 0.1083,\ 0.0212,\ 0.0137,\ 0.0534,\ 0.0307,\ 0.0170,\ 0.0129,\ 0.0000,\ 0.1686,\ 0.0000,\ 0.0000,\ 0.0000,\ 0.0210,\ 0.0074,\ 0.0124,\ 0.0362\}$$

$$U^{-}=\{0.0000,\ 0.0000,\ 0.0000,\ 0.0000,\ 0.0000,\ 0.0000,\ 0.0000,\ 0.0000,\ 0.0000,\ 0.0000,\ 0.0574,\ 0.0000,\ 0.0403,\ 0.0283,\ 0.0159,\ 0.0000,\ 0.0000,\ 0.0000,\ 0.0000\}$$

3. 计算灰色关联系数

结合加权标准化矩阵与正负理想解，根据式（8.11）计算得到各评价年与正理想解的灰色关联系数矩阵：

$$P^{+}=\begin{bmatrix}0.3333 & 1.0000 & \cdots & \cdots & 0.9320 & 0.7496\\ 0.3391 & 0.8958 & \cdots & \cdots & 0.9334 & 0.7781\\ 0.3485 & 0.8206 & \cdots & \cdots & 0.9349 & 0.7919\\ 0.3624 & 0.7992 & \cdots & \cdots & 0.9404 & 0.7896\\ 0.3774 & 0.8022 & \cdots & \cdots & 0.9385 & 0.8162\\ \vdots & \vdots & & & \vdots & \vdots\\ \vdots & \vdots & & & \vdots & \vdots\\ 0.4907 & 0.6969 & \cdots & \cdots & 0.9968 & 0.8898\\ 0.5327 & 0.6739 & \cdots & \cdots & 0.9970 & 0.8810\\ 0.6250 & 0.6656 & \cdots & \cdots & 1.0000 & 1.0000\\ 0.8061 & 0.6656 & \cdots & \cdots & 0.8971 & 0.8695\\ 1.0000 & 0.6825 & \cdots & \cdots & 0.9111 & 0.8958\end{bmatrix}$$

各评价年与负理想解的灰色关联系数矩阵：

$$P^{-}=\begin{bmatrix}1.0000 & 0.6656 & \cdots & \cdots & 0.9599 & 1.0000\\ 0.9512 & 0.7214 & \cdots & \cdots & 0.9584 & 0.9535\\ 0.8843 & 0.7789 & \cdots & \cdots & 0.9569 & 0.9334\\ 0.8062 & 0.7992 & \cdots & \cdots & 0.9511 & 0.9367\\ 0.7407 & 0.7963 & \cdots & \cdots & 0.9531 & 0.9018\\ \vdots & \vdots & & & \vdots & \vdots\\ \vdots & \vdots & & & \vdots & \vdots\\ 0.5097 & 0.9368 & \cdots & \cdots & 0.8997 & 0.8263\\ 0.4711 & 0.9817 & \cdots & \cdots & 0.8995 & 0.8341\\ 0.4167 & 1.0000 & \cdots & \cdots & 0.8971 & 0.7496\\ 0.3624 & 1.0000 & \cdots & \cdots & 1.0000 & 0.8447\\ 0.3333 & 0.9641 & \cdots & \cdots & 0.9831 & 0.8212\end{bmatrix}$$

将矩阵 P^{+} 代入式（8.12）中，得到第 i 个评价年与正理想解的灰色关联度：

$$P_i^+ = \begin{bmatrix} \dfrac{0.3333+1.0000+\cdots+0.9320+0.7496}{19} \\ \dfrac{0.3391+0.8958+\cdots+0.9334+0.7781}{19} \\ \vdots \\ \dfrac{0.8061+0.6656+\cdots+0.8971+0.8695}{19} \\ \dfrac{1.0000+0.6825+\cdots+0.9111+0.8958}{19} \end{bmatrix} = \begin{bmatrix} 0.7968 \\ 0.7926 \\ \vdots \\ 0.8858 \\ 0.9444 \end{bmatrix}$$

将矩阵 $\boldsymbol{P}^-$ 代入式（8.13）中，得到第 i 个评价年与负理想解的灰色关联度：

$$P_i^- = \begin{bmatrix} \dfrac{1.0000+0.6656+\cdots+0.9599+1.0000}{19} \\ \dfrac{0.9512+0.7214+\cdots+0.9584+0.9535}{19} \\ \vdots \\ \dfrac{0.3624+1.0000+\cdots+1.0000+0.8447}{19} \\ \dfrac{0.3333+0.9641+\cdots+0.9831+0.8212}{19} \end{bmatrix} = \begin{bmatrix} 0.9232 \\ 0.9264 \\ \vdots \\ 0.8247 \\ 0.7918 \end{bmatrix}$$

4. 计算灰色关联相对贴近度

将得到的 $\boldsymbol{P}_i^+$ 与 $\boldsymbol{P}_i^-$ 代入式（8.14）中，计算得到第 i 个评价年的灰色关联相对贴近度：

$$C_i = \begin{bmatrix} \dfrac{0.7968}{0.7968+0.9232} \\ \dfrac{0.7926}{0.7926+0.9264} \\ \vdots \\ \dfrac{0.8858}{0.8858+0.8247} \\ \dfrac{0.9444}{0.9444+0.7918} \end{bmatrix} = \begin{bmatrix} 0.4633 \\ 0.4611 \\ \vdots \\ 0.5179 \\ 0.5439 \end{bmatrix}$$

同理，可以计算五个准则层的灰色关联相对贴近度，具体见表 8.17。

表 8.17 目标层与各准则层的灰色关联相对贴近度

年份	社会经济	生活质量	自然资产	生态环境	政策支持	综合得分	排名
2001	0.452 5	0.451 7	0.467 1	0.427 8	0.366 9	0.463 3	10
2002	0.447 3	0.405 2	0.490 6	0.419 6	0.421 6	0.461 1	11
2003	0.438 8	0.407 6	0.507 4	0.414 3	0.437 6	0.459 8	12
2004	0.437 6	0.433 6	0.526 8	0.451 0	0.450 9	0.469 9	9
2005	0.447 2	0.436 6	0.576 5	0.467 1	0.478 6	0.481 6	7
2006	0.441 5	0.414 4	0.545 1	0.473 4	0.472 5	0.476 4	8
2007	0.458 8	0.478 7	0.535 7	0.467 9	0.510 2	0.485 8	6
2008	0.466 5	0.520 6	0.555 3	0.491 0	0.560 3	0.501 5	5
2009	0.479 4	0.543 1	0.549 0	0.502 1	0.588 1	0.508 1	4
2010	0.491 4	0.556 8	0.621 8	0.510 7	0.637 8	0.525 3	2
2011	0.517 7	0.580 5	0.478 2	0.540 9	0.513 4	0.517 9	3
2012	0.553 6	0.618 6	0.566 4	0.575 0	0.530 8	0.543 9	1
年均值	0.469 4	0.487 3	0.535 0	0.478 4	0.497 4	0.491 2	

8.4 中国绿色增长程度评价分析

8.4.1 整体变化趋势分析

根据表 8.17 的灰色关联相对贴近度，绘制 2001~2012 年中国绿色增长程度的时序变化趋势，见图 8.10。由图 8.10 可知，中国绿色增长的灰色关联相对贴近度呈现缓慢升高的趋势，从 2001 年的 0.463 3 增至 2012 年的 0.543 9，12 年间仅升高了 0.080 6。这说明全国范围内的绿色增长效率动力放缓，各区域绿色增长态势仍需进一步加强。

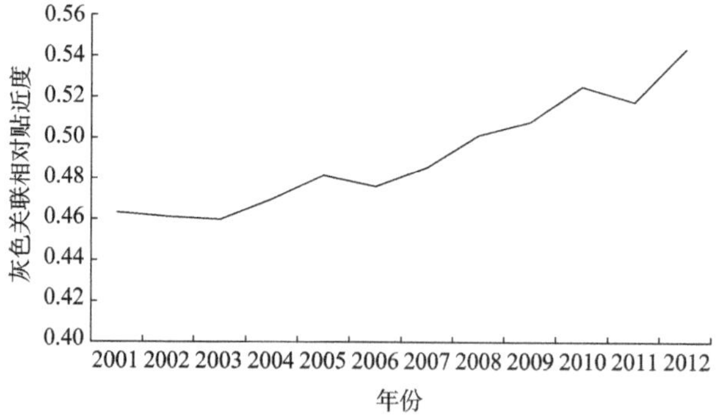

图 8.10 中国绿色增长程度的时序变化趋势

上述结果表明：中国经济的绿色化程度在不断提高，但绿色化的整体进展速度较慢。具体的发展阶段如下。

（1）2001~2003 年为中国绿色增长程度的发展初期，该阶段的经济绿色化程度处于较低水平且有微幅的下降。通过分析发现，在影响中国绿色增长程度的诸多因素中，社会经济、生活质量、生态环境三个准则层的灰色关联相对贴近度在 2001~2003 年呈现逐年降低的趋势，而其他两个准则层的贴近度呈现逐年升高的态势。可见，中国绿色增长程度的发展初期，绿色化水平降低、生活质量下降及资源环境不断恶化是影响绿色增长的主要因素。另外，虽然自然资产与政策支持两个准则层发展水平的升高并没有弥补社会经济、生活质量与生态环境三个准则层的降低给中国绿色增长带来的不利影响，但两个准则层的提高使得中国绿色增长的贴近度降幅保持在[0，0.003 4]这样一个非常小的区间内。

（2）2004~2006 年为中国绿色增长程度的波动回升期，该阶段的经济绿色化程度呈现先升后降的趋势。2005 年中国绿色增长程度为 0.481 6，但在 2006 年又下降到 0.476 4。出现此种情况主要是因为自然资产、政策支持两个准则层的灰色关联相对贴近度呈现逐年上升的趋势。在这一时期内，自然资产、政策支持两个准则层成功扭转了不断降低的趋势，这说明社会经济发展与生态环境之间的脱钩初见成效，经济增长的绿色化程度与生态环境的治理保护均得到了加强。可见，中国在持续优化现有产业结构、加快经济发展速度的基础上，要着重增强资源环境的保护，从而带动其他准则层的发展，以实现中国绿色增长水平的提高。

（3）2007~2012 年为中国绿色增长程度的上升期，该阶段的经济绿色化程度整体上呈明显的升高趋势。在 2011 年出现较大幅度的变化，其余时间段波动幅度则相对平稳。这一时期，中国经济发展逐渐摆脱了资源短缺、环境恶化、产业结构不合理、研发投入不足等一系列不利因素，通过优化产业结构、加快新能源与可再生能源开发、推动绿色低碳技术创新、加强环境治理与生态修复投资等途径促进了中国经济的绿色增长。但在“十二五”规划初期，中国绿色增长的贴近度出现了急速下滑，究其原因发现：自然资产与政策支持准则层在 2011 年表现为下降的趋势。日益增加的资源需求使得自然生态系统已不堪重负，加上我国政府在政策支持力度上的放松，使得中国经济的绿色化水平出现了急剧下降。可见，中国绿色增长程度的持续、稳定提高需要社会经济、生态环境、自然资产、生活质量与政策支持五个准则层的综合、协同作用。

8.4.2 准则层变化趋势分析

2001~2012 年中国绿色增长各准则层的时序变化趋势情况如下。

1. 社会经济准则层

如图 8.11 所示，2001~2012 年，社会经济准则层的灰色关联相对贴近度总体呈上升趋势，2009 年开始，贴近度数值超过 2001~2012 年的平均值，这说明 12 年中中国在经济规模、效益及产业结构等方面取得了长足的发展，绿色化发展能力不断增强。2001~2012 年，贴近度数值从 0.452 5 升高到 0.553 6，增长了 0.22 倍，增速居五个准则层的第四位，增长趋势较为平稳。这一趋势主要来源于人均绿色 GDP、人口自然增长率与第三产业占 GDP 比重的共同贡献。在三个影响因素中，人均绿色 GDP、第三产业占 GDP 比重与社会经济准则层的发展水平呈现良好的一致性，这表明调整产业结构、促进绿色财富积累、促进经济全面发展对社会经济准则层水平的提高具有良好的贡献效果。在当前经济发展速度较快的背景下，增强经济发展的运行质量极其关键。经济较发达的地区，更应适度调控经济发展速度，强调经济的可持续发展，促进产业结构逐渐由劳动密集型向技术密集型、资金密集型转变，推动第二、第三产业的发展。

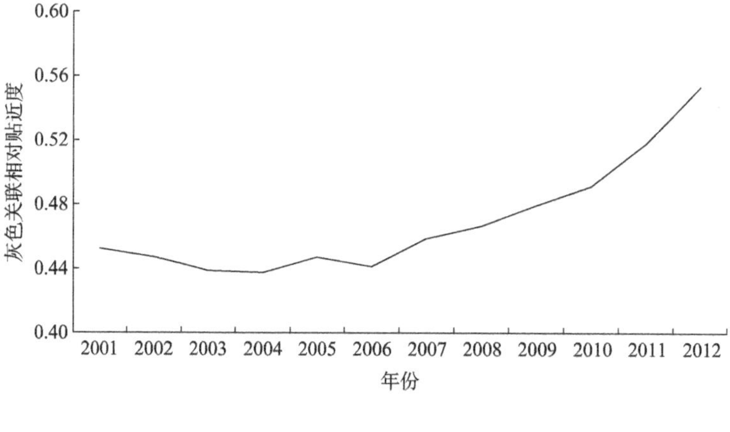

图 8.11 社会经济准则层的时序变化趋势

2. 生活质量准则层

如图 8.12 所示，2001~2012 年，生活质量准则层的灰色关联相对贴近度呈现明显的上升趋势（2002 年与 2006 年除外）。进一步分析发现，在影响生活质量准则层的诸多因素中，城市每万人拥有公交车辆与生活质量水平呈现良好的一致性，说明交通基础设施的完善状况对提高生活质量水平具有良好的贡献效果。《中国统计年鉴》数据显示，生活质量水平在 2001~2002 年的大幅下降，主要源于生活垃圾无公害化处理率与城市每万人拥有公交车辆的降低，分别从 58.2%、10.1 标台降至 54.2%与 6.7 标台；生活质量水平在 2005~2006 年的下降是因为农村累计受益人口比重的明显下降，从 2005 年的 94.1%降至 2006 年的 91.1%。即社会保障覆盖面有待扩展。由西方经济发达国家的发展经验可知：经济的发展与覆盖面广的社会保障体系息息相关。对我国来说，扩展并完备社会保障覆盖面意义重大。其中，农村社会保障体制尤为重要，而我国农业人口比例较大，且当前农村社会保障制度不够完善。以上问题会对我国农业的发展和“三农”问题的解决产生一定的影响。故以改革扩大社会保障覆盖面，缩小城乡差距，使之和谐有序、健康发展是提高生活质量的关键。

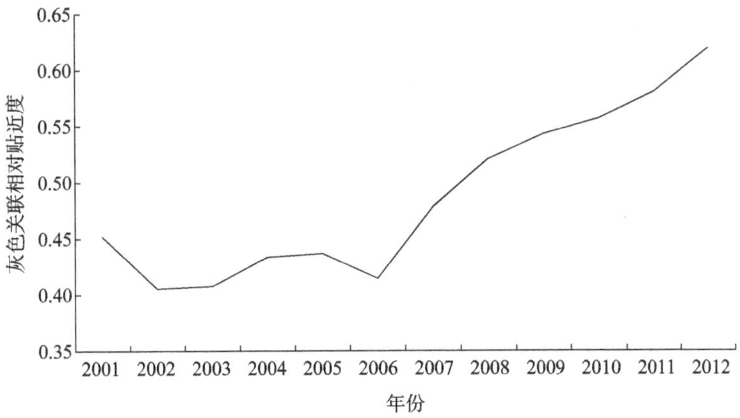

图 8.12　生活质量准则层的时序变化趋势

3. 生态环境准则层

如图 8.13 所示，2001~2012 年，生态环境准则层的灰色关联相对贴近度呈现曲折上升的趋势。2001~2003 年为中国生态环境的恶化期，这一情况的出现来源于较高的化石能源消耗与较低的可再生能源消耗；2004~2006 年生态环境准则层的灰色关联相对贴近度呈现缓慢提高的趋势，其原因在于可再生能源消耗比重的提高与环境事件造成的经济损失的下降；2007~2012 年生态环境准则层的灰色关联相对贴近度开始呈现持续上升的趋势。《中国统计年鉴》数据显示，这一时期，中国可再生能源消耗比重大幅提高，从 2007 年的 6.8%增至 2012 年的 9.4%，二氧化硫排放量持续降低，从 2007 年的 2 468 万吨降至 2012 年的 2 118 万吨。可见，新能源开发与生态环境保护日益得到政府和社会公众的重视，新能源、清洁能源、智能化、数字化、轻量化、环保型装备的推广，以及对“三废”管理的重视、监测力度的不断加大使这一时期的生态环境准则层的灰色关联相对贴近度呈现持续的上升趋势。西方的工业化发展道路启示我们不能走先污染后治理的道路，必须从源头上加强对“三废”的管理，重点整治工业污染企业。对破坏资源、环境污染大的企业必须坚决予以关闭。另外，政府应加大科技开发力度，提高净化处理技术，做到生活垃圾无公害化处理，发展地域循环经济。

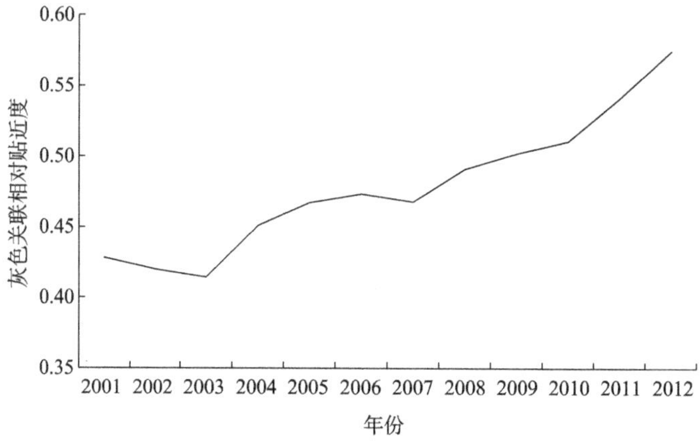

图 8.13　生态环境准则层的时序变化趋势

4. 自然资产准则层

如图 8.14 所示，2001~2012 年，自然资产准则层的灰色关联相对贴近度呈现明显的波动状态：2001~2005 年灰色关联相对贴近度由 0.467 1 升高到 0.576 5，呈现了一个较高的增长水平，而 2006~2007 年却呈现逐渐下降的态势，其后经过短暂上升后又回落到2009年的0.549 0。2010年，中国自然资产准则层的灰色关联相对贴近度大幅度上升，但 2011 年又出现了急速下滑，之后呈现升高趋势。这种波动的趋势源于水资源、森林资源、自然保护区、煤炭储量等几方面因素的共同作用。在这一段时期，人均水资源量与自然保护区覆盖率呈现良好的上升趋势，而人均活立木总蓄积量与煤炭基础储量却呈现波动性下滑的趋势。因此，亟须遵照《中华人民共和国环境保护法》规定的“谁开发，谁保护；谁污染，谁治理；谁破坏，谁恢复；谁使用，谁补偿”的原则，出台相关的生态环境恢复与补偿政策。有关部门依据企业排污费征收办法，在未开征环境保护税之前，对所有的相关行业征收略高于治理费用的环境补偿费，用来保证资源环境的治理效果。

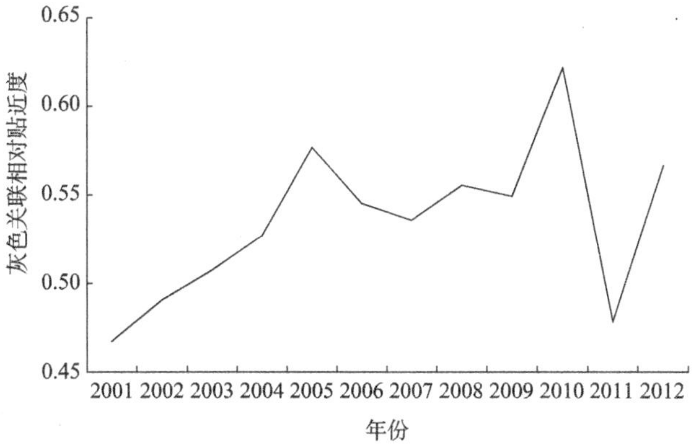

图 8.14　自然资产准则层的时序变化趋势

5. 政策支持准则层

如图 8.15 所示，2001~2010 年，政策支持准则层的灰色关联相对贴近度一直保持着稳定上升的趋势，从 0.366 9 升至 0.637 8，增长了 0.74 倍，增速位居五个准则层之首。但在 2011 年，其数值出现了急速下滑，之后缓慢上升。政策支持准则层的灰色关联相对贴近度在 2001~2010 年的稳步上升主要得益于研发经费支出占 GDP 比重、退耕还林投资完成额、化学需氧量去除率与环境污染治理投资比重等因素的综合作用。在这一段时期内，四个因素的整体水平均呈现良好的平稳上升趋势；2011 年的急速下降主要是由退耕还林投资完成额、化学需氧量去除率与环境污染治理投资比重的降低共同导致的，尤其是化学需氧量去除率的大幅度降低，可见这些因素抑制了政策支持准则层水平的提高。但是，研发经费支出占 GDP 比重的持续提高一定程度上弥补了生态系统修复投资与环境污染治理投资下降给政策支持准则层带来的不利影响，使政策支持准则层的灰色关联相对贴近度处于平均水平之上。

图 8.15　政策支持准则层的时序变化趋势

通过对五条曲线的对比分析可发现，社会经济与生态环境准则层的灰色关联相对贴近度一直呈现稳定的增长趋势。在2001~2003年，生态环境曲线的水平低于社会经济曲线，而在2004年及之后，生态环境曲线高过社会经济曲线。这表明，正是在这样的背景下，生态环境保护得到了加强，促进了中国绿色增长程度的持续提高。2001~2003年的生态环境曲线的水平低于社会经济曲线，从经济增长的角度为中国绿色增长程度整体水平的降低提供了解释依据。

2001~2010年，生活质量、自然资产与政策支持三个准则层保持着波动性的增长态势。三条曲线的波动较小，而在2011年，自然资产与政策支持两条曲线出现了急速下滑，这也正是中国绿色增长程度在此年出现下降的主要原因。另外，在2007年之前，自然资产曲线的水平明显高于其他两条曲线，2008年之后，自然资产曲线整体水平开始有所下降。这表明，自然资源的过度消耗已超过了自然生态系统的承载力，其功能正在加速退化，这将成为制约我国绿色增长程度提高的关键因素。各准则层之间存在着相互依存、相互影响的关系。首先，对资源的集约开采和高效利用，控制污染物的排放，从一定程度上可以降低生态环境压力，改善生态环境状况，提高生活质量；而且资源的节约利用必然会提升经济增长的质量。其次，加大环境治理的政策支持力度，加强生态保护，会增加森林、淡水等自然资源的储量，为经济活动提供更多的供给；加强生态保护，改善环境质量，有助于更好地提高生活质量。环境保护工作也可以通过环境规制政策纠正资源错配及扭曲配置的现象，即环境保护有助于经济增长，尤其是有助于经济的良性发展，包括提升经济增长质量，推动经济结构的转型等。最后，倡导绿色生活方式，改善生活质量，反过来也会减少对自然资源的需求，降低生态环境压力。生活质量的提升也会导致部分资源被劳动力、资本取代，绿色生活方式的提出会进一步加强对节约资源的重视，高效、环保型产品的使用率得到有效提高。总之，自然资源集约利用、生态质量提升及绿色政策支持之间相互促进、相互影响，共同为实现绿色发展发挥重要作用。

8.4.3 准则层发展等级分析

根据各准则层灰色关联相对贴近度以及中国绿色增长程度的年均值绘制各准则层发展等级的分布图，见图8.16。

由表8.17可知，中国绿色增长的灰色关联相对贴近度年均值为0.491 2。以0.491 2为基准值，本书将五个准则层划分为三个等级层：第一层是自然资产准则层，其年均值为0.535 0；第二层是生活质量准则层与政策支持准则层，年均值分别为0.487 3与0.497 4；第三层是社会经济准则层与生态环境准则层，年均

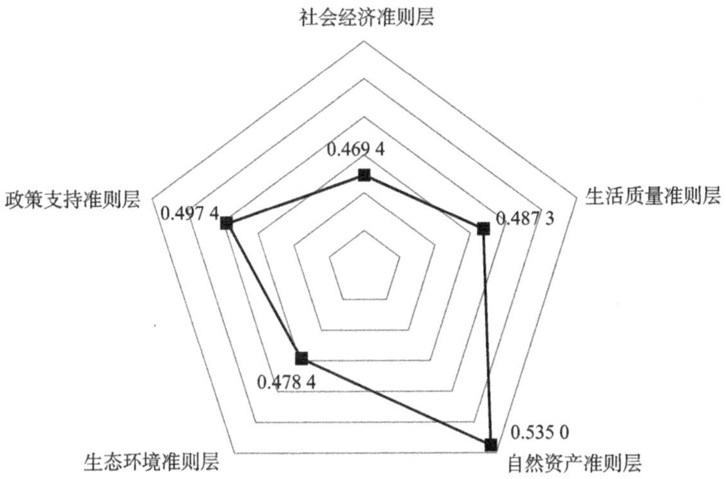

图 8.16　五个准则层的整体发展水平

值分别为 0.469 4 与 0.478 4。

由图 8.16 可得到以下研究结果。

（1）自然资产准则层具有明显的发展优势，其年均值高于中国绿色增长的年均值，对绿色增长的稳定发展具有积极的正向作用。这与中国本地资源的多样性与丰富性是分不开的。自然资产准则层在为社会经济发展提供必需原材料的同时，也有助于分解和吸收人类及生产活动所产生的废物与污染。例如，从煤炭资源的储量上看，中国属于世界煤炭储量大国，仅次于美国与俄罗斯。根据国家统计局的统计数据，2012 年中国煤炭基础储量为 2 298.86 亿吨。截至 2012 年，中国多数矿产查明资源储量保持增长态势，但增速明显放缓。丰富的煤炭资源为中国经济的快速、可持续发展提供了能源支持，但是在开采与利用过程中也给中国生态环境造成了严重的污染与破坏。

（2）生活质量与政策支持准则层的年均值接近或稍高于中国绿色增长的年均值，对绿色增长发展水平的提升具有较大的拉动作用。随着中国城市化进展的不断加快，城市交通、医疗卫生、人居环境等方面的基础设施建设均得到了明显的改善，居民生活质量大大提高。面对资源环境问题的日益严重，中国政府在污染治理、资源效率、绿色技术等方面的投入力度不断加大。2011 年，国务院颁布了《国家环境保护“十二五”规划》，要求在“十二五”期间限制化学需氧量、氨氮、二氧化硫、氮氧化物等重点污染物的排放量，同时减排的方向也在工业和生活两个方向的基础上增加了交通、农村两个方向；《“十二五”节能减排综合性工作方案》中也提出“十二五”污染物减排的总体要求、主要目标、重点任务和政策措施，污染物减排工作持续推进。《中国统计年鉴》数据显示，2015 年，全国化学需氧量 2 224 万吨，比 2012 年下降 8.3%；氨氮排放量 230 万吨，下降9.3%；二氧化硫排放量1 859万吨，下降12.2%；氮氧化物排放量1 851万吨，下降 20.8%，四项主要污染物均完成“十二五”排放总量控制目标。2016 年，中国环境污染治理投资总额为 9 220 亿元，比 2001 年增长 6.9 倍。其中，城镇环境基础设施建设投资 5 412 亿元，比 2001 年增长 7.3 倍；工业污染源治理投资819亿元，增长3.7倍；当年完成环境保护验收项目投资2 989亿元，增长 7.9 倍。

（3）社会经济准则层与生态环境准则层的年均值低于中国绿色增长的年均值，发展水平相对较低，发展优势不明显，一定程度上限制了绿色增长整体发展水平的提升。这说明中国经济发展的生态环境代价仍然很大，经济增长与生态环境的脱钩速度还有待于进一步提高。《中国统计年鉴》数据显示，2001~2012年，中国 GDP 从 109 655.2 亿元增长到 518 942.1 亿元，增长了 3.73 倍；资源环境成本从 4 759.52 亿元升高到 40 006.25 亿元，增长了 7.41 倍。由于生态保护和监管增强，生态安全屏障逐渐创建，中国自然生态系统得到完善，自然保护区数量增加，森林覆盖率逐渐提高，湿地保护面积增加，水土流失治理、沙化和荒漠化治理有所成效。从自然保护区建设看，2016 年，全国自然保护区达 2 750 个，比2000年增加1 523个；自然保护区面积14 733万公顷，比2000年增长50.0%。可见，推动社会经济与生态环境的协调发展将成为提升中国绿色增长程度与水平的突破口。

维持经济持续增长和资源环境约束趋紧的双重要求使中国的绿色增长需求日益紧迫。为尽可能对中国当前绿色增长水平进行深入分析，从其涵盖的各个领域予以综合考量，并以此作为测度与评价的基础，本章在经济增长、资源消耗、污染排放与政策扶持等方面对中国绿色增长情况进行了系统性分析，结果发现：虽然中国社会经济发展取得了举世瞩目的巨大成就，但与国际发达国家相比，在某些方面仍有很大的差距，尤其是在社会–经济–资源–环境的协调均衡发展上。

通过构建 TOPSIS-灰色关联评价模型，对中国绿色增长程度进行测度与评价分析，得到如下结论。

（1）中国绿色增长程度呈现出缓慢升高的趋势，分为发展初期、波动回升期与上升期三个发展阶段。这归因于社会经济、生活质量、自然资产、生态环境与政策支持五个准则层的综合、协同作用。

（2）具体来说，社会经济与生态环境两个准则层的协调发展对中国绿色增长程度的提高具有显著的影响；同时，自然资产与政策支持准则层的波动性增长影响了整体水平的稳定性，导致中国绿色增长程度出现了短期下滑。

因此，在中国经济绿色化程度不断提升的背景下，应注重从影响绿色增长的诸多因素出发，寻找提高国家绿色增长程度的有效途径。其中，从社会经济的角度注重绿色财富积累与产业结构调整的综合作用；从生活质量的角度注重在推进城市生活环境不断改善的同时，引导居民绿色消费，加强农村的生态改造；从自然资产的角度高度重视在经济增长过程中的自然资源节约与保护；从生态环境的角度关注可再生能源、新能源及清洁能源对能源需求总量的替代性作用；从政策支持的角度关注在能源使用与废弃物治理过程中的技术进步，适当加大绿色技术的研发投入与污染治理投资。以上将成为中国未来需要努力的重点领域。

第9章　中国绿色增长实现路径的仿真分析

对于处在社会经济转型关键期的中国而言，构建符合中国国情的区域绿色增长模型和方法体系，寻求可行的绿色增长实现路径，对中国绿色增长实践的顺利开展具有重要的理论和现实意义。为此，本章结合第 7 章构建的中国绿色增长程度评价指标体系，运用系统动力学模型，对中国绿色增长实现路径进行仿真分析，基于多种可行路径的对比分析以及我国现实发展需求，识别出中国实现绿色增长的最优路径。

9.1　国内外研究进展

国内外学者对绿色增长实现路径的研究已取得了一定的成果。例如，OECD（2011）的研究表明，良好的政策是推动绿色增长实现的核心。Martinelli 和 Midttun（2010）认为要想成功地将绿色增长政策纳入政府主体政策中，需要设计一系列多方面、多层次的政策工具来配合与支持。在绿色增长实现过程中，各种政策工具的设计和组合使用是一个重要议题。

除了良好的政策支持外，战略支持、环境规制、资金投资、技术创新、国际合作等也对绿色增长实现具有重要的影响。在战略路径选择上，Raworth（2012）根据甜甜圈理论提出，发达国家和发展中国家需要有不同的绿色战略，即从不同的方向走向地球边界和社会边界之间的中间圈。绿色增长的战略转变还表现在对增长速度的理性认识上，即要慎对速度的追求，注重增长质量，尤其应以“管理式放缓”来控制和调整增长速度，在战略上获得更多的主动权。在投资领域，运用公共资金平台向私人投资提供资助的方式，在 OECD 国家取得了相当多的成功经验。OECD 通过对成员国绿色增长成功经验的总结发现，对私人投资的大力支持有助于增强国家和个体的绿色变革能力，并为长期融资搭建一个连贯的绿色投资政策框架。

在环境规制的选择与制定上，van der Ploeg 和 Withagen（2013）的研究认为，熊彼特经济学理论为绿色增长战略实施提供了理论依据，并指出实现绿色增长的最佳路径是研发补贴和碳排放税两种措施的相互结合使用。李玲和陶锋（2012）的研究发现，我国重度污染产业当前环境规制强度相对合理，能够促进产业绿色全要素生产率提高，中度、轻度污染产业环境规制强度与绿色全要素生产率的关系呈U形。在制定适当环境规制的同时，政府应推进环境规制政策从控制型向激励型转变，诱导企业进行技术创新，实现环境与经济发展的双赢。

李丁（2011）指出科技创新是实现绿色增长的根本和支撑，此研究结论也得到了 Grover（2013）、Padilla-Pérez 和 Gaudin（2014）等学者的证实。Grover（2013）通过对印度绿色增长实践的研究发现绿色技术创新对实现绿色增长至关重要。张江雪和朱磊（2012）认为，绿色增长对技术创新具有指导和约束的双重效应，因此在考虑经济增长的同时，也要兼顾自然、人类、社会的全面协调发展。随后，张江雪等（2015a）基于行业异质性分析了自主创新、技术引进对工业绿色增长的影响，结果表明自主创新对行业绿色增长指数的影响大于国内和国外的技术引进；对于高、中绿色行业，国内技术引进的影响大于国外技术引进，对于低绿色行业，国内技术引进的影响略低于国外技术引进。

综上，实现绿色增长的路径主要有政策制定、战略支持、环境规制、资金投入、技术创新等，但对实现路径的系统性研究比较少。由于绿色增长是一个典型的复合系统，其实现路径之间是相互作用、相互关联的，进行系统性分析能够更好地把握这些路径的作用方向与作用机理。此外，现有文献以定性研究居多，量化研究不足，缺少关于这些路径要素对绿色增长的作用影响程度，以及仿真模拟这些路径的动态演化过程的分析。在现有文献中，绿色增长实现路径的分析只是局限于研究单个或者某几个特定因素或路径对绿色增长的影响，很少有文献从系统、动态的角度对实现路径进行研究，从而导致就如何实现绿色增长所提出的对策建议的针对性略显不足。

9.2　研究方法：系统动力学模型

系统动力学是由美国麻省理工学院（Massachusetts Institute of Technology，MIT）福瑞斯特（J. W. Forrester）教授于1956年首次提出的，是以控制论、系统论与信息论为基础，通过建立系统动态模型，借助计算机进行仿真模拟，预测系统发展趋势的一种较为成熟的方法（Forrester，1958）。自创立以来，系统动力学的理论、方法和工具被不断完善，应用方向日益扩展，在处理经济、生态、能源、环境、工业、农业、管理、军事等诸多人类社会复杂问题中发挥了重要作用，尤其适用于分析大型而复杂的“社会-经济-环境”系统问题，对绿色增长实现路径的系统研究具有重要的意义（Cavana，1999）。

9.2.1 发展历程

系统动力学理论发展经历的阶段如下。

1. 20 世纪 50~60 年代：系统动力学诞生

被称为“工业动力学”的系统动力学起初用于解决如原材料供应、生产、市场、销售、库存等问题，主要应用于企业管理领域。1958 年，Forrester 在《哈佛商业评论》上发表了奠基之作“Industrial dynamics：a breakthrough for decision makers”；1961 年，其出版的 *Industrial Dynamics* 被公认为系统动力学理论与方法的经典论著；1968 年，Forrester 在 *Principles of Systems* 中重点讲述了系统结构和动态行为的概念以及在系统中产生动态行为的基本原理，该原理在系统的分析、决策和预测中具有普遍性和广泛的适用性。此后一段时间，系统动力学应用范围逐步扩大，其中最著名的是 Forrester 教授在《城市动力学》一书中应用系统动力学从宏观层次研究城市的兴衰问题。此外，系统动力学还用于研究人、生态环境、自然资源、社会、经济的相互关系。

2. 20 世纪 70~80 年代：系统动力学发展成熟

系统动力学世界模型与美国国家模型的研究是该阶段的标志性成果。1970 年，Meadows 教授所在的团队开始使用系统动力学研究世界模型，并于 1972 年发布了研究结果《增长的极限》。该成果被西方一些媒体称为“70 年代的爆炸性杰作”，在世界范围内引起轰动。此后，越来越多的研究人员将系统动力学作为研究复杂系统的有效方法。几乎在同一时期，Forrester 领导麻省理工学院小组，在美国企业与政府的资助下建立了包含 4 000 多个方程的美国国家模型。这些模型揭示了美国与西方国家的经济长波的内在机制，以及美国 20 世纪 70 年代以来的通货膨胀、失业率和实际利率同时增长等问题。

3. 20 世纪 90 年代至今：系统动力学广泛应用与传播

到了 20 世纪 90 年代，系统动力学开始在世界范围内广泛地传播和应用，获得了许多新的发展。上至航天飞行器，下到锌工业的各种产业，还有从艾滋病到福利改革的各种问题，都有系统动力学的研究与应用。此外，系统动力学加强了与系统科学、结构稳定性分析、控制理论、灵敏度分析、参数估计、最优化技术应用等方面的联系，也常常被应用在社会经济问题的研究之中。

系统动力学在 20 世纪 70 年代末被引入中国，经过杨通谊先生、王其藩教授、许庆瑞教授和胡玉奎、陶在朴、贾仁安等专家学者的积极倡导和潜心研究，在国内取得了飞速发展：1986 年，国内系统动力学学会筹委会成立；1990 年，国际系统动力学学会中国分会正式成立；1993 年，中国系统工程学会系统动力学专业委员会正式成立；2005 年 11 月，国际系统动力学学会中国分会等单位主办了“2005 亚太地区可持续发展国际会议——系统动力学与其他管理学科应用组合会议”。国内系统动力学应用范围几乎涉及人类社会与自然科学的所有领域，在区域和城市规划、产业研究、企业研究、生态环保、科技管理、海洋经济和国家发展等应用研究领域已取得巨大成就，多项研究成果获国家级和部委级奖项。

9.2.2　特征及应用

系统动力学的主要特点如下：一是擅长处理带有周期性变化的问题；二是擅长处理长期性问题，便于分析具有较大惯性的社会经济系统；三是适合进行数据缺乏条件下的研究，如数据不足、某些参数或关系难以量化等；四是擅长处理高阶、非线性、时变问题，系统动力学的数字计算机仿真技术对于处理以高阶、非线性、时变为特征的复杂系统是非常有帮助的；五是常被用来进行情景分析，在情景假设的前提下，对社会经济系统的未来趋势进行预测与分析。

在国外，初期系统动力学主要应用于工业企业管理，处理市场股票与市场增长的不稳定性、生产与雇员情况的波动等问题。此后，随着系统动力学理论与方法研究的不断扩展，系统动力学被广泛地应用于国家战略政策、经济发展路径与模式的仿真模拟和情景分析中，并取得了一定的成果。20 世纪 90 年代初，麻省理工学院的 P. M. Senge 博士基于 Forrester 的企业设计理念发表了相关文献（Senge，1990），并于 1992 年获得世界企业学会的开拓者奖。在《第五项修炼》中，Senge 运用系统动力学的方法，从系统的、整体的角度，对学习型组织的特点和构建方法做了比较全面的论述；此外，将系统思考、团队学习、改变心智、自我超越、建立愿景相互融合，成为建立学习型组织的基本方法。Aslani 等（2014）利用系统动力学方法对芬兰的可再生能源政策进行了情景分析，结果发现，到 2020 年芬兰电热消耗量每增长 7%，能源对外依存度就会降低 1%~7%。

Kuai 等（2015）利用系统动力学对资源型城市绿色转型政策进行了仿真分析，结果显示，与结构调整和技术进步相比，产业规模控制是推动资源型城市绿色转型最重要的路径。

国内学者主要将系统动力学用于仿真模拟与预测，根据系统内部众多影响因素之间形成的各种反馈环进行建模，通过改变各要素的量，在计算机上进行仿真模拟，从而找到最佳的要素组合和发展模式。马永欢和周立华（2008）利用系统动力学模型对武威市凉州区发展循环经济的路径进行了仿真模拟，并提出了以经济发展与生态保护为核心的路径优化模式。佟贺丰等（2015）运用系统动力学模型分析了绿色经济对中国经济、社会、环境系统的潜在影响，结果显示，走绿色发展道路，中国可以实现更有质量的经济增长。刘畅和涂国平（2015）运用系统动力学模型对我国低碳发展战略进行了仿真模拟，结果发现按照中国现阶段的发展模式，我国低碳发展的政策要求将难以达到。

在交通运输、创新系统等领域，系统动力学方法被广泛用于对未来发展进行预测。Liu 等（2015）运用系统动力学模型构建了北京市客运交通碳排放评价模型，研究结果表明公共交通的优先发展不仅有利于公共交通比例的调节，同时也有助于北京交通的节能减排。在短期内，交通需求管理的节能减排效果较好，但长期看来，技术的进步更有利于实现节能减排目标。上述研究成果的存在不仅为绿色增长实现路径的系统分析提供了研究基础，同时也为本书提供了方法支持。王灏晨和夏国平（2008）建立了区域创新系统动力模型，以广西为例进行仿真模拟发现资金和人才是制约广西创新系统建设的瓶颈要素，并提出了相应对策。杨剑等（2010）建立了区域创新系统的系统动力学模型，通过研究区域创新系统的结构和运行机制，为区域创新战略的正确制定和有效实施提供了理论依据。

9.2.3 解决问题的步骤

系统动力学分析是一种定性与定量相结合的分析方法，它从系统内部的机制、微观结构着手，通过剖析系统进行建模，借助计算机模拟技术来分析研究系统内容及动态行为的关系特征，从而找出解决问题的最佳决策（张仁寿，2013）。

运用系统动力学解决系统问题是一个逐步深入、多次反复循环、螺旋上升的过程，共分为五个步骤（图 9.1）。

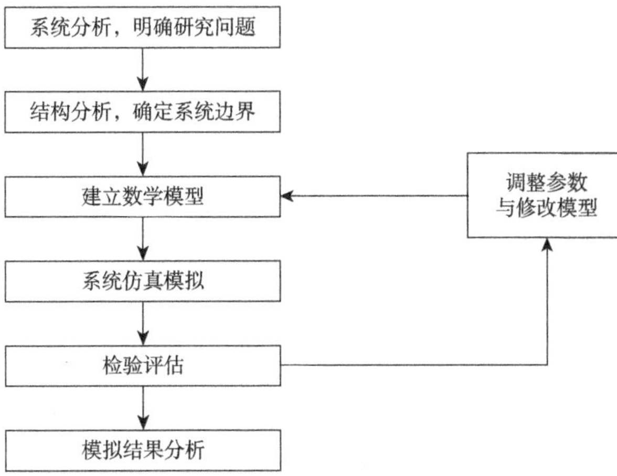

图 9.1　系统动力学解决问题的步骤

一是系统分析研究对象，明确研究问题：调查收集有关系统的情况与统计数据；明确所要解决的问题；分析系统的基本问题与主要问题、基本矛盾与主要矛盾、变量与主要变量；初步划分系统的界限，并确定外生变量、内生变量和输入量；确定系统行为的参考模式。

二是对系统进行结构分析，确定系统边界：分析系统总体与局部的反馈机制；划分系统的层次与子块；分析系统变量及变量之间的关系，定义变量（包括常数），确定变量的种类及主要变量；确定回路及回路间的反馈耦合关系，初步确定系统的主回路及其性质，分析主回路随时间转移的可能性。

三是建立规范的数学模型：确定系统中的状态、速率、辅助变量并建立主要变量之间的关系；设计各非线性表函数，确定、估计各类参数；给所有 N 方程、C 方程与表函数赋值。

四是仿真模拟：将系统动力学方程及所需参数值输入计算机进行模拟计算，求得模拟结果。

五是检验评估：若系统模型通过模型检验，则进行结果分析；若模拟结果未通过检验，则调整参数与模型，再进行模拟，直到满意为止。

9.3　实现路径的系统结构分析

9.3.1　系统边界确定

综合已有文献的研究成果可以看出，绿色增长主要涉及社会经济、生活质量、自然资产、生态环境与政策支持等多个影响因素，并且这些影响因素之间存在相互作用和相互联系，它们构成了一个非线性、动态的反馈系统。因此，可采用系统动力学对绿色增长实现路径问题进行系统仿真分析。

在绿色增长系统中，社会经济与生活质量两个子系统共同组成了复合系统的上层建筑，自然资产与生态环境两个子系统是复合系统的基础设施，政策支持子系统是复合系统的外部支持。基础设施决定上层建筑；反之，上层建筑影响基础设施。

社会经济子系统：由第 7 章的指标筛选与第 8 章的评价分析可知，经济增长速度与产业结构优化情况对绿色增长程度具有较大的影响，而社会固定资产投资总量及其结构也会对经济增长速度产生较大的影响。人口本身就是影响社会经济发展的关键因素，较高的人口增长率会增加物质需求量，进而推动经济的快速发展。综上，社会经济子系统涉及的主要变量有 GDP、绿色 GDP、人均绿色 GDP、第一产业产出、第二产业产出、第三产业产出、固定资产投资、第一产业投资、第二产业投资、第三产业投资、人口自然增长率、人口数、第一产业就业人数、第二产业就业人数与第三产业就业人数等。

生活质量子系统：随着社会经济的高速发展，人们对生活环境的质量越来越重视。由第 7 章的指标筛选与第 8 章的评价分析可知，生活垃圾的处理水平以及城市公共交通系统的完善状况对城市生活质量的影响显著，农村公共卫生水平的提高对农村生活环境质量的改善具有较大的影响。生产活动所造成的环境污染与破坏，不仅在一定程度上会降低人们生活环境的质量，同时也会降低居民对生活环境的幸福感知度。因此，本书选取生活质量指数这一变量来综合反映生活质量子系统的变化状况。

自然资产子系统：自然资产子系统为社会经济子系统提供物质基础，经济发展将会消耗大量的自然资源，使资源储量大幅减少，系统的稳定性受到威胁。根据第 7 章的指标筛选与第 8 章的评价分析可知，水资源、森林资源的人均拥有量与煤炭等矿产资源的储量对自然系统的安全性与稳定性具有较大的影响。随着矿产资源基础储量的不断降低，能源供需矛盾将会越来越尖锐，因此选取能源供需缺口这一变量代替煤炭基础储量，来考察矿产资源对自然资产子系统的影响。综上，本书选取生态安全指数来综合反映自然资产子系统。

生态环境子系统：由第 7 章的指标筛选与第 8 章的评价分析可知，二氧化硫排放量和化学需氧量是衡量空气污染与水污染程度的重要指标。二氧化硫排放量和化学需氧量反映了工业废气与废水对我国生态环境系统的污染程度。因此，出于对工业污染物的全面考虑，本书将从工业“三废”的排放量、治理量与存量三个方面进行考察，并选取环境污染指数这一变量来综合反映我国生态环境子系统的变化状况。

政策支持子系统：由第 7 章的指标筛选与第 8 章的评价分析可知，研发经费支出、环境污染治理投资与退耕还林投资对实现经济绿色增长具有较大的影响。因此，要想实现绿色增长，我国需不断加强在科技研发、环境治理与生态系统修复等方面的投资。但是，目前我国普遍存在着“投资-产出”不成比例的问题，为此本书将引入研发效率来考察科技经费的使用效率，综合反映政策支持子系统的变化情况。

9.3.2　因果反馈关系

各子系统的因果反馈关系是系统动力学建模的基础与前提。区域绿色增长是一个复杂巨型系统，各子系统之间存在着多层次、非线性的因果反馈关系，任何一个子系统的变化都会引起信息在各子系统之间的来回反馈，从而导致其他要素发生相应的变化。

绿色增长系统的因果反馈图如图 9.2 所示。

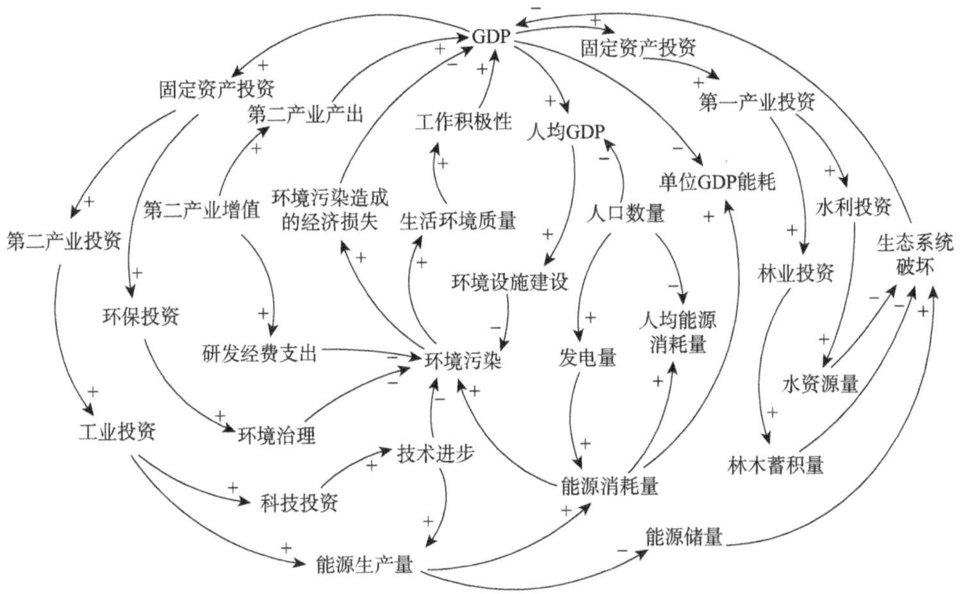

图 9.2　绿色增长系统的因果反馈图

（1）GDP→人均 GDP→环境设施建设→环境污染→生活环境质量→工作积极性→GDP（正反馈）。

（2）GDP→固定资产投资→环保投资→环境治理→环境污染→环境污染造成的经济损失→GDP（正反馈）。

（3）GDP→固定资产投资→第二产业投资→工业投资→科技投资→技术进步→环境污染→环境污染造成的经济损失→GDP（正反馈）。

（4）GDP→固定资产投资→第二产业投资→工业投资→科技投资→技术进步→环境污染→生活环境质量→工作积极性→GDP（正反馈）。

（5）GDP→固定资产投资→第一产业投资→林业投资→林木蓄积量→生态系统破坏→GDP（正反馈）。

（6）GDP→固定资产投资→第一产业投资→水利投资→水资源量→生态系统破坏→GDP（正反馈）。

（7）GDP→固定资产投资→第二产业投资→工业投资→能源生产量→能源储量→生态系统破坏→GDP（负反馈）。

（8）GDP→固定资产投资→第二产业投资→工业投资→能源生产量→能源消耗量→环境污染→环境污染造成的经济损失→GDP（负反馈）。

如图 9.2 所示，国民经济的快速发展能够创造大量的就业机会，使人们的生活水平与生活质量得到明显的提高。随着人们对生活环境质量的逐渐重视，人们对城市环境设施的建设力度也会不断加大，生活垃圾处理能力相应地也会不断增强，从而使得污染物对生活环境的负面影响显著降低。

经济增长在满足人们不断增强的物质需求的同时，不可避免地会对自然生态系统与人们的生活环境造成消极的影响。经济增长会消耗大量的自然资源，加快资源的枯竭速度，破坏生态系统的稳定性。受生产方式与技术的限制，我国资源利用水平相对较低，在造成不必要浪费的同时，还会产生较多的废弃物，严重破坏生态环境与生活环境，甚至危害人类的生命安全。因此，当务之急是要加大科学技术与环境保护投资力度，在提高资源利用效率的同时，及时、高效地处理污染物，增强国民经济增长的持续性与绿色性。

9.4 实现路径的系统模型构建

9.4.1 模型建立

遵循代表性、可获得性、精简性等原则，本书选取 10 个状态变量、10 个速率变量、64 个辅助变量与 12 个常量，共计 96 个变量，建立中国绿色增长系统的系统动力学模型，以确保模型的可操作性与完整性，见图 9.3。

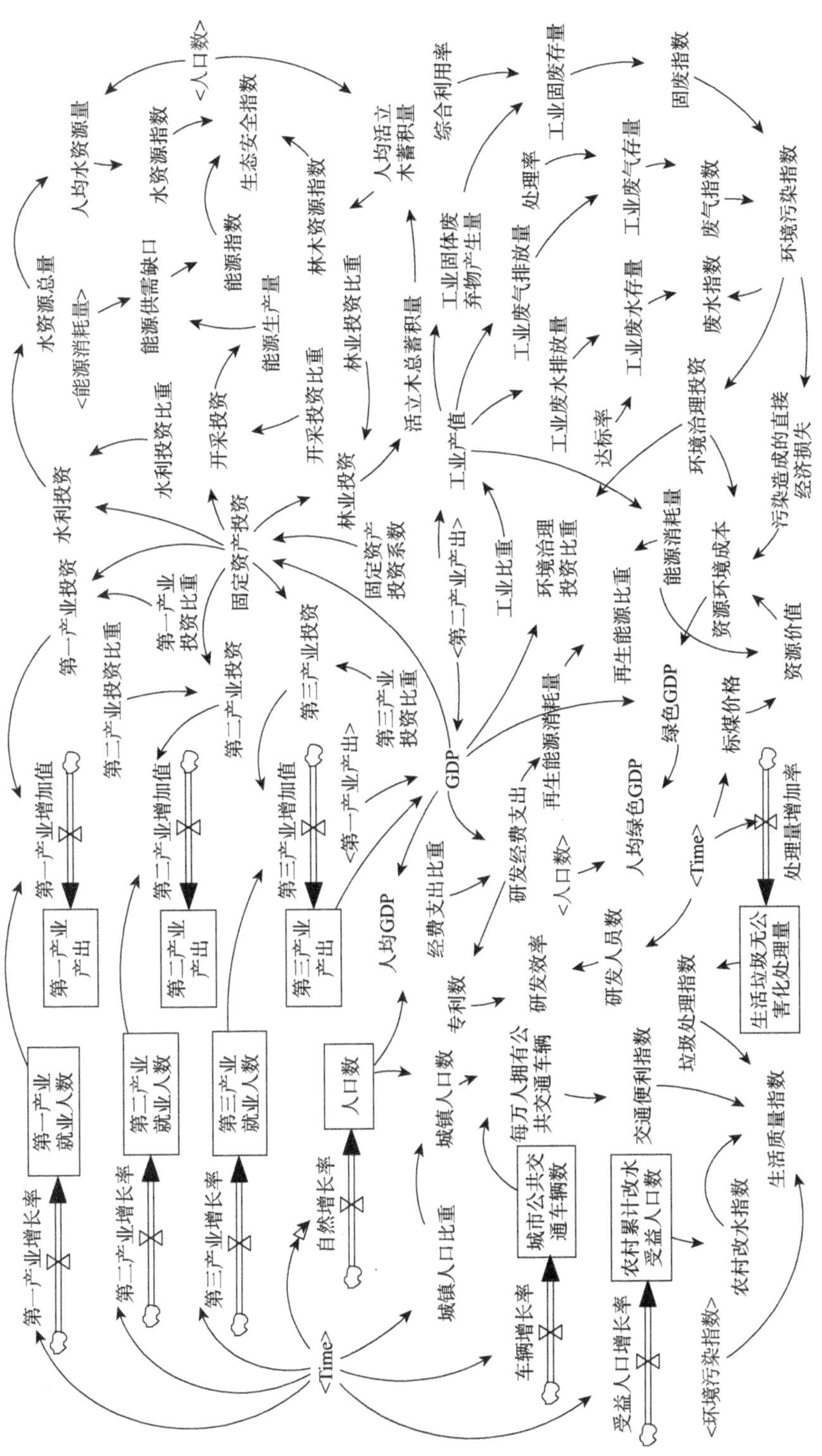

图 9.3　中国绿色增长系统的系统动力学模型

图中 Time 分为两部分：一是拟合的 Time，时间段为 2001~2012 年，间隔为 1 年；二是预测的 Time，时间段为 2013~2030 年，间隔为 1 年。此外，与 Time 相连接的变量，其数据是基于时间序列进行二次指数平滑或回归函数计算而得到的

（1）社会经济子系统：选取第一产业产出、第二产业产出、第三产业产出、第一产业就业人数、第二产业就业人数、第三产业就业人数、人口数作为状态变量；选取第一产业投资比重、第二产业投资比重、第三产业投资比重与固定资产投资系数等作为常量；选取第一产业增长率、第二产业增长率、第三产业增长率、自然增长率等作为速率变量；选取 GDP、绿色 GDP、人均绿色 GDP 等作为辅助变量。建立绿色 GDP 与资源环境成本之间的互动关系，从而与生态环境子系统、自然资产子系统、政策支持子系统连接。

（2）生活质量子系统：选取生活垃圾无公害化处理量、城市公共交通车辆数与农村累计改水受益人口数为状态变量；选取处理量增加率、车辆增长率与受益人口增长率等为速率变量；选取交通便利指数、农村改水指数、垃圾处理指数等为辅助变量，来反映生活质量子系统，并借助每万人拥有公共交通车辆与城镇人口数建立起生活质量子系统与社会经济子系统的联系。通过生活质量指数与环境污染指数的作用关系，建立生活质量子系统与生态环境子系统的动态关系。

（3）自然资产子系统：选取水利投资、水资源总量、人均水资源量、林业投资、活立木总蓄积量、人均活立木蓄积量、开采投资、能源供需缺口、生态安全指数（Li et al.，2014）等变量为辅助变量，设定开采投资比重、林业投资比重与水利投资比重为常数，来反映自然资产子系统，并借助水利投资、开采投资、林业投资与固定资产投资的联系，以及人均水资源量、人均活立木蓄积量与人口数之间的关系，建立自然资产子系统与社会经济子系统之间的连接。

（4）生态环境子系统：主要由工业废气排放量、工业废水排放量、工业固体废弃物产生量、工业废水存量、工业废气存量、工业固废存量、环境污染指数（贺彩霞等，2009）等辅助变量，以及综合利用率、处理率与达标率等常数共同构成。通过建立工业产值与工业“三废”之间的互动关系，从而与社会经济子系统连接；“三废”存量通过与综合利用率、达标率等常量接口，与环境污染指数建立联系，进而借助生活质量指数这一变量与生活质量子系统连接。

（5）政策支持子系统：由研发经费支出、环境治理投资、环境治理投资比重、研发效率、专利数、研发人员数等辅助变量，以及经费支出比重这一常数组成。借助环境治理投资比重、研发经费支出等辅助变量，与 GDP 连接，从而与社会经济子系统连接；通过建立研发经费支出与可再生能源消耗量的关系，借助可再生能源比重这一变量，与自然资产子系统相联系。

根据模型中各因素间的关系建立方程式，具体见表 9.1。

表 9.1 各子系统中的主要方程式

子系统	因变量	方程式
社会经济	GDP	y = 第一产业产出+第二产业产出+第三产业产出
	资源环境成本	y = 环境污染造成的直接经济损失+资源价值+环境治理投资

续表

子系统	因变量	方程式
社会经济	绿色 GDP	y = GDP−资源环境成本
	人均绿色 GDP	y = 绿色 GDP/人口数
	人口数	y = INTEG（自然增长率×人口数）
	第一产业就业人数	y = INTEG（第一产业增长率×第一产业就业人数）
	第一产业投资	y = 固定资产投资×第一产业投资比重
生活质量	城市公共交通车辆数	y = INTEG（车辆增长率×城市公共交通车辆数）
	农村累计改水受益人口数	y = INTEG（受益人口增长率×农村累计改水受益人口数）
	生活垃圾无公害化处理量	y = INTEG（处理量增加率×生活垃圾无公害化处理量）
	城镇人口数	y = 人口数×城镇人口比重
	交通便利指数	y = 每万人拥有公共交通车辆/基年每万人拥有公共交通车辆
	生活质量指数	y =（交通便利指数×垃圾处理指数×农村改水指数）/环境污染指数
自然资产	人均活立木蓄积量	y = 活立木总蓄积量/人口数
	人均水资源量	y = 水资源总量/人口数
	能源供需缺口	y = ABS（能源生产量−能源消耗量）
	开采投资	y = 固定资产投资×开采投资比重
	林业投资	y = 固定资产投资×林业投资比重
	水资源指数	y = 人均水资源量/基年人均水资源量
	生态安全指数	y = 水资源指数×林木资源指数×能源指数
生态环境	工业固废存量	y = 工业固体废弃物产生量×（1−综合利用率）
	工业废水存量	y = 工业废水排放量×（1−废水达标率）
	工业废气存量	y = 工业废气排放量×（1−废气达标率）
	固废指数	y = 工业固废存量/基年工业固废存量
	废水指数	y = 工业废水存量/基年工业废水存量
	废气指数	y = 工业废气存量/基年工业废气存量
	环境污染指数	y = 废水指数×废气指数×固废指数
政策支持	研发经费支出	y = GDP×研发经费支出占 GDP 比重
	环境治理投资比重	y = 环境污染治理投资/GDP
	研发效率	y = 专利数/研发人员数

9.4.2 模型参数确定

本书运用系统动力学的专业软件 Vensim_PLE 建模，模型运行时间为 2001~2030 年，仿真步长为 1 年，变量数据主要来源于 2002~2013 年《中国统计年鉴》、《中国能源统计年鉴》及《中国科技统计年鉴》。

本书以 2001 年为模拟基期，运用 2001~2012 年的历史数据进行系统动力学模型拟合。函数是系统模型的重要组成部分，本书通过算术平均、二次平滑指数、表函数、CD 生产函数、回归分析法等多种方法确定系统模型的原始参数。

1. CD 生产函数确定

本书选择第一、二、三产业产出这三个水平变量反映中国产业经济的发展水平与结构，并采取卢万合等（2012）、李杰兰等（2009）的做法，将 CD 生产函数模型引入系统动力学模型中进行三产增加值的计算仿真，以确保仿真精度。函数模型如下：

$$Y = A(t) L^{\alpha} K^{\beta} \mu \tag{9.1}$$

其中，Y 为产业产出；$A(t)$ 为综合技术水平；L 为劳动力；K 为固定资产；α 为劳动力产出的弹性系数；β 为资本产出的弹性系数；μ 表示随机干扰的影响，$\mu \leqslant 1$。从这个模型可看出，决定经济系统发展水平的主要因素是投入的劳动力数、固定资产和综合技术水平。

假设规模效益不变，即 $\alpha + \beta = 1$，对式（9.1）两边取对数，用 EViews 7.2 最小二乘法估计得

$$Y_1 = 0.4017 L_1^{0.2374} K_1^{0.7626}$$

$R^2 = 0.8597$，$\text{Adj}.R^2 = 0.8545$，$F = 165.4778$，$\text{DW} = 1.7279$

$$Y_2 = 0.4331 L_2^{0.2034} K_2^{0.7966}$$

$R^2 = 0.9963$，$\text{Adj}.R^2 = 0.9960$，$F = 3393.852$，$\text{DW} = 2.6677$

$$Y_3 = 0.3266 L_3^{0.6526} K_3^{0.3474}$$

$R^2 = 0.9410$，$\text{Adj}.R^2 = 0.9362$，$F = 199.1934$，$\text{DW} = 1.8939$

其中，Y_1、Y_2、Y_3 分别为第一、二、三产业的产出增加值；L_1、L_2、L_3 分别为第一、二、三产业的就业人数；K_1、K_2、K_3 分别为第一、二、三产业的固定资产投资。由所得估计结果可知，以上模型的拟合优度高，F 值高，DW 值接近或超过 2，函数变量在 0.05 的显著水平下通过 t 检验。

2. 回归分析函数

工业经济的增长除了消耗大量能源外，不可避免地会产生工业废弃物。可见，工业产值与能源消耗量、工业“三废”排放量之间存在相互关系。因此，本书借助 SPSS 19.0 软件，运用回归分析法来确定工业产值与能源消耗量、工业“三废”排放量的线性拟合关系。回归方程式如下：

$N = 2432.14 G^{0.404}$，模型的拟合优度为 0.978；

$S = \mathrm{e}^{14.685 - 0.000000004942 G}$，模型的拟合优度为 0.929；

$Q = 295.94 G^{0.619}$，模型的拟合优度为 0.958；

$T = 61.274 G^{0.695}$，模型的拟合优度为 0.978。

其中，G、N、S、Q、T 分别代表工业产值、能源消耗量、工业废水排放量、工

业废气排放量与工业固体废弃物产生量。

CD生产函数与回归分析的拟合模型情况见图9.4与图9.5。

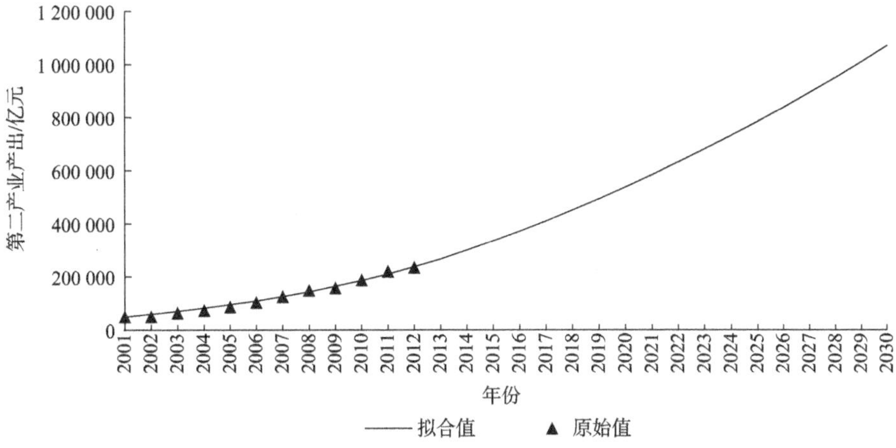

图9.4　第二产业产出拟合图

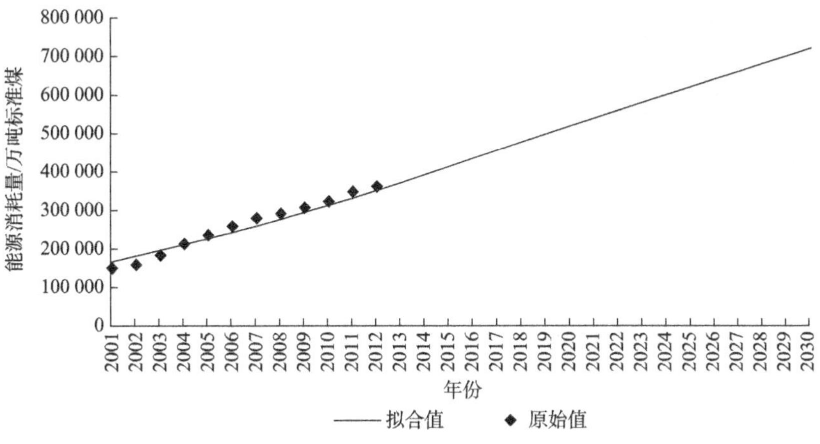

图9.5　能源消耗量拟合图

9.4.3　模型有效性检验

为确保所构建的系统动力学模型与现实相符，选择五个子系统中较为重要且具有代表性的变量进行历史检验，以考察模型的有效性。检验变量共有7个，分别为社会经济子系统中的人均GDP，生活质量子系统中的农村累计改水受益人口数与生活垃圾无害化处理量，自然资产子系统中的人均活立木蓄积量与能源生产量，生态环境子系统中的工业废水排放量以及政策支持子系统中的研发人员数。检验时间为 2001~2012 年，检验结果见表 9.2。根据 Zhang 等（2014）（小于 10%）、Kuai 等（2015）（小于 10%）与 Liu 等（2015）（小于 20%）的检验结果，平均误差小于 20%是可以接受的。如表 9.2 所示，该系统模型的历史值与模拟值平均误差为−3.91%~6.74%，系统模拟结果与中国绿色增长的现实情况基本一致。总体上看，该模型的拟合精确度较高，基本上能真实地反映现实系统的运行情况。

表 9.2 绿色增长系统动力学模型的检验结果

变量	单位	数值	年份							误差
			2001	2003	2005	2007	2009	2011	2012	
人均 GDP	元	历史值	8 621.7	10 542.0	14 185.4	20 169.5	25 607.5	35 197.8	38 459.5	4.58%
		模拟值	8 591.9	11 763.5	15 760.7	20 802.6	27 094.2	34 782.3	39 208.7	
农村累计改水受益人口数	万人	历史值	86 113	87 387	88 893	87 859	90 251	89 971	91 208	−0.57%
		模拟值	86 113	85 385	88 646	86 480	89 712	91 541	90 313	
生活垃圾无公害化处理量	万吨	历史值	7 839.8	7 544.7	8 051.1	9 437.7	11 232.3	13 089.6	14 489.5	−3.91%
		模拟值	7 839.8	7 009.3	8 008.0	7 879.5	11 003.3	13 308.7	14 073.1	
人均活立木蓄积量	立方米	历史值	9.8	9.7	10.4	10.3	11.2	11.1	11.0	0.68%
		模拟值	10.0	10.2	10.4	10.6	10.8	10.9	11.0	
能源生产量	万吨标准煤	历史值	143 875	171 906	216 219	247 279	274 619	317 987	331 848	0.38%
		模拟值	158 872	183 862	210 594	239 532	270 724	303 932	321 296	
工业废水排放量	亿吨	历史值	203.0	212.3	243.1	247.0	234.4	231.0	221.6	−0.56%
		模拟值	233.9	232.0	229.5	226.3	222.2	217.2	214.3	
研发人员数	万人/年	历史值	95.7	109.5	136.5	173.6	229.1	288.3	324.7	6.74%
		模拟值	95.7	113.2	144.9	188.8	251.7	315.9	355.3	

9.5 中国绿色增长实现路径仿真模拟

9.5.1 实现路径的设计假设

绿色增长系统是一个各要素相互作用、相互制约、关系错综复杂的巨型系统，影响因素众多，不能一一考虑。结合第 7 章与第 8 章的研究结果可发现：产业结构是影响社会经济准则层水平的重要因素之一；科技投入、污染处理等因素是我国政策支持力度的集中体现；水、森林与能源等自然资源是自然资产准则层水平提升的关键因素；能源消耗结构是影响生态环境准则层水平的主要因素。在生产活动中，技术因素通常体现为生产效率、资源利用效率及污染处理能力的提高，而资金投入通常表现为生产规模的扩张与基础设施的改进。

因此，本书重点考察科技研发投入、产业投资结构、资源占用程度及污染处置能力等因素对绿色增长系统的影响作用。其中，选取科技经费支出占 GDP 比重这一参数指标进行科技研发投入因素的反映；产业投资结构因素主要从固定资产投资系数，第一、二、三产业的投资比重以及工业比重等方面进行考察；通常情况下，经济发展对某种资源的占用程度越大，说明此种资源的社会需求越大，相应地，其开采、开发投资力度也会越大，因此，在资源占用程度方面，重点选取能源开采投资、水利投资与林业投资等参数指标进行衡量；污染处置能力主要从“三废”的综合利用率、达标率及处理率等方面进行考察。

基于上述分析，在综合考虑中国未来经济增长方式转变的基础上，本书设定了如下几种可能出现的绿色增长实现路径。

路径一：假设技术效率不变，科技研发投入、产业投资结构、资源占用程度及污染处置能力等参数也不发生任何变化，即系统的初始条件不变，所有参数也不加以改变。此实现路径为基准路径，用来进行仿真实验对照。

路径二：假设技术效率发生变化，科技研发投入加大促进技术创新能力增强，相应地，经济活动变得活跃，生产性投资变大，产业投资结构发生变化。该实现路径以经济的持续快速增长为第一要务，是一种经济高速增长的发展模式。

路径三：假设在经济新常态下，GDP 增速有所下降，污染治理与资源保护等方面资金投入的关注更多，相应地，产业投资结构也会发生变化。因此，此实现路径是一种以自然资源节约与生态环境保护为首要任务的发展模式。

路径四：假设技术效率的改变在促使资源利用与污染处置持续改善的同时，经济刺激政策的相应出台将带来 GDP 增速的变化，与此同时，产业投资结构也发生变化。此实现路径是一种以协调均衡为理念的发展模式，即在促进经济增长的同时，加强资源环境的保护。

在上述四种路径中，路径一将延续现有发展模式，其他三种实现路径的发展方向则各有不同。路径二的发展重点在于经济增长，强调借助技术创新推动传统产业的改造升级，最终实现经济的快速增长；路径三的发展重点落在资源环境的保护与修复上，注重通过先进技术实现对生态系统的及时恢复与重建；路径四的关注重点是经济、资源与环境的协调统一，强调通过战略性新兴产业的发展来带动经济的持续增长，与此同时，减少对自然环境系统的污染与破坏。

9.5.2　实现路径的仿真模拟

根据 9.5.1 小节的路径设计与假设，选取固定资产投资系数、第一产业投资比重、第二产业投资比重、第三产业投资比重、工业比重、开采投资比重、水利投资比重、林业投资比重、科技支出比重、固废综合利用率、废水达标率、废气处理率等指标为调控参数，运用 Vensim_PLE 软件对中国绿色增长系统 2012~2030 年的四种发展路径进行仿真模拟。各参数组合值详见表 9.3。不同参数组合代表不同的实现路径、不同的发展模式。

表 9.3　系统模型中的调控参数设置

参数指标	路径一	路径二	路径三	路径四
固定资产投资系数	0.52	0.57	0.48	0.55
第一产业投资比重	0.03	0.04	0.035	0.04
第二产业投资比重	0.44	0.50	0.40	0.38
第三产业投资比重	0.53	0.46	0.565	0.58
工业比重	0.80	0.87	0.71	0.75
开采投资比重	0.037	0.053	0.034 5	0.034
水利投资比重	0.066 4	0.055	0.075	0.08
林业投资比重	0.005 5	0.004	0.008	0.008 5
科技支出比重	0.014 4	0.016	0.018	0.02
固废综合利用率	0.665	0.63	0.70	0.76
废水达标率	0.835	0.80	0.85	0.88
废气处理率	0.78	0.75	0.80	0.84

注：路径一中的参数值为2001~2012 年各指标数据的平均值；路径二、路径三与路径四中的参数值是依据各路径设计，以路径一的参数值为基准值进行不同程度的增加或减少而得到的

通过考察人均绿色 GDP、资源环境成本、生态安全指数、环境污染指数、生活质量指数及研发效率等变量的动态变化，对四种绿色增长实现路径进行仿真模拟，为后文中的路径比较分析与选择研究提供决策依据。保持系统参数不变，按照现有增长模式及趋势进行模拟，如图 9.6~图 9.11 所示。

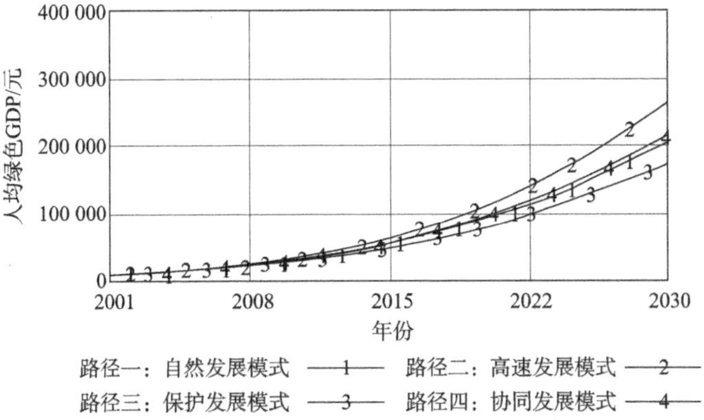

图 9.6　人均绿色 GDP 的变化趋势

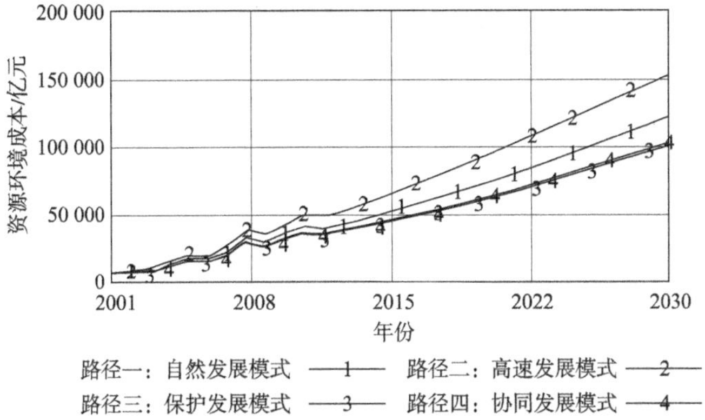

图 9.7　资源环境成本的变化趋势

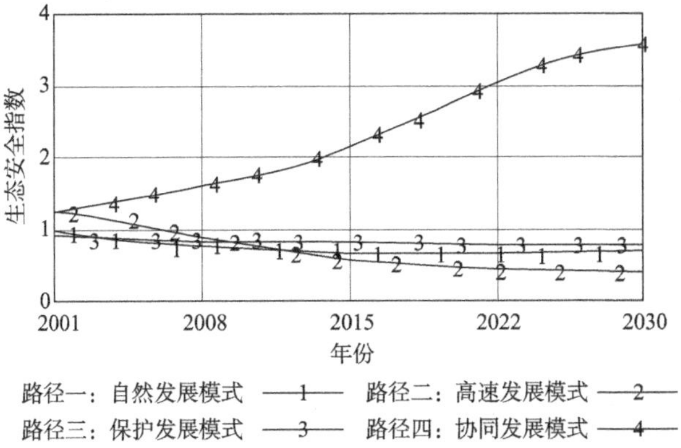

图 9.8　生态安全指数的变化趋势

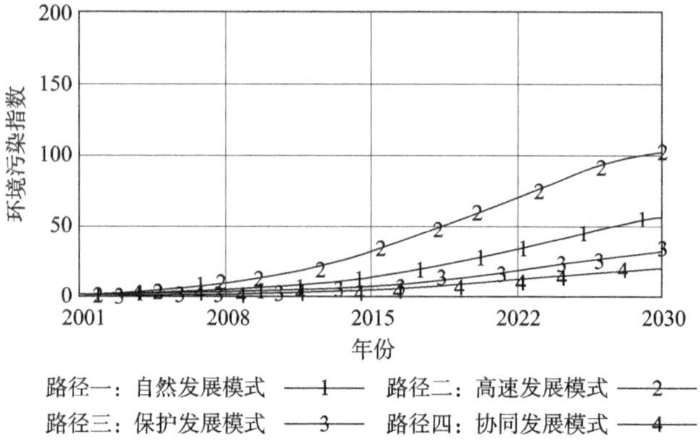

图 9.9 环境污染指数的变化趋势

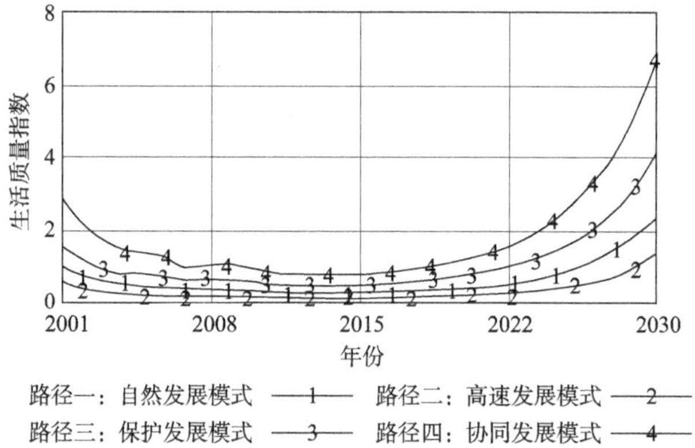

图 9.10 生活质量指数的变化趋势

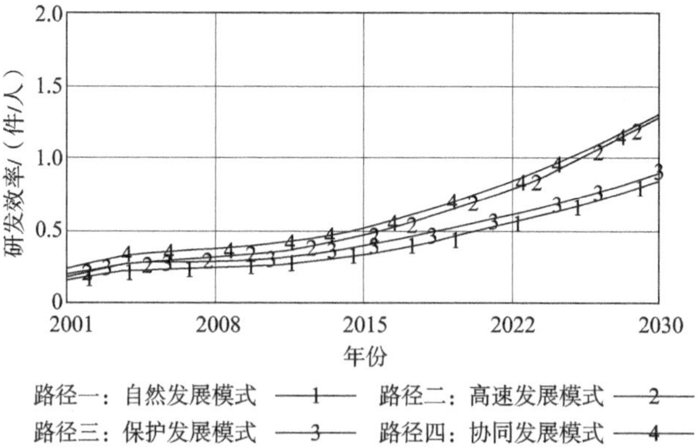

图 9.11 研发效率的变化趋势

1. 路径一：自然发展模式（基准路径）

在路径一的情形下，经济增长明显，呈现先平缓（2001~2015 年）后快速（2016~2030 年）的态势。2001~2030 年，人均绿色 GDP 从 8 143.9 元升高到 206 041 元。

资源基础储量不断减少，生态安全指数不断降低。能源供需缺口不断扩大，生态安全指数从 2001 年的 1.000 降低至 2030 年的 0.686 8。

环境污染日趋严重，环境污染指数不断升高。工业固体废弃物、工业废气的排放量持续增加，环境污染指数从 1.000 升高到 57.404，增长了 56%。

生活质量指数呈现先下降后升高的趋势。2001~2013 年，生活质量指数呈现下降趋势，从 1.00 降低到 0.26，较低水平持续一段时间后（2013~2022 年），开始大幅升高（2023~2030 年）。

科技与环保投入不断增多，研发效率不断升高。研发效率从 2001 年的 0.158 2 件/人升高到 2030 年的 0.844 9 件/人。

综上，在路径一中，经济增长呈现明显的高耗能、重污染、低附加值特征，资源、环境代价巨大。2001~2030 年，资源环境成本从 5 716.99 亿元增加到 122 616 亿元。

2. 路径二：高速发展模式

为达到经济高速发展与技术效率提升的目的，调整参数，见表 9.3：①科研支出的增加是技术持续创新的保证，因此提高科技支出比重，从 0.014 4 增高至 0.016；②资金投入是经济持续发展的基础，因此提高固定资产投资系数，从 0.52 增至 0.57；③工业的发展需要消耗大量的能源，为确保能源的持续供应，提高开采投资比重，从 0.037 提高到 0.053。模拟结果如下所示。

经济增长迅猛，无论是速度还是总量均为四种路径中最大的。到 2030 年，GDP 总量增至 4 087 080 亿元，人均绿色 GDP 增至 265 011 元。

资源耗速大幅增快，能源面临衰竭的危险，生态安全危机不断加重。在取得经济高速发展的同时，核心资源被大量消耗浪费，尤其是能源，供不应求现象日趋严重，供需缺口不断增大，从 2001 年的 13 060 万吨标准煤升高到 2030 年的 81 989.3 万吨标准煤。同时，生态安全指数也急速下降，从 1.215 7 降至 0.411 7。

环境污染恶化日益明显，环境污染指数为四种路径中最高的。2030 年，工业固体废弃物产生量增至 15 853 401 万吨，环境污染指数升高到 102.92。可见，我国经济的高速发展面临着严峻的环境压力与生态挑战。

受环境污染恶化的影响，生活质量指数整体下降，其数值是四种路径中最低的。工业污染的持续恶化使生活环境遭到极大的破坏，严重影响了人们的正常生活，甚至对人们的生命安全造成威胁。

科技投入是经济高速发展的重要驱动力，随着经济的高速增长，科技支出相应大幅增多，研发效率得到明显提高。同时，为缓解经济增长加重环境污染问题，环保投资也将迅速增多，数值是四种路径中最高的。

由上可知，路径二的经济高速增长让人类付出的资源与环境代价不断加重，资源枯竭与环境污染问题急剧恶化。2001~2030 年，我国资源环境成本从 6 562.96 亿元增加到 153 796 亿元，人均 GDP 与人均绿色 GDP 的差值从 514.23 元升高到 2030 年的 10 362 元。

3. 路径三：保护发展模式

为达到节约资源与保护环境的目的，调整参数，见表 9.3：①减缓资源消耗速度，降低生产性投资与第二产业投资比重，固定资产投资系数从 0.52 降至 0.48，第二产业投资比重从 0.44 降至 0.40；②提高低耗能、低污染的第三产业投资比重，从 0.53 提高到 0.565，以保证国民经济的持续增长；③降低化石能源的开采投资，增加科技投资开展可再生能源的研发与应用，将开采投资比重从 0.037 调低至 0.034 5，科技支出比重从 0.014 4 调高至 0.018；④加强水利投资与林业投资，增加人均水资源量与人均活立木蓄积量，水利投资比重从期初的 0.066 4 调高至 0.075，林业投资比重从原来的 0.005 5 升高至 0.008。模拟所得结果如下。

经济增长速度放缓，经济总量为四种路径中最低的。受固定资产投资减少的影响，经济增长势头被抑制，到 2030 年，GDP 仅为 2 698 590 亿元，人均绿色 GDP 为 175 006 元，排在四种路径之尾。

资源消耗速度有所降低，生态安全危机有所缓解。能源消耗量明显降低，2030 年的能源消耗量为 658 397 万吨标准煤，较自然发展路径减少 100 321 万吨标准煤。生态安全指数的降幅仅为 0.144 3，生态安全指数居四种路径中的第二位。

环境污染明显下降，环境恶化势头得到有效抑制。工业“三废”排放量大幅降低，2030 年的工业固体废弃物产生量为 937 340 万吨，相比自然发展模式，降低了 259 000 万吨。环境污染指数明显较低，居四种路径中的第三位。

随着环境质量的明显改善，生活质量指数整体升高，居四种路径中的第二位。经济收入水平的增加，使得人们对生活质量的要求相应提升。环境优美宁静、空气清新干净、生活舒适方便，是人们一直梦寐以求的生活环境。因此，环境污染指数的大幅降低，将极大提高居民的生活环境质量与幸福感知程度。

为降低污染存量，提高污染物处理率，持续、充足的科技支出必不可少，但因经济增长速度的放缓，研发效率增幅较低，排在四种路径中的第三位。

不难发现，路径三中的环境污染与资源耗竭问题虽然得到了有效缓解，却抑制了国民经济增长势头，一定程度上影响了我国经济增长的持续性。2001~2030 年，我国资源环境成本与人均绿色 GDP 两个变量值均呈现整体降低趋势，位列四种路径之尾。

4. 路径四：协同发展模式

基于快速、绿色、协调的发展思路，对相关参数进行系统调整：①着力增加科技支出，将科技支出比重从 0.014 4 提高至 0.02，以增强绿色技术的研发能力，提高资源利用水平，减少环境污染物的产生量；②适当增加固定资产投资系数，以保证社会经济发展的资金需求，将固定资产投资系数从 0.52 提高到 0.55；③优化产业结构，充分发挥第三产业高附加值、低污染的综合效应，大力提高第三产业的投资比重，由原来的 0.53 增加到 0.58；④水利投资比重和林业投资比重进行相应调整，从 0.066 4、0.005 5 分别调高至 0.08 与 0.008 5，提高水资源与林木资源的利用率，以增强生态安全系统的稳定性。模拟结果如下。

经济增长速度较快，保持着良好的上升态势。到 2030 年，GDP 与人均绿色 GDP 分别达到 3 299 170 亿元与 215 192 元，仅次于路径二的高速发展模式。

资源耗用量明显降低，生态安全危机得以解除。30 年间，能源消耗一直处于较低水平，能源供需缺口明显缩小，经济增长呈现低消耗、高利用的良性发展状态。2030 年，能源供需缺口为 10 546.1 万吨标准煤，比路径一的自然发展模式减少了 45 341.4 万吨标准煤。

人均水资源量与人均活立木蓄积量分别为 3 919.63 立方米与 12.152 3 立方米，居四种路径之首；与其他三种路径不同，此种方案的生态安全指数扭转了持续下降的趋势，整体呈上升态势，且升高幅度较大，表明生态环境系统的危机已消除。

环境质量较好，污染存量大幅降低。30 年间，工业“三废”存量显著降低，环境质量保持良好状态。2030 年，工业废水、废气与固体废弃物的存量分别为 147 692 万吨、293 663 亿立方米与 266 474 万吨。环境污染指数大幅降低，2030 年的指数值为 20.361 5，明显小于路径二的高速发展模式（102.92），排在四种路径之尾。

加入环境污染指数这一变量后，生活质量指数整体下降，表明生态环境对人民的生活有重要影响。环境污染的显著改善使得此种情景下的生活质量指数整体升高，明显高于其他三种路径。

科技支出与研发效率显著提高，绿色技术研发能力得以增强。到 2030 年，科技支出达到 65 983.4 亿元，研发效率达到 1.296 5 件/人，远高于路径一的自然发展模式，居四种路径之首。科技进步推动了污染处理能力的提高，环境污染得以明显改善，用于环境保护的费用支出相应减少，居四种路径之尾。

综上可知，路径四在保证经济持续快速增长的前提下，有效解决了资源环境问题，实现了我国经济的可持续发展。2001~2030 年，经济增长态势良好，仅次于路径二的高速发展模式；生态环境得到明显改善，环境污染指数排在四种路径之尾。

9.6 绿色增长实现路径比较分析

通过比较环境污染造成的直接经济损失、资源消耗与环境污染等方面的模拟结果，结合四种路径方案的经济增长，对四种实现路径进行综合比较与评价，进而寻找实现我国绿色增长的可行路径，具体见表 9.4。可看出，2001~2030 年，路径一的人均绿色 GDP 增加了 197 897 元，增幅排在四种路径的第三位；环境污染造成的直接经济损失增加了 91 224 万元，排在第二位；资源环境成本的增幅为 116 899 亿元，排在第二位；环境污染指数升高了 56.40，排在第二位，整体呈现中速增长中消耗中污染的发展趋势。路径二的人均绿色 GDP 增幅居四种路径的第一位；环境污染造成的直接经济损失增加了 163 714 万元，排在第一位；资源环境成本增加了 147 233 亿元，排在第一位；环境污染指数的升高幅度排在第一位，整体呈现高速增长高消耗高污染的发展特征。路径三的人均绿色 GDP 增加了 166 813 元，增幅排在四种路径的第四位；环境污染造成的直接经济损失增幅排在第三位；资源环境成本增幅排在第四位；环境污染指数升高了 33.68，排在第三位，整体呈现低速增长低消耗低污染的发展特征。路径四的人均绿色 GDP 增幅排在四种路径的第二位；环境污染造成的直接经济损失排在第四位；资源环境成本增加了 99 338 亿元，排在第三位；环境污染指数的升高幅度排在第四位，整体呈现出快速增长低消耗低污染的发展趋势。

表 9.4 模拟结果比较和方案评价

年份	路径一				路径二				路径三				路径四			
	A	B	C	D	A	B	C	D	A	B	C	D	A	B	C	D
2001	8 144	16 254	5 717	1.00	8 078	17 379	6 563	1.70	8 193	15 662	5 095	0.63	8 216	15 200	4 799	0.35
2002	9 531	16 686	7 087	1.27	9 605	18 253	8 246	2.24	9 494	15 900	6 265	0.78	9 665	15 340	5 959	0.44
2003	11 165	17 203	7 736	1.59	11 423	19 322	9 211	2.90	11 015	16 181	6 736	0.96	11 371	15 508	6 401	0.54
2004	12 738	17 813	11 855	1.96	13 208	20 603	13 912	3.69	12 467	16 509	10 428	1.16	13 039	15 707	10 174	0.66

续表

年份	路径一				路径二				路径三				路径四			
	A	B	C	D	A	B	C	D	A	B	C	D	A	B	C	D
2005	14 458	18 534	17 052	2.41	15 185	22 140	19 867	4.64	14 045	16 893	15 067	1.40	14 872	15 942	14 952	0.81
2006	16 834	19 389	17 107	2.94	17 910	23 986	20 344	5.78	16 214	17 345	14 915	1.67	17 363	16 221	14 758	0.98
2007	19 199	20 401	21 230	3.56	20 670	26 194	25 293	7.15	18 354	17 876	18 484	2.00	19 869	16 553	18 448	1.18
2008	21 318	21 591	32 801	4.30	23 211	28 813	38 514	8.77	20 253	18 497	28 803	2.39	22 170	16 944	29 244	1.43
2009	24 894	22 982	29 413	5.16	27 414	31 896	35 365	10.67	23 459	19 219	25 443	2.83	25 897	17 403	25 678	1.71
2010	28 135	24 579	35 163	6.15	31 311	35 452	42 352	12.87	26 336	20 045	30 370	3.34	29 337	17 931	30 839	2.04
2011	31 793	26 398	40 363	7.27	35 739	39 516	48 807	15.38	29 566	20 984	34 761	3.92	33 212	18 536	35 448	2.41
2012	36 323	28 464	39 148	8.55	41 221	44 138	48 139	18.24	33 555	22 049	33 353	4.58	37 960	19 224	33 894	2.84
2013	40 954	30 796	42 385	9.99	46 900	49 346	52 491	21.46	37 603	23 251	35 934	5.33	42 845	20 005	36 571	3.32
2014	46 024	33 410	45 800	11.61	53 167	55 165	57 090	25.06	42 012	24 601	38 653	6.16	48 192	20 883	39 393	3.86
2015	51 557	36 321	49 396	13.41	60 058	61 604	61 932	29.04	46 799	26 108	41 513	7.09	54 024	21 866	42 360	4.47
2016	57 578	39 538	53 172	15.40	67 612	68 659	67 013	33.40	51 982	27 781	44 515	8.13	60 367	22 957	45 474	5.14
2017	64 112	43 068	57 130	17.58	75 870	76 310	72 325	38.13	57 579	29 628	47 661	9.27	67 246	24 160	48 737	5.89
2018	71 184	46 912	61 267	19.96	84 871	84 516	77 857	43.21	63 609	31 654	50 951	10.52	74 685	25 477	52 150	6.70
2019	78 817	51 064	65 581	22.52	94 655	93 214	83 597	48.58	70 087	33 866	54 387	11.89	82 708	26 909	55 713	7.59
2020	87 036	55 514	70 069	25.27	105 262	102 319	89 527	54.21	77 029	36 263	57 968	13.37	91 338	28 453	59 424	8.54
2021	95 863	60 240	74 724	28.20	116 732	111 719	95 627	60.03	84 453	38 845	61 693	14.97	100 596	30 104	63 284	9.56
2022	105 322	65 213	79 540	31.27	129 105	121 278	101 874	65.94	92 372	41 609	65 559	16.68	110 504	31 856	67 290	10.65
2023	115 432	70 397	84 508	34.48	142 418	130 838	108 242	71.85	100 800	44 547	69 566	18.49	121 082	33 697	71 439	11.79
2024	126 216	75 743	89 620	37.78	156 711	140 215	114 704	77.65	109 751	47 648	73 709	20.41	132 349	35 615	75 728	12.97
2025	137 690	81 195	94 865	41.15	172 018	149 212	121 230	83.21	119 235	50 896	77 985	22.42	144 320	37 592	80 153	14.19
2026	149 875	86 687	100 229	44.55	188 378	157 617	127 791	88.41	129 263	54 272	82 389	24.51	157 013	39 609	84 710	15.44
2027	162 788	92 145	105 700	47.92	205 825	165 215	134 356	93.10	139 847	57 753	86 915	26.66	170 442	41 642	89 392	16.70
2028	176 444	97 488	111 265	51.23	224 391	171 791	140 896	97.17	150 994	61 310	91 557	28.86	184 620	43 665	94 195	17.95
2029	190 857	102 629	116 908	54.41	244 110	177 143	147 384	100.48	162 711	64 910	96 308	31.08	199 560	45 651	99 112	19.18
2030	206 041	107 478	122 616	57.40	265 011	181 093	153 796	102.92	175 006	68 519	101 162	33.32	215 270	47 568	104 137	20.36
增幅	197 897	91 224	116 899	56.40	256 933	163 714	147 233	101.22	166 813	52 857	96 067	33.68	207 054	32 368	99 338	20.01
方案评价	中速增长中消耗中污染				高速增长高消耗高污染				低速增长低消耗低污染				快速增长低消耗低污染			

注：A代表人均绿色GDP，单位为元；B代表环境污染造成的直接经济损失，单位为万元；C代表资源环境成本，单位为亿元；D代表环境污染指数

通过上述分析可发现，从经济增长的角度观察，路径二无论是在增长速度还是在经济总量上都明显高于其他三种路径。但从长远考虑，大量的资源能源损耗不仅会加重资源衰竭问题，同时将加剧生态环境恶化。另外，环境污染指数于

2015年后直线上升，不利于社会安定，更会威胁整个社会系统的稳定性。

从资源环境的角度，路径三效果最好。到 2030 年，路径三的资源环境成本为 101 162 亿元，低于路径四的 104 137 亿元。但从社会经济发展与技术进步来看，路径三的人均绿色 GDP 与研发效率均低于其他三种路径。2030 年，路径三的人均绿色 GDP 为 175 006 元，研发效率仅为 0.905 2 件/人。

从经济、资源与环境均衡发展角度考虑，路径四的效果最佳。相比其他路径，虽然考察期内路径四的生活质量指数不是最高的，但是整体呈升高趋势；同时，与路径一、路径二相比，路径四中的资源环境成本较低，加强了资源存量，保证了我国资源、能源的持续供应，增强了我国生态系统的安全性与稳定性；此外，路径四的科技创新能力也明显提高，极大推动了可再生能源的研发与应用，以及废弃物的处理与回收再利用。

综上可知，路径四以降能减排为基础，兼顾经济、资源、环境、生活、政策的协调发展，为我国经济的可持续发展提供了较为理想的模式。路径四以快速的经济增长速度和较低的经济损失、资源消耗与环境污染体现了快速增长低消耗低污染的发展模式，即绿色的发展模式。

根据路径设计假设以及仿真模拟结果可发现，中国若要实现路径四的绿色增长模式，持续的科技投资是必不可少的，尤其是污染处理与资源保护等领域的技术研发，要特别注重技术进步在绿色增长中的关键作用。今后的科技投资重点应放在有利于生态化、绿色化、低碳化发展的技术研发上，如绿色技术、低碳技术等。

除了确保资源环境持续改善外，经济的持续快速增长也是实现路径四协同发展模式所要关注的重点之一。因此，应加强环保、清洁能源等新兴产业的政策扶持，借助经济刺激计划的出台创造就业并增加投资，在拉动经济增长的同时，调整优化产业结构，最终实现社会经济、资源与环境效益的协调统一。

通过对中国绿色增长实现路径的系统性分析，所得研究结论证实了我国在经济快速发展过程中确实存在着资源配置不合理、利用水平不高、生态环境破坏严重及政策扶持力度不足等问题，为当前的经济增长方式敲响了警钟。此外，本章构建了中国绿色增长系统的动力学模型，对不同参数情况下的绿色增长实现路径进行了系统仿真，为政府相关部门领导就实际中的发展决策问题提供了有价值的参考意见。与此同时，本章还分析了社会经济、生活质量、自然资产、生态环境与政策支持五个准则层对整个绿色增长系统的影响，探讨了实现中国绿色增长的最佳路径，这些研究结论对区域绿色增长水平与程度提升具有重要的实际参考价值。

第 10 章　典型工业区域绿色增长的可行路径分析

工业作为国民经济的主体，在带来经济增长和社会财富的同时，也会产生自然资源耗损、生态系统破坏等问题。虽然目前中国已经成为世界第二大经济体，但工业尚未摆脱“三高”特征的传统生产模式，其发展带来的资源环境问题仍然严峻。因此，如何有效推动工业的绿色转型将成为我国社会经济可持续、绿色发展的关键所在。鉴于此，本章将结合第 9 章的研究结果，尝试运用系统动力学的方法对工业区域绿色增长实现路径进行分析，旨在为我国工业绿色增长的健康践行提供科学合理的决策依据。

10.1　研究对象确定

作为传统的重化工业基地，辽宁省构建了以重工业为主体、工业门类齐全、基础扎实的工业体系，成为中国重要的重工业与原材料基地，大力推进了国家经济建设的步伐。

《辽宁统计年鉴》显示，截至 2020 年，辽宁地区生产总值为 25 115 亿元，约占全国生产总值的 2.48%。辽宁省工业行业种类繁多，其中装备制造业和原材料加工业较为发达。2020 年，辽宁省第二产业创造的经济增加值为 37.4%，对经济增长做出了巨大贡献，但同时也产生了资源消耗和污染物排放等相关问题。2020 年辽宁省能源总消耗为 23 199.5 万吨，工业废气排放总量为 55 096.3 亿标立方米，二氧化硫和烟尘排放总量分别为 144 429.1 吨和 128 320.6 吨。

石油化工和造纸行业工业废水的排放是造成环境问题的重要原因。《辽宁省环境统计年鉴》显示，2004 年，辽宁省石油化工行业废水和化学需氧量分别占总数的 57.2%和 18.3%，造纸行业化学需氧量占 50%，对水质有很大影响，城市河流水质污染严重，金城造纸厂废水排放口下游的西八千断面化学需氧量为 471 毫克/升，是辽宁省主要河流干流污染最严重的断面。抚顺、锦州、葫芦岛、辽阳等城市的石油化工工业发达，工业废水的排放极大地影响了当地水质，太子河、浑河、大辽河、辽河等出市断面水质污染程度远远严重于入市断面。

冶金、电力行业工业废气排放造成了严重的空气污染。《辽宁省环境统计年鉴》显示，2004 年，在鞍山、本溪、抚顺、葫芦岛等空气污染严重的城市中，冶金行业占有相当大的比重。其中抚顺、本溪、鞍山三个城市降尘量居全省前三，是全省平均水平的 1.6 倍，葫芦岛是辽宁省唯一一个以二氧化硫为主要空气污染物的城市，受葫芦岛锌厂二氧化硫排放的影响，辽宁省 14 个省辖市有 9 个市列入国家二氧化硫控制区。电力行业是二氧化硫的主要污染源，排放量占总数的 38.0%，烟尘和废气排放量分别占 37.2%与 24.3%，居各行业之首（宗兆伟，2008），是影响城市空气质量的主因。此外，辽宁省内的辽阳市与锦州市因严重的空气污染问题在全国 258 座主要空气污染城市中分列第 12 位和第 16 位，辽宁省的 4 个城市和 3 个市辖区被国务院确定为资源枯竭型城市。

2003 年 10 月，中共中央、国务院正式印发《关于实施东北地区等老工业基地振兴战略的若干意见》，明确提出要加快体制创新和机制创新，全面推进工业结构优化升级、推进资源型城市经济转型。2015 年 5 月，国务院发布《中国制造 2025》，强调要坚持“创新驱动、质量为先、绿色发展、结构优化、人才为本”的基本方针。2016 年，国务院印发《关于深入推进实施新一轮东北振兴战略加快推动东北地区经济企稳向好若干重要举措的意见》，提出要推进行政管理体制改革，加快传统产业转型升级，大力培育新动能。2021 年 9 月，国务院发布《东北全面振兴“十四五”实施方案》，指出内蒙古自治区、辽宁省、吉林省、黑龙江省人民政府要提高对东北全面振兴重要性、紧迫性的认识，加强组织领导，完善工作机制，深化改革开放，强化政策保障，优化营商环境，推动实施一批对东北全面振兴具有全局性影响的重点项目和重大改革举措。伴随着国家“东北振兴”战略的顺利实施，辽宁省产业结构不断发生变化，其中第一产业、第二产业比重相对降低，第三产业的比重有增加的趋势。然而，传统产业结构在短期内很难发生显著变化，环境污染将持续发生。因此，面对资源环境日趋恶化与经济发展持续低迷的双重压力，如何有效推动绿色转型，实现经济的跨越式发展成为辽宁省以及东北老工业基地现阶段面临的关键难题。

10.2　辽宁省绿色增长情况分析

10.2.1　经济增长

1. GDP 总量与增速

从国家统计局数据库中选取 2001 年及 2014 年国家及部分地区的 GDP[①]，如表 10.1 所示。

表 10.1　全国及部分省（区、市）GDP、人均 GDP 与 GDP 增速

全国及省（区、市）	GDP/亿元		人均 GDP/元		GDP 增速	
	2001 年	2014 年	2001 年	2014 年	2001 年	2014 年
全国	110 270.40	636 138.70	8 670	46 629	8.3%	7.3%
辽宁	5 033.08	28 626.58	12 041	65 201	9.0%	5.8%
北京	2 845.65	21 330.83	25 523	99 995	11.2%	7.3%
天津	1 840.10	15 726.93	20 154	105 231	12.0%	10.0%
广东	10 647.71	67 809.85	13 730	63 469	9.6%	7.8%
上海	4 950.84	23 567.70	37 382	97 370	10.2%	7.0%
江苏	9 511.91	65 088.32	12 922	81 874	10.2%	8.7%
浙江	6 748.15	40 173.03	14 655	73 002	10.5%	7.6%
河北	5 577.78	29 421.15	8 362	39 984	8.7%	6.5%
河南	5 640.11	34 938.24	5 924	37 072	9.1%	8.9%
山东	9 438.31	59 426.59	10 465	60 879	10.1%	8.7%
吉林	2 032.48	13 803.14	7 640	50 160	9.3%	6.5%
黑龙江	3 561.00	15 039.38	9 349	39 336	9.3%	5.6%
四川	4 421.76	28 536.66	5 250	35 128	9.2%	8.5%

由表 10.1 可知，2001~2014 年辽宁省 GDP 实现跨越式增长，从 2001 年的

① 本章中，GDP 在国家层面指国内生产总值，在地区层面指地区生产总值。

5 033.08 亿元增长到 2014 年的 28 626.58 亿元，人均 GDP 也从 2001 年的 12 041 元增长到 2014 年的 65 201 元，实现了较大飞跃。同其他地区相比，明显可以看到河南、河北、山东等地的 GDP 高于辽宁，北京、天津、上海等地的人均 GDP 远远高于辽宁，江苏、浙江等地的 GDP 和人均 GDP 均高于辽宁，同时远远高于全国人均 GDP，这表明辽宁省 GDP 在全国并不处于领先地位。

从 GDP 增速上来看，辽宁省 GDP 增速在 2001 年为 9.0%，在 2014 年降低为 5.8%。由于经济体量的增加，GDP 很难保持同以前一样的增长速度，这是正常的现象。但是辽宁省 GDP 增速低于全国平均水平，这表明辽宁省 GDP 以较慢速度增长。因此，在未来很长一段时间内，辽宁省经济发展的主要目标之一仍然是经济增长，明确经济转型方式对于实现下一阶段经济又好又快的增长具有实际意义。

2. 产业结构

三次产业划分是经济结构中最为重要的一种分类方法。三次产业占 GDP 的比重是衡量一个国家和地区产业结构合理程度的重要指标，产业结构的调整和优化是推动经济增长方式转变的关键，也是绿色增长的重要内容之一。2001~2014 年辽宁省产业结构变化的具体情况如图 10.1 所示。

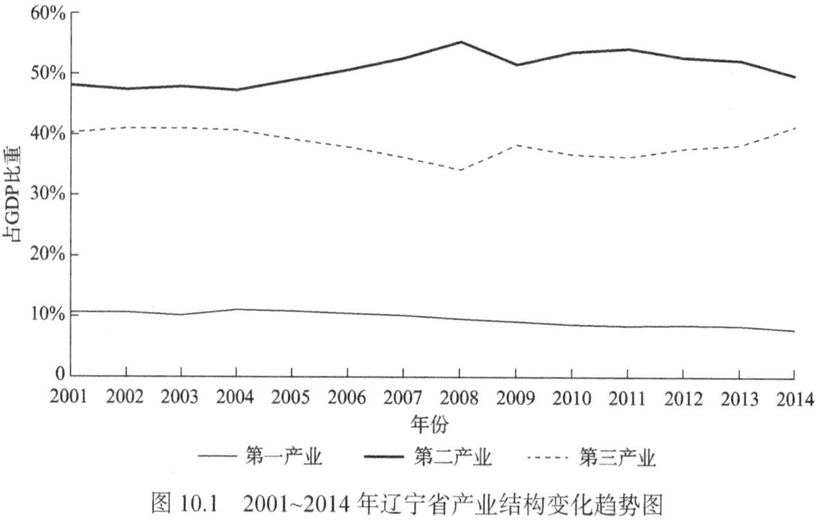

图 10.1 2001~2014 年辽宁省产业结构变化趋势图

资料来源：《辽宁统计年鉴》

如图 10.1 所示，2001~2014 年辽宁省产业结构由 10.8：48.5：40.7 变为 8：50.2：41.8，产业结构在一定程度上得到优化，第一产业比重下降，第二、第三产业比重上升，但是未有大幅度的变动。与全国其他地区相比，第三产业与第一产业占比仍偏高，这表明辽宁省的产业结构优化工作仍需进行。2014 年辽宁省、全国及其他部分省（区、市）产业结构如图 10.2 所示。

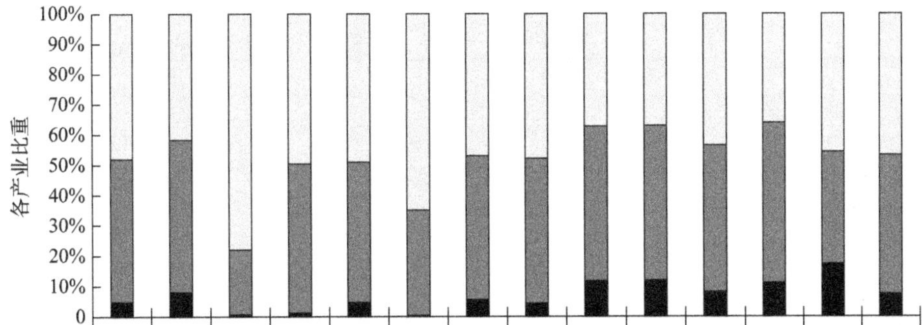

	全国	辽宁	北京	天津	广东	上海	江苏	浙江	河北	河南	山东	吉林	黑龙江	重庆
□第三产业	48.1%	41.8%	77.9%	49.6%	49.0%	64.8%	47.0%	47.8%	37.3%	37.1%	43.5%	36.2%	45.8%	46.8%
■第二产业	47.1%	50.2%	21.3%	49.2%	46.3%	34.7%	47.4%	47.7%	51.0%	51.0%	48.4%	52.8%	36.9%	45.8%
■第一产业	4.8%	8.0%	0.7%	1.3%	4.7%	0.5%	5.6%	4.4%	11.7%	11.9%	8.1%	11.0%	17.4%	7.4%

图 10.2　2014 年全国及部分省（区、市）产业结构图

如图 10.2 所示，我国产业结构最优的为北京市，其第三产业占比达到了 77.9%。同我国经济发展质量高的其他省（区、市）相比，辽宁省的第三产业占比较低，第一、第二产业占比较高，未形成“三二一”最优产业结构。2014 年全国产业结构占比为 4.8：47.1：48.1，第三产业占比已经超过第二产业，而辽宁省第二产业占比要高于第三产业占比 8.4 个百分点，离国家平均水平还有一段距离。

10.2.2　资源消耗

我国的自然资源核算主要强调耕地和水资源的核算。由于能源资源对社会经济发展影响也极为重要，因此本书重点选取水、森林、能源等自然资源作为考察对象，通过对能源消耗强度的分析来揭示辽宁省在自然资源方面的绿色增长情况。

1. 水资源

辽宁省地处我国东北地区南部，地势为由北向南、自东西向中间倾斜，东西两侧有山地丘陵，中部是平原地形。受到地理位置、地形地势和海陆分布等因素的影响，辽宁省降水、径流地区分布不均。降水自东南向西北递减，年际、年内雨水变化较大，夏秋降水量大，而冬春降水较少。辽宁省河网密布、河流众多，却面临着水资源短缺的情况。2004~2014 年辽宁省水资源总量及人均水资源量见表 10.2。

表 10.2　2004~2014 年辽宁省水资源总量与人均水资源量

年份	水资源总量/亿立方米	地表水资源量/亿立方米	地下水资源量/亿立方米	地表水与地下水重复量/亿立方米	人均水资源量/立方米
2004	285.65	248.66	109.60	72.60	677.37
2005	377.20	336.30	130.20	89.30	896.30
2006	261.36	233.94	91.59	64.17	615.54
2007	261.72	231.94	93.35	63.57	610.85
2008	266.00	226.80	105.40	66.20	617.67
2009	170.99	137.98	87.61	54.60	396.02
2010	606.70	554.00	146.80	94.10	1 392.10
2011	294.79	260.50	111.90	77.61	673.20
2012	547.29	492.42	147.36	92.49	1 247.83
2013	463.16	420.26	139.38	96.48	1 055.17
2014	145.93	123.74	82.29	60.10	332.37
平均值	334.62	296.96	113.23	75.57	774.04

辽宁省水资源呈现以下特点。第一，水资源总量短缺。从总量来看，通过对 2004~2014 年水资源总量的分析计算，辽宁省年平均水资源量较少，且人均水资源量也低于全国平均水平。第二，水资源时空分布极不均匀。2020 年，《辽宁省水利发展“十三五”规划》显示，全省多年平均降水量约 678.1 毫米，由东南向西北递减。6~9 月降水占全年的 70%~80%，且有连续丰枯交替现象。辽河流域位于辽宁省中部，面积占全省的 45%，GDP 占全省的 61%以上，地表水开发利用程度达到 76.8%。可见，辽河流域的水资源开发利用已经达到很高的水平，该地区开发利用潜力已经很弱，当地水资源量缺口很大。

2. 森林资源

森林覆盖率体现了一个地区森林资源的丰富程度。从增速来看，2004~2014 年辽宁省森林覆盖率从 33.0%上升到 38.2%，提高了 5.2 个百分点，较中国森林覆盖率同时期增幅（3.8）大。从总量来看，辽宁省森林覆盖率年均值也同样高于全国的年均值，见图 10.3。

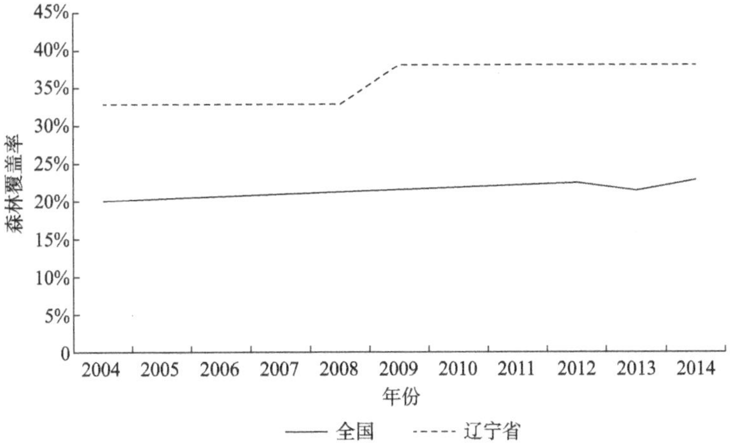

图 10.3　2004~2014 年全国与辽宁省的森林覆盖率变化图

综上，辽宁省的森林覆盖率高于全国水平，并呈现出与上一年持平或者增加的趋势，增速也高于全国水平。这表明辽宁省的森林资源较为丰富，并且得到较好的保护。

3. 能源资源

辽宁省矿产资源丰富，截至2016年底，已发现矿产110种，其中已获得探明储量的有 66 种（不含石油、天然气、煤层气、放射性矿产、地下水和矿泉水），矿产地 672 处。在能够极大促进国民经济发展的 45 种矿产中，辽宁省有 36 种，共 620 处矿产地。辽宁省的菱镁矿在世界矿种中具有较大优势，质地优良、埋藏浅，矿石储量 25.6 亿吨，分别占中国与世界的 85.6%与 25%左右，在中国具有优势的矿产还有硼矿、铁矿、金刚石、滑石、石油等，保有资源量分别占中国的 56.4%（硼矿）、24.0%（铁矿）、51.4%（金刚石）、20.1%（滑石）、7.9%（石油）。此外，煤、煤层气、天然气、锰、钼、金、银、熔剂灰岩、冶金用白云岩、冶金用石英岩、硅灰石、玻璃用石英石、珍珠岩、耐火黏土、水泥用灰岩、沸石 16 种矿产也较具优势。因此，辽宁省的能源资源相对于全国其他地区较为丰富[①]。

由于辽宁省重工业比重较大，其单位 GDP 能耗较高，且不可再生能源的消耗比例较大。可见，辽宁省的能耗情况并不符合绿色增长的要求，应当优化能源利用方式，提升能源消耗效率，从而推动绿色增长。2001~2014 年辽宁省的能源消耗量见表 10.3。

① 资料来源：辽宁省自然资源厅。

表 10.3　2001~2014 年辽宁省的能源消耗量

年份	原油/万吨	天然气/亿立方米	煤炭/万吨	单位 GDP 能耗/（吨标准煤/万元）
2001	4 046.30	18.93	9 084.00	
2002	4 218.81	18.81	9 355.00	
2003	4 560.41	18.82	10 453.83	
2004	5 216.67	15.81	11 944.98	
2005	5 410.89	14.81	13 069.67	1.83
2006	5 555.04	13.10	14 211.31	1.78
2007	5 893.46	14.23	15 224.32	1.70
2008	5 945.19	16.21	15 346.66	1.62
2009	5 873.05	16.44	16 032.52	1.44
2010	6 558.91	19.02	16 908.43	1.38
2011	6 705.53	39.07	18 054.00	1.10
2012	7 000.91	63.72	18 219.00	
2013	6 480.07	78.68	18 132.77	
2014	6 364.79	84.00	18 002.27	

10.2.3　环境污染

改革开放以来，粗放式的工业发展方式不断推进中国经济的迅猛发展，但这势必导致环境恶化。随着我国综合国力的增强，政府提出了可持续发展和绿色发展等新概念。同时，环境问题也不单单是中国的难题，而是世界的难题。伴随着经济全球化的不断深化，世界愈发成为一个整体，但不恰当的发展方式加剧了环境问题的严重程度。我国作为一个和平发展的负责任大国，应该全面落实习近平总书记提出的“人类命运共同体”理念，探寻一条适合我国国情，同时造福世界的绿色可持续发展道路。

以此为目标，应当先解决辽宁省乃至国内的环境问题。本节充分进行数据调研和分析，考察辽宁省及国内主要污染物的排放与治理情况，从二氧化碳、废水、废气和固体废弃物的排放方面进行分析研究。

1. 二氧化碳排放

如表 10.4 所示，中国二氧化碳排放量从 2000 年的 34.1 亿吨增至 2014 年的 102.9 亿吨，全球占比从 13.8%升至 28.5%，而美国的占比则从 23.0%降至 14.4%。还可发现，2000~2014 年大部分发达国家的二氧化碳排放量基本呈现持平或略微下降的趋势，而中国的二氧化碳排放量总体呈现上升趋势，增速十分明显，因此中国碳排放问题已经变得越来越严峻，节能减排的工作刻不容缓。

表 10.4　2000~2014 年中国与部分国家的二氧化碳排放量　　单位：亿吨

年份	中国	美国	加拿大	德国	俄国	英国	日本	韩国	总计
2000	34.1	56.9	5.3	8.3	15.6	5.4	12.2	4.5	246.9
2001	34.9	56.0	5.3	8.5	15.6	5.5	12.0	4.5	252.8
2002	38.5	56.4	5.2	8.3	15.6	5.3	12.2	4.7	256.5
2003	45.4	56.8	5.5	8.2	16.0	5.4	12.4	4.7	270.5
2004	52.3	57.6	5.5	8.2	16.0	5.4	12.6	4.8	283.9
2005	59.0	57.9	5.6	8.0	16.2	5.4	12.4	4.6	294.9
2006	65.3	57.0	5.7	8.2	16.7	5.4	12.3	4.7	305.7
2007	67.0	57.9	5.7	7.8	16.7	5.3	12.5	5.0	311.8
2008	75.5	56.1	5.6	7.8	17.1	5.2	12.1	5.1	321.8
2009	75.6	52.6	5.3	7.2	15.7	4.7	11.1	5.1	318.9
2010	87.8	54.0	5.3	7.6	16.7	4.9	11.7	5.7	334.7
2011	97.3	52.7	5.2	7.3	17.6	4.5	11.9	5.9	348.5
2012	100.3	50.8	5.2	7.4	18.1	4.7	12.3	5.8	354.7
2013	102.6	51.7	5.2	7.6	17.4	4.6	12.4	5.9	358.4
2014	102.9	52.2	5.4	7.2	17.4	4.2	12.1	5.9	361.4

2. “三废”排放

1）废水排放

2001~2014 年全国废水排放总量呈逐步上升趋势（表 10.5），主要源于生活废水的增加，其从 2001 年的 230.2 亿吨增加到 2014 年的 510.3 亿吨，在废水排放总量中的占比也从 53.2%增加到 71.3%。由此可见，未来废水治理的重点将集中在生活废水上。

表 10.5　2001~2014 年中国废水排放与处理情况

年份	废水排放量/亿吨			化学需氧量/万吨			氨氮排放量/万吨			工业废水排放达标率
	合计	工业	生活	合计	工业	生活	合计	工业	生活	
2001	432.8	202.6	230.2	1 404.8	607.5	797.3	125.2	41.3	83.9	85.2%
2002	439.5	207.2	232.3	1 366.9	584.0	782.9	128.8	42.1	86.7	88.3%
2003	459.3	212.3	247.0	1 332.9	511.8	821.1	129.6	40.4	89.2	89.2%
2004	482.4	221.1	261.3	1 339.2	509.7	829.5	133.0	42.2	90.8	90.7%

续表

年份	废水排放量/亿吨			化学需氧量/万吨			氨氮排放量/万吨			工业废水排放达标率
	合计	工业	生活	合计	工业	生活	合计	工业	生活	
2005	524.5	243.1	281.4	1 414.1	554.7	859.4	149.8	52.5	97.3	91.2%
2006	536.8	240.2	296.6	1 428.2	541.5	886.7	141.4	42.5	98.9	90.7%
2007	556.8	246.6	310.2	1 381.9	511.1	870.8	132.4	34.1	98.3	91.7%
2008	571.7	241.7	330.0	1 320.7	457.6	863.1	127.0	29.7	97.3	92.4%
2009	589.1	234.4	354.7	1 277.6	439.7	837.9	122.7	27.4	95.3	94.2%
2010	617.3	237.5	379.8	1 238.1	434.8	803.3	120.3	27.3	93.0	95.3%
2011	658.8	230.9	427.9	1 293.6	354.8	938.8	175.8	28.1	147.7	96.4%
2012	684.3	221.6	462.7	1 251.3	338.5	912.8	171.0	26.4	144.6	97.5%
2013	695.4	209.8	485.1	1 209.3	319.5	889.8	166.0	24.6	141.4	—
2014	716.2	205.3	510.3	1 175.8	311.4	864.4	161.4	23.2	138.2	—

2001~2014 年，废水中的化学需氧量经过震荡变化后逐渐下降，其中生活废水化学需氧量没有明显降低，但是工业废水化学需氧量明显降低，从 2001 年的 607.5 万吨下降至 2014 年的 311.4 万吨。由此说明，工业废水化学需氧量治理已取得显著成效，但生活废水化学需氧量治理还有待加强。

在此期间，氨氮排放量从 2001 年的 125.2 万吨波动增加到 2011 年的峰值 175.8 万吨后下降至 2014 年的 161.4 万吨，这归因于生活领域氨氮排放量的急速上升。可见，生活领域的污染物治理已不容忽视。

与全国相比，2003~2014 年辽宁省废水及其中污染物排放量有以下不同：第一，辽宁省生活废水化学需氧量下降趋势相比于全国更加明显，从 2003 年的 36.1 万吨下降到 2014 年的 28.7 万吨；第二，辽宁省生活废水氨氮排放量在全国上升趋势下，仅小幅增长。以上两点说明，辽宁省在生活废水治理方面成效卓越（表 10.6）。

表 10.6　2003~2014 年辽宁省废水排放与处理情况

年份	废水排放量/亿吨			化学需氧量/万吨			氨氮排放量/万吨		
	合计	工业	生活	合计	工业	生活	合计	工业	生活
2003	19.2	8.9	10.3	54.6	18.5	36.1	6.6	1.1	5.5
2004	19.5	9.2	10.3	50.1	13.6	36.5	6.5	1.0	5.5
2005	21.9	10.5	11.4	64.4	26.8	37.6	9.0	3.3	5.7

续表

年份	废水排放量/亿吨			化学需氧量/万吨			氨氮排放量/万吨		
	合计	工业	生活	合计	工业	生活	合计	工业	生活
2006	21.3	9.5	11.8	64.1	26.1	38.0	7.4	1.5	5.9
2007	22.1	9.5	12.6	62.6	25.6	37.0	6.8	1.0	5.8
2008	21.2	8.3	12.9	60.4	25.6	34.8	6.5	1.0	5.5
2009	21.7	7.5	14.2	56.2	21.6	34.6	6.3	1.0	5.3
2010	21.9	7.2	14.7	54.2	20.2	34.0	5.6	0.9	4.7
2011	23.2	9.0	14.2	45.2	11.0	34.2	7.4	0.9	6.5
2012	23.9	8.7	15.2	43.6	10.2	33.4	7.2	0.8	6.4
2013	23.4	7.8	15.6	39.7	8.5	31.2	6.9	0.7	6.2
2014	26.2	9.0	17.2	37.2	8.5	28.7	6.6	0.7	5.9

2）废气排放

我国工业废气排放量从 2000 年的 138 145 亿立方米增加至 2014 年的 694 190 亿立方米，辽宁省的工业废气排放量则从 2003 年的 12 714 亿立方米增加到 2014 年的 34 528 亿立方米。由此可见，虽然辽宁省的增加趋势低于全国，但无论辽宁省还是全国，工业废气的治理形势都十分严峻（图 10.4）。

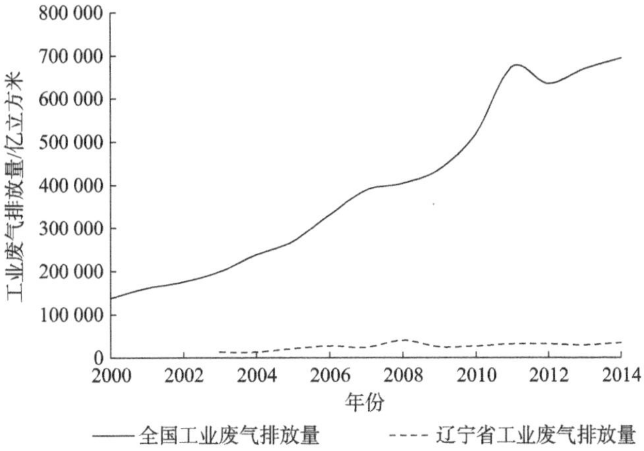

图 10.4　2000~2014 年全国及辽宁省工业废气排放量变化趋势图

如图 10.5 所示，2000~2014 年全国和辽宁省的二氧化硫排放量都经历了一个先增长再下降的过程，而此情况的出现与 2006 年全国推行污染物总量减排措施密不可分。

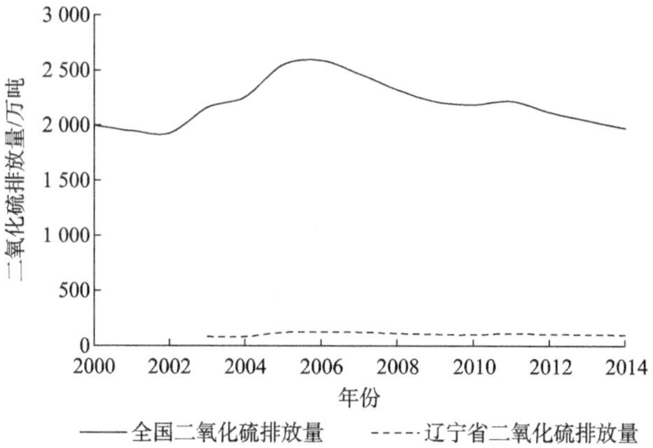

图 10.5　2000~2014 年全国及辽宁省二氧化硫排放量变化趋势图

如表 10.7 所示，2000~2014 年全国的烟（粉）尘排放总量呈下降趋势，主要是因为工业烟尘和工业粉尘排放量的减少；全国烟（粉）尘排放总量从 2000 年的 2 257.4 万吨下降至 2013 年的 1 278.1 万吨，但 2014 年迅速上升至 1 740.8 万吨，这提醒政府节能减排任何时刻都不能松懈。与全国相比，辽宁省的烟（粉）尘排放总量并未出现明显的下降趋势（表 10.8）。

表 10.7　2000~2014 年全国烟（粉）尘排放情况

年份	烟尘排放量/万吨			工业粉尘排放量/万吨	烟（粉）尘排放总量/万吨
	总量	工业	生活		
2000	1 165.4	953.3	212.1	1 092.0	2 257.4
2001	1 070.0	852.1	217.9	990.6	2 060.6
2002	1 012.7	804.2	208.5	941.0	1 953.7
2003	1 048.6	846.1	202.5	1 021.3	2 069.9
2004	1 095.0	886.5	208.5	904.8	1 999.8
2005	1 182.5	948.9	233.6	911.2	2 093.7
2006	1 088.8	864.5	224.3	808.4	1 897.2
2007	986.6	771.1	215.5	698.7	1 685.3
2008	901.6	670.7	230.9	584.9	1 486.5
2009	847.7	604.4	243.3	523.6	1 371.3
2010	829.1	603.2	225.9	448.7	1 277.8
2011					1 278.8
2012					1 235.8
2013					1 278.1
2014					1 740.8

表 10.8　2003~2014 年辽宁省烟（粉）尘排放情况

年份	烟尘排放量/万吨			工业粉尘排放量/万吨	烟（粉）尘排放总量/万吨
	总量	工业	生活		
2003	58.8	40.5	18.3	34.7	93.5
2004	57.9	39	18.9	34.4	92.2
2005	74.5	51.7	22.8	48.5	123.1
2006	71.4	45.6	25.8	42.1	113.5
2007	71.6	48.7	22.9	41.3	112.9
2008	69.3	47	22.3	26.7	95.9
2009	61.2	40.1	21.1	22.7	84
2010	63.3	39.8	23.5	16.7	80
2011					69.3
2012					72.6
2013					67.1
2014					112.1

3）固体废弃物排放

固体废弃物侵占土地、污染土壤及水体、释放有害气体，同时影响环境卫生，会对人类的生存环境产生巨大危害，并对人类的身体健康构成潜在威胁。

如表 10.9 所示，2000~2014 年我国工业固体废弃物产生量总体呈现上升趋势，从 2000 年的 81 608 万吨上升至 2014 年的 329 254 万吨；工业固体废弃物排放量逐年下降，从 2000 年的 3 186.2 万吨下降至 2014 年的 59.4 万吨；工业固体废弃物综合利用量呈上升趋势，综合利用率从 2000 年的 45.9%上升至 2014 年的 62.7%。与国内整体水平相比，辽宁省工业固体废弃物排放量的下降趋势较弱，且工业固体废弃物的整体利用效率低于全国平均水平（表 10.10），因此辽宁省应当加强对工业固体废弃物的回收再利用。

表 10.9　2000~2014 年全国工业固体废弃物排放情况

年份	工业固体废弃物产生量/万吨	工业固体废弃物排放量/万吨	工业固体废弃物综合利用量/万吨	工业固体废弃物综合利用率
2000	81 608	3 186.2	37 451	45.9%
2001	88 840	2 893.8	47 290	53.2%
2002	94 509	2 635.2	50 061	53.0%
2003	100 428	1 940.9	56 040	55.8%
2004	120 030	1 762.0	67 796	56.5%
2005	134 449	1 654.7	76 993	57.3%
2006	151 541	1 302.1	92 601	61.1%
2007	175 632	1 196.7	110 311	62.8%

续表

年份	工业固体废弃物产生量/万吨	工业固体废弃物排放量/万吨	工业固体废弃物综合利用量/万吨	工业固体废弃物综合利用率
2008	190 127	781.8	123 482	64.9%
2009	203 943	710.5	138 186	67.8%
2010	240 944	498.2	161 772	67.1%
2011	326 204	433.3	196 988	60.4%
2012	332 509	144.2	204 467	61.5%
2013	330 859	129.3	207 616	62.8%
2014	329 254	59.4	206 392	62.7%

表 10.10 2003~2014 年辽宁省工业固体废弃物排放情况

年份	工业固体废弃物产生量/万吨	工业固体废弃物排放量/万吨	工业固体废弃物综合利用量/万吨	工业固体废弃物综合利用率
2003	8 250	14.2		
2004	8 879	11.6	3 552	39.9%
2005	10 242	9.4	4 268	41.6%
2006	13 013	24.7	4 958	38.0%
2007	14 342	4.5	5 711	39.8%
2008	15 841	1.2	7 582	47.9%
2009	17 221	2.8	8 241	47.9%
2010	17 273	2.8	8 210	47.5%
2011	28 270	8.2	10 748	38.0%
2012	27 280	10.4	11 862	43.5%
2013	26 759	9.1	11 742	43.9%
2014	28 666	5.9	10 719	37.4%

10.2.4 政策支持

1. 环保投资

环境污染治理投资是节能减排重要的政策手段，投资金额能在一定程度上反映当前政府对环境保护工作的重视程度，同时环保投资能够平衡经济发展与环境保护间的关系。随着环境问题日益突出，辽宁省政府加大了在环境保护、污染治理及科技研发等方面的资金投入力度。

从环境保护财政支出总额来看，辽宁省环境保护财政支出呈现增加趋势，从2007 年的 30.72 亿元升高至 2014 年的 106.10 亿元，增长了 2.45 倍，全国的环境保护财政支出也呈现增加趋势，从 2007 年的 995.82 亿元升高至 2014 年的 3 815.64 亿元，增长了近 3 倍，辽宁省环境保护财政支出的增长程度与全国不相上下。2007~2014 年北京、上海、江苏、河南及广东的环境保护财政支出分别增长了 6.21 倍、2.86 倍、3.92 倍、0.97 倍、8.70 倍。从整体来看，辽宁省的环境保护积极性有了提高（表 10.11）。

表 10.11　2007~2014 年辽宁省与部分省（区、市）环境保护财政支出 单位：亿元

年份	全国	辽宁	北京	上海	江苏	河南	广东
2007	995.82	30.72	29.58	20.03	48.31	60.91	26.71
2008	1 451.36	48.18	35.47	25.08	95.18	75.85	47.08
2009	1 934.04	55.71	54.05	33.96	147.60	92.98	100.80
2010	2 441.98	77.44	60.85	47.31	139.89	96.38	239.16
2011	2 640.98	74.20	94.51	51.62	170.37	95.60	232.62
2012	2 963.46	93.27	113.54	55.18	193.83	109.45	235.44
2013	3 435.15	108.59	138.17	56.43	229.18	111.92	307.78
2014	3 815.64	106.10	213.36	77.32	237.78	119.95	259.04

如表 10.12 所示，2001~2014 年，辽宁省环境污染治理投资总额从 68.25 亿元升高到了 271.5 亿元，增长了近 3 倍，全国环境污染治理投资总额从 1 106.60 亿元升高至 9 575.50 亿元，增长了 7.65 倍，虽然辽宁省投资增长不如全国，但其环境污染治理投资总额占 GDP 比重在 2001~2006 年及 2011~2012 年均高于全国比重，可见辽宁省治理环境污染的坚定决心。2007~2014 年辽宁省环境污染治理投资总额占 GDP 比重在不停变动，因此，辽宁省环境治理投资的持续性仍有待加强。

表 10.12　2001~2014 年辽宁省与全国环境污染治理投资

年份	辽宁省环境污染治理投资总额/亿元	辽宁省环境污染治理投资总额占 GDP 比重	全国环境污染治理投资总额/亿元	全国环境污染治理投资总额占 GDP 比重
2001	68.25	1.35%	1 106.60	1.06%
2002	79.70	1.46%	1 367.20	1.20%
2003	88.0	1.47%	1 627.70	1.28%
2004	118.9	1.96%	1 909.80	1.28%
2005	129.0	1.61%	2 388.00	1.38%
2006	145.8	1.58%	2 566.00	1.28%
2007	125.1	1.14%	3 387.30	1.37%
2008	163.7	1.22%	4 937.03	1.56%
2009	204.9	1.35%	5 258.39	1.52%
2010	206.5	1.12%	7 612.19	1.86%
2011	376.5	1.69%	7 114.03	1.47%
2012	683.4	2.75%	8 253.46	1.55%
2013	347.6	1.28%	9 037.20	1.54%

续表

年份	辽宁省环境污染治理投资总额/亿元	辽宁省环境污染治理投资总额占 GDP 比重	全国环境污染治理投资总额/亿元	全国环境污染治理投资总额占 GDP 比重
2014	271.5	0.95%	9 575.50	1.51%

2. 研发支出

在政策方面，加大科技研发投入已成为提高科技创新能力的重要手段，如图 10.6 所示，2001~2014 年辽宁省研发经费支出从 53.9 亿元升高至 439.2 亿元，增长了 7.15 倍，这表明辽宁省政府对技术创新的扶持力度不断加大。

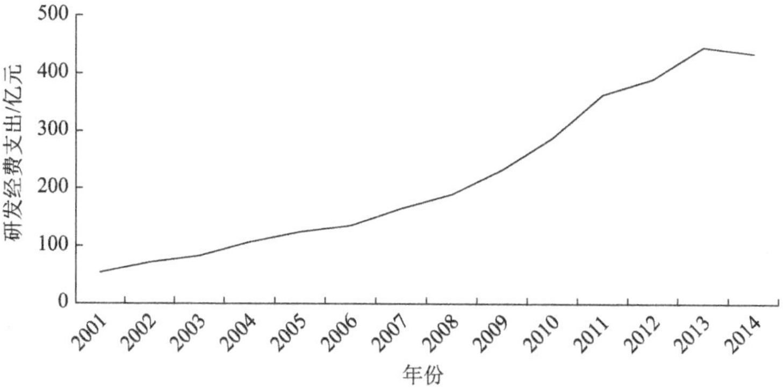

图 10.6　2001~2014 年辽宁省研发经费支出的变化趋势图

与研发总投入相比，研发经费的投入强度更能比较不同主体的研发核心竞争力。虽然 2001~2014 年辽宁省研发支出比重从 1.07%增长至 1.52%，但自 2008 年起均未达到全国的研发支出水平。另外，与其他国家相比，辽宁省的研发支出比重并不是很理想，需进一步提高研发投入。2001 年，辽宁省研发支出比重为 1.07%，远低于同期内美国（2.64%）、加拿大（2.09%）、德国（2.47%）等国家及世界平均水平（2.12%）；到 2014 年，辽宁省研发支出比重为 1.52%，超过同期内的俄罗斯（1.07%），接近加拿大（1.72%）、英国（1.66%）的水平，但未达到中国的平均水平（2.05%），与日本（3.40%）、韩国（4.29%）、美国（2.72%）、德国（2.87%）等相比，还存在着一定差距（表 10.13）。

表 10.13　2001~2014 年辽宁省、中国及部分国家和地区的研发支出比重

年份	辽宁	中国	美国	加拿大	德国	俄罗斯	英国	日本	韩国	OECD	欧盟	世界
2001	1.07%	0.95%	2.64%	2.09%	2.47%	1.18%	1.77%	3.07%	2.47%	2.35%	1.87%	2.12%
2002	1.31%	1.07%	2.55%	2.04%	2.50%	1.25%	1.78%	3.12%	2.40%	2.29%	1.84%	2.09%
2003	1.38%	1.13%	2.55%	2.04%	2.54%	1.29%	1.73%	3.14%	2.49%	2.29%	1.86%	2.08%
2004	1.60%	1.23%	2.49%	2.07%	2.50%	1.15%	1.67%	3.13%	2.68%	2.24%	1.82%	2.03%

续表

年份	辽宁	中国	美国	加拿大	德国	俄罗斯	英国	日本	韩国	OECD	欧盟	世界
2005	1.54%	1.32%	2.51%	2.04%	2.51%	1.07%	1.70%	3.31%	2.79%	2.26%	1.82%	2.02%
2006	1.47%	1.39%	2.55%	2.00%	2.54%	1.07%	1.72%	3.41%	3.01%	2.28%	1.84%	2.03%
2007	1.50%	1.40%	2.63%	1.96%	2.53%	1.12%	1.75%	3.46%	3.21%	2.29%	1.84%	2.00%
2008	1.41%	1.47%	2.77%	1.92%	2.69%	1.04%	1.75%	3.47%	3.36%	2.39%	1.94%	2.07%
2009	1.53%	1.70%	2.82%	1.97%	2.82%	1.25%	1.82%	3.36%	3.56%	2.47%	2.04%	2.12%
2010	1.56%	1.76%	2.74%	1.86%	2.80%	1.13%	1.77%	3.25%	3.74%	2.43%	2.03%	2.11%
2011	1.64%	1.84%	2.76%	1.79%	2.89%	1.09%	1.78%	3.39%	4.04%	2.46%	2.04%	2.13%
2012	1.57%	1.98%	2.79%	1.73%	2.92%	1.12%	1.72%	3.21%	4.03%	2.40%	2.06%	2.04%
2013	1.65%	2.08%	2.71%	1.71%	2.82%	1.03%	1.64%	3.32%	4.15%	2.38%	2.08%	2.00%
2014	1.52%	2.05%	2.72%	1.72%	2.87%	1.07%	1.66%	3.40%	4.29%	2.42%	2.11%	2.07%

资料来源：World Bank. World Development Indicator（2014）

10.3　辽宁省绿色增长系统结构分析

由第9章的研究可知，绿色增长是一个涉及经济、能源、环境、技术、政策等多方面内容与领域的复杂问题（黄羿等，2012），系统中某一个要素的改变都可能会导致绿色增长系统结果发生改变。因此，绿色增长问题实质上是一个不断变化的过程性问题，从根本上看，是通过各子系统的协同促进来实现经济、社会、资源、环境复合系统的可持续发展以及各子系统效益总和的最大化。

本章旨在通过对经济、人口、资源与环境、政策子系统协调关系的分析找到实现辽宁省绿色增长的可行路径。因此，以社会经济增长、资源和环境表现以及政策响应为边界建立辽宁省绿色增长系统的结构框架，见图10.7。资源的过度消耗和严重的环境污染是绿色增长的外部压力（张江雪等，2015b）。根据绿色增长的内涵，其实现主要受到两个驱动因素的影响，即技术创新和资本投资，这是外部政策响应因素。适当政策的实施可以促进实现节能减排，进一步促进绿色增长的推行（OECD，2011）。由此，在系统中，第一组变量主要关注经济和人口增长；第二组变量以环境和资源目标为重点，选择能源消耗强度和二氧化碳排放量两个指标；第三组政策变量分别考虑了研发支出、环境保护投资和污染控制投资。此外，系统中其他变量和参数作为辅助变量。

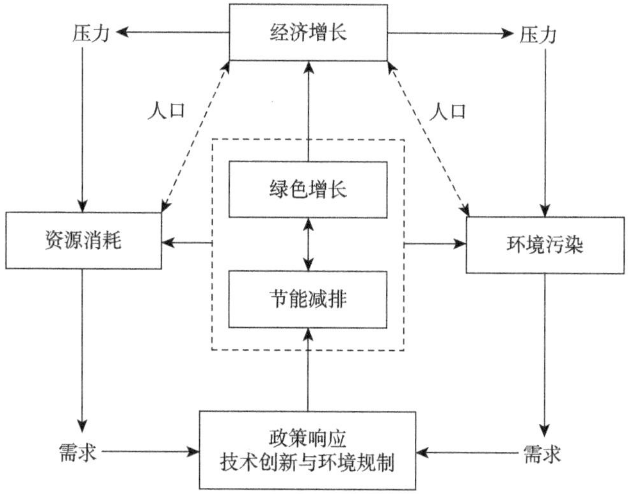

图 10.7 辽宁省绿色增长系统结构框架

如图 10.7 所示，在绿色增长系统中，资源投入与污染排放受到经济增长速度的影响。增长速度越快，资源投入与污染排放就越多。技术创新和投资可能影响经济增长的效率。当技术支出直接用于污染治理时，环境投资增加，环境成本降低，净 GDP 增长率变大；反之亦反。这就是来自外部压力和外部政策的反馈，通过系统的调整来满足经济、环境和资源的目标。

10.4 辽宁省绿色增长系统模型构建与检验

模型中的参数和变量主要来自调查和统计数据。经济、人口、资源和研发指标数据主要来自《辽宁统计年鉴》（2002~2015 年），环境投资指标数据来自《中国环境统计年鉴》（2002~2014 年）。对于缺失数据，主要采用经验方法来确定。

10.4.1 系统模型构建

系统结构分析后，构建存量流量图，包括水平、速率和辅助三种类型的变量，见图 10.8。水平变量体现了系统的累积效应，并依赖于材料、能量和信息随时间的积累。速率变量反映了水平变量随时间的变化，并代表了系统中这种变化的速度。辅助变量为整个决策过程中使用的中间变量。根据辽宁省的系统分析确定的系统关系，建立了由5个子系统、2个水平变量、2个速率变量和29个辅助变量组成的系统动力学模型。模拟时间设置为2001~2025年，其中，2001~2014年的仿真结果用于测试，而2015~2025年的仿真结果用于评价路径方案。

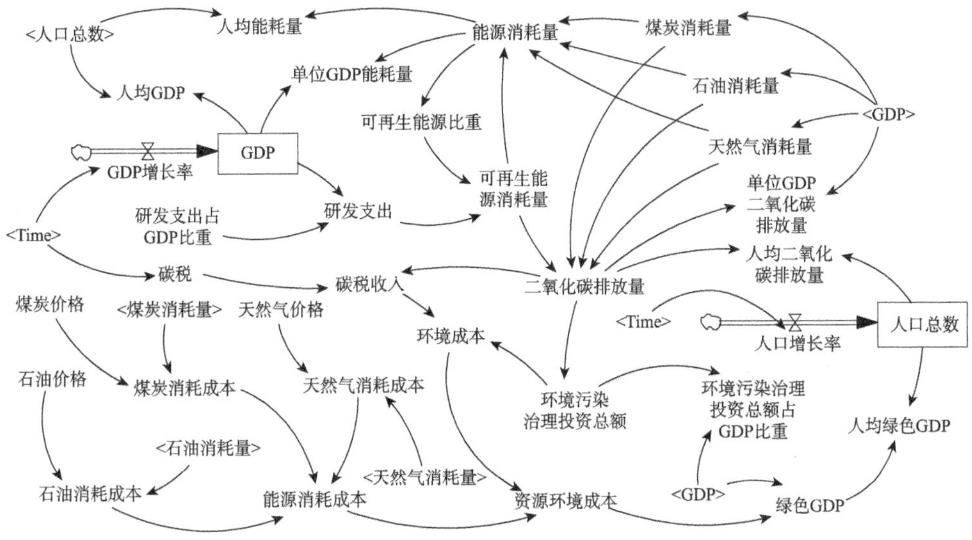

图10.8　辽宁省绿色增长系统动力学模型

1. 经济子系统

传统粗放型的经济增长方式导致资源枯竭和环境污染问题日益严重（Li et al.，2017）。因此，建立了经济子系统的流程图，如图10.8所示。从《辽宁统计年鉴》中获得2001~2014年GDP增长率。其他年份的增长率是用双指数平滑模型得到的。

在经济子系统中，引入了绿色GDP的概念，用于准确理解经济与环境的相互作用（UN et al.，2012）。根据国家环保总局和国家统计局的绿色GDP测算，绿色GDP等于GDP减去资源成本和环境成本。公式如下（除固定资产折旧外）：

$$\mathrm{Ggdp} = G - C = G - (\mathrm{RC} + \mathrm{EC}) \tag{10.1}$$

其中，Ggdp代表绿色GDP；G代表GDP；C代表资源和环境成本；RC代表资源消耗成本；EC代表环境损失成本。

Zhao和Sun（2016）认为，环境损失成本与环境污染治理投资之间存在正相关关系。较高的污染水平意味着更高的环境损失和更多的环境处理资金。根据数据的可获得性，从环境污染治理投资中获得环境损失成本数据，并利用能源消耗和能源价格计算资源消耗成本数据。此外，绿色人均GDP为绿色GDP与总人口之比。

2. 人口子系统

人口规模及其增长速度对经济子系统、资源与环境子系统产生重要影响（Musango et al.，2014）。人口的迅速膨胀意味着更多的人可以创造财富，同时也可以分享财富。在经济和人口增长的双重压力下，对自然资源的需求日益增加，生态环境遭到破坏。人口子系统的流程图如图 10.8 所示，该系统中，2001~2014 年的初始人口增长率情况从《辽宁统计年鉴》中获得。

3. 资源与环境子系统

根据 Kim 等（2014）的研究，能源消耗和二氧化碳排放量常常被用作资源与环境子系统的主要研究对象。依据数据的可获得性，我们只考虑了传统能源，如煤、石油、天然气，以及可再生能源，如水电、核能和风能。单位 GDP 能耗是指能源消费总量除以 GDP，人均能源消费为总能耗除以人口规模。

如图 10.8 所示，二氧化碳排放量是根据煤炭、石油、天然气和可再生能源消费量计算得出的。具体计算公式来自联合国政府间气候变化专门委员会（Intergovernmental Panel on Climate Change，IPCC），如下所示：

$$\mathrm{CE}_j = (44/12)\sum_{i=1}^{4} E_{ij} \times F_i \tag{10.2}$$

其中，CE_j 代表第 j 年的二氧化碳排放量；j 代表年份；i 代表能源种类；E_{ij} 为第 i 种能源在第 j 年的消耗量；而 F_i 为第 i 种能源的碳排放因子。参数 44/12 是碳和二氧化碳之间的转换系数。

基于国家发展和改革委员会能源研究所的研究成果，将煤炭、石油、天然气和可再生能源的 F_i 分别设定为 0.733、0.565、0.445 和 0.566。另外，单位 GDP 的二氧化碳排放量是二氧化碳排放总量除以 GDP 的百分比，人均二氧化碳排放量是二氧化碳总排放量除以人口规模的百分比。

4. 政策子系统

依据 OECD 的研究，良好的政策措施，如税收、投资、补贴和创新等被确定为促进绿色增长的关键要素。此外，Yi（2013）分析了美国主要城市的清洁能源政策，结果显示国家清洁能源工具和当地气候政策对绿色就业产生了积极影响。由此，政策子系统的流程图如图 10.8 所示。在子系统中，包括研发费用和碳税的变量。研发支出变量按其 GDP 与占 GDP 比重的乘积计算，并利用可再生能源消费量变量建立和资源与环境子系统的关系。到目前为止，中国没有征收碳税，因此本书将 2001~2025 年碳税的初始数据均设置为 0。

10.4.2　模型有效性检验

为了确保系统动力学模型符合实际，使用专业计算机模拟软件组 VENSIM DSS 进行一致性、历史性和敏感性测试。虽然系统动力学模型的一些参数没有实际意义，但该模型仍能保持尺寸一致性。

在历史检验的基础上，根据历史和模拟值的差异，计算 GDP、人口、能源消耗和研发支出的误差，结果如表 10.14 所示。这四个变量的平均误差分别为 0.002%、0、0.47%和−3.11%，其绝对误差均在 10%以内（2001 年与 2002 年的研发支出略高一些）。这表明系统动力学模型具有良好的历史适应性。敏感性测试用于考察在其他变量不发生变化的情况下，研发支出占 GDP 的比重从 1%升高到 2%时，可再生能源消耗比例、二氧化碳排放量、能源消耗总量与人均绿色 GDP 等相关变量的变化。从《辽宁统计年鉴》中的历史数据可以计算出，指标的初始值是 1.5%。结果显示，作为 GDP 一部分的研发支出对可再生能源消耗比例有较大的影响，对二氧化碳排放量和资源及环境成本有着重要影响，但对人均绿色 GDP 和能源消耗总量的影响相对较小。以上结果能够为系统政策的调整提供有价值的参考。

表 10.14　历史检验结果

年份	GDP/千万元			人口/万人			能源消耗/万吨标准煤			研发支出/千万元		
	历史值	模拟值	误差	历史值	模拟值	误差	历史值	模拟值	误差	历史值	模拟值	误差
2001	503.3.1	5 033.1	0.000	414.70	414.70	0.000 0	10 063.6	10 356.90	2.83%	75.496 5	53.90	−40.07%
2002	545.8.4	5 458.2	−0.004%	4 155.42	4 155.40	−0.000 5%	10 641.1	10 333.50	−2.98%	81.876	63.70	−28.53%
2003	600.2.6	6 002.5	−0.002%	4 161.61	4 161.60	−0.000 2%	11 312.4	11 430.70	1.03%	90.039	83.00	−8.48%
2004	667.189	6 672	0.002%	4 172.8	4 172.80	0.000 0	12 050.6	12 454.00	3.24%	100.078	106.90	6.38%
2005	804.696	8 047.3	0.004%	4 189.2	4 189.20	0.000 0	13 334.2	12 883.30	−3.50%	120.704	125.30	3.67%
2006	930.39	9 304.5	0.006%	4 210.4	4 210.40	0.000 0	14 307.8	14 228.00	−0.56%	139.559	136.40	−2.32%
2007	1 116.38	11 164.3	0.004%	4 231.71	4 231.70	−0.000 2%	15 512.8	15 757.90	1.56%	167.456	166.00	−0.88%
2008	1 366.78	13 668.6	0.006%	4 246.09	4 246.10	0.000 2%	16 847.4	16 925.70	0.46%	205.017	194.20	−5.57%
2009	1 521.22	15 212.5	0.002%	4 255.99	4 256.00	0.000 2%	17 562.5	18 172.50	3.36%	228.184	241.10	5.36%
2010	1 845.7	18 457.3	0.002%	4 251.69	4 251.70	0.000 2%	18 893.7	19 856.39	4.85%	276.855	287.50	3.70%
2011	2 222.59	22 226.7	0.004%	4 255	4 255.00	0.000 0	20 253.8	21 492.07	5.76%	333.389	363.80	8.36%
2012	2 484.64	24 846.4	0.000	4 244.79	4 244.80	0.000 2%	21 124.2	22 313.93	5.33%	372.695	390.90	4.66%
2013	2 707.76	27 077.65	0.000	4 238	4 238.00	0.000 0	21 830.3	20 499.56	−6.49%	406.164	445.90	8.91%
2014	2 862.64	28 626.6	0.001%	4 244.19	4 244.20	0.000 2%	22 304.8	20 585.67	−8.35%	429.396	435.20	1.33%
均值			0.002%			0.000 0			0.47%			−3.11%

10.4.3 情景假设设计

基于有效性检验结果和当前的政策工具，设计五种情景，即业务照常（business as usual，BAU）、技术创新（technology innovation，TI）、环境法规和管理（environmental regulations and management，ERM）、增长的需求管理（growth demand management，GDM）以及全面优化路径（comprehensive optimization path，COP）。在这些情景中，TI 代表了清洁和可再生能源技术战略，ERM 是碳交易和生态补偿战略，而 GDM 是典型的经济发展管理战略。

1. BAU 情景

BAU 情景是当前发展条件的普遍延续，没有任何额外的政策收益。这意味着五个子系统的相关设置与上面（指 10.4.1 小节系统模型构建部分阐述的各公式计算和设定的值）相同。

2. TI 情景

辽宁省是中国能源消费大省之一。其主要能源来源是煤炭，其次是石油。2001~2014 年，煤炭占能源消费总量的 70.8%，同期石油占 24.4%。因此，辽宁省面临着建立可持续能源结构的迫切任务。2001~2014 年，辽宁省大力发展清洁能源和可再生能源。2001~2014 年，辽宁省可再生能源比重从 0.3%上升到 1.59%，研发经费占 GDP 比重从 1.07%上升到 1.5%（辽宁省统计局，2015）。在 TI 情景中，2016~2025 年研发支出占 GDP 比重为 2%。

3. ERM 情景

辽宁省采取了一系列环境决策来应对污染问题。2012 年 5 月 21 日，《辽宁省城市环境空气质量考核暂行规定》发布。根据这一规定，辽宁省对二氧化硫、二氧化氮和可吸入颗粒物日平均浓度进行了限制。二氧化硫日平均浓度值超标 0.25 倍以上，或者二氧化氮日平均浓度值超标 0.25 倍以上，或者可吸入颗粒物日平均浓度值超标 0.5 倍以上，经省政府同意，由省环境保护行政主管部门给予有关市红色通报，要求有关市制定整改措施限期进行整改，并予以相应惩处。2015 年 6 月 9 日，辽宁省环境保护厅公布的《辽宁省排污许可证管理暂行办法》要求排污单位不仅要提供污染物排放种类、浓度和总量，还要介绍污染物的排放和处置方式。除颁布环境法规外，辽宁省还投入大量资金用于环境污染治理。2001~2013 年环境污染治理投资从 48.5 亿元增加到 347.6 亿元，增长了 6 倍多。

在未来发展中，如何有效限制温室气体排放并减少消耗将成为重要问题（刘洁和李文，2011）。

2011 年 10 月，国家发展和改革委员会正式宣布北京、天津、上海、重庆、湖北、广东和深圳为碳排放权交易试点，以实现中国的碳减排目标。因此，有理由相信碳税政策在不久的将来会被中国一些省市接受。在企业风险管理情景中，我们假设在第十三个和第十四个五年期间，辽宁省将征收碳税。根据财政部的建议，到 2020 年，碳税税率应定为 40 元/吨。但环保部门建议到 2020 年碳税税率应为 50 元/吨。考虑到这两个建议，企业风险管理情景下碳税税率为 2016~2020 年的 45 元/吨，2021~2025 年的 50 元/吨。

4. GDM 情景

自 2003 年中国实施东北老工业基地振兴战略以来，辽宁省经济快速增长。2004~2012 年的 GDP 增长率均高于 11.5%。然而，2012 年的增长趋势开始下降，到 2014 年，GDP 增长率降至 5.8%。2015 年 12 月 30 日，中共中央政治局会议审议通过了《关于全面振兴东北地区等老工业基地的若干意见》。辽宁省获得黄金发展机遇，未来 GDP 增长率可能会回升。因此在 GDM 情景中，我们将 2021~2025 年的 GDP 增长率定为 7.5%。

5. COP 情景

COP 情景是 TI、ERM 和 GDM 情景的组合。即 2016~2025 年研发支出占 GDP 比重为 2%；碳税税率为 2016~2020 年的 45 元/吨，2021~2025 年的 50 元/吨；2021~2025 年的 GDP 增长率定为 7.5%。

10.5　辽宁省绿色增长可行路径的确定与分析

根据绿色增长的内涵，可持续经济增长、资源节约和减少污染是绿色增长的主要目标。因此，应评估不同情景路径在能源消耗、二氧化碳排放量和绿色 GDP 方面的模拟结果，从而找寻出适合辽宁省实现绿色增长的可行路径。

10.5.1　不同情景下能源消耗的模拟分析

表 10.15 显示了不同情景下能源消耗和单位 GDP 能耗的模拟结果。结果表明，2016~2025 年，能源消耗总量呈持续增长趋势。COP 情景显示出最大的改

善，其从 2.353 3 亿吨增加到 3.028 7 亿吨，其次是 TI 情景。主要原因是可再生能源消费在这两种情况下急剧增加，特别是在 COP 情景中。最根本的原因是，清洁和可再生能源的研发支出份额从 1.5%增加到 2%。这表明，增加研发经费本身既不能有效控制能源消耗总量，也不能减少辽宁省单位 GDP 能耗。不同情景下单位 GDP 能耗呈下降趋势。GDM 情景下降幅度最大，从 2016 年的 0.73 吨标准煤/万元下降到 2025 年的 0.50 吨标准煤/万元，TI 情景下跌幅最小，从 2016 年的 0.74 吨标准煤/万元下降到 2025 年的 0.53 吨标准煤/万元。在 GDM 情景中，能源消耗总量增加 62.33 万吨标准煤，GDP 增长率为 7.5%，而 2025 年 BAU 情景下为 2.92 亿吨标准煤。然而，GDM 情景下单位 GDP 能耗在 2025 年下降为 0.50 吨标准煤/万元。

表 10.15 2016~2025 年不同情景下的能源消耗总量和单位 GDP 能耗量

年份	能源消耗/亿吨					单位 GDP 能耗/（吨标准煤/万元）				
	BAU	TI	ERM	GDM	COP	BAU	TI	ERM	GDM	COP
2016	2.324 2	2.353 3	2.324 2	2.324 2	2.353 3	0.73	0.74	0.73	0.73	0.74
2017	2.384 0	2.416 4	2.384 0	2.384 0	2.416 4	0.70	0.71	0.70	0.70	0.71
2018	2.445 8	2.481 9	2.445 8	2.445 8	2.481 9	0.68	0.69	0.68	0.68	0.69
2019	2.509 7	2.549 9	2.509 7	2.509 7	2.549 9	0.65	0.66	0.65	0.65	0.66
2020	2.575 4	2.620 2	2.575 4	2.575 4	2.620 2	0.63	0.64	0.63	0.63	0.64
2021	2.642 6	2.692 5	2.642 6	2.642 6	2.692 5	0.60	0.62	0.60	0.60	0.62
2022	2.712 0	2.767 6	2.712 0	2.720 0	2.776 3	0.58	0.59	0.58	0.58	0.59
2023	2.782 1	2.844 1	2.782 1	2.797 7	2.861 3	0.56	0.57	0.56	0.55	0.57
2024	2.851 9	2.921 3	2.851 9	2.874 2	2.946 1	0.54	0.55	0.54	0.53	0.54
2025	2.920 0	2.997 6	2.920 0	2.947 5	3.028 7	0.51	0.53	0.51	0.50	0.52

如图 10.9 所示，不同情景下石油、天然气和可再生能源消费的份额在 2016~2025 年呈上升趋势。虽然煤炭消费的绝对值在增加，但煤炭消费的份额呈下降趋势。结果表明，随着煤炭消费份额持续下降，天然气和可再生能源消费量持续增加，各种情景下的能源结构得到优化。在五种情景中，可再生能源消费在 COP 情景中的份额从 2016 年的 3.21%大幅增加到 2025 年的 6.97%，煤炭消费的份额大幅下降，从 2016 年的 61.87%下降到 2025 年的 50.75%，这是由于研发经费在一定程度上增加。结果表明，COP 方案中的能源组合比其他方案更合理。

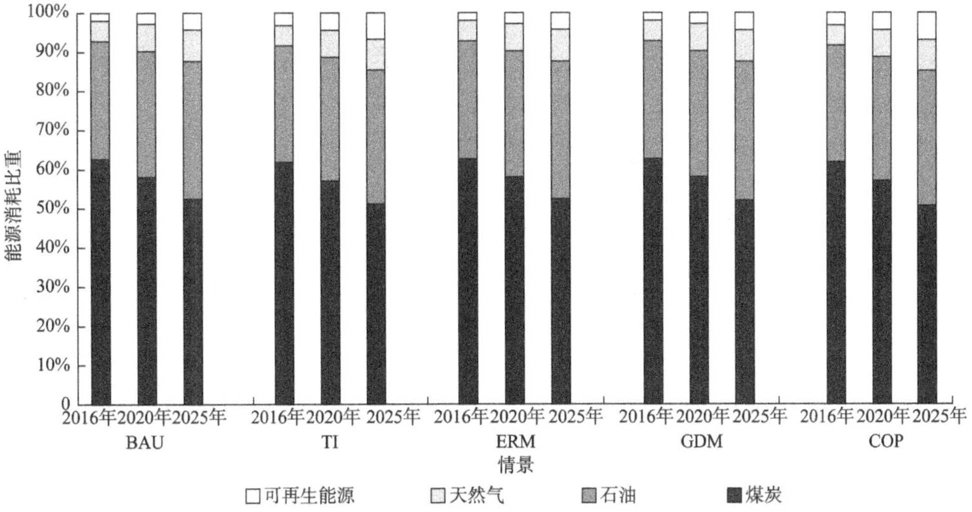

图 10.9 不同情景下能源消费结构的变化

10.5.2 不同情景下二氧化碳排放量的模拟分析

如图 10.10 所示，在五个情景中，二氧化碳总排放量和人均二氧化碳排放量均呈现上升趋势，二氧化碳总排放量的变化与能源消耗总量相似。此外，二氧化碳总排放量和人均二氧化碳排放量在 COP 情景下的增幅最大，其次是 TI 情景，数值分别为5.7189亿吨增至7.1178亿吨，13.43吨增至16.39吨。与此同时，BAU 和 ERM 情景下的增量最小。

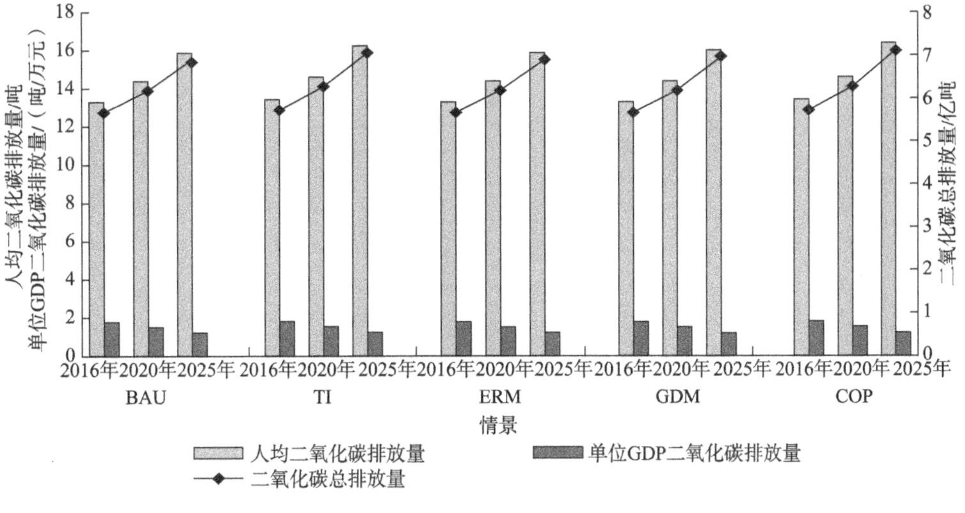

图 10.10 不同情景下二氧化碳总排放量、人均二氧化碳排放量和单位 GDP 二氧化碳排放量

在不同情景下，2016~2025年，单位GDP二氧化碳排放量变化呈下降趋势。GDM情景的下降幅度最大，从2016年到2025年下降了0.59吨/万元，TI情景下最小，下降了0.56吨/万元。

在GDM情景中，2025年二氧化碳总排放量相对于BAU情景下的6.895 5亿吨增加了585万吨。在BAU情景中，单位GDP二氧化碳排放量下降到1.21吨/万元，下降量为2016年的31.9%。这表明GDP增长率对二氧化碳减排的影响不显著。同样，在TI情景中，由于技术局限性和清洁能源生产模式的限制，提高研发支出无法帮助减少二氧化碳总排放量。

10.5.3 不同情景下绿色GDP的模拟分析

不同情景下资源环境成本的变化如图10.11所示。2016~2025年，所有情景都呈现增长趋势。ERM情景的增量最小，从2016年的3 545.5亿元增加到2025年的5 236.9亿元。尽管COP情景的增量是最大的，但2016~2025年的资源环境成本仅高于ERM情景，并保持较低的增长速度。这表明，虽然GDP增长速度较快，但传统生产模式导致资源和环境成本增加，而在减少经济增长对资源和环境的影响方面，引入碳税会产生差异。

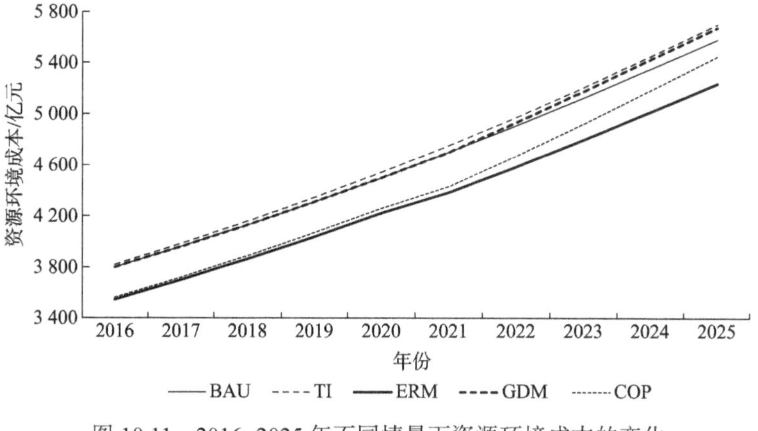

图10.11 2016~2025年不同情景下资源环境成本的变化

图10.12描述了不同情景下人均绿色GDP的变化。如图10.12所示，在这五种情景下，人均绿色GDP在2016~2025年均呈现上升趋势。2025年，COP情景下人均绿色GDP最大，其次是GDM情景。此外，TI情景下人均绿色GDP的增幅最小，从2016年的每人6.57万元增加到2025年的每人11.78万元。

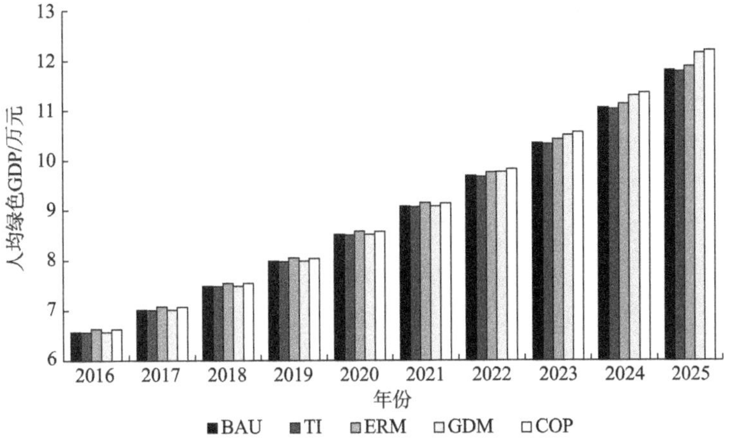

图 10.12　2016~2025 年不同情景下人均绿色 GDP 的变化

10.5.4　可行路径的确定与分析

基于单位 GDP 能耗、能源消费结构、单位 GDP 二氧化碳排放量、资源环境成本和人均绿色 GDP 等指标在五种情景下的模拟结果（表 10.16），来确定辽宁省绿色增长的有效路径。

表 10.16　五种情景下排名

排名	单位 GDP 能耗	能源消费结构	单位 GDP 二氧化碳排放量	资源环境成本	人均绿色 GDP
1	GDM	COP	GDM	ERM	COP
2	BAU 与 ERM	TI	BAU 与 ERM	COP	GDM
3	BAU 与 ERM	GDM	BAU 与 ERM	BAU	ERM
4	COP	BAU 与 ERM	COP	GDM	BAU
5	TI	BAU 与 ERM	TI	TI	TI

注：第 1 列中的数字按每个指标从好到差（直到底部）排列

如表 10.16 所示，在单位 GDP 能耗和单位 GDP 二氧化碳排放量方面，GDM 情景的效果最好，BAU 和 ERM 情景的效果较好，COP 情景表现一般，TI 情景表现最差。在能源消费结构和人均绿色 GDP 方面，COP 情景表现最佳。在资源环境成本方面，COP 排名第二，在 ERM 情景之后。综合上述分析及辽宁省实际情况，确定 COP 情景为适合辽宁省实现绿色增长的可行路径。由五个指标的排名结果可知 COP 情景并不是最佳的，选择它的主要原因如下。

首先，GDM 和 COP 情景在单位 GDP 能耗上的差距在 2025 年只有 0.02，这个数字很小。在单位 GDP 二氧化碳排放量上，COP 情景和第一名之间的差异也很小。此外，2020 年五种情景下的单位 GDP 二氧化碳排放量均下降了约 60%，成功达到了 2005 年下降 40%~45%的目标。因此，COP 情景在节能减排方面是具有一定优势的。

其次，辽宁省是一个典型的资源型省份，其能源消耗结构的优化至关重要。近年来，政府积极发展新能源和可再生能源，调整能源结构。例如，2021 年，国网辽宁电力在“十四五”时期投运首个 500 千伏输变电工程，可将辽宁西北部清洁能源送至辽宁中部地区，提升铁岭地区新能源接纳能力 140 万千瓦。与其他情景相比，COP 在调整能源结构方面是最有效的方案。

最后，绿色增长始终致力于以最少的自然资源和环境成本实现可持续的经济发展。COP 情景提供了一个有价值的选择。在此情景中，人均绿色 GDP 排名第一，资源环境成本位居第二。这表明盲目追求经济增长率是不明智的，而碳税、绿色投资和创新政策的颁布实施将有助于补偿资源和环境的损失。

结合上述研究结果，本书将针对 TI、ERM、GDM 和 COP 情景提出相应的政策建议，以促进不同情景下绿色增长的实现。

具体而言，TI 情景是优化能源结构的有效途径。在这种情况下，由于可再生能源技术的发展，可再生能源消费的份额随着研发支出的增加而增加。因此，与传统化石能源相比，需要加强补贴力度，采取扣除和免税等补贴或激励政策，以改善技术创新，并使可再生能源的开发更具经济性和竞争力。

由于引入碳税，ERM 情景在降低资源环境成本方面具有最佳的整体效果。因此，为了减少资源消耗和污染排放，特别是对于不可再生资源，政府需要尽快在全国范围内征收资源税或环境税。另外，为了获得企业管理者的支持，需要充分考虑征收的方式和效率。

GDM 情景对提高能源强度和碳排放强度具有积极的影响，但在此种情景中，由快速的经济增长造成的资源和环境损失是不容忽视的。因此，提高效率对于节约自然资源和避免过度开采是很重要的。同时，建议通过发展第三产业，特别是低碳产业来改善产业结构。

通过比较分析，COP 情景被确定为最适合辽宁省实现绿色增长的途径。但是，此情景下的能源强度和二氧化碳排放强度需要进一步降低。因此，应实施价格和融资政策，以减少能源消耗并促进污染治理和再利用。

第 11 章　中国实现绿色增长的政策建议

根据环境资源的公共物品属性，当部分使用主体无节制争夺有限的环境资源时，最优配置将难以实现（孙耀武，2007）。在这种情况下，市场机制的自发调节既无法遏制企业及个人滥用环境资源，又难以促使其采取改善环境的措施。针对这一现实问题，世界银行在《1992 年世界发展报告》中提出，政府必须在环境保护中起主导作用。因此，结合本书研究得到的相关结论以及现实国情，本章将从经济、环境、资源与技术四个方面提出我国实现绿色增长的政策建议，以期通过政策制定，发挥政府、企业和社会公众等多方力量，推动我国绿色增长的发展进程。

11.1　经济政策建议

政府是国家宏观调控的执行者，更是绿色经济发展的重要引导者和促进者，其作用不仅体现在法律和制度上，更体现在具体的实践过程中。经济政策是政府调节经济活动的行为规范和准则，是国家保障市场经济健康发展的重要工具，具体包括财政政策、货币政策、价格政策与外贸政策等。近年来，我国许多环境政策如排污费、废物回收押金、节能产品补贴与排污权交易等都作为工具被引入环境治理中。

本书研究发现，价格和融资政策的实施不仅有利于减少环境污染物排放，同时对激励企业技术创新，加快可再生能源的技术发展也具有重要的促进作用。此外，碳税或环境税的实施对降低不可再生资源使用量也具有重要的影响。由此，本节将从绿色价格、绿色投资、绿色税收与绿色产能等方面提出我国实现绿色增长的经济政策建议。

11.1.1 绿色价格

绿色价格是根据“环境和资源的有偿使用”和“污染者付费”原则，把企业在生产绿色产品过程中用于减少污染、保护环境和健康的费用计入成本，从而在绿色产品的定价方面发挥重要作用。2018 年，国家发展和改革委员会发布《关于创新和完善促进绿色发展价格机制的意见》，明确了污水处理、垃圾处理、节水与节能环保四个方面的价格改革方向。

绿色价格体系是在传统价格体系基础之上，调整原有体系中不利于环保与生态的因素，力求减少对生态环境的不利影响，较传统价格更为合理（武永春，2003）。但绿色产品的价格往往高于普通产品，主要原因如下：①选择更有利于环境保护的原材料导致成本增加；②使用清洁技术导致生产过程成本增加；③绿色产品认证过程产生部分成本；④购买清洁生产设备使成本增加；⑤绿色管理方面产生人才培养和环境管理费用。国际上很多国家都做出相关规定：在价格方面，绿色产品可以高于同类产品一定比例，如日本允许比一般产品高出 20%，芬兰允许高出 30%（武永春，2003）。

虽然绿色产品价格略高，但其节约资源、能源且有利于身体健康，在满足消费者生理需求的同时，也满足了人们在环保、社会责任等方面的更高层次的心理需求。提高绿色产品在消费者心中的价值是营销绿色产品的关键，使消费者逐渐形成认知偏好，弱化消费者对绿色产品价格较高的敏感度，从而占据更大的市场。

绿色产品是关系绿色增长发展的重要商品，政府合理管理和调控产品价格可以抑制或者鼓励消费。首先，通过制定并公布污染控制总目标来引导工业企业进行清洁生产、绿色生产；其次，通过调控能源和绿色产品价格等方式引导企业的环保行为，保护工业绿色增长的外部环境；最后，政府在市场上推出绿色环境标志，鼓励消费者购买绿色产品，通过市场调节不断淘汰高污染工业产品。

11.1.2 绿色投资

绿色投资是一种特殊的投资方式，一方面要求企业在采购环境保护设备和开发环保技术方面投入更多的资源，另一方面要求政府在环境保护、资源节约方面加大支持力度，提高治理投入。短期来看，企业的绿色投资具有高投入、低回报的特点（Zhang and Yousaf，2020），而这一特点使大多数企业不会自发增加绿色投资，因此，政府需制定相应的激励政策引导企业积极进行绿色投资，促进绿色增长。

1. 鼓励企业绿色贷款

良好的绿色经济环境离不开绿色投入。发挥政府的引导作用，建立与绿色经济政策匹配的法律、财政金融及产业政策等，多维度为绿色金融活动保驾护航。强化资本投入，积极拓宽绿色资本的来源渠道，形成政府、企业、个人多主体，银行信贷、证券融资、企业自筹等多渠道的绿色金融格局，从而解决企业绿色融资难题。另外，将环境污染治理与绿色产业目标建设相结合，制订出科学的绿色贴息计划，推动相关专项资金支持污染治理项目和新兴绿色产业（Huang et al., 2020）。在企业规模方面，有必要纳入更多的符合标准的中小型企业。借款企业还款时，利息贴息可以直接从应付利息当中扣除，由财务部门直接拨付到相关银行，为中小企业助力绿色增长提供财政支撑。

2. 加大环境保护投入

通过大量的资金投入，我国已在环境保护方面取得了一定的成效，但未来如何继续利用好政府提供的各项环保专项资金，值得重点关注。近年来，随着我国环境治理能力的增强，财政手段逐步多样化，环境保护投入强度和效率均有所提高。因此，为持续、有序地稳固环境保护财政支出的效果，首先，要确保财政环保支出的稳定增长，提高环保支出在国家财政支出中的优先级别，重视新增财政收入对环境保护投资的分配，确保环保支出增长幅度与财政总支出增长幅度相称；其次，要整合现有的专项资金，设立环境保护专项资金是为了解决国家面临的重特大环境问题，以便遇到环境紧急情况时能迅速做出反应，但同样有临时性、长期不足的缺点，可考虑适当对专项资金的周期进行专门化调整，具体的实施措施应视周期投入情况而定；最后，目前环境保护专项资金类目繁多，导致在财政资金有限的条件下，其实际规模受到压缩，可将现有的专项资金类别进行优化整合，实现对关键性、全局性的水体、大气、固体废弃物等污染排放情况的综合整治。由财政部和生态环境部联合成立国家环境保护基金公司，由财政部和各省（区、市）按照一定比例进行注资，成立环境保护政策性金融机构，作为统一的环境保护融资平台。

11.1.3　绿色税收

绿色税收是指税收体系中与环境资源保护有关的各税种、税收措施以及政府部门收取的与环境资源保护有关的各种费用的总称（苏明，2013）。绿色税收正在逐渐成为我国绿色发展的重要标准和政策调节的有效方式，建立和完善国家绿色税收制度是实现绿色增长的关键环节。目前国家的绿色税收主要有资源税、环境税、消费税和其他税种的“绿化变革”。

1. 资源税

资源税作为我国资源税费制度的主体，在保护环境和指导合理利用资源方面发挥了重要作用。2016 年，我国全面推进资源税改革，对资源税的征收范围做出明确规定，提高了社会对资源问题的关注度。伴随五大发展理念的提出，在社会转型的关键时期如何实现资源的可持续发展是对社会发展的重要考验。为保障资源环境的清洁、可持续利用，政府需进一步完善各类资源税制度，征收全社会意见，调整资源税收的公允性和公平性，从而体现政府在经济发展和环境保护等方面的调节作用。党的十八届三中全会明确提出要加快资源税改革。《中华人民共和国环境保护税法》奠定了征收环境保护税的法律基础。

中国的资源大都集中在西部不发达地区，因此，资源税改革对合理利用和开发资源以及改善偏远地区财政状况具有非常重要的意义。主要的政策如下：①调整计征办法。结合从价计征和从量计征，对市场价值高、价格浮动幅度大的矿产品，如煤炭、有色金属等，根据销售收入进行从价计征，对其他矿产品进行从量征收。②将资源税的税率适量提高。在现有政策基础上，通过提高稀缺资源、高污染和高能耗矿产资源的税率，将能源产品价格调整和改革收费制度二者进行结合，从而形成合理的能源产品税率制度。

2. 环境税

《关于 2009 年深化经济体制改革工作的意见》提出要“加快理顺环境税费制度，研究开征环境税”，2011 年中央经济工作会议也提出研究推进环境保护税改革。在一系列政策的指导下，我国改革排污收费制度的工作大获成功，各城市的污水处理收费制度和垃圾治理收费政策均得到相应改善（de Miguel et al., 2015）。随着环境制度的不断发展，2018 年由十二届全国人大常委会第二十五次会议表决通过的《中华人民共和国环境保护税法》在我国正式实施，其作为专门针对污染与破坏环境行为的第一部特殊税法，是我国践行可持续发展理念的具体表现。

《中华人民共和国环境保护税法》规定了大气、水、固体废弃物、噪声污染物的计税依据和征收办法，其在原有排污费的基础上规范了征收管理程序，提高了税收减免档次。在不同国家和地区，环境保护税的具体规定有所不同。欧盟除主要环境税税种外，对二氧化碳征税有别于其他国家和地区；美国则“因地制宜”，税费均由各州根据具体情况制定标准；日本较早颁布的《节约能源法》则规定，在一定期限内，对节约能源达到标准的单位及个人给予免税优惠。由此可知，在世界范围内，环境税已形成了较为成熟的法律体系，并且正在快速发展。相比之下，中国的环境税尚处于起步阶段，应积极学习借鉴西方的先进经验并大力推广。

为此，我国应当：①确立农业环保税规范。我国当前环境税暂予免征农业环保税，但依然存在大范围秸秆燃烧现象，应安装大气检测的相关设备，在污染严重的地区加大税收力度。②完善税收优惠制度。现有法律的优惠政策明显不足，无实质性鼓励内容，政府应对清洁产业给予适当优惠，引导有关企业朝可持续发展方向前进。③实现涉税信息共享。在全国建立完善的信息检测系统，公开环境数据，使公共部门与普通群众共同参与监督。此外，明确监测数据平台对虚假报告和欺诈应承担的法律责任。

3. 消费税

消费税是针对特定的消费行为或消费品按照消费额度征收税费的税种，属于商品税。其主要职能是引导消费结构、补充财政收入及矫正负外部性。高档、危害健康以及高污染、高耗能消费品是主要征税对象，通过调整税率引导人们形成正确的消费结构；在普遍征收增值税的基础上，对特定消费品征税，为国家财政贡献一定税收；对具有负外部性消费品征税，补偿其造成的影响，如汽车使用造成环境污染，将购买汽车征收的税费用于环境治理。

我国消费税由来已久，中华人民共和国成立以后，消费税便作为独立税种出现；后经不断调整，1994 年我国开始施行《中华人民共和国消费税暂行条例》；2006 年在其基础上调整税率，在原有分类消费品基础上增加高档手表、游艇等税目；2009 年起，我国开始征收燃油税，一定程度上限制了汽车的过度消费，对环境保护起到促进作用。经过几次发展改革，虽然消费税促进绿色发展的作用越来越明显，但仍存在绿色税目过少、税率设置不合理等问题，这些问题也限制了其绿色功能的发挥。

为促进消费税的绿色发展，特提出以下政策建议：①调整征税范围，补充绿色税目。扩大对高污染、高消耗消费品及消费行为的征税范围，促使人们购买无污染、资源节约型商品作为替代。②优化税率设计。税率过低，其引导作用无法凸显，但若过高，影响所调节产业的绿色发展，因此需要合理设置不同产品的消费税税率，参照国外消费品税率，应提高我国成品油、游艇等税率。③加快立法进程。消费税立法层次较低，难以约束一些不合理行为，导致其未能充分发挥促进绿色发展的功能。因此，应在现行条例基础上结合中国国情，推进立法进程，促进经济绿色发展。

4. 其他税种

除介绍的资源税、环境税及消费税外，其他税种对我国绿色发展也起到促进作用。在增值税方面，对于回收废弃物经营单位免收增值税，促进资源回收利用；在企业所得税方面，符合要求的环境保护或节能节水企业，前三年可免缴企业所得税，鼓励企业节能减排；在车船税方面，免征卫生部门环境监测和垃圾清扫车船的使用税。

但其中也存在不合理之处，需根据实际情况对其他税种进行“绿化改革”。改革车船使用税。当前车船使用税根据车船吨位数收取固定税额，与其使用强度无关。为减少汽车尾气排放和噪声污染，应提高税额标准，综合所有交通工具种类设置不同税率；实施绿色关税制度。由于全球化进程加快，国际贸易交流增多，对于进口污染生态环境的原材料以及出口消耗国内大量资源的初级产品征收环境保护关税，改善中国进出口结构，增加环保资金。完善城市维护建设税，将征收范围从城市逐步扩大至农村，为新农村建设提供资金来源等。

综合运用多个绿色税收政策，构建绿色税制体系，促进我国实现绿色增长。同时建立绿色GDP的核算体系，考虑环境因素，科学客观衡量我国经济增长情况。

11.1.4 绿色产能

产业发展是绿色经济发展最直接的外部表现。为应对激烈的经济压力以及实现国家可持续发展，既要加快培育和发展绿色产业，也要强化传统产业的改造力度。

1. 新兴绿色产业发展

新兴绿色产业具有良好的发展前景，但也存在如技术产业化不成熟、发展路线不明确等问题，因此，产业要立足还需要市场磨合以及政府的补贴支持。新兴绿色产业包括两类：一是先进地区已经存在的绿色高端产业及其产业链，此类绿色产业发展模式较为成熟，其发展方式可为其他地区提供参考；二是探索中的新兴绿色产业，此类产业盈利模式不稳定，风险性和不确定性较高，且其中高端绿色技术的引入、转移阻碍较大，因此自主创新起到了主要作用。总体来说，新兴绿色产业自主创新的决定性作用逐步增强。

新兴绿色产业的技术提升，不仅有利于提供产业结构转型升级的新动力，还有助于抢占新一轮国际竞争优势的关键机遇。因此，不仅要提高自主创新能力、夯实国内战略性新兴绿色产业基础，更要以国际化的视野促进新兴产业技术国际交流，提高研发、制造、营销等各环节的发展水平，以产业创新活动不断为经济发展注入活力。

2. 传统产业改造升级

相比战略性新兴产业，传统产业往往具有技术成熟、发展时间长、附加值低、依赖资源及劳动密集等特征。目前传统产业已经形成完备的产业配套体系，为新兴产业发展提供了基础条件和市场需求。新兴产业在培育阶段需依赖传统产业的积累资本、供应能力和产业体系，在发展成熟后反馈给传统产业，为其提供技术改造和产业升级的发展方向。对于重点行业和领域，特别是钢铁、水泥、玻璃、化工、有色金属等传统高耗能产业，需要推动信息、新材料、新能源领域高新技术成果转化、推广和应用，利用绿色高新技术创新，实现向新兴绿色产业的转变。

11.2　环境政策建议

环境政策是政府等公共组织对环境保护相关事项所采取的具有特定形式和规范性的各种方法的总称，具有综合性、具体性、科学性、公益性、有效性、适时性等特点。制定符合中国国情的环境保护政策，建立全面高效的污染防治体系，依法有效预防、严格惩罚环境污染犯罪，将极大助力我国绿色增长政策的顺利实施。环境管制是一种强制手段，不利于培养企业的主观积极性。因此，在法律法规强制规定的基础上，应辅以信息披露政策和环境教育政策，增强对企业的道德约束和思想教育。

11.2.1　环境管制

在传统经济增长方式的影响下，大批污染密集型产业得以发展，许多地区都出现了严重的环境污染问题，在这种情况下，要想改善环境质量、倒逼产业转型升级，环境管制就显得尤为重要。在转型初期，尽管提高环境管制强度在短时间内可能会抑制经济增速，但会促进绿色环保产业和新兴产业的发展，最终实现经济的长期发展。考虑到不同地区发展状况的差异，需采取有针对性的管制手段削减耗能排污密集、技术水平落后的产能，并且鼓励和推广清洁生产技术，实现地方绿色发展水平的提高。

目前，我国已经建立多层次、多方位的环境保护法律体系，从立法层面保证了我国的环境管制有法可依，但是由于在实行过程中存在种种障碍，难以达到理想的减排效果（Li et al.，2020）。从根本上来说，环境保护主要依靠污染物的源头减量，这要求在总量控制制度和排污权交易制度两个政策上加大规范力度与执行效度。现阶段，发达国家所采取的环境控制手段包括税收、生态补偿、排污权交易、绿色金融等。例如，英国对二氧化碳进行征税，美国向购买符合环保标准设备的公司实施税收减免政策，日本政府为使用先进节能技术和设备的工业企业提供三分之一的成本补贴。在生态补偿机制方面，美国政府发布实施“排污补偿”政策，要求经济落后和环境不合格地区所有的新建、改建和扩建项目均达到标准，并实现相应的减排量以补偿其污染物排放量。在排污权交易方面，欧、美、日等发达国家和地区都建立了完善的排放权交易机制。在绿色金融方面，发达国家对绿色环保投资采取了一系列的绿色金融支持性手段。例如，德国建立了相对完善的绿色信贷机制，在推动绿色投资方面取得了明显的成效。

1. 总量控制制度

实施污染物总量控制制度以来，我国取得的减污成效显著。国务院印发的《“十四五”节能减排综合工作方案》提出，到 2025 年，全国单位国内生产总值能源消耗比2020年下降13.5%，能源消费总量得到合理控制，化学需氧量、氨氮、氮氧化物、挥发性有机物排放总量比2020年分别下降8%、8%、10%以上、10%以上。为了使关键污染物总量控制系统取得更好的成效，可充分借鉴“阶梯式电价”“阶梯水价”的做法，把环境保护税和排污标准分成几个部分，每个部分都制定一个确定不变的排污标准和环境保护税征收标准，但是，随着污染物总量的增加，排放标准和征收标准将越来越严格。这种做法能充分发挥价格和市场因素在污染物排放权分配和总污染物排放量需求调整等方面的作用，从根本上降低排污量。

2. 排污权交易制度

排污权交易是一种基于市场机制的排污预防模式，应充分发挥地方政府和企业进行污染治理的积极性，使企业变成污染治理的主体，在节约成本及技术创新的激励下，企业会根据自身的发展特点来决定是否增加绿色产出、提高减排绩效以及减产、迁移等（Yu and Shen，2020）。

排污权交易制度可以有序地指引产业进行合理转移，利用明确界定的产权资源交换达到配置的最佳效率，促进我国产业结构快速转型升级，从而克服环境污染的负外部效应。它不仅有利于降低污染控制的社会成本，促进企业的技术创新，还能够大大提高资源配置和污染防治效率，在实现经济与环境协调发展方面起着重要作用。所以，积极推进排污权交易体系建设是预防和控制环境污染的有效手段。

改善外部制度环境，如污染排放监管、政府绩效评估、信息披露、税收和财政等，有利于推动排污权交易制度的实施。一方面，政府应该不断扩大排污权交易主体的范围，提高完善排污权交易主体资格和初始分配制度的速度，促进排污权交易二级市场体系的发展，并使排污权的初始分配更加公平。另一方面，积极创造一个可以有效发挥排污权交易体系作用的外部环境，并且通过创新激励机制，鼓励企业主动控制污染和减少排放；加强顶层设计，确保排污权交易政策的连续性和稳定性；积极引进和研发污染监测技术，完善污染控制信息的公开机制；建立并完善污染治理的财政投入政策，加强地方政府污染治理的绩效评价机制。

11.2.2　信息披露

环境信息披露分为宏观和微观两个层面。宏观环境信息披露是指政府层面的环境信息公开，而微观环境信息披露则强调企业层面的环境信息披露（岳燕，2010）。运用经济手段指导企业将污染成本内部化，是降低环境监控成本、促进企业进行自主环境管理的最有效并且最持久的手段。企业是实现中国绿色增长的重要载体，因此，本书重点探讨微观层面的环境信息披露。

环境信息公开是企业促进环境沟通并且为利益相关者提供决策所需的环境管理信息的一种有效方式，企业环境信息披露对促进工业污染防治和维护证券市场稳定有显著作用。企业向社会公开生产活动对环境所造成影响的报告（称作可持续发展报告或社会责任报告），是企业与社会大众和投资者进行环境信息沟通的重要手段（Lu et al.，2020），同时公开环境信息将促使企业为树立良好的社会形象而积极主动开展节能降耗、减排增效等环保活动，有利于建设环境友好型社会。

近年来我国陆续颁布了环境信息披露相关政策，督促企业进行污染治理与节能减排。2007 年，国家环境保护总局通过了《环境信息公开办法（试行）》，鼓励企业自愿公开年度环境保护目标及成效。2008 年公布了《关于加强上市公司环境保护监督管理工作的指导意见》，建立上市公司环境信息披露机制，推动企业主动承担社会环境责任。2013 年，环境保护部发布《国家重点监控企业污染源监督性监测及信息公开办法（试行）》，要求各级环保部门公开国家重点监测企业的污染情况。2021 年，为了规范企业环境信息依法披露活动，加强社会监督，生态环境部发布《企业环境信息依法披露管理办法》。

随着相关政策的出台，我国在企业环境信息披露方面有了一定成效，目前生态环境部已要求着重公开排放量大的企业环境信息，下一步应考虑扩大范围，促使上市公司和发债企业公开环境信息。从环境高污染、高风险的行业入手，逐步扩大信息披露范围至整个资本市场。此外，应严格规定环境信息披露的程度，企业必须披露实质性的环境信息，包括主要排放物如二氧化碳、二氧化硫、氮氧化物、污水、固体废弃物等的排放情况和生产过程中资源能源消耗总量、利用率等，便于第三方机构根据所披露的信息展开进一步的分析和整理，为社会大众进行绿色消费提供参考，引导更多的投资者将资金投入绿色产业和绿色企业，形成争做绿色企业的良好竞争氛围。促进环境会计及信息公开准则的完善，借助法律手段为环境会计的顺利发展创造有利条件，并推动环境会计的全方位普及，具体包括环境资产、环境负债、环境收益、环境费用、环境成本、环境利润等概念的确认。从企业角度看，不同行业的企业环境业务各不相同，有必要结合各行业的特点，确保环境标准的适应性，并且注意与原始准则的一致性和协调性，避免各标准之间的冲突。环境保护部在2014年10月19日发布的《关于改革调整上市环保核查工作制度的通知》规定，上市公司应按照有关法律要求及时、完整、真实、准确地公开环境信息，并按《企业环境报告书编制导则》（HJ617-2011）定期发布企业环境报告书。该规定为环境信息公开实践打下了良好基础。环境报告制度不断发展完善，将逐步形成专业的环境会计报告书，使得企业环境活动的数据能够被使用者更加清晰地观察到。

11.2.3 环境教育

环境教育是增强环境保护意识，提高环境保护主体自觉性的根本方法。由于社会经济的不断发展，人类已对自然资源的价值达成共识，因此，加强社会公众对自然资源价值的全方位认识，使公众了解自然资源的有效利用方法对于资源节约具有重要作用。环境教育政策旨在培育企业和公众的绿色伦理观、绿色价值观和绿色消费观，在生活水平逐渐提高的同时，让环保意识深入人心。具体的环境教育政策可通过建设绿色大学、培养绿色人才为社会储备绿色增长的后续力量。

1. 建设绿色大学

自1990年签署《塔罗礼宣言》（*Tolloire-Declaration*）以来，大学教育已经成为促进可持续发展的重要力量，世界上许多著名的大学都相继启动了绿色大学的建设活动，如英国爱丁堡大学的“环境议程”、美国华盛顿大学的“绿色大学”前驱计划，开设相关的环境教育课程、进行环保人才培训等。在我国，清华大学于 1998 年首先提出绿色教育、绿色科技、绿色校园三层次的行动方案，其认为绿色教育是对环境保护和可持续发展的全面教育，是自然科学、人文社会科学等综合性教学活动和实践的基础，同时也是所有学生的基本知识结构和综合素质培养的重要构成部分，这是绿色教育第一次在国内被定义。

绿色大学将法律和国家政策的支持作为高校实施绿色教育的强大后盾，保证国家的绿色教育在法律、法规等方面的积极引导作用，完善高校绿色教育的计划和方针，将其与学校教育改革的计划方针紧密配合。绿色大学的建设应该纳入一流大学发展战略规划中；把绿色发展指标纳入人才培养考核体系，将提高学生的生态文明素养与能力作为开展人才培养的重要指标；建立一流的科研体系，关注并研究生态环境问题，加强学科之间的协作创新，加大对跨学科群体和科研队伍的支持，为实现绿色增长提供有力的智力支持。

2. 培养绿色人才

绿色经济人才是开展绿色经济活动的关键要素。随着国家对环境保护越来越重视，企业的环境意识日益提高，绿色环保型人才已成为各类企业的新增需求。绿色经济人才尤其是绿色创新型人才的培养，一方面需要良好的环境，以更好地吸引和留住人才，该环境不仅包括灵活的工作制度、便利的交流条件等工作和学习环境，还涵盖公平的科研环境、浓厚的创业创新氛围等双创环境；另一方面要加大人才培养力度，采用灵活多变的薪酬制度和奖励制度，加大创新成果激励力度，激发创新人才的积极性、主动性和创造性。

在绿色人才的专业培养上，首先要加大对环境科学与工程学科人才的培养，提供较大程度的政策倾斜，鼓励更多的高水平人才在环境领域深入钻研，为环保技术的不断发展提供人才储备库；其次要做好环保专业人才的就业工作，现有环保型人才毕业后从事环境领域的工作占比较小，难以保留高水平人才；同时做好留学人才及海外专家的引进工作，建立灵活的管理制度，提供优惠政策，加强与国际环保人才的交流合作，还可以利用合适的待遇来引进人才，改善环境类人才的工作环境；此外，建立中国绿色人才信息库，统计环保类人才的专业分布、地区分布和具体的特长领域，为企业招聘绿色人才提供便捷，也可在一定程度上提高绿色人才的就业率。

11.3　资源政策建议

资源政策是国家政策体系的重要组成部分，其社会关注度、复杂性、地区差异性等特征较为突出（谷树忠等，2011）。改革开放以来，中国自然资源政策的地位和作用不断增强，已逐步成为影响经济发展、社会进步及生态建设的关键一环。结合本书相关结论可知，我国仍需高度重视经济增长过程中的自然资源节约与保护。因此，本节从水资源、森林资源、土地资源及矿产资源方面提出中国实现绿色增长的政策建议。

11.3.1 水资源

由研究分析可知，我国水资源存在以下问题：空间分布不均；水污染和水生态恶化；流域管理与行政区域管理相比较为薄弱；所管辖的流域水资源开发协调不当和监管不到位。因此，我国相关部门需明确流域管理机构的权力和责任，设立权威机关监督其行使职权的过程，同时增强流域机构的能力建设，实现各流域水量的统一管理调度。

目前，河道管理系统的任务主要是水资源保护、水污染防治和水环境治理。建议执行严格的水资源管理制度，把取水总量控制指标实施到具体的河湖段，将“控制取水”与“保护水资源、防治水污染、改善水环境、修复水生态”并列，建立健全多部门管理协调机制，全方位规范和管理涉水行为，提高水资源整体管理控制能力。

在治理方法上，应在水资源配置、水污染治理和生态环境保护修复等方面，推进市场经济工具和行政命令调控工具之间的协调性，进一步促进税收、制裁等经济工具在水资源整体管控上发挥作用（曹建廷，2019）。此外，要加速分配各流域水量并明确水流产权，为履行监管职责和运用市场机制打下基础。

11.3.2 森林资源

合理开发与管理森林资源是实现节能减排的重要步骤。森林是陆地上最大的碳储存地，降低森林破坏的同时扩大森林资源是解决气候变化问题的重要方式。但受国家发展阶段、宏观经济形势、经济体制等因素的影响，我国森林资源管制完全由政府主导，其他相关机构发挥的作用微乎其微（杨建洲，2001），这极大降低了森林管理者在生产经营过程中的积极性，严重阻碍了森林资源的利用与保护。根据现有问题，本小节将从约束和激励两个方面提出相应政策建议。

1. 发挥政府约束的主体地位

森林经营具有特殊性，在其生产经营的过程中要面对生产和政府两方面成本的制约，同时须兼顾森林资源的生态效益和经济效益。政府只有站在企业的角度来制定约束机制，才能避免企业通过其他渠道追逐超额利润，实现个人利益与社会利益间的协调。

通过修订森林经营相关法律，明确不同森林的价值效益，建立与分类相适应的经营管理制度，解除企业对资源用途的困惑。对于公益林，要完善生态效益补偿制度，合理确定补偿对象，扩大现有公益林补偿范围，提高补偿标准，使公益林经营者权益得到法律保障。对于商品林，实行国家所有，中央与地方两级管理，政企分开政策，开放林业投资市场，使更多社会资金投入林业建设。

2. 建立森林管理激励机制

建立激励机制促进高校毕业生和相关技术人员投身于森林产业，增强林业的可持续发展能力，并设立科研基金来推进科研院所与相关企业对接，提高企业应对经营风险的能力。当前，森林企业在育林过程中外溢的生态效应和社会效应无法在产品价格中得到体现，在市场环境中也不能得到相应的价格补偿，因此政府要给予企业一定的补偿，激发其营林、育林的积极性。要充分体现政府补偿在森林采伐管理中的激励作用，统一补偿标准与森林资源的市场价格，设置森林生态发展专项基金，对森林生态补偿资金进行集中管理和控制，实现专款专用。补贴价格还需考虑林木质量、品种等因素，然后做出相应的改变。

11.3.3　土地资源

土地利用是社会发展过程中的关键性问题，我国经济迅速发展的同时，城市土地扩张、非农化建设用地的增加造成耕地面积的迅速减少，土地利用结构也因此出现变动，出现农用土地与建设用地供给矛盾、各区域土地利用效率不高等问题。为此，优化我国土地政策已刻不容缓。

目前，我国东、中、西部地区建设用地效率具有明显差异，虽然西部大开发及中部崛起战略平衡了区域发展，但根据相关研究，中、西部地区城市建设用地对经济增长的推动作用与东部地区相比仍存在很大差距，导致我国城市建设用地空间配置效率的损失逐步增加。因此，国家相关部门要强化对中、西部地区建设用地的限制，防止土地过度开发，建立用地再利用开发机制，促进城乡建设用地的有效分配。同时结合我国东、中、西部地区发展的现实情况，制定差异化的区域土地利用政策。东部地区施行新型城镇化方式，稳步推进中、小城市农业人口转移；中部地区要发挥互联网、城市道路等基础设施的作用，提高土地利用率；东北部地区应把控特大城市人口规模，积极推进农业人口市民化；西部地区则应完善交通等基础设施，发挥城市群辐射作用，增强城市土地利用率。此外，在农业用地非农化过程中，严格执行耕地占补平衡政策，建设用地面积扩张不得破坏耕地质量，通过财政将非农化收益用于加强新增耕地的农田水利建设，提升耕地效率，实现建设用地、农业用地效率协同优化。

11.3.4 矿产资源

矿产资源政策制定与实施的目的在于鼓励矿产资源的有效开发与利用，对矿产资源使用进行保护和限制，协调矿产资源开发和环境间的平衡。矿产资源政策不仅能够促进国民经济发展，还兼顾当前和未来的需要，符合可持续发展理念的基本要求（Fabre et al.，2020）。为了推动矿产资源的高效利用，应做好如下工作。强化对矿产资源的管控，做好矿产资源的计划工作。设置有助于推动矿业发展和循环经济发展的政策，建立以矿产资源规划为基础的统一协调、层次分明、功能配套的矿产资源规划体系；抓住难点、攻坚克难，重点提升矿产资源利用率。鼓励开发利用中低品位磷矿、中深部铁矿、低品位铁矿等资源，聚焦于小煤矿回采率低问题的解决；贯彻落实国家产业政策，系统地研究制定资源综合利用技术经济政策。根据资源的综合评价进行决定，尤其是对于暂时无法使用的矿石和暂时无法全面回收的共伴生矿产，要采取合适的保护措施，以便于未来的回收和利用。

11.4 技术政策建议

绿色技术创新是实现绿色增长以及解决环境问题的基本途径，但其投资大、风险高，难以满足企业追求利润最大化的需求，导致企业自觉进行绿色技术创新的利益驱动力不足。政府要建立健全完善的政策支持体系，促进绿色技术创新的顺利发展。本节将从可再生能源利用、绿色技术创新和先进技术引进等方面提出相关建议。

11.4.1 可再生能源利用

由研究结果可知，我国能源消费仍然以煤炭、石油、天然气等不可再生能源为主，这种畸形的能源结构不仅会降低能源供给与需求的安全性，同时也将严重阻碍我国“碳中和”目标的最终实现。因此，要加大科技投资，积极推动高效、清洁新能源和可再生能源的研发利用，打破传统能源消费结构，促进能源结构低碳化发展，具体建议如下。

1. 建立切实可行的强制市场政策

政府将在总体规划和相应的支持性举措方面制定切实可行的政策和措施来刺激可再生能源的发展。为了解决可再生能源在发展初期成本高、市场竞争力不足的问题，需要制定适当的规划部署并明确可行的实施方案。欧盟颁布的《可再生能源电力生产指令》有效促进了可再生能源电力的研发和使用，实践证明欧盟的强制性收费政策对调整能源产业结构具有积极作用。我国的可再生能源刚刚起步，目前还缺乏有效的强制性市场政策，可借鉴欧盟等国家和地区的做法，推行强制市场政策，以刺激可再生能源的市场需求。

2. 推行促进可再生能源利用的经济激励制度

目前，我国实行的价格政策在鼓励可再生能源发电方面取得了一定的成就，但同时存在管理成本高、电价差异大以及地方盲目招标、批准中小规模风电项目等问题。所以，建议采用以区域划分为依据的固定电价政策。对生物质发电实行统一的价格补贴政策，随着生物质发电市场需求的持续扩大，采取分类进行政策制定的方式更为合适。目前，太阳能发电的电价政策尚未确定，建议制定明确可行的政策，以实现开启我国并网光伏发电市场的目标。

3. 完善可再生能源政策管理体制

全面推进可再生能源管理体制改革，提升有关政府部门的综合管理能力，放大市场机制、社会和市民的作用，协调政府、市场和社会三方的关系使其发挥整体作用，提高可再生能源产业的经济效率，并最大限度地保证社会公平。其中市场是基础，政府是关键，社会是必要的补充。构建可再生能源市场是实现可再生能源大规模开发与商业化的前提条件，利用立法手段调整各利益集团间的关系，以减少可再生能源发展的市场障碍。同时，强化相关部门履行能源管理的法律与政治问责机制，加强公众在可再生能源的决策制定和法律执行过程中的参与程度，将政府主导的能源管理模式转变为政府、市场与社会共同合作的新模式。

11.4.2　绿色技术创新

与发达国家相比较，中国的生产技术较为落后，造成了大量的环境污染和资源浪费。因此，加大绿色技术的创新已经成为推动企业绿色增长、促进传统生产工艺转型升级、提高资源利用率、减少废弃物产生与排放的有效途径（Peng et al.，2020）。由于企业的绿色技术创新存在见效慢、条件高、投入大等问题，因此需要政府给予较大力度的政策支持。

1. 培育集聚创新主体的发展

在绿色经济创新体系发展的进程中，创新主体的成长与集聚是不可或缺的环节。推动创新主体的成长与集聚，有利于加快创新生态系统的形成，增加创新主体的数量，刺激高层技术人才创新创业。高层技术型创新创业有助于带动就业并促进科技成果转化。为此，我国政府制定了一系列政策支持创新主体的培育与区域创新能力的提升。

中小企业是我国进行绿色创新的重要力量。但目前，我国的科技投入仍集中在大型企业，对中小型企业的支持力度还远远不够。中小型企业作为关键的市场主体，具有规模小、灵活性高的特点，它们能够快速吸收绿色技术创新，并应用绿色技术生产绿色产品，提高绿色技术创新的效率。除此之外，中小型企业间的竞争更激烈，优胜劣汰的速度更快，能够提升创新群落的活力与稳定性。

2. 加大绿色技术创新的财政支持力度

建立健全绿色技术创新财政支持政策能够显著促进绿色技术的发展。将绿色技术创新投入作为财政经常性支出预算项目，以保证绿色技术创新财政收入的持续性。建立绿色技术创新的专项基金，支持重要领域的绿色技术创新，保证专款专用，提高资金使用的效率。完善绿色创新项目的支持机制，提升绿色创新项目的环境效益在最终评估中的占比。优化财政资金的支出结构，加强财政资金对创新基础设施研究的扶持，构建有效的创新基础支持体系。

维持技术创新体系的正常运行离不开资金支持，因此要完善绿色创新的金融服务体系。加快建设多层次的金融市场，加强金融的对外开放力度，通过金融体制深化改革，提升金融服务对绿色创新的扶持力度。技术投资与融资渠道也需要多样化，以吸引更多的社会主体参与绿色创新活动，推进风险资本市场建设，完善风险资本的参与退出机制，扩大风险资本参与绿色经济与创新的广度与深度，并增加创新资金投入的多样性。此外，搭建银行与公司间沟通的桥梁，让银行能够理解与掌握项目的经济效益和潜在价值，解决绿色创新项目“借贷难”的问题，鼓励银行增加对优秀绿色科技项目不良贷款的容忍度和对绿色科技项目的贷款扶持力度。政府应根据创新生态系统发展战略、产业结构布局和企业发展状况，合理配置政府绿色创新投资与绿色技术贷款以确保资金的有效利用。

3. 建立促进绿色创新的配套服务体系

建立绿色技术服务与示范中心，主要开展环境保护过程中关键技术和共性技术的系统集成，工程化研究、重污染工艺改造、国外先进绿色技术的消化吸收，新型技术或设备的使用培训等活动，使其逐步成为绿色技术的培育示范基地和传播中心。还要建立高效的技术信息网络，便于掌握国内外绿色技术创新的最新成果。同时，环保部门要强化法规、标准的执行和监督力度，积极发挥协调与服务作用，强化企业绿色技术创新的传播效果。

基于绿色经济的区域创新体系运行离不开科技中介服务组织的支持，科技中介服务组织是创新生态系统能够有效运行的催化剂，有利于加快绿色创新成果在系统内的扩散，提升系统运作的速度。成立科技中介服务组织开展专项资金，为绿色专利数据库的建立健全提供专门的资金补贴。利用政策推动社会资本参与到绿色信息平台和科技中介服务机构孵化器的建设中，推动社会资金参与建设科技中介服务机构，加强对中小科技中介服务机构的培训，为中介服务机构提供新动力。着力推进绿色交易中心建设，升级绿色技术交易方式，促进绿色技术交易中心转变为绿色创新成果与风险资本相结合的交易平台。制定中长期科技中介机构发展的战略规划与监管机制，提高科技中介服务机构的专业能力与服务水平。

4. 加强产学研合作以推进绿色产业进程

完善主体有机结合的互动机制，促进各方协调与合作，实现创新的生产、扩散与应用，提升国家创新能力，加速绿色产业发展。产学研合作是推动绿色技术创新的重要手段，能够加速绿色技术创新的进程。强化产学研合作，把企业在资本、市场方面的优势和科研院所的技术研发优势相结合，实现优势互补，最大限度地发挥双方的积极性和创造性，加快绿色技术创新的产业化进程。在产学研合作机制中，政府要积极发挥宏观调控作用，加强高等院校、研究机构和企业等多个创新主体间的有机联系，充分调动创新主体的积极性，建立适应中国环保行业发展情况和特点的绿色技术创新政策体系。

11.4.3　先进技术引进

长期以来，中国企业大都只关注生产能力的建设，而较少注重技术创新能力的培养，未能意识到创新能力在形成企业核心竞争力中的重要作用，导致我国企业在节能、节水、节约材料、减排技术等方面缺乏国际竞争力。过去二十多年中，我国环保项目数量急剧增加，但环保行业的基础研究却相对薄弱，创新缺乏基础与动力，仿佛无本之木、无源之水。大量环保项目的出现使得大批企业“半路出家”，借助自身优势竞相转投环保行业。据统计，2019 年正常运营的企业只有 4 万家左右，其中大部分企业并未研发出针对当地区域复杂环境问题的有效技术。目前环保行业技术发展的速度与项目增加所需求的速度不匹配，企业在众多项目上面临治理难度大、处理成本高的难题。所以，需要开展国际合作，通过借鉴发达国家的先进经验，促进绿色技术的开发，提升我国企业的科技创新能力。

技术引进创新是指通过有偿方式，将国内外其他企业的先进技术或产品引入本企业中，并与现有技术进行集成，解决原有技术的发展短板问题来提高产品性能，助力公司获得市场竞争优势。通常被引进的技术不能完全或直接满足企业的技术需求，需要在该技术的基础上进行二次研发。这种技术创新模式具有节约时间和资金、针对性强的特点。

在技术引进的过程中，需要专门的组织帮助企业减少技术引进的风险、降低随后研究和发展的难度，同时设计与企业或技术相适应的商业模式来实现该技术的本土化和高效化。例如，垃圾渗滤液处理行业的领先者江苏维尔利环保科技股份有限公司坚持走引进、消化吸收和再创新的技术之路，引入多项欧洲环保技术，并通过系统的项目验证与成熟的商业模式开发出一系列适合中国国情的渗滤液处理和固体废弃物污染控制的核心技术和专利，并凭借自身的硬实力成功打入海外市场。

借此经验，我国应该结合自身优势，在全球环境治理过程中发挥重要作用，推动建立基于“一带一路”等合作机制的绿色技术创新联盟和绿色技术创新管理协会等机构，加强关于绿色技术创新的国际交流，并通过多种形式扩大绿色技术创新思想和成就的传播范围，发挥龙头企业在技术研发创新领域的引领作用。同时进行国际最佳节能技术和实践的评选和推广，让更多的企业和公众了解不同绿色技术的使用方法及优缺点，对优秀的绿色技术研发成果进行大力推广，并加强其应用。

参 考 文 献

北京师范大学科学发展观与经济可持续发展研究基地，西南财经大学绿色经济与经济可持续发展研究基地，国家统计局中国经济景气监测中心. 2012. 2012 年中国绿色发展指数年度报告——区域比较. 北京：北京师范大学出版社.

卞玉梅. 2017. 结构方程模型研究及其应用. 大连海事大学硕士学位论文.

曹建廷. 2019. 我国水资源综合管理评估与建议. 中国水利，（3）：1-3.

曹树金，吴育冰，韦景竹，等. 2015. 知识图谱研究的脉络、流派与趋势——基于 SSCI 与 CSSCI 期刊论文的计量与可视化. 中国图书馆学报，41（5）：16-34.

成金华，陈军，易杏花. 2013. 矿区生态文明评价指标体系研究. 中国人口·资源与环境，23（2）：1-10.

程都. 2018. 四川遂宁市绿色发展方式及借鉴. 沈阳工业大学学报（社会科学版），11（2）：105-111.

程婧. 2014. 韩国江陵市低碳绿色发展模式. 中国名城，（7）：65-68.

迟国泰，曹婷婷，张昆. 2012. 基于相关-主成分分析的人的全面发展评价指标体系构建. 系统工程理论与实践，32（1）：111-119.

戴莉敏，贡浩凌，方英，等. 2012. PDCA 循环结合全程健康教育对糖尿病合并非酒精脂肪肝患者随访的效果观察. 中华护理杂志，47（10）：882-885.

戴明叶. 2014. 基于结构方程模型的顾客满意度研究. 湖南师范大学硕士学位论文.

邓聚龙. 1990. 灰色系统理论教程. 武汉：华中理工大学出版社.

范柏乃. 2006. 我国城市居民生活质量评价体系的构建与实际测度. 浙江大学学报（人文社会科学版），（4）：122-131.

冯海燕. 2015. 高校科研团队创新能力绩效考核管理研究. 科研管理，36（1）：54-62.

冯燕华. 2012. 谈建筑工程绿色施工技术的现场实施及动态管理. 建筑安全，27（11）：59-61.

高红贵. 2012. 中国绿色经济发展中的诸方博弈研究. 中国人口·资源与环境，22（4）：13-18.

高瑜，李松. 2018. 新时代深圳创新发展的新思路. 宏观经济管理，（1）：83-88.

谷树忠，曹小奇，张亮，等. 2011. 中国自然资源政策演进历程与发展方向. 中国人口·资源与环境，21（10）：96-101.
顾雪松，迟国泰，程鹤. 2010. 基于聚类-因子分析的科技评价指标体系构建. 科学学研究，28（4）：508-514.
郭梅，朱金福. 2007. 基于模糊粗糙集的物流服务供应链绩效评价. 系统工程，25（7）：48-52.
郭新明. 2017. 江苏绿色金融发展模式研究. 金融纵横，（1）：4-8.
何富刚，刘侠，杨辛. 2009. PDCA 循环在工程项目进度管理中的应用. 水电站设计，25（2）：109-110.
贺彩霞，冉茂盛，廖成林. 2009. 基于系统动力学的区域社会经济系统模型. 管理世界，（3）：170-171.
胡恒松，周宏春. 2017-12-01. 发展绿色经济重在协同. 经济日报.
胡锦涛. 2004. 胡锦涛在中央人口资源环境工作座谈会上的讲话. 北京：人民出版社.
胡锦涛. 2012-11-18. 中国共产党第十八次全国代表大会上的报告. 人民日报，第 1 版.
胡士春，严建中，高玮. 2019. 支持江苏绿色发展的财政政策研究. 财政科学，（2）：99-107.
郇庆治. 2006. 生态现代化理论与绿色变革. 马克思主义与现实，（2）：90-98.
黄俊宁，张小星，苏俊，等. 2011-07-14. “两化联动”的遂宁实践——以绿色经济促进现代生态田园城市发展. 四川经济日报，第 1 版.
黄羿，杨蕾，王小兴，等. 2012. 城市绿色发展评价指标体系研究——以广州市为例. 科技管理研究，32（17）：55-59.
惠炜，赵国庆. 2017. 环境规制与污染避难所效应——基于中国省际数据的面板门槛回归分析. 经济理论与经济管理，（2）：23-33.
李丁. 2011. 科技在推进经济绿色增长中的作用. 经济研究参考，（1）：44-48.
李海东，王帅，刘阳. 2014. 基于灰色关联理论和距离协同模型的区域协同发展评价方法及实证. 系统工程理论与实践，34（7）：1749-1755.
李慧明. 2013. 生态现代化理论的内涵与核心观点. 鄱阳湖学刊，（2）：61-72.
李杰兰，陈兴鹏，王雨，等. 2009. 基于系统动力学的青海省可持续发展评价. 资源科学，31（9）：1624-1631.
李玲，陶锋. 2012. 中国制造业最优环境规制强度的选择——基于绿色全要素生产率的视角. 中国工业经济，（5）：70-82.
李晓西，刘一萌，宋涛. 2014. 人类绿色发展指数的测算. 中国社会科学，（6）：69-95.
李振. 2016. 深圳探路城市低碳化. 决策探索（上半月），（13）：71.
辽宁省统计局. 2015. 辽宁统计年鉴 2014. 北京：中国统计出版社.
刘畅，涂国平. 2015. 基于系统动力学的国家低碳发展战略情景仿真分析. 系统工程，33（7）：100-106.

刘洁，李文. 2011. 征收碳税对中国经济影响的实证. 中国人口·资源与环境，21（9）：99-104.
刘晶. 2016. 深圳：市场驱动的绿色供应链. 环境经济，（Z7）：27-29.
刘梅，刘林，许勤，等. 2012. 持续质量改进在骨创伤患者疼痛管理中的应用. 中华护理杂志，47（10）：872-875.
卢万合，刘继生，那伟. 2012. 基于系统动力学的资源枯竭型矿业城市产业转型仿真分析——以吉林省辽源市为例. 地理科学，32（5）：577-583.
吕晓菲. 2015. 资源型城市绿色增长能力评价研究. 大连理工大学硕士学位论文.
马成刚. 2007. PDCA 循环在工程质量管理中的应用. 中国科技信息，（8）：34-35.
马永欢，周立华. 2008. 武威市凉州区发展循环经济的路径优化与仿真模拟. 经济地理，28（6）：1015-1019.
米传民，刘思峰，杨菊. 2004. 江苏省科技投入与经济增长的灰色关联研究. 科学学与科学技术管理，（1）：34-36.
宁波. 2014. 三亚绿色生态旅游可持续发展研究. 绿色科技，（5）：260-261.
欧阳志云，赵娟娟，桂振华，等. 2009. 中国城市的绿色发展评价. 中国人口·资源与环境，19（5）：11-15.
潘霄，全成浩，沈方，等. 2015. 辽宁省“十三五”能源发展趋势预测及需求分析. 中国能源，37（9）：43-47.
潘岳. 2005. 环保：中国就“绿色增长”提出五主张. 决策与信息，（5）：78-79.
彭红斌. 2002. 绿色型经济增长方式：中国经济发展的必然选择. 理论前沿，（8）：29-30.
漆明春. 2017. 遂宁市绿色经济发展模式研究. 时代经贸，（7）：54-56.
钱争鸣，刘晓晨. 2013. 中国绿色经济效率的区域差异与影响因素分析. 中国人口·资源与环境，23（7）：104-109.
曲福田. 2001. 资源经济学. 北京：中国农业出版社.
任磊，杜一，马帅，等. 2014. 大数据可视分析综述. 软件学报，25（9）：1909-1936.
萨缪尔森 P，诺德豪斯 W. 1990. 经济学. 13 版. 郭铜安译. 北京：华夏出版社.
石宝峰，迟国泰. 2014. 基于信息含量最大的绿色产业评价指标筛选模型及应用. 系统工程理论与实践，34（7）：1799-1810.
宋德勇，邓捷，弓媛媛. 2017. 我国环境规制对绿色经济效率的影响分析. 学习与实践，（3）：23-33.
宋海鸥，毛应淮. 2011. 国外环境治理措施的阶段性演变：工业污染治理——以美、英、日三国为例. 科技管理研究，31（15）：45-49.
苏欢，谭立新，李水生，等. 2020. 基于 PDCA 循环的地铁工程绿色施工评价体系初探. 湖南工程学院学报（自然科学版），30（2）：84-90.
苏利阳，郑红霞，王毅. 2013. 中国省际工业绿色发展评估. 中国人口·资源与环境，23（8）：

116-122.
苏明. 2013. 构建有利于减贫和绿色增长的财税政策. 国家行政学院学报，（3）：44-50.
隋俊，毕克新，杨朝均，等. 2015. 制造业绿色创新系统创新绩效影响因素——基于跨国公司技术转移视角的研究. 科学学研究，33（3）：440-448.
孙耀武. 2007. 促进绿色增长的财政政策研究. 中共中央党校博士学位论文.
田成川，柴麒敏. 2016. 日本建设低碳社会的经验及借鉴. 宏观经济管理，（1）：89-92.
佟贺丰，杨阳，王静宜，等. 2015. 中国绿色经济发展展望——基于系统动力学模型的情景分析. 中国软科学，（6）：20-34.
汪培庄. 1983. 模糊集合论及其应用. 上海：上海科学技术出版社.
汪应洛. 2003. 系统工程. 北京：机械工业出版社.
王海龙，连晓宇，林德明. 2016. 绿色技术创新效率对区域绿色增长绩效的影响实证分析. 科学学与科学技术管理，37（6）：80-87.
王灏晨，夏国平. 2008. 基于系统动力学的广西区域创新系统研究. 科学学与科学技术管理，（6）：66-71.
王霞，王岩红，苏林，等. 2014. 国家高新区产城融合度指标体系的构建及评价——基于因子分析及熵值法. 科学学与科学技术管理，35（7）：79-88.
王向华，李冰，范东，等. 2018. 基于环保信用制度的江苏绿色保险发展研究. 环境与发展，30（3）：7-8.
王晓晓，嵇彩凤，徐海顺，等. 2018. 基于绿色经济理论的城乡可持续发展策略探究. 经济研究导刊，（33）：132-133.
王勇. 2012-03-01. 坚持绿色发展 打造低碳城市. 经济日报，第12版.
王志平，陶长琪，沈鹏熠. 2014. 基于生态足迹的区域绿色技术效率及其影响因素研究. 中国人口·资源与环境，24（1）：35-40.
魏东，李明，广寅，等. 2017-06-13. 东营：黄河三角洲崛起绿色新城. 大众日报.
温忠麟，叶宝娟. 2014. 中介效应分析：方法和模型发展. 心理科学进展，22（5）：731-745.
武春友，陈兴红，匡海波. 2014a. 基于 Rough-DEMATEL 的企业绿色增长模式影响因素识别. 管理评论，26（8）：74-81.
武春友，陈兴红，匡海波. 2014b. 基于 AHP-标准离差的企业绿色度可拓学评价模型及实证研究. 科研管理，35（11）：109-117.
武永春. 2003. 绿色价格影响因素及策略研究. 价格理论与实践，（7）：48-49.
谢荣辉. 2017. 环境规制、引致创新与中国工业绿色生产率提升. 产业经济研究，（2）：38-48.
邢利民. 2012. 资源型地区经济转型的内生增长研究. 山西财经大学博士学位论文.
熊鸿儒. 2017. 支持绿色产业发展，政府如何作为？——来自发达经济体的政策经验及启示. 中国工业评论，（10）：12-17.

杨剑，杨锋，王树恩. 2010. 基于系统动力学的区域创新系统运行机制研究. 科学管理研究，28（4）：1-6.
杨建洲. 2001. 中国森林资源管理政策的演变及启示. 世界林业研究，（1）：72-75.
杨世迪，韩先锋，宋文飞. 2017. 对外直接投资影响了中国绿色全要素生产率吗？山西财经大学学报，39（4）：14-26.
杨运星. 2011. 生态经济、循环经济、绿色经济与低碳经济之辨析. 前沿，（8）：94-97.
殷克东，卫梦星. 2009. 中国海洋科技发展水平动态变迁测度研究. 中国软科学，（8）：144-154.
于惊涛，王珊珊. 2016. 基于低碳的绿色增长及绿色创新——中、美、英、德、日、韩实证与比较研究. 科学学研究，34（4）：528-538.
袁建. 2019. 生态现代化与环境保护行为关系——基于生态现代化理论视角. 区域治理，（41）：131-134.
岳燕. 2010. 基于企业可持续发展报告的环境信息披露研究. 太原理工大学硕士学位论文.
张百灵. 2015. 外部性理论的环境法应用：前提、反思与展望. 华中科技大学学报（社会科学版），29（2）：44-51.
张存鹏. 2018. 东营市产业绿色转型研究. 山东师范大学硕士学位论文.
张东明. 2011. 浅析韩国的绿色增长战略. 当代韩国，（2）：11-22.
张江雪，蔡宁，毛建素，等. 2015a. 自主创新、技术引进与中国工业绿色增长——基于行业异质性的实证研究. 科学学研究，33（2）：185-194.
张江雪，蔡宁，杨陈. 2015b. 环境规制对中国工业绿色增长指数的影响. 中国人口·资源与环境，25（1）：24-31.
张江雪，朱磊. 2012. 基于绿色增长的我国各地区工业企业技术创新效率研究. 数量经济技术经济研究，29（2）：113-125.
张昆，迟国泰. 2012. 基于相关分析-粗糙集理论的生态评价指标体系构建. 系统工程学报，27（1）：119-128.
张露，徐丹丹，黄兵号，等. 2019. 绿色金融促进江苏农业绿色发展研究. 北方金融，（8）：46-50.
张仁寿. 2013. 广东低碳经济发展机制的系统动力学研究. 福建农林大学博士学位论文.
张炜. 2001. 中美两国研发经费的比较研究. 中国软科学，（10）：74-80.
张雯莉. 2014. 基于 PDCA 循环理论的高职高专教学质量监控体系改进研究. 广西师范大学硕士学位论文.
张旭，杜瑶. 2014. 绿色增长战略实施能力体系研究. 科研管理，35（12）：153-159.
张雅楠. 2019. 基于 HYDRUS-MODFLOW 地表水与地下水耦合模型研究. 郑州大学硕士学位论文.
张英浩，陈江龙，程钰. 2018. 环境规制对中国区域绿色经济效率的影响机理研究——基于超效率模型和空间面板计量模型实证分析. 长江流域资源与环境，27（11）：2407-2418.
张征华. 2013. 城市低碳发展理论与实证研究. 南昌大学博士学位论文.
赵斌. 2006. 关于绿色经济理论与实践的思考. 社会科学研究，（2）：44-47.
郑彤彤. 2013. 韩国低碳绿色增长基本法（2013 年修订）. 南京工业大学学报（社会科学版），12（3）：23-36.
中国科学院可持续发展战略研究组. 2012. 2011 中国可持续发展战略报告：实现绿色的经济转型. 北京：科学出版社.
周英男，孙文博. 2014. 中国绿色经济增长的研究现状及法制趋势. 城市建设理论研究（电子版），（15）：1-4.
诸大建. 2012. 从“里约+20”看绿色经济新理念和新趋势. 中国人口·资源与环境，22（9）：1-7.
宗兆伟. 2008. 辽宁省产业结构对环境影响的初探[J]. 环境保护科学，34（6）：52-54.
Aslani A，Helo P，Naaranoja M. 2014. Role of renewable energy policies in energy dependency in finland：system dynamics approach. Applied Energy，113：758-765.
Bagozzi R P，Yi Y. 1988. On the evaluation of structural equation models. Journal of the Academy of Marketing Science，16（1）：74-94.
Bi G，Song W，Zhou P，et al. 2014. Does environmental regulation affect energy efficiency in China's thermal power generation? Empirical evidence from a slacks-based DEA model. Energy Policy，66：537-546.
Bian Y，He P，Xu H. 2013. Estimation of potential energy saving and carbon dioxide emission reduction in China based on an extended non-radial DEA approach. Energy Policy，63：962-971.
Bristow A L，Tight M，Pridmore A，et al. 2008. Developing pathways to low carbon land-based passenger transport in Great Britain by 2050. Energy Policy，36（9）：3427-3435.
Büyüközkan G，Çifçi G. 2012. A novel hybrid MCDM approach based on fuzzy DEMATEL，fuzzy ANP and fuzzy TOPSIS to evaluate green suppliers. Expert Systems with Applications，39（3）：3000-3011.
Büyüközkan G，Güleryüz S. 2016. An integrated DEMATEL-ANP approach for renewable energy resources selection in Turkey. International Journal of Production Economics，182：435-448.
Casillas C E，Daniel K. 2012. Quantifying the social equity of carbon mitigation strategies. Climate Policy，12（6）：690-703.
Cavana R Y. 1999. Modeling the Environment：An Introduction to System Dynamics Models of Environmental Systems. Washington：Island Press.
CDKN，ECF，GGGI. 2014. Green Growth in Practice：Lessons from Country Experiences. GGGI：Seoul.

Chang C，Carballo C F S. 2011. Energy conservation and sustainable economic growth：the case of Latin America and the Caribbean. Energy Policy，39（7）：4215-4221.

Chang Y，Zhang N，Danao D，et al. 2013. Environmental efficiency analysis of transportation system in China：a non-radial DEA approach. Energy Policy，58：277-283.

Charnes A，Cooper W W，Rhodes E. 1978. Measuring the efficiency of decision making units. European Journal of Operational Research，2（6）：429-444.

Chen C. 2006. CiteSpace Ⅱ：detecting and visualizing emerging trends and transient patterns in scientific literature. Journal of the American Society for Information Science and Technology，57（3）：359-377.

Chung L，Lo C W，Li P H Y. 2016. The interaction effects of institutional constraints on managerial intentions and sustainable performance. International Journal of Production Economics，181：374-383.

Copeland B R，Taylor M S. 1994. North-South trade and the environment. The Quarterly Journal of Economics，109：755-787.

de Miguel C，Montero M，Bajona C. 2015. Intergenerational effects of a green tax reform for a more sustainable social security system. Energy Economics，52：S117-S129.

Diabat A，Govindan K. 2011. An analysis of the drivers affecting the implementation of green supply chain management. Resources，Conservation and Recycling，55（6）：659-667.

Fabre A，Fodha M，Ricci F. 2020. Mineral resources for renewable energy：optimal timing of energy production. Resource and Energy Economics，59：101131.

Fornell C，Larcker D F. 1981. Evaluating structural equation models with unobservable variables and measurement error. Journal of Marketing Research，18（1）：39-50.

Forrester J. 1958. Industrial dynamics：a major breakthrough for decision makers. Harvard Business Review，36（4）：37-66.

GGKP. 2013. Moving Towards a Common Approach on Green Growth Indicators. Geneva：GGKP.

Glemarec Y，de Oliveira J P. 2012. The role of the visible hand of public institutions in creating a sustainable future. Public Administration and Development，32（2）：200-214.

Grover R B. 2013. Green growth and role of nuclear power：a perspective from India. Energy Strategy Reviews，1（4）：255-260.

Hair J F，Black W C，Babin B J，et al. 2007. Multivariate Data Analysis. 6th ed. Upper Saddle River：Pearson Prentice Hall.

Hall B，Kerr M L. 1991. The 1991-1992 Green Index：A State by State Guide to the Nation's Environmental Health. Washington：Island Press.

Hashemi S H，Karimi A，Tavana M. 2015. An integrated green supplier selection approach with analytic network process and improved grey relational analysis. International Journal of

Production Economics，159：178-191.

Holvoet N，Gildemyn M，Inberg L. 2012. Taking stock of monitoring and evaluation arrangements in the context of poverty reduction strategy papers：evidence from 20 aid-dependent countries in Sub-Saharan Africa. Development Policy Review，30（6）：749-772.

Huang Y，Fang C，Lin Y. 2020. Inventory management in supply chains with consideration of logistics，green investment and different carbon emissions policies. Computers & Industrial Engineering，139：106207.

Hwang C L，Yoon K P. 1981. Multiple Attribute Decision Making Methods and Applications. Berlin：Springer-Heidelberg.

Jamet S. 2012. Towards green growth in Denmark：improving energy and climate change policies. OECD Economics Department Working Papers，（16）：8-37.

Jia X，An H，Fang W，et al. 2015. How do correlations of crude oil prices co-move? A grey correlation-based wavelet perspective. Energy Economics，49：588-598.

Jiang X，He X，Zhang L，et al. 2017. Multimodal transportation infrastructure investment and regional economic development：a structural equation modeling empirical analysis in China from 1986 to 2011. Transport Policy，54：43-52.

Jnicke M. 2012. "Green growth"：from a growing eco-industry to economic sustainability. Energy Policy，48（C）：13-21.

Jones R，Yoo B. 2011. Japan's new growth strategy to create demand and jobs. OECD Economics Department Working Papers，（30）：61-90.

Kammerer D. 2009. The effects of customer benefit and regulation on environmental product innovation：empirical evidence from appliance manufacturers in Germany. Ecological Economics，68（8）：2285-2295.

Kim S E，Kim H，Chae Y. 2014. A new approach to measuring green growth：application to the OECD and Korea. Futures，63：37-48.

Kuai P，Li W，Cheng R，et al. 2015. An application of system dynamics for evaluating planning alternatives to guide a green industrial transformation in a resource-based city. Journal of Cleaner Production，104：403-412.

Kusi-Sarpong S，Sarkis J，Wang X. 2016. Assessing green supply chain practices in the Ghanaian mining industry：a framework and evaluation. International Journal of Production Economics，181：325-341.

Kwon T H. 2005. A scenario analysis of CO_2 emission trends from car travel：Great Britain 2000-2030. Transport Policy，12（2）：175-184.

Lanoie P，Laurent L J，Johnstone N，et al. 2011. Environmental policy，innovation and performance：new insights on the porter hypothesis. Journal of Economics & Management

Strategy, 20 (3): 803-842.

Lehr U, Lutz C, Edler D. 2012. Green jobs? Economic impacts of renewable energy in Germany. Energy Policy, 47: 358-364.

Li G, Fang C. 2014. Global mapping and estimation of ecosystem services values and gross domestic product: a spatially explicit integration of national "green GDP" accounting. Ecological Indicators, 46: 293-314.

Li H, Mu H, Zhang M, et al. 2012. Analysis of regional difference on impact factors of China's energy-related CO_2 emissions. Energy, 39 (1): 319-326.

Li M, Dong L, Luan J, et al. 2020. Do environmental regulations affect investors? Evidence from China's action plan for air pollution prevention. Journal of Cleaner Production, 244: 118817.

Li N, Zhang X, Shi M, et al. 2017. The prospects of China's long-term economic development and CO_2 emissions under fossil fuel supply constraints. Resources, Conservation and Recycling, 121: 11-22.

Li X, Tian M, Wang H, et al. 2014. Development of an ecological security evaluation method based on the ecological footprint and application to a typical steppe region in China. Ecological Indicators, 39: 153-159.

Liang H, Ren J, Gao Z, et al. 2016. Identification of critical success factors for sustainable development of biofuel industry in China based on grey decision-making trial and evaluation laboratory (DEMATEL). Journal of Cleaner Production, 131: 500-508.

Lin M H, Yang Y Z. 2011. Environmental regulation and technology innovation: evidence from China. Energy Procedia, 5: 572-576.

Liu X, Ma S, Tian J, et al. 2015. A system dynamics approach to scenario analysis for urban passenger transport energy consumption and CO_2 emissions: a case study of Beijing. Energy Policy, 85: 253-270.

Lu J, Li B, Li H, et al. 2020. Sustainability of enterprise export expansion from the perspective of environmental information disclosure. Journal of Cleaner Production, 252: 119839.

Martinelli A, Midttun A. 2010. Globalization and governance for sustainability. Corporate Governance, 10 (1): 6-17.

Mathew J A. 2012. Green growth strategies—Korean initiative. Futures, 44 (8): 761-769.

Mensah C N, Long X, Dauda L, et al. 2019. Technological innovation and green growth in the Organization for Economic Cooperation and Development economies. Journal of Cleaner Production, 240: 118-204.

Mitra R. 2015. Reconstituting "America": the clean energy economy ventriloquized. Environmental Communication: A Journal of Nature & Culture, 10 (1/3): 269-288.

Mol A P J, Sonnenfeld D A. 2000. Ecological Modernisation Around the World:Perspective and

Critical Debates. London:Frank Cass.

Mundaca L, Román R, Cansino J M. 2015. Towards a green energy economy? A macroeconomic-climate evaluation of Sweden's CO_2 emissions. Applied Energy, 148: 196-209.

Musango J K, Brent C, Bassi A M. 2014. Modelling the transition towards a green economy in South Africa. Technological Forecasting and Social Change, 87: 257-273.

Newman L, Dale A. 2008. Limits to growth rates in an ethereal economy. Futures, 40（3）: 261-267.

Nielsen M, Ravensbeck L, Nielsen R. 2014. Green growth in fisheries. Marine Policy, 46（2）: 43-52.

OECD. 2011. Towards Green Growth: Monitoring Progress-OECD Indicators. Paris: OECD.

Padilla-Pérez R, Gaudin Y. 2014. Science, technology and innovation policies in small and developing economies: the case of Central America. Research Policy, 43（4）: 749-759.

Peng B, Zheng C, Wei G, et al. 2020. The cultivation mechanism of green technology innovation in manufacturing industry: from the perspective of ecological niche. Journal of Cleaner Production, 252: 119711.

Pierce D W, Markandya A, Barbier E. 1989. Blueprint for A Green Economy. London: Earthscan.

Pitkänen K, Antikainen R, Droste N, et al. 2016. What can be learned from practical cases of green economy? –Studies from five European countries. Journal of Cleaner Production, 139: 666-676.

Porter M E, van der Linde C. 1995. Toward a new conception of the environment-competitiveness relationship. Journal of Economic Perspectives, 9（4）: 97-118.

Raworth K. 2012. A safe and just pace for humanity: can we live within the doughnut? Oxfam Policy & Practice Climate Change & Resilience, 8: 1-26.

Ren S, Li X, Yuan B, et al. 2018. The effects of three types of environmental regulation on eco-efficiency: a cross-region analysis in China. Journal of Cleaner Production, 173: 245-255.

Rodríguez M, Robaina M, Teotónio C. 2019. Sectoral effects of a Green Tax Reform in Portugal. Renewable and Sustainable Energy Reviews, 104: 408-418.

Romer P M. 1990. Endogenous technological change. Journal of Political Economy, 98: 71-102.

Schmalensee R. 2012. From "Green Growth" to sound policies: an overview. Energy Economics, 34: S2-S6.

Scott D, Mcboyle G, Minogue A, et al. 2006. Climate change and the sustainability of ski-based tourism in eastern North America: a reassessment. Journal of Sustainable Tourism, 14（4）: 376-398.

Senge P M. 1990. The Fifth Discipline: The Art and Practice of the Learning Organization. New

York: Doubleday Currency.

Severo E A, de Guimaraes J C F, Henri Dorion E C, et al. 2015. Cleaner production, environmental sustainability and organizational performance: an empirical study in the Brazilian metal-mechanic industry. Journal of Cleaner Production, 96: 118-125.

Shang D L, Yin G Z, Li X S. 2015. Analysis for green mine (phosphate) performance of China: an evaluation index system. Resources Policy, 46: 71-84.

Stoknes P E, Rockström J. 2018. Redefining green growth within planetary boundaries. Energy Research & Social Science, 44: 41-49.

Tseng M L. 2009. A causal and effect decision making model of service quality expectation using grey-fuzzy DEMATEL approach. Expert Systems with Applications, 36 (4) : 7738-7748.

UN, EC, IMF, et al. 2012. System of Environmental-Economic Accounting: Central Framework. New York: United Nations.

UNEP. 2012. Measuring Progress Towards An Inclusive Green Economy. Nairobi: UNEP.

UNESCAP. 2005. MCED 2005 bulletin: a summary report of the Fifth Ministerial Conference on Environment and Development in Asia and the Pacific. Seoul: International Institute for Sustainable Development (IISD) .

van der Ploeg R, Withagen C. 2013. Green growth, green paradox and the global economic crisis. Environmental Innovation and Societal Transitions, 6: 116-119.

Vazquez-Brust D, Smith A, Sarkis J. 2014. Managing the transition to critical green growth: the "Green Growth State" . Futures, 64: 38-50.

Venkatachalam A. 2013. Low-carbon green growth in Asia: policies and practices. Hong Kong: Asian Development Bank, Asian Development Bank Institute.

Wang X, Zhen F, Huang X, et al. 2013. Factors influencing the development potential of urban underground space: structural equation model approach. Tunnelling and Underground Space Technology, 38: 235-243.

WB (World Bank) . 2012. Inclusive Green Growth: The Pathway to Sustainable Development. Washington: World Bank.

Wei B, Wang S, Li L. 2010. Fuzzy comprehensive evaluation of district heating systems. Energy Policy, 38 (10) : 5947-5955.

Winfield M, Dolter B. 2014. Energy, economic and environmental discourses and their policy impact: the case of Ontario's Green Energy and Green Economy Act. Energy Policy, 68: 423-435.

World Bank. 1995. Monitoring Environment Progress: A Report on Work in Progress. Washington: World Bank.

Wu K, Liao C, Tseng M, et al. 2015. Exploring decisive factors in green supply chain practices under uncertainty. International Journal of Production Economics, 159: 147-157.

Xia X, Govindan K, Zhu Q. 2015. Analyzing internal barriers for automotive parts remanufacturers in China using grey-DEMATEL approach. Journal of Cleaner Production, 87: 811-825.

Xu Y, Da Q. 2008. A method for multiple attribute decision making with incomplete weight information under uncertain linguistic environment. Knowledge-Based Systems, 21 (8): 837-841.

Xu Z. 2004. Uncertain linguistic aggregation operators based approach to multiple attribute group decision making under uncertain linguistic environment. Information Sciences, 168 (1): 171-184.

Yang F, Yang M. 2015. Analysis on China's eco-innovations: regulation context, intertemporal change and regional differences. European Journal of Operational Research, 247 (3): 1003-1012.

Yang L, Wang K. 2013. Regional differences of environmental efficiency of China's energy utilization and environmental regulation cost based on provincial panel data and DEA method. Mathematical and Computer Modelling, 58 (5): 1074-1083.

Yi H. 2013. Clean energy policies and green jobs: an evaluation of green jobs in U. S. metropolitan areas. Energy Policy, 56: 644-652.

Yin J, Zheng M, Chen J. 2015. The effects of environmental regulation and technical progress on CO_2 Kuznets curve: an evidence from China. Energy Policy, 77: 97-108.

Yu B, Shen C. 2020. Environmental regulation and industrial capacity utilization: an empirical study of China. Journal of Cleaner Production, 246: 118986.

Zhang J X, Cai N, Mao J S, et al. 2015. Independent innovation, technology introduction and green growth of industry in China: an empirical research based on industry heterogeneity. Studies in Science of Science, 33 (2): 185-194.

Zhang X, Yousaf H M A U. 2020. Green supply chain coordination considering government intervention, green investment, and customer green preferences in the petroleum industry. Journal of Cleaner Production, 246: 118984.

Zhang Z, Lu W X, Zhao Y, et al. 2014. Development tendency analysis and evaluation of the water ecological carrying capacity in the Siping area of Jilin province in China based on system dynamics and analytic hierarchy process. Ecological Modelling, 275: 9-21.

Zhao X, Sun B. 2016. The influence of Chinese environmental regulation on corporation innovation and competitiveness. Journal of Cleaner Production, 112: 1528-1536.

Zhao X, Yin H, Zhao Y. 2015a. Impact of environmental regulations on the efficiency and CO_2 emissions of power plants in China. Applied Energy, 149: 238-247.

Zhao X，Zhao Y，Zeng S，et al. 2015b. Corporate behavior and competitiveness：impact of environmental regulation on Chinese firms. Journal of Cleaner Production，86：311-322.

Zhou Q，Yabar H，Mizunoya T，et al. 2016. Exploring the potential of introducing technology innovation and regulations in the energy sector in China：a regional dynamic evaluation model. Journal of Cleaner Production，112：1537-1548.

Zhu Q，Geng Y，Sarkis J，et al. 2011. Evaluating green supply chain management among Chinese manufacturers from the ecological modernization perspective. Transportation Research Part E：Logistics and Transportation Review，47（6）：808-821.

Zhu S，He C，Liu Y. 2014. Going green or going away：environmental regulation，economic geography and firms' strategies in China's pollution-intensive industries. Geoforum，55：53-65.

Ziarko W. 1993. Variable precision rough set model. Journal of Computer & System Sciences，46（1）：39-59.

后　记

在全球经济持续低迷、生态环境不断恶化的现实背景下，“绿色增长”作为追求经济增长同时又能有效解决资源与环境问题的新型增长方式，已被国际社会公认为“世界经济转型的突破口和推进可持续发展的新思路”。虽然很多学者试图从多角度出发，对绿色增长的实践、影响因素、政策及绿色增长测度等进行探索，但总体上尚未形成“绿色增长”独立的理论和方法体系；同时与国际相比，国内相关研究在数量、内容、结构和方法上还相对落后，未能满足中国推动“绿色增长”的需求，也与中国在全球实现“绿色增长”中应有的地位和作用不相匹配。鉴于此，本书对中国绿色增长的影响因素、形成机理与程度评价进行了系统研究，并在此基础上，重点研究了我国及其典型工业区域的绿色增长实现路径，得出了重要结论，为我国区域绿色增长程度提升及可行路径选择提供了理论依据。

虽然本书的研究取得了一些有价值的发现，但是仍存在不足之处值得今后进行深入研究：一是在绿色增长绩效形成机理分析中，仅仅分析了环境规制、技术创新对区域绿色增长绩效的影响，利益相关者参与、利益沟通机制等其他重要影响因素尚未考虑；二是在绿色增长程度测度中，绿色产业比重、绿色产业从业人员等重点指标，因数据不能获得而未给予考虑，今后将加强对绿色环保产业实际发展情况的调研，搜集并整理企业规模、营业收入、从业人数等方面的动态信息，建立绿色产业数据库，丰富指标体系，实现对区域绿色增长程度更全面、更准确的测算与评价；三是绿色增长实现路径的系统动力学模型是以影响因素指标体系为依据构建的，所用数据也是根据现实数据设定的预测值，因此该模型能够较好地反映我国典型工业区域绿色增长系统的真实状况，但系统的完整性与全面性还需进一步完善与加强。

本书是在国家自然科学基金重点国际（地区）合作研究项目“绿色增长理论与实践的国际比较研究”（71320107006）与国家社会科学重点项目“区域中心城市绿色转型要素的协同演化研究”（14AZD090）的支持下完成的。

限于作者学术研究水平，书中难免存在疏漏和不足之处，恳请读者批评指正。